北京高等教育精品教材
BEIJING GAODENG JIAOYU JINGPIN JIAOCAI

◎ 高等院校经济与管理核心课经典系列教材 ◎
人力资源管理专业

现代社会保障概论

XIANDAI SHEHUI BAOZHANG GAILUN

（第三版）

吕学静 ◎ 主编

首都经济贸易大学出版社
Capital University of Economics and Business Press
·北 京·

图书在版编目(CIP)数据

现代社会保障概论/吕学静主编.—3 版.—北京：首都经济贸易大学出版社,2012.8

[高等院校经济与管理(人力资源管理)核心课经典系列教材]

ISBN 978 - 7 - 5638 - 1506 - 7

Ⅰ.①现… Ⅱ.①吕… Ⅲ.①社会保障—高等学校—教材 Ⅳ.①C913.7

中国版本图书馆 CIP 数据核字(2012)第 157986 号

现代社会保障概论(第三版)
吕学静 主编

出版发行 首都经济贸易大学出版社
地　　址 北京市朝阳区红庙（邮编 100026）
电　　话 (010)65976483 65065761 65071505(传真)
E - mail publish@cueb.edu.cn
经　　销 全国新华书店
照　　排 首都经济贸易大学出版社激光照排服务部
印　　刷 北京永生印刷有限责任公司
开　　本 710 毫米×1000 毫米 1/16
字　　数 391 千字
印　　张 22.25
版　　次 2005 年 8 月第 1 版 2008 年 7 月第 2 版
2012 年 8 月第 3 版 2012 年 8 月总第 3 次印刷
印　　数 9 001 ~ 12 000
书　　号 ISBN 978 - 7 - 5638 - 1506 - 7/C·91
定　　价 35.00 元

目 录

前言

我国社会保障体系建设和发展的趋势表明,加快培养社会保障制度运行所需的理论研究、法律、资金管理等中高级管理人员和具有实际操作能力的基层管理人员,是社会保障发展的一大需要。社会保障制度的改革、发展很快,情况变化很快,新的法律法规频频出台,需要教材快速更新。本教材共分15章,内容主要包括:现代社会保障的产生和发展、社会保障的主要理论概述、社会保障基金、社会保障管理体制、社会保险的五大项目、社会救济、社会福利、农村社会保障和社会保障法等方面的内容。

本教材具有理论与现实相结合的特点,具体为:

1. 体现了社会保障体系的完整性——在更广泛的内容上讨论了社会保障的整体问题。内容集中、重点突出;结构严谨,逻辑顺序合理。

2. 观点的创新性——讨论了现实中的热点、难点问题,如农村合作医疗问题、建立基础整合的社会保障体系等。笔者结合多年来学习、研究中外社会保障理论、实践的积累,结合中国实际对有些问题进行了创新性的论述。

3. 与中国社会保障现实高度的结合性——社会保障制度是政府的主要政策之一。随着我国政治、经济体制改革的深入,我国的社会保障制度已经发生了根本的变革,传统的计划经济体制下的社会保障制度,已无法适应市场经济发展的需要。本教材每一部分内容的选择,都是中国社会保障制度改革所面临的新的难题，体现了与中国社会保障制度的高度结合。如在教材中讨论了住房改革、经济适用房、廉租房、非营利组织等问题，这些问题的讨论在我国具有现实意义。

4. 资料和案例的新颖性——本教材力求用最新的数字资料，反映社会保障的最新进展，具有时代感。如增加了新的工伤保险制度的内容；在养老保险中涉及了企业年金、灵活就业人员的养老问题；还有事业、机关工作人员的养老保险改革等等。本教材力求将社会保障中的最新资料和最新案例融入其中，使读者了解到社会保障的最新进展。

本教材的写作是集体智慧的结晶。作者多为首都经济贸易大学的中青年学者，有：吕学静（第一、十五章及附录）、吕茵（第二、五及十四章）、汪玉萍（第三、六章）、舒扬（第四、八章）、张波（第七、九章）、王争亚（第十、十三章）、于海中（第十一、十二章）。舒扬对各章的格式进行了统一调整，最后由吕学静对全书进行修改、补充并最终定稿。张波、王争亚协助主编做了许多编纂方面的重要工作。在本书修订中，徐迎、霍媛同学协助作了相关资料更新的工作。在此表示衷心的感谢。

本教材参考了大量国内外有关文献，特向各位文献的作者表示由衷的感谢。

本教材被列为北京市高等院校精品教材，在申报过程中得到了劳动经济学院杨河清院长的大力支持，在这里要特别感谢他给予的热情鼓励和具体指导。

由于社会保障是一门新的、情况不断变化的学科，社会保障专业人才的教育以及教材建设还十分薄弱，需要大家共同努力。本教材有不当或不完善之处，真诚欢迎广大同行和读者赐教。

吕学静

2012 年 6 月

Chapter 1

第一章 导论

本章学习要点

通过本章的学习，要求了解社会保障产生和发展的历史和社会保障产生的社会经济条件；领会社会保障的内涵和外延，社会保险的内涵、外延及其运作特点；理解社会保险与商业人身保险的共性与区别；社会救济的概念及其运作特点；社会福利的概念及其特点；优抚安置的概念及其特点；社会互助的概念及其特点；个人储蓄积累保障的概念及其特点等。充分认识现代社会保障的特征和功能。

第一节 现代社会保障的产生和发展

一、社会保障产生的社会经济条件

（一）人类社会初期不会产生社会保障

原始社会是人类历史上的第一个社会形态，它包括原始群与氏族公社两个阶段。在原始社会初期，即原始群时期，由于当时人类认识和支配自然的能力极其低下，社会生产力处于非常低的水平，人类使用粗糙的石制工具，以采集和狩猎为主，靠集体劳动才能获得有限的生活资料，没有剩余产品供人们在遇到天灾人祸时享用。因此，在人类社会的初期，不存在产生社会保障的物质基础，从而也不存在社会保障的形式。

（二）小生产自然经济下的家庭亲属保障

随着社会生产力的发展，原始社会由原始群阶段进入氏族公社阶段。氏族公社先为母系氏族，即以母子关系为基础构成家庭和氏族，这时夫妻关系经常变异，相当松散。随着生产力的提高，社会有了剩余产品，出现了私有财产，这时母系氏族转向父系氏族，即以父子关系为基础构成的家庭与氏族。两性关系也从杂交经群婚、对偶婚发展到以私有财产为基础的一夫一妻制。在人类社会从原始社会末期到封建社会的漫长发展过程中，特别是封建社会，社会生产方式一直停留在以手工生产为基础的自给自足的自然经济上，每一个生产者或生产单位利用自己的生产条件，生产自己和社会所需要的产品。在这种生产方式下，家庭是生产和生活的基本单位。年长者一般是这些生产和生活单位的指挥者和决策者。在这种生产方式下，劳动力的再生产是在家庭内部进行的。劳动者的生产技艺祖辈相传，劳动者的生、老、病、死、伤、残的生活费用，完全由家庭负担，而社会除了出自道德的原因对个别极其困难的人进行一些慈善性的救济外，不负担任何费用。因此，以血缘关系为基础的家庭亲属保障，是自给自足的自然经济生产方式的必然产物。

（三）社会化大生产是社会保障产生的社会经济条件

社会保障制度是社会化大生产的产物。这就是说，社会保障的产生和发展，一方面有各国工人阶级团结斗争的政治因素；另一方面，也是生产力发展和生产关系变化的必然结果。具体表现在以下几个方面：

第一，社会化大生产打破了以手工生产为基础的自给自足的自然经济，劳动者由家庭走向社会，造成宗法社会的解体，劳动者丧失劳动能力或失去工作后的生活问题，成为日益严重的社会问题。

第二，社会化的机器大生产对劳动力的素质提出了新的要求，使劳动者退出生产岗位的时间提前，结构性失业增加，这些更加深了社会问题的严重性。在独立手工工业生产时期，生产技术简单，生产规模狭小，劳动者一人能掌握多种技术，独立完成一种产品。当独立手工工业发展到手工制造业时，在产品生产过程中已经开始了分工与协作。到了机器代替手工劳动以后，专业化的分工协作和生产的节奏性，对劳动的强度、质量和劳动者的持久力都提出了更高的要求。有些劳动者，特别是老年工人不能适应这些要求，迫使劳动者提前退出生产工作岗位，再加上劳动者平时工资低微，没有能力储蓄以备年老丧失劳动能力时使用，因此而产生的社会问题越来越严重。

第三，劳动力向社会化方向发展，要求社会必须对劳动者的生活，特别是年老丧失劳动能力后的生活承担责任。在社会化大生产的条件下，劳动者到资本家的工厂中去做工,劳动力由家庭的劳动力转变为社会的劳动力。因此,劳动者的生、老、病、死、伤、残的生活费用也理应由过去的家庭负担改由社会来承担。在家庭手工业中,劳动力的成长和发展都是根据家庭生产的需要自行设计和培养训练的。在社会化大生产中,劳动力实现社会化以后,劳动者必须根据社会分工的要求来设计和发展自己的劳动力,并由社会培养和训练。随着生产技术的发展和生产结构的变化,造成结构性的失业,社会对于劳动者的生活也必须承担一部分责任。如果以上问题不能解决,势必影响劳动力向社会化的方向发展,阻碍社会化大生产的进程。这就是说,资本主义的大生产要求劳动者的生活方式、生活来源、生活保障必须与这种社会化大生产方式相适应。可见,资本主义建立社会保障的目的,一方面是由于工人阶级的斗争,另一方面也是为了资本主义的经济发展和资产阶级的利益。这就是1883年德国建立第一个社会保险以后,特别是第二次世界大战以后,西方资本主义国家的社会保障事业迅速发展的经济原因。

二、社会保险在欧洲的建立

早在18、19世纪,欧洲爆发了一场产业革命,其变革的中心是以机器大生产代替手工作坊,使原来以人力为主体的劳动变为以机器为主体的劳动。从世界经济和社会发展的角度说,这场产业革命是一次历史性的变革。它使劳动生产率得到了快速的提高,也使欧洲的经济得到了迅猛的发展。但是,随着机器劳动不断地代替手工劳动,工业化大企业不断地涌现,原来依靠手工作坊为生的劳动者,尤其是一些老人、妇女,面临着被机器劳动淘汰的危险;而进入工业企业劳动的工人,也要随时面临着生、老、病、死、伤、残、失业等问题,一旦这些问题出现,他们就会因丧失劳动能力或丧失工作而中断收入来源,这对他们的生存造成了很大的威胁。为此,劳动群众强烈要求企业或政府对这些问题给予解决,不断深化的工人运动加深了劳资矛盾,使各国政府十分苦恼。

19世纪初,英国工人为了解决一旦遇到的生、老、病、死、伤残、失业等问题而对其生活的威胁,成立了一些自发的、民间的、小规模的类似互助基金会的组织,工人在有收入来源时每人出一点钱组成一个基金,一旦谁出现上述问题或生活困难时,谁就可以使用这笔钱。虽然这笔钱数目很小,但是对中断收入来源的工人来说,却有一种"雪中送炭"的感觉。因此说,它在很大程度上缓冲了劳资之间的矛盾和工人的不满情绪,也使工人运动大大减少。英国政府注意到了这一现象,感到这种办法可以维护社会的安定,对政府来说也有很大的好处,于是在19世纪30年代,英国政府颁布了《济贫法》。尽管该法中规定的待遇非常低,而且享受待遇的条件也非常苛刻,但它毕竟是以国家身份对此进行规范的第一部法规，而且它还告诉人们一点，那就是要求社会保护是公民的合法权利，社会负有保障公民生存的义务。从这点说，《济贫法》的颁布具有很重要的意义。虽然《济贫法》不是专门的社会保险法规，只能说它是世界上最早的涉及社会保险内容的法规，但是它为社会保险的产生奠定了基础。

19 世纪 80 年代，统一后的德国成为欧洲的经济强国，为了继续加快国内经济的发展，谋取欧洲霸主的地位，同时扩大殖民势力，德国政府感到必须首先解决日益尖锐的劳资矛盾。19 世纪下半叶，马克思主义开始在德国工人中传播，社会主义政党开始登上政治舞台，工人对自己权利的认识越来越深刻，他们开始通过工人运动要求政府实施劳动保护措施。另外，德国工人也自发组织了一些互助互济基金会。为了缓和工人运动，瓦解工人群众的各种自发组织，德国政府决定由国家立法强制实施社会保险。除了上述原因外，还有一个原因促使德国进行社会保险立法，那就是社会保险理论思想的形成。从 19 世纪 70 年代至第一次世界大战前夕，德国境内盛行鼓吹劳资合作和实行社会政策的学派，这些人主张国家直接插手经济生活管理，负起“文明和福利”的职责，经济问题的解决必须同伦理道德联系起来。他们认为，德国当时面临的最危险的社会问题是劳工问题。因此，国家必须通过立法，实行包括保险、孤寡救济、劳资合作以及工厂监督在内的一系列社会政策措施，自上而下地实行经济政策改革。在这种背景下，1883 年，德国制定了世界上第一部《疾病保险法》，对工人患病时所享受的权利从法律上进行了规定；1884 年颁布了《劳工伤害保险法》；1889 年又颁布了《残疾与老年保险法》，这三部法规的颁布、实施，奠定了社会保险的法律基础。20 世纪初，各国工人运动不断高涨，强烈要求政府对因失业而丧失收入来源的工人给予生活保障，于是法国、丹麦、英国率先颁布了失业保险法规。至此作为社会保险法律体系的几个主要方面——养老、疾病、工伤、失业保险等，在欧洲范围内基本形成。

第一次世界大战后，欧洲各国纷纷效仿德国的做法，建立了适应本国的社会保险制度。

奥地利，1887 年建立工伤社会保险，1888 年建立疾病社会保险，1906 年建立老年社会保险，1920 年建立失业社会保险。

丹麦，1891 年建立老年社会保险，1916 年、1933 年先后建立工伤社会保险和疾病社会保险。

挪威，1894 年建立工伤社会保险，接着，1909 年、1936 年、1938 年先后建立了疾病、老年、失业社会保险。

荷兰，1895 年建立工伤社会保险，此后，1937 年和 1963 年先后建立了老年、疾病社会保险。

意大利,1898年建立工伤社会保险,1919年同时建立老年社会保险和失业社会保险。

英国,1908年建立老年社会保险,1911年、1946年分别建立疾病、失业社会保险和工伤社会保险。

法国,1898年实行工伤保险,1905年实行失业保险,1910年建立老年社会保险,1930年和1946年先后建立疾病社会保险、生育社会保险。

芬兰,1910年建立工伤社会保险,1913年同时建立老年社会保险和疾病社会保险,1949年建立失业社会保险。

瑞士,1911年建立工伤社会保险,1946年建立老年社会保险。

瑞典,1913年建立老年社会保险,1916年建立工伤社会保险。

比利时,1924年建立老年社会保险,1944年同时建立疾病社会保险与失业社会保险。

由于产业革命爆发于欧洲,它对欧洲的经济产生了巨大的影响,而对欧洲以外的其他国家的影响相对晚些,因此也决定了这些国家的经济发展与欧洲相比较有很大的差距,而且这些国家对于国家采取强制干预措施来解决公民生、老、病、死、伤残、失业等社会问题的作用一时也很难接受。上述原因都决定了这些国家建立社会保险制度的时间晚于欧洲的大多数国家。

三、社会保障制度在美国的建立

1929年,美国也受到了世界性经济危机的冲击,造成严重的社会经济后果。而当时的美国总统、共和党人胡佛根本不考虑社会保险对稳定经济、稳定社会的作用,认为社会救济不是联邦政府的事,要靠私人捐助和慈善组织解决,因此而激起民众的强烈不满,示威、游行频频出现。1933年,民主党人富兰克林·罗斯福当选美国总统。他上任后,深刻认识到对于这种社会经济的动荡,必须采取措施,摆脱危机,振兴经济,缓和国内劳资矛盾,于是他推出了新的改革措施,史称“罗斯福新政”。新政强调国家干预社会经济生活,包括由国家出面实施社会救济、社会保险和社会福利。新政影响最深远的是社会保险方面,而对社会保险的立法也经过了一个激烈的斗争过程。1935年1月,总统向国会提出年度咨文,要求进行社会保险立法,立刻遭到了以共和党人为代表的反对党的激烈反对。他们提出,如果这个法案得到通过,子女将不再赡养父母,工人也将因征收工资税而辞工不干。一时间谣言四起,骂罗斯福是疯子,说新政派要赤化美国。然而罗斯福坚定自己的决心,克服重重阻力,成功地使社会保障法案在1935年8月获得通过。这项法规充分体现了罗斯福新政的思想。

（一）美国的社会保障思想

罗斯福新政在社会保障方面的思想是：

1. 社会保险是机器大生产的客观要求，是取代已不适应形势的“家庭保障”的新的社会政策。

2. 把以“普遍福利”为核心的社会保障制度作为建国之策，以消除人们对生活中旦夕祸福和兴衰变迁的恐惧。

3. 实行强制性、多层次的老年社会保险，开始“由联邦政府承担养老金开支的一半，最终则由自给的保险本金计划所取代”。

4. 失业保险实行以地方管理为主。

5. 社会保险必须促进劳动者自我保障意识的建立，即保险资金取之于民，用之于民。

6. 社会保障项目必须逐步展开，防止一哄而上。

在养老保险方面，罗斯福认为养老金就是为了促使已届退休年龄的人放弃自己的工作，从而给年轻的一代人更多的工作机会，同时也使大家在展望老年前景时都能有一种安全的感觉。

在失业保险方面，罗斯福认为建立失业保险不仅有助于个人避免在今后被解雇时只能依赖救济，而且通过维持购买力还将缓解经济困难的冲击。失业保险的另一个好处是，它促使雇主们更仔细地进行计划安排，从而通过稳定就业本身来达到防止失业的目的。

（二）美国的社会保障原则

罗斯福还认为，社会保险立法应遵循三项原则：①除了开办费外，这项制度应该是自给的；②除老年保障外，应由各州具体经营，但必须符合联邦政府所制定的标准；③为了妥善运营费用和储备金额，保护国家的信贷结构，联邦政府应通过合众国国库的受托管理人保留对于一切款项的支配权。

（三）美国的社会保障内容

法律中规定的社会保障内容包括：①老年救济；②老年退休年金；③失业保险；④对盲人、需要抚养的儿童和其他不幸者的救济。

联邦政府根据罗斯福的建议设立了社会保险署。罗斯福的这种立法思想和原则以及其他一些具体做法，至今还为世界各国所推崇。因此可以说，美国的社会保险法案是世界社会保险发展史上一个重要的标志。

四、社会保障在世界范围内普遍建立

美国社会保障法的产生对世界各国社会保障事业促进很大，加之世界性经济危机造成了各国经济的衰退,社会动荡不安,人们的生、老、病、死、伤残、失业等社会问题,以及工人不断要求政府来解决这些问题而爆发的工人运动,更加严重地困扰着各国政府。这些国家开始认识到社会保障所具有的其他政策所无法比拟的作用,于是开始着手建立适合本国国情的社会保障制度。据1993年出版的美国社会保障总署研究报告——《全球社会保障制度》的统计,到1940年,实行任何一种社会保险的国家有57个;实行老年、伤残和遗属保险的国家有33个;实行疾病和生育保险的国家有24个;实行工伤保险的国家有57个;实行失业保险的国家有21个。到第二次世界大战以后,北美洲国家、大洋洲发达国家、亚洲发达国家和地区纷纷建立起社会保障制度。

20世纪50年代后期至70年代可以说是社会保险发展的鼎盛时期。仅对1958~1967年的统计,实行社会保险的国家就由80个猛增到120个。分析其原因主要是:首先,二战结束后,各国开始把主要精力由应付战争转移到了发展经济上来,这就要制定一些有利于经济发展的配套措施,以扫清阻碍经济发展的问题。社会保险政策是各国首选的措施,因为它的建立能很好地安抚民众,缓和劳资矛盾,促进经济发展。其次,战后各国开始注重经济发展,尤其是工业发展最为迅速,随着工业企业的增多,工伤事故也随之增多,建立工伤保险制度已成当务之急。所以这个时期建立工伤保险的国家(地区)最多,由1958年的77个,增加到1977年的117个,增长速度之快是其他保险项目所无法比拟的。

进入80年代以来,社会保险呈现了平稳上升的趋势。如,1981年实行社会保险的国家(地区)为139个,1985年是142个,1990年是146个。进入90年代,建立社会保险的国家出现了比较大的增长趋势,1992年实行社会保险的国家(地区)达到了163个。分析起来,其原因大体有三:第一,新兴国家的产生,如90年代初,苏联的解体,形成了15个共和国,这些新产生的国家是实行社会保险国家猛增的一个主要原因;第二,原有的实行其他模式的保险制度的国家改为实行社会保险制度;第三,随着经济的不断发展,社会保险制度越来越健全和完善,许多国家在建立社会保险之初,一般都是单项立法,对一些认为比较急迫、比较重要的项目先行立法。随着经济水平的提高,以及人们对社会保险其他项目立法的呼声不断高涨,许多国家开始着手健全本国的社会保险制度,完善社会保险各项目的立法。

社会保障在这个阶段的特点是:第一,社会保障制度从欧洲推向美洲;第二,欧美各国政府对社会保障制度的干预增加;第三,各种社会福利和社会保障理论对社会保障事业的发展起了极大的推动作用。

第二节　社会保障的主要内容

一、社会保障的内涵和外延

（一）社会保障的内涵

“社会保障”（Asial security）一词，最早是在1935年美国的《社会保障法》（Socia1 Security Aci）中出现的，这个词再一次出现，是在1938年新西兰通过的一项法案之中。这个法案将一些现行的和新兴的社会保障福利集中了起来。在1941年第二次世界大战时，罗斯福和丘吉尔在大西洋一艘军舰上签订的《大西洋宪章》中也使用过这个词。国际劳工组织（ILO）深刻地认识到这个词的价值，认为这样一个简单而又引人注意的词，确切地表达了全世界人民的一种最深切、最广泛的愿望，并很快开始使用。

国际劳工组织给“社会保障”一词下的定义是：“社会通过一系列公共设施，为其成员提供保护，以防止因疾病、产期、工伤、失业、年老和死亡致使停止或大量减少收入造成的经济和社会困难，提供医疗和为有子女的家庭提供补助金。”[①]这一定义包含了以下几层意思：①社会是举办和实施保障的主体；②社会保障必须通过建立一系列的公共设施来实现；③社会保障的对象是社会全体成员；④社会保障的目标是防止因疾病等原因导致的工作停止或大量减少收入造成的经济和社会困难，并为其提供医疗和为有子女的家庭提供补助金等。其实质是为社会提供一种稳定机制。

概括起来，社会保障是指国家以立法和行政措施确立对遇到疾病、伤残、生育、年老、死亡、失业、灾害或其他风险的社会成员给予相应的经济、物质和服务的帮助，以保障其基本生活需要的一种社会经济福利制度。

（二）社会保障的外延

1952～1982年间，国际劳工组织将社会保障制度的内容归并为：社会保险（Asial insurance）、社会援助（Asial assistance）、由国家财政收入资助的补助金（Benefits）、家属补助金（Fami1y benefits）、储备基金（Providentsfunds）以及雇主规定的补充年金和围绕社会保障而发展的辅助性或补充性计划。

社会保障是由一系列保障项目构成的一个体系。社会保障体系是指社会保障各个有机构成部分的相互联系、相辅相成的总体。社会保障体系一般包括

---

① 国际劳工组织编：《社会保障》（职工教育读本），中国劳动出版社，1995年版，第3页。

社会保险、社会救济、社会福利及优抚安置等保障制度。其中，社会保险是社会保障制度中最基本和核心的制度。

根据中国共产党十四届三中全会通过的《中共中央关于建立社会主义市场经济体制若干问题的决定》，我国将社会保障体系分为社会保险、社会福利、社会救济、优抚安置和社会互助、个人储蓄积累保障等几大类。

经过十多年的改革与发展，我国社会保障体系建设在稳步中推进，同时也在不断地加以补充和完善。根据中国共产党第十六届中央委员会第六次全体会议通过的《中共中央关于构建社会主义和谐社会若干重大问题的决定》，我国要逐步建立社会保障、社会救助①、社会福利、慈善事业相衔接的覆盖城乡居民的社会保障体系，并且要发挥商业保险在健全社会保障体系中的重要作用，加快廉租住房建设，规范和加强经济适用房建设，逐步解决城镇低收入家庭住房困难。

根据近年来改革的发展和需要，权威人士认为，我国正在建立的有中国特色的新型社会保障体系，按照资金的筹集方式和保障目标分类，大致由三大块构成，内含13个项目。

第一块是由国家立法强制实施、且由三方或两方承担资金的社会保险和住房保障。具体项目有养老保险、失业保险、医疗保险、生育保险、工伤保险和住房保障。

第二块是由国家财政支撑的社会保障项目。具体项目有社会救济、优抚安置、社会福利和社区服务。

第三块是由遵循自愿原则，以盈利为目的的商业保险。具体项目包括个人投保、企业投保和互助性保险三项。它适应社会需求多层次的特点，当“雪中送炭”型的社会保险建立之后，“锦上添花”的需求则通过商业保险来满足。这是社会保险的最重要的补充。

除此之外，在市场经济建立健全并逐步使一大部分社会公民走向富裕的今天，推行和发展与世界接轨的“慈善事业”，无疑是对国家社会保障体系的补充和完善。可以说，发展慈善事业是社会保障的配套工程，也是发展社会主义市场经济的内在要求。

总体上，随着社会的发展，社会保障的内涵和外延还会不断地扩充和完善。

二、社会保险的内涵、外延及其运作特点

（一）社会保险的内涵

社会保险是以国家为主体，通过立法手段，设立保险基金，当劳动者在年

① 此处“社会救助”概念与文中“社会救济”概念可视为同一概念。

老、患病、生育、伤残、死亡等暂时或永久丧失劳动能力,以及由于失业中断劳动而失去收入来源时,由社会给予物质帮助和补偿的一种社会保障制度。

社会保险的这一表述有以下含义:

1. 社会保险是国家举办和发展的一项社会事业。《中华人民共和国劳动法》(以下简称《劳动法》)第七十条规定:"国家发展社会保险事业,建立社会保险制度。"这里强调的是:社会保险举办的主体是国家;社会保险是一项社会事业,是促进社会进步、保障社会生产稳定和社会安定的一项社会举措。

2. 社会保险是以国家立法为保证和依据的。这里强调的是:推行社会保险必须要有法律保障;实施社会保险必须依法进行。

3. 社会保险是以建立保险基金为物质基础的。建立保险基金,是社会保险得以正常进行的必要条件,是实现社会保险目的的关键所在。

4. 社会保险的保障对象是劳动者。这一含义明确了社会保险的属性,界定了社会保险的范围。

5. 社会保险的目的在于保障当劳动者遭受劳动风险,即在劳动者暂时或永久丧失劳动能力以及失业丧失生活的来源时,从社会得到基本生活的物质帮助和补偿。社会保险通过建立保险基金补偿收入损失,借以分散劳动风险,是社会保险的主要功能,其实质是保证劳动者在特殊情况下参与社会分配。

6. 社会保险是社会保障制度的一种,是社会保障的核心部分,社会保险政策是国家社会政策的重要组成部分。

(二)社会保险的外延

我国《劳动法》第七十三条规定:"劳动者在下列情形下,依法享受社会保险待遇:(1)退休;(2)患病、负伤;(3)因工伤残或者患职业病;(4)失业;(5)生育。劳动者死亡后,其遗属依法享受遗属津贴。"

按照《劳动法》的规定,社会保险的外延应包括:疾病或非因工伤残保险、养老保险、工伤保险、失业保险、生育保险和遗属津贴。自 1987 年我国首次由中国劳动出版社出版社会保险教材以来,到 1996 年止,几乎所有不同版本的社会保险教材都是按照这种划分和险种的称谓来编写的,只不过是把疾病保险中的医疗待遇另称为医疗保险;把遗属津贴称为死亡保险。

进入 20 世纪 90 年代以来,职工疾病、伤残的医疗问题日益突出,医疗保险因此逐渐从疾病保险中分离出来,成为一个单独的险种。1994 年 11 月 18 日,国务院对镇江市、九江市医疗保障制度改革的试点方案作了批复。与此同时,考虑到与国际上的称谓接轨,将职工疾病保险中的生活待遇改称为疾病、伤残津贴。1994 年 11 月 25 日,劳动部印发的《社会保险法(草案)》(讨论稿)中明确:“社会保险制度包括:养老保险、失业保险、工伤保险、医疗保险、生育保险和疾病、伤残、遗属津贴。”即“五大保险”和“三大津贴”。

以上保险项目,在国际上被划分、归并为四类或五类,即:老年、伤残和遗属保险(即年金保险);生育、疾病(包括医疗在内)保险;工伤保险;失业保险。

有的国家将失业保险和疾病保险中的医疗保险分立出来,划分为五类保险。

(三)社会保险的运作特点

社会保险的运作特点是:①一般由职工和用人单位共同缴费,为社会保险计划提供资金,国家也可能给予补充保险资金;②参加保险是强制性的,只有极少数例外;③保险缴费构成专门保险基金并用于支付保险待遇;④用剩余基金投资以保值增值;⑤领取保险金或津贴的权利按其缴纳保险费的记载予以保证,无须做家庭经济状况调查;⑥保险待遇与津贴往往和工资收入成比例;⑦工伤保险费用通常完全由用人单位负担,国家也可能提供帮助。

(四)社会保险与商业人身保险

1. 社会保险与商业人身保险的共性。商业人身保险(或称人寿保险)是保险企业经营的、以人的生命和身体为保险对象的一类险种,包括健康保险、生存保险、死亡保险、生存两全保险、旅客意外伤害保险、团体人身意外保险、团体人身保险等,是区别于财产保险一类业务的总称。保险企业通过订立合同办理的人身保险,在向被保险人收取一定的保险费后,使被保险人遭遇人身危险,即人的身体或生命因不幸事故、意外灾害、疾病、衰老以至需要在老龄、死亡、伤残、丧失工作能力时能够得到物质补偿。根据《保险企业管理暂行条例》的规定:“人身保险是指保险企业在被保险人人身伤亡、疾病、养老或保险期满时向被保险方或其受益人给付保险金的保险。”

社会保险与商业人身保险有着共同的共济性特点,都是运用大数法则,以分散风险。也就是“集聚众多人的经济力量,分担个别意外事件的损失”,对发生这些事件的劳动者提供安全保障,以确保社会生产能继续进行和保障人民生活安定。具体来说,其共同的原理是:

(1)危险的存在。保险的对立面是危险,危险的客观存在是创立保险的前提。可以说保险是安全保障的一种措施,或是应付危险的一种对策。危险可能发生,但不知在何时、何地发生及发生后造成多大灾害。正是由于危险的不确定性,被保险人才有保险的需要。

(2)危险的可认识性。危险虽有不确定性,但从较大范围和较长时间看,它又是必然会发生的。通过以前大量发生的事件,运用大数法则、统计资料和长期经验，又可以认识和掌握其发生、发展的规律，即可以计算出各种危险事件在一定时间和范围内发生的概率，根据它来征收保险费。

(3)危险发生前必须建立基金。根据危险的不确定性和发生损害的可能性，首先在危险发生之前筹集保险基金，作为补偿危险损失时保险的开支。

(4)危险的补偿。通过保险的补偿，确保社会再生产的继续和人民生活的安定。

从以上分析看，社会保险和人身保险在一些基本原理上是共同存在、相互联系的。

2. 社会保险与商业人身保险的区别。社会保险同商业保险虽然都具有互助互济、分担危险、保障人民生活安定、维持经济繁荣的功能，但是二者在性质上有着根本的区别。具体表现在以下几个方面：

(1)保险目的和性质不同。前者是强制性的社会保障，不以盈利为目的，属于社会福利性质；后者是金融企业的经营活动，以盈利为目的和减少经济损失为前提，并根据投保额决定补偿额，遵循“多投多保，少投少保，不投不保”的原则，纯属经济行为。

(2)保险对象和作用不同。前者的对象是社会劳动者，目的在于保障他们在老弱病残和失业时的基本生活；后者以人的身体为保险对象，被保险人可以根据自己生命的不同阶段，身体的不同部位，或根据可能出现的危险进行投保，以期获得一定的经济补偿。

(3)权利与义务对等关系不同。前者强调劳动者必须履行社会劳动的义务，缴纳了社会保险费，方能获得享受社会保险金的待遇和权利，权利与义务基本对等；后者的保险金额取决于投保时缴纳保费的数量，以投保额决定偿还额，权利和义务体现在金钱关系的对等上。

(4)保障水准不同。前者的出发点是保障劳动者的基本生活；后者的保障水平完全以投保人所缴纳保险费的多少为标准，要享受较高的保险水准，便须多缴纳相应的保险费和延长投保年限。

(5)立法范畴不同。前者属于社会立法范畴；后者是企业的金融活动，属于经济立法范畴。

(6)管理体制不同。前者属于国家主办，属于行政管理体制；后者是金融企业，保险的经营主体是由国家有关部门审查批准的专门经营保险业的法人，保险公司作为相对独立的经济实体，自主灵活经营，属于财政金融体制。

正确区别两者的关系，有助于我们对两者制定不同的政策，以使两者共同在市场经济中发挥作用。

3. 商业人身保险可以作为社会保险的补充。社会保险需要商业保险作补充,完全由人身保险代替社会保险,目前世界上还没有先例。西方发达国家的人身保险尽管有了很大的发展,但并没有取代社会保险。在我国,以人身保险作为社会保险的补充,是因为目前我国生产力水平还比较低,社会保险尚未普及到全社会的劳动者。那些没有受到社会保险覆盖的公民,完全可以自愿向商业保险公司投保,以保护自己免遭风险的损害,已享受社会保险待遇的部分职工,保障的程度也不高。为了扩大社会保险的覆盖面和提高部分有缴纳保险费能力职工的保障水平,积极发展人民保险公司的养老保险和医疗保险,是有积极意义的。当社会保险覆盖面还不能覆盖全社会时,商业的人身保险作为社会保险的补充,对社会的安全和经济的发展,同样起到积极的作用。因此,我们不仅要发展以社会保险为主体的社会保障制度,而且还要大力发展商业人身保险。

三、社会救济的概念及其运作特点

(一)社会救济的概念

社会救济是由国家和社会按照法定的标准,向未达到最低限度生活水平的公民,提供满足其最低生活水平的物质援助的一种社会保障制度。社会救济的目标是克服贫困,从这个意义上说,现实生活中的贫困现象决定了社会救济的内容。按贫困的原因分类,社会救济应包括自然灾害救济、孤寡病残救济、城市困难户救济和失业破产救济等。具体救济对象大致有:农村贫困户、城市贫困户、城乡特殊困难对象,如灾民、五保户等。

(二)社会救济的内容

社会救济的内容大体可分为三个方面。

1. 自然灾害救济。这是公民在遭受自然灾害而陷于生活贫困时,由国家和社会紧急提供维持其最低生活水平的资金和物质的社会救助项目。

2. 失业破产救济。这是公民因企业破产或较长时间失业而陷入生活困难时,由国家和社会紧急提供维持其最低生活水平的资金和物质的社会救助项目。

3. 孤寡病残救济。这是指公民在因个人生理原因丧失劳动能力而陷入生活困难时,由国家和社会紧急提供维持其最低生活水平的资金和物质的社会救助项目。

(三)社会救济的运作特点

1. 强调国家和社会对公民的责任和义务,在权利和义务方面具有单向性。

2. 由国家财政提供救济资金,资金来源单一,属于非个人缴费制度。

3. 只有在公民陷入规定的困境之后,才能取得。

4. 必须经过家庭经济调查,确实证明公民不能保证最低生活之需时,才给予救济。

5. 个人申请是发放救济的必要条件。

6. 强调保障最低生活水平。所谓最低生活水平,可以从绝对意义上理解和界定,即保有维持生命所必需的最低限度的饮食、穿戴和居住条件,而不致受冻挨饿。这也就是常说的绝对贫困。最低生活水平也可以从相对意义上理解和界定,即享有在当时、当地生产力水平下相对来讲属于数量最少的消费资料和服务。实际上是已脱离绝对贫困,而属于一种相对贫困。

四、社会福利的概念及其特点

(一)社会福利的概念

社会福利是指国家和社会按照立法或政策的规定,对社会全体成员提供的旨在提高生活水平和生活质量的各种设施、资金、服务等的一种社会保障制度。社会福利构成社会保障体系最高层次的内容。

社会福利有广义和狭义之分。广义的社会福利,泛指有关改善社会成员物质文化生活的一切举措。世界上许多国家,特别是西方发达国家大体上都是这样;狭义的社会福利,则把社会福利作为社会保障制度中的一个具体方面或特定的领域,即指专为社会弱者所提供的带有福利性质的社会服务和保障。

在我国,通常把社会福利作为社会保障制度的一个重要组成部分来对待。现行体制决定了我国的福利工作是分别由政府中的劳动、卫生、文化和民政等不同的职能部门来管理的。其中由劳动部门所分管的那一部分福利工作,形成了一个专有的概念,统称为"职工福利"。由卫生和文化部门所分管的那些社会福利,一般称之为"社会公益事业",而只有民政部门所分管的各项社会福利工作,由于它包容了世界上大多数国家社会福利的传统内容,即"政府和社会组织为满足各类社会弱者及遇有一定困难的社区成员之基本物质、文化需求所提供或组织实施的带有福利性的社会服务与保障",因此被称之为"社会福利"或"社会福利事业"。

(二)社会福利的内容

作为社会保障的组成部分,我国政府民政部门主管的社会福利主要包括三部分内容。

1. 社会福利事业、残疾人的社会福利生产和社区福利服务。社会福利事业,主要包括国家公办和多种社会力量兴办的城市社会福利院、光荣院、孤残儿童福利院、精神病院、荣军医院、SOS儿童村、老人公寓和农村集体举办的乡镇敬老院、光荣院等。

2. 残疾人的社会福利生产和假肢的科研与生产。残疾人的社会福利生产主要是指国家、集体和社会各界为帮助有一定劳动能力的残疾人实现劳动就业而举办的各种生产经营活动,包括研制和生产残疾人使用的各种假肢、矫形器等,国家从政策上予以一定的扶植保护及优惠。

3. 社区福利服务。社区福利服务是指在政府指导下,依托街道、居委会,通过动员社会各方面力量和组织社区群众开展社会互助,为社区成员提供各种福利服务和便民利民服务,它是社会福利工作在改革开放的新形势下开辟的新领域。

(三)社会福利的特点

社会福利的特点比较明显,主要表现在:①强调国家和社会在实现福利目标过程中的直接的责任性;②社会福利具有显著的普遍性原则,国家立法和政策规定范围内的社会成员都能普遍地享受社会福利提供的津贴或服务;③社会福利重点提供的是有关提高生活质量方面的设施、津贴和服务。

五、优抚安置的概念及其特点

(一)优抚安置的概念

优抚安置是国家和社会按照规定的优抚对象,对其提供确保一定生活水平的资金和服务的带有褒扬和优待抚恤性质的特殊保障制度。

从我国的情况看,优抚安置的内容大致包括:军人死亡抚恤、军人伤残抚恤;军人退役安置、军人退休安置、军人及其家属的社会优待等。

(二)优抚安置的特点

优抚安置不是一种新的社会保障形式,它是一项针对特殊对象的横向、综合性的社会保障制度。其特点是:①保障对象只限于法定的优抚对象,如:现役军人;退伍、复员、转业军人;军队离休、退休干部;现役军人家属;烈士家属;牺牲、病残军人家属;革命伤残军人;其他特殊时期、特殊地区的特殊对象。②保障水平较高,确保优抚对象的生活水平略高于当地群众的平均水平。③对优抚对象不但提供资金保障,同时还提供服务保障。④采取的手段包括社会保险手段、社会救济手段和社会福利手段。⑤保障基金和服务由国家和社会负担。

六、社会互助的概念及其特点

(一)社会互助的概念

社会互助,是不同地域或同一地区的社会组织之间、公民之间,以及同一社会组织内部的公民之间,在某一部分社会组织或某一部分公民遭遇某种风险而发生经济或生活困难时,由其他社会组织或公民给予物质或服务援助的行为。社会互助是对基本社会保障的一种补充和完善。

社会互助的内容非常广泛,例如,国内外的雇佣组织、社会团体和公民对灾民捐款、捐物;某些富裕地区对贫困地区以及城市对农村的“对口支援”;中国青少年基金会发起的“希望工程”;企业单位内部职工的互助基金会,以及建立在自愿、自治、自助、互助基础上的城乡社区服务、邻里互助等。

(二)社会互助的特点

社会互助的特点是:①社会互助是建立在社会组织或公民自愿基础上的,有时也需要政府或某些社会组织出面号召和组织,但它不是政府行为;②社会互助是面向全体成员的,是双向的,遇到困难的公民可以接受他人的援助,但在条件好转时,也应努力帮助其他遇到困难的人;③社会互助强调的是义务,而不是权利;④社会互助一般是建立在人道主义基础上的,它有助于培养和发扬集体主义和社会主义道德新风尚,有利于建立良好的人际关系,形成良好的社会风气,促进社会的和谐与安定。

七、个人储蓄积累保障的概念及其特点

(一)个人储蓄积累保障的概念

对个人储蓄积累保障,有三种理解和界定。

第一种理解和界定是:国际劳工组织将个人储蓄积累的保障,称之为储蓄保险基金或公积金。它是指一些国家,特别是那些发展中国家适宜采用的方法,一般称之为“中央公积金计划”。储蓄基金是一种强制性的储蓄手段,工人和雇主按规定向中央储蓄基金会缴纳保险费,加上定期的利息收入,单独记入个人贷方账户。当公民发生年老、丧失劳动能力或患病等情况时,将积累的储蓄加利息发给本人或其家属。有人认为,这不是一种真正的社会保障计划,因为被保护的人之间不分担风险。此外,在遇到通货膨胀时,积累的储蓄会失去部分购买力。因此,有些人主张,应在适当时期把储蓄基金制度转化为社会保险制度。

第二种理解和界定是:对没有建立起社会保险制度的地区或没有列入社会保险范围的公民,在有收入的时期,将部分收入储蓄起来,以备减少、中断收入时维持生计之用。储蓄的方法既可采取银行存款的方式,也可采取向人寿保险公司投保的方式。

第三种理解和界定是:对已包括在社会保险范围之内的劳动者,除向社会

保险机构按标准缴费外,再另外定期或不定期缴纳保险费,以作为补充保险,或另外向人寿保险公司投保,以作为社会保险的补充。

在以上三种理解和界定中,如果把个人储蓄积累保障同社会保障其他五个组成部分区分和并列,则应当是上述三种中的第二种。但不管是哪一种理解和界定,个人储蓄积累保障都是有积极作用的。

(二)个人储蓄积累保障的特点

个人储蓄积累保障的特点是:①强调的是自我保障;②除"中央公积金计划"外,储蓄积累保障是自愿性的,储蓄积累水平决定于储蓄能力和对个人储蓄积累保障重要性的认识;③劳动者或公民之间不分担风险,没有互济性;④有可能遭遇通货膨胀危险,降低储蓄基金购买力。

第三节 现代社会保障的特征和功能

一、现代社会保障的基本特征

一般来说,现代社会保障具有六个方面的基本特征。

第一,社会保障的保障性通常由国家立法加以确定,政府和社会组织加以保证。如我国《宪法》第四十四条、第四十五条规定:"中华人民共和国公民在年老、疾病或者丧失劳动能力的情况下,有从国家和社会获得物质帮助的权利"。"国家发展为享受这些权利所需要的社会保险、社会救济和医疗卫生事业。"

第二,强制性。社会保障通过立法确立国家和社会成员的权利义务关系。国家必须保证社会成员在遇到年老、疾病、生育、死亡等风险时得到基本生活的保障,同时,必须依法向社会成员强制征收社会保险税(费)。

第三,社会性。社会保障的覆盖范围应是全体社会成员。各行各业的劳动者及无业者,一旦遇到生存危机,原则上都应得到基本生活的保障。

第四,互济性。社会保障是按照社会成员共担风险的原理组织进行的。社会保障的统筹支付和管理,充分体现了人类互助互济的原则。

第五,公平性。实现公平分配是社会保障追求的目标。社会保障的公平性主要体现在社会成员享受社会保障待遇的权利和机会是均等的。

第六,福利性。社会保障的福利性表现为社会保障事业是一种社会福利事业,他不以盈利为目的。

二、社会保障的功能

社会保障的功能在于通过国民收入再分配,使贫困人口比例有所下降,社会成员的基本生活得以保障,起到促进社会稳定、实现社会公平的作用。

(一)社会保障是减轻贫困、改善生活条件和促进社会进步的工具

近些年来,人们对经济增长与经济发展的概念有了较深刻的认识,已经认识到发展是经济因素与社会进步不断相互作用的进程。正如1970年10月24日联合国第2626号决议通过的《1970年~1980年国际发展战略》中强调的:"发展应该把保证不断改善每个人的福利,并为所有人谋利益作为最终目的……重要的在于保证更加公正地分配收入与财富,以促进社会正义与生产效率,显著提高就业水平,增强收入保障,扩大和改善教育、公共健康、营养、住房和社会保护,保护环境。"①

1976年,国际劳工局在题为《就业、增长和基本需求:全球性问题》的报告中指出:"就业问题是同广泛的贫困与不平等问题密切联系在一起的……作为一个目标明确的发展规划,应当包括满足绝对基本需要的水平。"②"基本需要"战略的关键是使满足穷人的需要成为发展政策的核心。

上述关于发展和达到目的的方法的变化,提出了社会保险(保障)应当在社会发展中发挥怎样的作用的问题。

事实就是这样,最初的社会保障计划是为了使劳动者得到比社会救济更好的保护,使他们免遭贫困。后来,社会保障的完善和加强,使更多的劳动者在遇到困难时得到了满足基本生活的救助。虽然社会保障没能消灭贫困,但在减轻贫困方面却作出了重要贡献。

对发展中国家来说,虽然社会保障开始只对少数工资劳动者提供保护,但随着经济的发展,城市人口和工资劳动者不断增多,社会保障的范围在不断扩大。就是说,只要国家重视和发展社会保障事业,那么就会使社会保障成为社会进步和改善农村生活条件不可缺少的力量和工具。

(二)社会保障是促进和保证经济发展的关键因素

经济发展的重要特征表现为货币使用量的增大和大机器工业的发展,大量农村人口向城市的转移。随着经济的发展,大量向城市转移的人口生活在都市环境中,并完全依靠工资作为生活来源,生活方式和生活资料发生了很大变化。在改变了的经济环境下,各种事故和风险威胁着劳动者的劳动能力,正常的工资收入被迫中断或减少,以致不能维持本人及其家庭的生活。这样,建立并扩大社会保障,使劳动者免遭各种事故和风险的伤害,以保证对经济发展所需劳

① 国际劳工局社会保障局:《社会保障导论》,劳动人事出版社,1989年版,第145页。
② 国际劳工组织:《社会保障基础》,吉林大学出版社,1989年版,第145页。

动力的供给,也就成为促进和保证经济发展的一个关键因素。

同时,在社会总供给与总需求方面,社会保障是促进经济稳定发展的"调节器"。这种调节器的作用表现在,在经济高涨时期,劳动者就业增加,收入较高,随之人们缴纳的社会保险费就多,但社会保险给付减少,从而在社会需求过旺中起到一定的抑制需求的作用;而当经济衰退、社会总需求下降时,失业人员增多,收入下降,随之人们缴纳的社会保险费减少,但对社会保险金的给付增加,这时,社会保险在一定程度上又起到了增加社会需求、刺激经济回升和增长的作用。从一个较长的时期来看,社会保险加上其他社会保障组成部分作为调节器,直接表现为减少了经济危机发生的频率,减轻了经济危机对经济和人民生活的危害程度。

(三)社会保障是实现收入再分配,促进社会公平的手段

社会保障被用做重新分配收入的工具,是通过运用"大数法则"方法建立保险基金和纵横两种再分配方式实现的。"大数法则"亦称"大数定律",是随机现象在大量重复中出现的具有稳定性质的规律。如投掷一枚硬币,每次出现正面或反面虽然是偶然的,但在大量重复时,出现正面次数与总次数相比,必然接近于1∶2,这是人类最早发现的大数定律之一。大数定律的狭义理解是指概率论中用来阐明大量随机现象的平均结果的稳定性的一系列理论,它表现了必然性和偶然性之间的辩证联系的规律。由于它的作用,大量随机因素的总和作用必然导致某种不依赖于个别随机事件的结果。

在社会保险工作中,可利用大数法则原理分析大量劳动风险的随机现象,找出其运动的规律性,进而制定和采取有针对性的措施。例如,对一个地区内所辖企业工伤人数的统计,在积累了一个较长时期后,如5年或10年的大量统计数据,就可以确定出一段短时间内,如1年的平均工伤率,从而预测每年工伤保险所需的支出,并据此筹集工伤保险基金,实现"多数人分担少数人的风险"的保险原则。

社会保险的横向再分配收入,即在健康工人与患病工人之间、工作者与退休者之间、无生育者与有生育者之间的再分配是社会保险的各个项目都有的。一方面,人们按时缴纳保险费,另一方面,各保险项目在有人发生劳动风险时将保险金转付给这些人。在横向再分配上,"大数法则"发挥着作用。

社会保险的纵向再分配收入,即将高收入阶层的收入及其购买力转移给低收入阶层。这种转移支出表现在,保险基金更多地来自于高收入者,较少地来自于低收入者,而保险金的给付,相对于缴费来说,高收入者得到的反而较少,低收入者得到的反而较多。这种纵向再分配一般在三个层次上进行:在不同的收入阶层之间;在国家与企业、国家与职工、企业与职工之间;在代与代之间。这种纵向的调节有助于克服社会分配的不公和缩小社会贫富间的差距,消除社

会不安定的因素，为国家和社会的稳定发展提供保障机制。

第二次世界大战后，西方国家通过完善社会保险制度和其他社会保障制度，对国民收入进行了一定程度的再分配，使劳动者的生活负担有了很大减轻，阶级矛盾有所缓和。近几十年来，尽管周期性经济危机仍在出现，失业率一直保持着很高的记录，但社会仍能维持比较稳定的局面，应当说以社会保险为核心的社会保障起着很重要的作用，以致被称为"安全网"和"减震器"。

我国由于受国际经济环境的影响，经济发展也会出现周期性波动，同时，市场机制和竞争规律发挥作用的结果，总会有部分行业、企业或劳动者面临生存困难。通过建立健全社会保险制度，帮助他们渡过难关，无疑将对我国经济发展、社会稳定具有重要的意义。

本章小结

本章叙述了社会保障产生的社会经济条件、社会保障的内涵及其外延，社会保险、社会福利、社会救济、社会优抚、社会互助、个人储蓄积累保障的概念，及其运作特点等，同时对社会保障的特征和功能进行了概述。

重要概念

社会保障　社会保险　社会救济　社会福利　社会互助

思考题

1. 社会保障产生的社会经济条件是什么？
2. 社会保险的运作特点有哪些？
3. 社会保险与商业人身保险有哪些联系与区别？
4. 社会福利的运作特点有哪些？
5. 优抚安置的概念及其特点是什么？
6. 社会互助有哪些特点？
7. 现代社会保障基本特征和功能有哪些？

Chapter 2

第二章 社会保障理论

本章学习要点

理论的源流在于实践,实践的依据又在于理论。社会保障制度是各国社会经济发展到一定阶段的产物,是各国经济、社会、政治、文化及伦理道德等诸多因素作用的结果。正是受了多种因素和各传统学科的影响,才形成了社会保障制度不同的思想流派。本章的学习要点包括:西方社会保障基本理论和马克思关于社会保障制度的理论;社会保障制度中的公平与效率、市场与政府的作用、人权与社会保障的关系;社会保障水平理论,努力把握社会保障的适度水平,才能在追求效率的前提下实现社会公平。

第一节 社会保障的基本理论及发展

一、西方社会保障的基本理论

社会保障制度是市场经济发展的需要,有它存在的理论基础。在西方经济学中,不同的经济学流派从不同的角度对社会保障问题进行了理论阐述,从而形成了西方社会保障经济理论,并使这一理论逐步系统化。西方社会保障理论经历了三个发展阶段①。

① 陈银娥:《西方福利经济理论的发展演变》,《华中师范大学学报》(人文社会科学版),2000年第4期,第89~95页。

(一)西方社会保障理论的产生阶段

西方社会保障理论经历了一个从否定社会救济到主张社会福利的思想发展过程,具体内容包括三个方面:德国历史学派提倡国家福利的社会保障思想、英国的费边社会主义思想和福利经济学关于福利保障的思想。

1. 德国新历史学派。德国新历史学派又被称为“讲坛社会主义”,是19世纪70年代在德国开始流行的一种改良主义思潮。其主要代表人物有施穆勒(Gusmv SclanoUer)、布伦坦诺(Lujo Brentano)等人,他们认为,国家是集体经济的最高形式,是公务机关。在进步的文明社会中,国家的公共职能应不断扩大和增加,凡是个人努力所不能达到或不能顺利达到的目标,都理应由国家实现。1872年,新历史学派在爱森纳赫召开会议,并组织了“社会政治协会”,施穆勒在会上致开幕词。他说,我们虽然不满意现在社会的状况,深感改良的必要,但我们不主张打破现存的关系,而是要改革经济主张和现有生产形态及各个社会阶级现存的教养和心理状态,并以此为我们活动的出发点。从这种改良社会主义观点出发,他们提出要增进社会福利,实行社会改革,并通过工会组织来调整劳资之间的矛盾,主张由国家来制定劳动保险法、孤寡救济法等。这些主张成为德国政府实行社会保障制度的依据。

新历史学派的政策主张包括:①国家的职能不仅在于安定社会秩序和发展军事实力,还在于直接干预和控制经济生活,即经济管理的职能;②国家的法令、法规、法律至上,决定经济发展的进程;③经济问题与伦理道德是密切相关的,人类的经济生活并不是仅仅局限于满足本身物质方面的欲望,而且还应满足高尚的、完善的伦理道德方面的欲望;④劳工问题是德意志帝国面临的最严峻的问题;⑤国家应通过立法,实行包括社会保险、孤寡救济、劳资合作以及工厂监督在内的一系列社会措施,自上而下地实行经济和社会改革。新历史学派以此来反对“斯密的经济自由主义”和“马克思的社会主义”。他们的主张被俾斯麦政府所接受,从而成为德国率先实施社会保险的理论依据。

新历史学派的这些主张,后来经制度学派而在美国得以发展,并得到欧洲一些国家的部分认可,这是西方资本主义国家初级社会保障的思想基础。

2. 英国的费边社会主义。费边社会主义是英国资产阶级的一种改良主义思潮。主要代表人物有萧伯纳、韦伯等。他们于1884年成立费边社,提出实行费边社会主义,主张温和缓进,反对无产阶级革命运动。费边社主张改善社会福利,认为缩短工时,限制雇用童工、女工,改善车间工作条件等,为“集体主义对个人贪欲的限制”,是向社会主义过渡;主张对非劳动所得征收累进所得税;主张制定“全国最低生活标准”。20世纪初,英国费边主义者韦伯夫妇设计了

“福利国家”的蓝图,主张通过资产阶级议会,对贫民和失业者,包括病人、残疾人、老年人实行救济。费边主义者企图通过这种缓和的、渐进的改良办法,实现所谓的“社会主义”。同一时期,英国经济学家和改良主义者霍布森主张以“社会福利”作为经济研究的中心问题,通过税收政策或国有化措施,使“剩余价值”归政府所有,用于“社会福利”。

1938 年前成立的新费边社,目前仍在于研究各种社会和经济问题,继续宣传改良主义的思想。费边社会主义对于英国开始社会保险立法以至二次大战后实行社会福利政策产生了重大影响。

3. 庇古的福利经济学。阿瑟·赛西尔·庇古(1877 ~ 1959 年)是英国著名经济学家,西方旧福利经济学的创始人。1912 年,庇古出版了《财富和福利》一书,1920 年又把该书扩展为《福利经济学》,这本书系统地论述了福利经济学理论。

庇古主张,国家实行养老金制度和失业救助制度,建立了福利经济学的社会保障经济理论。他运用边际效用递减规律,以 18 世纪末和 19 世纪初英国哲学家边沁的功利主义理论为基础,依据边沁所提出的“最大多数人的最大福利”这一功利原则论述了社会保障政策的经济意义。庇古假定,在收入分配中有一个货币收入的边际效用递减规律在起作用。同一英镑的收入对穷人和富人的效用是不同的,穷人一英镑收入的效用大于富人一英镑收入的效用。因此具有收入再分配性质的社会保障政策可以扩大一国的“经济福利”,因为收入再分配过程中穷人得到效用的增加要大于富人效用的损失,社会总效用会增加。因此他主张:①增加必要的货币补贴,改善劳动者的劳动条件,使劳动者的患病、残疾、失业和养老能得到适当的物质帮助和社会服务。②向收入高的富人征收累进所得税,向低收入劳动者增加失业补助和社会救济,以实现收入的均等化,从而增加普遍的福利效果。③实行普遍养老金制度,或按最低收入进行普遍补贴的制度,通过有效的收入转移支付实现社会公平。

庇古的福利经济学和收入均等化理论对西方国家的社会保障政策产生了重要的影响,为社会保障制度的建立奠定了理论基础。

(二)西方社会保障理论的形成阶段

西方社会保障理论的第二个发展阶段是在两次世界大战之间。它标志着福利型社会保障思想的确立,这一阶段有代表性的理论主要包括凯恩斯的社会需求理论和贝弗里奇的社会福利政策等等。

1. 凯恩斯的有效需求理论。约翰·梅纳德·凯恩斯(1883 ~ 1946 年)是英国著名经济学家。在其代表作《就业、利息和货币通论》中,凯恩斯抛弃了传统的建立在萨伊定律基础之上的充分就业观点,认为资本主义国家经济发展或者萧条及其就业水平是由社会有效需求决定的。他从反危机的角度研究社会保障问题,认为经济危机是由国民收入没有全部转化为社会有效需求,即社会有效需求不足引起的,而社会有效需求不足又是由"消费倾向"、"对资本未来收益的预期"和对货币的"流动性偏好"等三大心理因素造成的,因此,反危机的根本点是要采取各种措施刺激社会有效需求。由于资本主义经济不存在自动均衡社会有效需求的机制,因此这种均衡要借助于政府的力量来实现,政府通过兴办各种公共事业,发展社会福利,对失业提供社会救济等都可以提高社会的消费倾向,增加社会有效需求,达到充分就业、缓解和消除经济危机的目的。凯恩斯的社会需求理论对西方国家的社会保障政策产生了重要影响,成为当时和后来相当时期内西方福利国家社会保障制度的理论依据。

2. 贝弗里奇的福利国家计划。贝弗里奇是二战期间英国政府社会保险和联合事业部际委员会主席。1942 年,他提出了一个题为《社会保险及有关服务》的报告,后人称之为"贝弗里奇报告"。这个报告体现了贝弗里奇的社会保障思想。

贝弗里奇认为,英国社会政策应以消灭贫困、疾病、肮脏、无知和懒散五大祸害为目标,主张通过建立一个社会性的国民保障制度,对每个公民提供七个方面的社会保障,即儿童补助、养老金、残疾津贴、失业救济、丧葬补助、丧失生活来源救济、妇女福利①。社会保障有三种方法,即社会保险、社会救济和自愿保险。这三种方法分别适用于不同的社会保障要求:社会保险用于满足居民的基本需求;社会救济用于满足居民的特殊需求;自愿保险用于满足居民较高层次的需求。前两种保障方式都是以满足基本生活需求为目的;对超出基本生活水准的需求则由参加私人举办的自愿性保险来满足。

报告中提出了社会保障必须坚持六项原则:一是补贴标准一致的原则,即对相同情形的受保对象发放的生活资料的补贴标准应该一致,不能有高有低;二是费用标准一致原则,即受保对象缴纳保险费的标准应该一致;三是充分原则,即为受保对象提供的补助金必须充分,能保证其基本生活需要;四是全面和普遍的原则,即保障范围和对象应该全面,能覆盖全体社会成员;五是统一原则,即社会保障要实行统一管理;六是区别对待原则,即对不同收入、不同需求、不同保障对象在保障政策上要区别对待。

贝弗里奇的报告得到了英国政府的原则批准。在二战结束后的 3 年里,英

① William Tuggal Beveridge. *Social Insurance and Allied Services* [M]. London: U. K. Government ForeignPrinting Office, 1942, P. 120 ~ 121, 170.

国政府在此报告的基础上通过了一系列社会保障立法，包括1945年的《家庭津贴法》；1946年的《社会保险法》、《国民健康服务法》、《工业伤害法》；1948年的《国民救济法》等六项立法，使英国的社会保障从零星分散转入完整的制度体系。

可以说，贝弗里奇不仅在理论上确立了社会保障的主要内容、基本功能与原则，而且说明了社会保障在实际运行中的机制。贝弗里奇的社会保障理论为西方现代社会保障理论的发展奠定了基础，是西方社会保障理论发展史上的一个里程碑，贝弗里奇本人也因此获得“福利国家之父”的称号。

（三）西方社会保障理论的多样化发展阶段

在西方社会保障理论的多样化发展阶段，西方学者就社会保障制度的改革进行了论战，形成了一些新的理论，具体内容包括三个方面：民主社会主义的福利国家论、新自由主义的福利市场化和中间道路论等。

1. 民主社会主义的福利国家论。民主社会主义是二战后以英国工党为代表的思想流派。民主社会主义者认为，人类社会必将从自由放任的资本主义进化到更文明的社会，民主社会主义是资本主义社会发展的一个高级阶段，而福利国家则是从自由的资本主义到民主社会主义过渡的一个重要阶段。1951年在德国法兰克福召开的“社会党国际”成立大会上，各国社会民主党联合发表了《法兰克福宣言》，此后民主社会主义被传播到许多国家。不少国家的社会民主党在取得执政党的地位后，便将福利国家的理论变为执政的纲领和政府的现实政策。民主社会主义主张用国有化和计划经济来推进福利国家政策，提倡劳资合作，强调通过超额累进税对收入和财富进行再分配，以实现收入均等化和社会公平。

对社会福利，民主社会主义强调平等与民主化，认为福利国家的发展是工业文明和政治民主发展的必然结果，因为工业化不仅带来了前所未有的财富，也产生了大量的社会问题；认为福利国家能够不通过暴力革命的方式达到消除贫困和实现平等的社会目标，能够培养利他主义、互助精神和社会一体化思想。民主社会主义者还认为，福利也是一个以国家的经济繁荣为目的的投资，可以刺激消费和生产，从而促进经济发展。因此，民主社会主义主张实行全面的社会保障计划。民主社会主义者并不是完全排斥私人服务，但不提倡私人提供社会保障，以避免政府忽视国家福利的提供。不过，近几年，越来越多的民主社会主义者开始提倡公共参与和消费者选择，表明了他们的社会保障观念的某些变化。

2. 新自由主义的福利市场化。与民主社会主义相反，新自由主义是明确反对福利国家政策的。他们认为,以个人自由为基础的私人企业制度和自由市场制度是迄今为止所能选择的最好制度,国家过多地干预经济忽略了市场的能动作用,也妨碍了个人的自我独立;集权主义和社会主义是违背"人的本性"的一种制度,实行计划经济更是一条"通向奴役的道路"。20 世纪 70 年代以后,福利国家暴露出一些前所未有的问题,经济发展遇到了困难,在这样的社会经济背景下,人们很自然地要对国家干预与福利国家进行反思,再加上撒切尔、里根等政治人物的推动,新自由主义理论在西方国家越来越有市场,进而成为影响国家社会经济政策及社会保障政策的重要因素。

新自由主义的哲学基础是自由、公正和不干涉主义,其核心思想是个人自由与经济自由主义,极度推崇自由市场经济,反对社会主义、计划经济和国家干预经济,强调自由市场机制的作用。在这种经济思想指导下,新自由主义对社会保障问题有一套与民主社会主义相反的看法。

他们认为,福利服务的市场化是最好的选择,应当降低并且转移国家的作用,让市场发挥主导作用。政府应当提供最基本的福利,如安全网的建立,但必须放弃那些不可能实现的关于建立平等和公正社会的目标。同时他们认为,国家在社会保障制度方面的作用应当是受制约的而不是无限制的,是推进而不是提供,是鼓励竞争而不是垄断,进而主张国家应当建立内部竞争市场,在购买和出售服务上让不同的经济成分参与竞争。

他们认为,危机、不稳定感和失败的危险对人来说都是必要的,而福利国家的政策否定了这些社会法则,对人的本性和社会特征的认识发生了错误。经济增长对提高国民福利和促进社会平等比任何平等的政策都重要。新自由主义者还罗列了福利国家的如下缺陷:一是对个人自由构成了威胁;二是福利国家导致了效率低下;三是对经济发展具有破坏力,即福利国家限制了自由市场经济,高税收政策使企业和成功者缴纳了高额税收,从而扼制了福利创造者的积极性,降低了个人的积累,助长了懒惰,破坏了经济增长的动力和竞争力;四是对社会发展具有破坏力,尽管福利国家政策的出发点是保护人民,但是它的集体主义和国家负责的特征导致了人民习惯于依赖政府,是对自立、自主、自足以及自我负责这些社会进步成分的破坏,同时,福利国家对单亲家庭等的保护,破坏了家庭的稳定,导致了家庭的迅速解体;五是对政治具有破坏力,即福利国家政策扩大了政府权威,但政府仍然不可能成功地消灭贫困、改进国民健康水平等等,这种失败使政府失去了信誉;此外,福利领域的泛政治化亦导致了权力利益的增长。

3. 中间道路论者的共同参与论。中间道路理论是介于民主社会主义与新自由主义之间的一种理论,是基于三个基本假设建立起来的:第一,资本主义的最全面的管理,比起其他任何可选择的体系,最有可能产生最有效的经济结果;第二,资本主义产生了许多自己不能解决的问题,导致了贫困、不可容忍的不平等和失业;第三,政府的行为能最大可能地解决这些问题,能结束贫困,降低不平等,实现充分就业。

在社会保障方面,中间道路论者不怀疑国家在福利领域的主导作用,他们十分强调社会稳定和秩序,认为稳定与秩序是全部社会生活的基础,而不公平和贫穷不仅剥夺了个人的自由和保障权利,而且对国家和社会的稳定构成了威胁和挑战。因此,国家的主要责任应当是保障社会的稳定和维护社会秩序,这就需要国家提供相应的社会保障。然而,中间道路论者不赞成国家过多地提供福利,认为这样会造成对国家的依赖,并侵蚀人们的生活意志和自我负责精神。他们主张国家负责应当与个人负责并重,社会保障应当是政府、非政府组织和个人共同参与的,其中国家应当针对的是有选择的对象,以帮助最需要帮助的社会成员,同时提倡发展私人的和志愿的福利事业作为对国家福利的补充,以便社会成员有一定的选择服务的权利。对福利国家理论,中间道路论者持既赞同又批判的态度。一方面,他们认为福利国家是对自由市场消极影响的一个回应,是人民和国家之间民主发展的一个自然的产物,而不能简单地认为是工人阶级政党努力的结果;福利国家的实践确实证明它是医治许多社会疾病的一个很有效的方法,它可以缓和社会矛盾、满足国民的特殊需要,市场需要在政府干预的条件下才能走向平衡,市场的副作用及不公正亦需要政府干预来修订。另一方面,他们对福利国家的性质和内涵又持批判态度,如认为社会救济不可能在更大的范围或从实质上达到社会平等的目标,而国家提供过多的福利亦会产生负面影响,从而主张国家的行为也应当受到限制。

4. 其他流派。除上述三大理论流派外,事实上在西方学术界还存在着多种不同的福利学说。如:需求层次论、结构功能论、政治多元论、文化决定论乃至伟人决定论等等,这些学说思想虽然未能构成西方社会保障学说的主流,但对社会保障学说的发展同样具有重要的意义。

(1)需求层次论。需求层次论是美国人本主义心理学家马斯洛提出的一种社会学思想。他把人的需要按照发生的顺序,由低级到高级呈梯状分为五个层次,即生理需要—安全需要—社交需要—尊重需要—自我实现需要,每一个层次的需要均有若干具体的内容。他认为,在低层次需要获得相对满足之后,才能发展到较高层次的需要,但高层次的需要发展后,低层次的需要仍然继续存在,只是对行为的影响作用减低而已。同时,马斯洛还指出,人们一般按照这个梯级从低级到高级地来追求各项需要的满足,但这并不是说不同级别的需要不能在同一时间发挥作用,而是在某一特定时期总有某一级别的需要发挥独特的作用并处于主导地位，其他的需要则处于从属地位。这就是著名的人类基本需要等级论——人的需求层次论。

在马斯洛划分的五级需要中，人们并不是都能够得到满足的。一般来说，等级越低者越容易得到满足，等级越高者则能够得到满足的比率越小。据马斯洛估计，在现代文明社会中，生理上的需要满足率约为70%，社交上的需要满足率约为50%，受人尊重的需要满足率约为40%，而自我实现的需要只能满足10%左右。这种规律提示了社会保障的重要性，许多社会成员，处于第一级需要的生理需要，在现代社会客观上只有通过相应的社会保障措施才能真正满足，如食物救济、住房福利、交通津贴等等，均是满足处于低收入阶层的社会成员第一级需要的重要条件；在第二级需要中，社会成员追求的是一种安全感，包括疾病医疗有保障、年老有依靠、就业有安全感、防止职业伤害等等，而要真正解除社会成员的后顾之忧，亦需要建立起相应的社会保险与社会福利制度；对第三级需要而言，精神交流与精神慰藉可以依靠家庭、社区及团体组织等来获得满足，但对于部分孤、寡、残障者，却还需要社会保障工作者来提供相应的服务；在第四级需要中，教育福利显然是必不可少的，它是社会成员获得知识与能力并具有尊严的必经之路。由此可见，在现代社会里，社会成员的需要的满足，客观上离不开社会保障制度的保障，越是低层次的需要，就越是离不开社会保障。社会保障制度正是促使社会成员的需要获得满足并由低级向高级发展的良好的社会机制。

(2)结构功能论。美国社会学家帕森斯是结构功能论的创立者。结构功能论的核心观念是“整合与秩序”，并多少承袭了生物演化论者的观点。他将社会比喻成生物有机体，并认为社会的各部门就像是生物的各种器官一样，各有其功能。只有将社会视为一个整体才能透视和了解它如何有次序地存在，以及如何发挥社会的不同部门的不同功能，进而解释一个稳定而整合的社会是如何运作的。各国社会保障制度不同，往往是因为社会的结构不同所致，而社会保障制度设计后的实施过程也会进一步对社会结构产生重塑的效果。与结构功能论类似的社会学理论还有聚合论，持此观点的学者认为，福利兴起的原因符合所谓“工业主义的逻辑”或“技术决定论”因素，即社会保障制度是工业社会发展不可避免的结果，工业化程度越高，则社会保障制度越完善。结构功能论认为，伴随着资本主义的兴起和工业技术的进步，失业与贫困等等社会问题决定了需要社会保障制度来解决资本主义的弊端，从而强调所有的国家在走向工业化时均将逐渐产生包括社会保障制度在内的相同的社会制度。

(3)政治多元论。政治多元论的基本观点是福利制度属于权力分配与不同利益团体相互角力的结果。他们认为，国家要不要实施社会保障制度以及如何实施社会保障制度，是由谈判与妥协的过程所决定的，社会保障项目的增减、水平的提高或下降，通常是各种利益团体相互较量的结果。同时，他们还承认不同团体拥有的权力是不同的，力量大的团体对社会保障制度的设计与决定所起到的作用往往较大。如大企业家、工会组织、各种专业协会（如医生协会）等，均对国家的社会保障政策产生影响。因此，国家事实上常常不是公正的，因为政府通常容易受那些拥有较多资源与利益的人或团体的影响。从政治多元论者的立场来看，社会保障的来源不是功能而是权力，社会保障作为现代国家的一种公共政策安排，是由力量大的人或团体来决定的。越是强调经济增长的国家或时期，就越是受资本势力或上层社会人士的影响，但是下层人士的抗争尤其是有组织的抗争客观上亦会构成巨大的压力。还有一些学者强调社会保障制度是近代民主制度发展的产物，是政治竞争的结果，也是近代国家官僚体系建立后官僚扩权的结果。如韦伯的科层理论体系，即认为官僚体系的膨胀与社会福利的扩张是一种互相纠结的现象。他认为，这些对疾病、老人、失业者等的保险金给付，是极端的家长式及官僚式作风，反对国家以实施福利为借口进而无限制地扩张官僚体系。政治多元论提示了不同利益团体对社会保障制度安排的影响与作用，从一个侧面反映了制约社会保障因素的多元性。尤其是在民主政治与多党竞争的条件下，各种利益团体的压力可能给国家的社会保障制度安排带来更大的影响。

（4）文化决定论。文化决定论也是社会学界有一定影响的思想。持该种观点的学者认为，一个社会的价值观与意识形态对社会保障制度的影响极大。如社会学者瑞林格通过对德国与美国的社会保险制度的比较，认为美国之所以较德国晚50年之久才建立社会保险制度，其根本原因是文化风俗习惯与价值体系的差异造成的，即：德国在当时有很强的父权主义思想，人民普遍认为国家应该为全国的百姓负起生老病死的责任；而美国则相反，一直是一个自由放任、个人主义思潮盛行的国家，接受救济或福利者往往被公众视为个人失败的象征，含有强烈的社会歧视效果。因此，德国不仅很自然地比美国更早确立社会保障制度，而且其制度也建设得更好、更完整。

二、马克思关于社会保障制度的理论

马克思主义的社会保障理论是社会主义国家建立社会保障制度的理论基础，而马克思主义的社会保障理论又是以其社会再生产理论为基础的。马克思认为，物质资料再生产是人类生存和发展的物质基础，而物质资料再生产是劳动者和劳动资料结合的过程，在进行物质资料再生产的同时，进行着劳动力的再生产，只有在再生产中将劳动力源源不断地再生产出来，社会再生产才能不断地进行下去。

劳动力再生产包括劳动者的体力再生产和智力再生产。前者是劳动者体力的恢复和身体素质的提高过程,后者则是劳动者劳动技能和知识的更新和发展过程。劳动力再生产的基本手段是消费,包括个人消费和社会消费。在商品经济条件下,消费的条件主要从两方面得到满足:一是由个人通过提供资本或劳动从市场上获取;二是那些没有劳动能力、就业机会和财产的社会成员,只能由政府通过社会保障来满足他们的基本消费需求。在工业化以前,劳动力再生产主要是通过家庭进行的,而在机器大生产后,劳动者的劳动风险逐渐增加,失业、工伤等都使家庭保障越来越无法应付新的风险,因而劳动力再生产的要求也越来越多的是依赖社会保障来进行。

马克思主义还认为,在社会主义条件下,每个社会成员的生活都必须有保障。而对那些丧失劳动能力的社会成员的生活保障,则应由社会在产品分配给个人之前作必要的扣除。马克思在《哥达纲领批判》一文中全面阐述了社会主义社会的社会总产品分配理论,他指出,在社会主义社会,为了发展社会生产,社会产品在分配给社会成员之前,应该有三项扣除:"第一,用来补偿消费掉的生产资料的部分。第二,用来扩大再生产的追加部分。第三,用来应付不幸事故、自然灾害等的后备基金和保险基金。"社会总产品扣除上述三项后的剩余可以用于消费,但在将其分配给个人之前,还必须从中扣除:"第一,同生产没有关系的一般管理费用……第二,用来满足社会共同需要的部分,如学校、保健设施等……第三,为丧失劳动能力的人等等设立的基金"①。马克思关于社会产品分配的扣除原理,从社会分配的角度论述了社会保障基金必须在社会产品分配给个人之前做储备性的扣除,这一理论也成为社会主义国家社会保障的重要理论基础。

第二节　对社会保障的理论思考

一、社会保障制度中的公平与效率

社会保障本身就是社会公平的产物,作为社会的稳定器和安全网,它通过收入转移,对低收入或无收入者提供必要的帮助,减少社会成员的风险。为了更大程度地实现公平,人们普遍认为社会保障范围越广泛越好,保障水平越高

① 《马克思恩格斯选集》第3卷,人民出版社,1995年第2版,第302~303页。

越好。20 世纪五六十年代,社会保障事业发展迅速,达到前所未有的高度。但进入 70 年代以后,西方福利国家先后陷入危机,庞大的社会保障支出日益成为社会发展的负担,逐步排挤了私人投资和消费。于是,人们开始重新审视公平,对公平提出质疑,认为不能牺牲效率去追求公平。以此为契机,各国纷纷削减福利水平,缩小保障范围,并把保障水平与个人缴费能力挂钩。但与此同时,也存在一派对立的观点,坚持认为社会保障必须贯彻公平原则,以公平换效率。形成这种争论的原因,在于对公平和效率的概念与关系认识的差异。在实际操作中,我们应掌握的根本原则是既不能片面追求公平而丧失效率,也不能因追求效率而牺牲公平。

(一)公平与效率的含义及其相互关系

公平是一个很宽泛的社会范畴。一般地说,人们理解的公平就是公正、公道、均等和平等。从理论上阐释公平,学术界的认识不尽相同。归纳起来看,公平大致有这样几层含义:①从公平的本源上说,公平是指人际利益交换中的等利害交换行为。它包含着平等,但不等同于平等,其基本含义应当是一视同仁,不偏不倚。②从人们的贡献与获益的过程上说,公平又可分为起点公平、机会公平和结果公平。③从公平的规则体系上说,可分为分配规则和评价或裁判规则。前者决定着一定的主体应当享有什么样的权益,后者用于处理外显的或潜在的矛盾、冲突双方的权益关系。④从公平的适用领域上说,公平不只是表现在物质财富的初次分配和再分配过程中,在其他各种社会资源中,如政治权利的享受、社会声望的获得、司法权力的保护、教育机会的获取、职业的选择乃至人本身的生存方式等,其配置过程都存在着是否公平的问题。

效率指的是投入与产出或成本与收益的比率,它体现的是人们在改造自然、社会和人自身活动中所具有的能力、达到的水平。影响效率的因素是多方面的。就经济效率来说,它主要是反映生产力发展水平的范畴,一般取决于劳动工具技术水平的高低,劳动者素质水平的高低,劳动组织管理方式是否科学合理,当然还有生产关系的优劣等。就社会效率而言,它与经济效率紧密相连,广义地说是消耗已有的社会资源与创造新的社会资源的比率。许多学者将经济效率与社会效率的概念混同使用,一般并不构成对所揭示的事物本质的根本性影响。

公平与效率的关系是对立统一的辩证关系。效率是基础,只有效率的不断提高,才有公平的质的增进,损害效率终将损害公平。反过来,要提高效率,就必须有一个公平的社会环境。只要是公平的,即起点的公平、过程的公平、结果的公平的统一,就会导致效率的提高。如果其中的任何一个环节扭曲甚至断裂,都必然导致低效率甚至无效率,同时会引发社会动荡和无序,因而又终将更严重地损害效率。而任何不公平的社会机制都只能是对效率和社会活力的破坏。因而,树立社会公平观,维护社会公平,实现社会公正、和谐与稳定,是促进社会健康发展的重要保证,归根结底是实现人的自由、全面发展的重要保证,效率和公平都只不过是手段而不是目的。

(二)公平与效率是贯穿社会保障制度发展过程始终的两大基本原则

社会保障制度是以国家或政府为主体,依据法律规定,通过国民收入再分配对公民在暂时或永久失去劳动能力以及由于各种原因生活发生困难时给予物质帮助,保障其基本生活的制度。

自现代社会保障制度产生以来,贯穿其发展过程始终的两个基本原则是公平原则和效率原则。

1. 完善的社会保障制度可以促进公平。这主要表现在:第一,完善的社会保障可以一定程度地促进起点与过程的公平。社会保障为社会成员提供基本生活保障,社会成员不至于因先天不足或某些社会风险的侵害而陷入生存困境,导致起点和过程的不公平。社会保障通过补偿功能,可以恢复社会成员的基本生存能力,重新投入社会生活之中;另外,完善的社会保障制度是面向全体社会成员的,任何社会成员只要符合法律规定的条件,不论其地位、职业、民族、性别、年龄等均被强制性地纳入社会保障范围,因此,每一个社会保障项目对于其适用范围的社会成员而言,即是一种机会公平的保障。第二,完善的社会保障可以一定程度地促进结果的公平。社会保障实质上是一种再分配政策,具有调节收入差距的功能,起到了调节收入差距的作用,使社会成员在社会发展中的不公平缩小。

2. 完善的社会保障制度可以促进效率。这主要表现在:第一,完善的社会保障可以缓解贫困,保障社会成员基本生活,调节收入差距,缓和阶级矛盾,解决社会问题,从而创造一个安定的社会环境,这无疑是提高效率的重要前提。第二,完善的社会保障可以调动社会成员的积极性,它可以为社会成员提供基本的生活保障,消除各种社会风险的危害,免除后顾之忧,从而调动社会成员的劳动积极性。第三,完善的社会保障可以保证社会再生产所需劳动力的供给。社会保障提供健康保障和教育培训保障,从而提高社会成员的身体、心理和技能素质。社会保障还可以促进劳动力市场的完善和劳动力的合理流动,有利于劳动力资源的有效配置。第四,社会保障基金可以支持经济发展,缓解经济波动的危害。在经济萎缩时期,社会保障可以保障社会成员的基本生活,增加需求，刺激经济增长；在经济高速增长时期，社会保障可以通过收费增加积累，防止经济增长过热和发生通货膨胀。第五，发展社会保障事业，本身可以使更多的人从事社会保险、社会救助等职业，创造一些新的就业机会和经济发展的新的增长点。

同时应当看到，社会保障对公平与效率具有双重效应，如果不掌握一定的“度”，或一些措施不当，也可能对公平与效率产生负面影响：社会保障的某些原则或规定可能因不同社会阶层的收入差距、家庭背景不同而加剧贫富不均与社会不平等；社会保障基金征缴率过高，会使社会保障均衡收入差别的功能滑入平均主义的泥坑；社会保障的税率定得过高，也会挫伤劳动者的工作积极性，加重企业的负担，导致企业成本上升、利润率下降，从而导致效率的降低。在这方面，西方福利国家是一面很好的镜子，为了社会稳定和以福利扩张来刺激经济增长，保障水平不断提高，最终引发“进退两难”的“福利病”。

从前述分析可以看出，在社会保障制度中公平与效率是同等重要的。两者并不是相互排斥、非此即彼的关系，也不应有先后顺序的排列，而是一个问题的两个方面，是无法分割、相辅相成的，是统一的、契合的关系。公平和效率都应服从和服务于社会保障这一目标。如果我们只强调任何一方，不但会影响另一方，还会造成自身的危机，其最终结果必然会损害社会保障制度应有功能的发挥。如果我们的制度设计正确，政策选择合理，公平和效率可以实现最优组合，也就可以实现社会保障效用的最大化。

二、市场与政府[①]

由于市场在分配领域的失灵需要政府的干预，具有再分配性质的社会保障制度是政府干预分配不公的重要手段，但是另一方面，如果政府的干预过度以至于损害效率则会出现政府失灵。换句话说，初次分配领域的市场失灵，需要政府干预，但政府干预过度，则会出现政府失灵。

（一）市场失灵与社会保障

政府的作用是不能否定的，政府介入社会保障主要是由于市场机制失灵决定的。古典经济学假设经济运行完全理性、完全信息，不存在外部性。但实际情况却不是这样，以至于交易费用普遍存在，市场并非万能，市场失灵的领域需要政府干预。市场往往在以下领域失灵：

1. 收入分配不平等。在市场经济条件下，收入在不同社会成员之间的分

① 参见孙光德，董克用：《社会保障概论》，中国人民大学出版社，2000年版，第106～110页。

配,是依据其拥有生产要素的市场稀缺程度和要素价格,收入分配形式直接与社会成员提供给市场的要素相对应,如资本所有者根据资本量取得相应利润,土地所有者根据所有权获得地租,而劳动者根据投入的劳动量获取劳动报酬。由于他们拥有的要素数量和质量不同,支配地位不同,他们的收入也就不平等。因此,靠市场调节收入会产生这样的不良后果:一方面,一部分人难以维持最低生活需要;另一方面,财富在一部分人手中积聚。穷者愈穷,富者愈富,既不利于劳动力的再生产,也在很大程度上增加了社会的不安定因素。

2. 通货膨胀风险。通货膨胀风险已成为困扰现代经济社会的主要障碍之一,若无处置通货膨胀风险的良策,将从根本上妨碍为抵御风险而准备的个人储蓄。私营商业保险均未实现反通货膨胀风险的指数调节机制。在处置通货膨胀风险上存在无法忽略的市场失灵,也有待通过政府的干预实现一定的社会政策目标。

3. 信息不完备性。人们即使愿意为风险制定储蓄计划,但对于涉及长期的储蓄,尤其是退休养老储蓄计划,单个个体面临诸多困难,比如,如何实现资金的保值与增值,这些都与个人信息不完备相关。在趋利避害动机的驱动下,人们往往重视短期行为,而将风险储蓄推入不确定的境地。

4. 商业保险的市场失灵。商业保险的市场失灵主要表现为保险的"逆向选择"。市场交易中的一方由于信息不对称,难以判断另一方所提供产品或服务的品质、成色,投保人往往做出不利于保险合同规定的选择。例如,不同的人有不同的预期寿命,商业保险机构基于利润最大化追求,不愿为可能很快死亡的人提供人寿保险,也不愿对身体不健康的人提供年金保险。如果商业保险机构拥有这方面的信息,它一定会对这两类人员收取高额保费。由于各人所拥有的自己身体状况的信息往往比保险机构多,当采取自愿投保原则时,风险小的人就甘冒一定风险而不购买保险,只有高风险的人才购买保险。这个逆向选择必然使保险费由于在高风险的人之间分摊而趋于升高。在这些市场"看不见的手"无法增进公共利益的地方,需要通过政府"看得见的手"加以弥补。

(二)政府介入社会保障

社会保障是介于私人物品和公共物品之间的优效品,具有双重性质。这种物品必须由政府介入才能有效运作。

1. 政府承担社会风险的能力大于市场。政府无疑具有某些强制力,这种能力确保了政府可以做私营机构做不到的事,从而可以在全社会范围内分散风险。首先,政府有权征税以实现对社会风险的保险,并将其用于收入再分配,解决逆向选择的问题。其次,政府能够通过代际转移,使几代人共担风险。再次,政府可以使社会保障支出指数化,减轻通货膨胀对个人的威胁。

2. 政府具有市场效率以外的调控作用。政府可以运用社会保障进行宏观经济调控,主要表现在自动稳定器、相机抉择的财政政策和基金投向三个方面。就自动稳定器而言,在社会总供给大于总需求,即经济萧条时,个人收入下降,更多人的收入低于贫困线,将使财政支出扩大,刺激经济发展;在社会总供给小于总需求,即在经济过热时,个人收入增加,更多人的收入高于贫困线,将使财政支出缩减,抑制通货膨胀。相机抉择的财政政策是指政府灵活运用社会保障来消除经济波动。从社会保障储备基金看,即通过控制它的投资量和投资方向来调节社会供求关系。

此外,政府的介入还可以减少社会保障基金筹集和支付的成本和费用。

上述分析表明,政府介入社会保障是有其内在动因的,也是有效的。

(三)政府失灵和社会保障

无论是从理论角度,还是从历史发展看,如同市场不是万能的一样,政府也不是万能的,也存在令人关注的政府失灵问题。公共选择理论把经济人的假设引申到政府失灵的研究当中,认为政府在从事各类公务活动时,经济人的本性自始至终发生作用,也要考虑得失以及收益成本,像市场经济中的经济人一样。没有监督和竞争的政府难免缺乏效率。

政府失灵在社会保障领域中的主要表现是:

1. 政府强制人们统一购买社会保险,带有明显的强制性,不能反映消费者的偏好而带来效率损失。任何企业和个人不能根据自身的情况加以选择,这些购买或支付如用于其他方面,也许能取得更大的效益,这种机会成本使得整个社会资源配置未能达到最优化。此外,政府供给数量越大,社会保障福利水平越高,劳动收入中由社会保障替代的部分越大,工作效率越低。

2. 社会保障是介于公共品和私人品之间的一种物品,带有一定程度的均衡贫富的性质。对于消费者而言,缴的保险费越高,享受的津贴不一定越多,权利和责任的关系部分地被割裂。政府过度介入这个领域,排除了市场主体进行交易的灵活性,带来交易成本的增加和低效率。

3. 社会保障运行机制的低效率。机构不断膨胀,人员不断增加,管理费用的提取比例逐年提高,办事效率却越来越低。在委托代理下,政府作为经济人,在趋利避害的引导下,会做出不理性行为,尤其是在缺乏有效监督的条件下。

4. 政府介入社会保障,独立从事社会保障事业,没有其他机构参与竞争,会使社会保障基金的投入与产出效率缺乏横向比较,使得基金运营和管理经常处于低效率状态。

(四)社会保障领域中的政府和市场选择

从当今世界范围内社会保障领域中政府和市场选择的历史和发展趋势看,“二战”后,不少国家的政府行为广泛介入整个社会范围内,从而使低效、惰性成为普遍现象。由于政府在社会保障中的失灵,又引发了相反方向的市场化改革运动,强调私有化。

在社会保障领域中,市场和政府都不是万能的,要想发挥二者的作用,需寻求政府与市场行为的均衡点。这首先要界定二者的作用和职能。

政府在社会保障领域的作用体现在四个方面:

第一,利用强制力为社会保障提供一个完备的法律框架。

第二,各项社会保障政策选择和制度设计,如筹集模式、支付水准、保障项目和范围以及管理体制的选择。

第三,产权的界定。完全自由的市场经济下不可能对一些模糊的产权加以界定,政府必须予以明确。尤其是在积累制筹集模式下,不同产权的界定所引起的激励机制不一样,效率也不同。

第四,政府还必须在某些方面直接介入,用政府强制力来保证社会保障的正常运行。

社会保障仍要以政府为主体,引入市场的目的是为了引入竞争,让政府能够更有效率。另外,政府在运用社会保障实现公平时,应以程序化、法制化、科学化的方式参与调控市场运行,努力避免政府行为对市场本身正常运行的损害。同时,政府应适当从竞争领域中退出来,或者实行私有化和地区分权。

市场和政府在社会中日益共同发挥作用,但在实践中,政府和市场的均衡点永远在人们的探索中不断接近。我们应该努力寻找政府干预的适度点,让政府与市场在社会保障领域中实现有机结合。

三、人权与社会保障

(一)人权的含义

人权,即人之为人应享有的权利。人权具有三方面的内涵:①人权的普遍性,即人人应该享有的权利,不应有任何歧视,权利不因种族、民族、性别、年龄、职业、身体、收入等不同而有所不同。②人权的固有性,即人生而有之,天赋的、自然的权利。③表达着人类的尊严感,即人一旦为人就应该被当做人看待,被当做人而受到起码的尊重。从内容上看,人权可分生存权和发展权。所谓生存权,是指社会中的任何个人都有生存下去的权利,也就意味着当一个人不论任何原因陷入贫困、发生生存危机时,都有从国家和社会获得帮助以维持生存的权利。生存权的确立要求政府和社会应尽可能保障社会成员的生存,这是人权的基础。发展权,指社会中的任何人都有满足、完善、发展自己需要的权利。发展权要求政府和社会要创造一切条件满足社会成员的发展需求,这是人权的最高层次,更是社会发展的终极目的。

(二)社会保障是保障人权的基本手段

人权是人的基本权利,能提供人权保障的,只能是政府和社会。作为应尽的职责,政府和社会要采取有效的政策措施来保障社会成员的生存权和发展权。

现代社会保障是政府和社会为了解除或预防贫困以及某些经济社会风险对社会成员造成的威胁,通过立法和一系列公共措施,为社会成员的生存安全和发展提供的一种保护。实施社会保障的目的不仅是为受社会风险威胁的那部分社会成员提供保护,而且是为全体社会成员提供生活的安全感和发展条件,维护人格尊严;同时,实施社会保障的责任主体是政府,手段是国家的法律和政府的社会政策。现代社会保障从表面来看是解决一定社会问题的手段,实质是保障社会成员的生存和为其发展创造条件,因此社会保障是保障人权的基本手段。社会保障在经历了一百多年的演变之后,成为实现人权保障的有效途径,保障人权也成为建立和完善社会保障制度的出发点之一。

(三)社会保障权是一项基本人权

现代社会保障是以肯定社会保障权利的基本人权属性为前提,由政府作为承担保证这些权利的主要义务载体的社会保障。

社会保障权作为一项基本权利的正当性,首先来自人类在社会化大生产和市场经济条件下维护自身生存和人格尊严的正当性。在由自然经济支撑的社会中,人的生存基于自给自足经济,家庭是最基本的保障单位。随着大规模市场经济的形成和工业化、城市化的推进,失业、破产、病害、意外死亡等生存风险有可能降临到任何人身上,因此借助政府和社会的力量,而不是单纯依靠家庭来提供保障,以保证人的生命的延续和再生产,保证人作为劳动者的机能得以健康延续,就成为市场经济正常运行的必要条件和社会稳定发展的必然要求。19 世纪 80 年代,德国的俾斯麦政府率先以立法的形式,把以往分散的社会保障活动集中为由政府统一管理的、普及面比较广的社会保障制度。此后世界其他国家先后都建立起不同类型的主要由政府出面实施的社会保障制度。

把社会保障权确认为一项基本人权,则经历了一个很长的过程。近代西方国家是在“自然权利”的意义上来理解人权的,因而他们确认的人权主要是指人与生俱来的超国家的道德权利,其核心和基础是人的自由和平等权。1919 年,德国魏玛宪法确认了人的社会保障权;1942 年,英国的贝弗里奇报告以及二战后在此基础上形成的福利性社会保障制度,不仅认可了社会保障权利的基本人权属性,而且提出了许多建立在人权基础上的社会保障制度的基本运作原则。1948 年,联合国通过的《世界人权宣言》,第一次在重要国际文献中明确把社会保障权列为基本人权。为了把《世界人权宣言》宣告的人的经济、社会、文化权利规范化并落到实处,1966 年 12 月 16 日,联大又通过了《经济、社会、文化权利国际公约》,截至 1991 年底,已有 104 个国家批准或加入该公约。此外,20 世纪 50 年代以来通过的欧、美、亚、非等区域性国际人权文献,1993 年 166 个联合国成员国政府代表团和 1 400 多个非政府组织参加的维也纳世界人权大会通过的《维也纳宣言和行动纲领》,也都确认社会保障权是一项基本人权。

在我国,1954 年公布的第一部《宪法》就确认社会保障权是公民的一项基本权利。近年来,把生存以及作为生存权实现的社会保障权作为最基本的人权,更是我国在人权问题上一再申明的基本立场。我国《宪法》第四十五条明文规定:"中华人民共和国公民在年老、疾病或者丧失劳动能力的情况下,有从国家和社会获得物质帮助的权利。国家为公民提供享受这些权利所需要的社会保险、社会救济和医疗卫生事业。国家和社会保障残废军人的生活,抚恤烈士家属,优待军人家属。国家和社会帮助安排盲、聋、哑和其他有残疾的公民的劳动、生活和教育。"

把社会保障权确认为一项基本人权,对社会保障事业的发展和它在社会中地位的提高,以及对社会和经济的发展,发挥了有力的推动作用。

(四)人权思想上的社会保障制度的基本特征

社会保障权是一项基本人权的思想,已成为世界上绝大多数国家的共识和建构现代社会保障制度的基本立意。

二战后,建立在人权思想上的社会保障制度有以下基本特征:

1. 全民性。全民性即社会保障的对象不仅是以生活贫困状况为衡量标准的有选择的贫苦公民,也不仅是工业雇佣劳动者,而是全体符合社会保障条件的公民。是否承认任何人都有维持最低生活水准的权利,是现代社会保障制度与早期社会保障制度的最本质的区别。现代社会保障制度的一系列原则性规定都是围绕任何人都有维持最低生活水准的权利这一思想展开并服务于这一思想的。

2. 全面性。全面性即社会保障制度必须包括涉及人类生存的各种风险。为了给全体公民提供安全的保证,现代社会保障制度必须周密地防范现代社会的各种风险。各国在具体实践中,社会保障的具体项目虽有不同的分类方法,所涉及的风险也不尽相同,但只要认可社会保障的基本人权属性,社会保障制度一般都会覆盖到有关公民生存的各种基本需要。

3. 保基本社会保障,即以保障公民的最低生活水准为准则。现代社会保障制度的目的是保障人的生存和维护人格尊严,但所提供的职能是最基本的保障。作为经济、社会权利的社会保障权利与公民权利和政治权利不同,它的实现程度在根本上受经济条件的严格制约,取决于经济发展所提供的可能性,社会保障的支出水平必须以不妨碍经济发展为界限。此外,道德风险的普遍存在,较高的社会保障水平极易诱发更多的公民自愿失业,坐享社会救助,这不仅会直接增加社会保障支出,从长期来看也将破坏经济增长机制,降低经济总量的增长,最终破坏社会保障制度本身。当然,社会救助的水平或保障的最低生活标准是随着不同国家经济和文化的变动而变动的。

4. 强制性。强制性即坚持受益人权利与义务统一的原则。社会保障制度中存在着两种权利与义务关系:一是人民享有社会保障权利与政府承担保证这些权利实现的义务;二是受益人权利与义务的统一。前者首先要求各级政府必须把保证人民社会保障权利的实现作为自己施政的一项重要内容,切实抓好并取得成效;其次要求政府以法律的强制迫使各用人单位按时为其雇员交纳社会保险金,惩罚人为拖欠和拒缴的行为。后者则规定全体符合条件的公民或居民必须参加社会保险,分担社会保障的费用。受益人缴纳保费不仅是个人预防意外事故的必要储蓄,而且有利于受益人对社会保障制度的责任感和保持其人格上的尊严。强化受益人权利与义务的挂钩并不意味着社会保障在实质上的个人化,而是社会化了的公民的自我保障,是通过公民个人的风险防范基金积聚起来的方式,是实现个人风险转移的真正途径;同时也只有这样才能有效地加强受益人履行社会保障义务的意识,最大限度地减少道德风险,保证社会保障基金基本收支平衡。

社会保障对象的全民性,风险覆盖的全面性,只对基本需求提供保障以及受益人权利和义务的一致性,是有关社会保障的国际性文件对建立在人权思想上的社会保障制度的基本要求。

第三节 社会保障水平理论

一、社会保障水平的概念及特点

(一)社会保障水平的概念

社会保障水平是指在一定时期,一个国家或地区的社会成员享受社会保障经济待遇的高低程度。它是社会保障体系中的关键要素,直接反映着社会保障资金的供求关系，并间接反映着社会保障体系的运行状况。社会保障水平测定指标通常为社会保障支出占国内生产总值（GDP）的比重。其计算公式为：

$$社会保障水平=\frac{社会保障支出总额}{国内生产总值}\times 100\%$$

其中，社会保障支出总额是指在一定时期内，一个国家或地区实际支出的各种社会保障费用。

（二）社会保障水平的制约因素

社会保障水平主要受到经济规模与经济发展水平、政治和社会结构、制度年龄和人口结构、历史和人文等特殊因素的制约。

1. 经济规模与经济发展水平。一国或地区所能提供的经济资源总量，作为社会保障支出的最终来源，其规模必然从根本上制约着社会保障水平的高低。经济规模与经济发展水平主要从生产力水平、劳动生产率、国民收入及国民收入分配结构表现出来。经济对于社会保障水平的制约作用，在时间序列分析中体现得尤为明显。社会保障的实践表明，经济与社会保障的相互关系是十分复杂的，经济因素决定社会保障制度与水平，而社会保障制度一旦产生，就具有自身发展的规律，其发展也会反过来影响经济，二者是相互影响的关系。

2. 政治和社会结构。政治的因素对于社会保障制度的发展及社会保障水平会产生影响。西方国家多党竞争的政治制度，使得各党派为了争取选民的支持而承诺较高的社会保障水平，因而不可避免地导致了社会保障水平攀升的“登台阶”效应，这种现象已经被社会保障的研究者广泛关注。社会结构对社会保障也产生影响，例如，我国城乡的社会结构造成社会保障制度的分割和城乡社会保障水平的较大差异。

3. 制度年龄和人口结构。制度年龄是指社会保障制度建立的时间长度。制度年龄越长，社会保障水平越高；反之，社会保障水平越低。社会保障水平与各国的人口结构有着密切的关系，伴随着全球人口的老龄化浪潮，社会保障水平将不可避免地抬升。随着时间的推移，所有的社会保障制度趋向“成熟”。例如，一个退休金方案，由于更多有享受资格的人达到退休年龄，或是工作能力丧失，或是工作者配偶死亡，都将增大社会保障的开支。老年人是特殊群体，对于社会保障的要求相对较大。这是年龄和人口结构影响社会保障水平的原因。

4. 历史和人文等特殊因素。社会保障水平的高低受到本国独特的历史和人文因素的影响。例如，“福利橱窗”式的福利国家在北欧的瑞典等国建成，是因为瑞典长期选择一种独特的“混合主义”的经济政治模式，宣扬政府对于社会生活的干预与政府责任，加上第一次世界大战和第二次世界大战的创伤，导致人们普遍要求一种稳定、安全的保障制度与“心理环境”，而且，富足小国的特殊国情,也使之成为可能。美国是一个充分宣扬个性自由的国家,它的经济最大可能地按照自由市场经济的方向发展,人们认为,国家对于社会保障的过多介入,是对公民自由选择权利的侵犯,因而,美国至今没有建立如其他发达国家一样的包罗万象的社会保障体系,这在表面上是与它强大的经济实力不相符的。

(三)社会保障水平的特点

在多种因素的共同作用下,社会保障水平呈现以下特点。

1. 动态性特点。社会保障水平随着经济发展、人口结构变动、制度成熟而变动。

2. 刚性特点。社会保障水平具有刚性增长的特点,即缺乏弹性或者只具有单向度的弹性,表现为社会保障规模只能扩大不能缩小,项目只能上不能下,水平只能提高不能降低。世界各国的社会保障实践几乎都证明,缩减社会保障支出,降低社会保障水平,会引起社会的动荡不安。

3. 适度特点。过低或过高的社会保障水平,对于社会保障制度自身运行和社会经济的发展都会产生不良的影响。确定社会保障的适度水平,是社会保障制度建设的一项基础性工作,在衡量、评价和调节社会保障制度运行中起着重要的指导性作用。

二、社会保障适度水平

社会保障水平既包含“量”的内容,又包含“质”的特征,是质与量的统一体。社会保障水平从量上讲,有“高”、“低”之分,测定标准是社会保障支出总额占国内生产总值的百分比。从质上讲,有“适度”、“不适度”之分,测定标准是社会保障支出与国家生产力发展水平以及各方面的承受力相适应,既保障公民基本经济生活又促进国民经济健康发展。

(一)社会保障水平适度的效果

社会保障水平并非越高越好,社会保障制度内在的要求维持和保证一个适度水平。适度的社会保障水平,对于国民经济、社会和社会保障自身具有十分积极的作用。具体表现在以下几个方面:

1. 它保障了大多数人的最低经济要求和社会需求,使社会保持相对稳定,为国民经济发展创造了有利环境。西欧国家自20世纪70年代末以来,社会保障问题日益突出,但在此之前社会保障水平的适度运行,使西欧在相当长的时期内保持了社会的相对稳定,起到了一种“社会安全阀”的作用。

2. 它可以适当调节社会需求,推迟或抑制消费,避免高经济增长与高通货膨胀并存,推动经济发展。第二次世界大战后西欧盛行的凯恩斯主义把推行社会福利制度当做调节经济的一个杠杆,并取得了一定成效。

3. 它可以提高人的生活质量,提高人的素质,促进社会文明发展。工业化国家社会保障制度的实行,扩大了教育投入,增强了医疗保健,对提高人的身体素质、文化素质,进而提高民族生活质量和文明程度起到了积极的推动作用。

4. 它可以促进第三产业的发展。由于普遍推行了社会福利制度,西欧第三产业也相应地得到了发展。为社会福利事业服务的医疗、职业培训、老年保健等第三产业部门的发展,吸收了大批第一、二产业中的失业者,有利于产业结构的调整和经济协调发展。

(二)社会保障水平不适度的影响

社会保障水平的"不适度",对国民经济、社会和社会保障自身会产生负面影响。"不适度"主要有两种情况:社会保障水平过低和社会保障水平超度。

1. 社会保障水平过低。社会保障水平过低,反映出社会保障程度不足,必然的后果是不能很好地实现社会保障应有的功能,不能保障公民的经济生活,不利于社会稳定与发展,同时降低了公民的劳动积极性,最终对社会运转的效率产生不良影响。许多发展中国家的实践证明,社会保障制度的缺位、残缺或低水平,对总体经济的发展造成了瓶颈制约,阻碍了国民经济的发展。

2. 社会保障水平超度。社会保障水平超度是指社会保障支出增长过快,超过国民经济能承受的水平,从而超过了应有的适度水平。由于社会保障刚性增长的特点,社会保障水平超度是较为普遍的和容易发生的现象,西方发达国家在20世纪70年代后出现所谓的"福利危机",便深刻地说明了这一点。社会保障水平的超度会带来一系列不良影响,而且超度的程度越高,这种影响也越大。具体有下列影响:

(1)社会保障支出增长过快,加上人口老龄化总体趋势和经济的周期性波动,往往导致社会保障的财务危机,危及社会保障制度的生存与发展。

(2)国家往往在社会保障政策中扮演最后出场的角色,因而社会保障支付危机必然带来政府赤字和债务增加,影响政府的信誉,并最终转嫁给下一代人承担。

(3)过高的社会保障支出主要作为消费性支出,对于资本积累产生挤出效应,造成社会经济的投资不足。

(4)社会保障水平超度引起雇主缴纳社会保障税费增加,这些增加的人工成本在不能完全转嫁给消费者承担时,必然引起生产成本上升,在国际市场上的竞争力下降。

(5)社会保障水平超度不利于激励劳动者的劳动积极性。过高的个人所得税边际税率和过高的社会保险福利水平会造成部分人自愿失业或提前退休,坐享社会保障待遇,即所谓的"养懒人",这既不利于提高经济效率,又损害了社会公平。

社会保障水平的"不适度"还包括一种情形,即社会保障水平的结构性不合理。例如,我国城乡之间、不同所有制职工之间、不同地区之间的社会保障水平存在着较大的差异,表现为内部结构不尽合理,这就为我国社会保障制度的改革与完善指明了方向。

三、社会保障水平的研究对我国社会保障制度改革的意义

我国的社会保障事业几乎是在空白的基础上建立和完善起来的,建国后在很短的时间内迅速建立了一整套较为完整的社会保障体系,切实保障了广大人民群众的生活水平,对新中国的建设起到了不可低估的促进作用。我国社会保障制度经历了十年动乱的严重破坏,1978 年后进入了恢复、发展和改革的时期,社会保障总体水平不断提高,反映了我国总体经济实力的增强和人民生活水平的提高。

社会保障水平是衡量、监测一种社会保障制度是否适当的有力指标。社会保障水平的研究对于我国社会保障制度改革有重要的意义。

(一)合理确定社会保障水平,防止水平"过高"或"过低"

我国是一个发展中国家,生产力水平较低,资金匮乏,人口老龄化过程加快,而且超前于经济发展水平,即所谓"先老后富",社会承受力较弱。西方发达国家的实践为我国社会保障制度改革提供了重要的参考,无论从社会保障本身的合理性出发,还是从现实的国情国力出发,都不能重蹈发达国家的覆辙,不允许出现与工业化国家类似的社会保障财政危机。

因此,在我国的社会保障改革中,要清醒地认识和把握我国社会保障的水平,从改革初期就充分考虑实现社会保障的周期平衡和现实的承受能力,对于未来几十年内的人口结构变动、就业情况变动、离退休人员与社会经济的发展做出预测,设计低水平起步、审慎处理社会保障水平增长幅度的社会保障机制,建立科学、灵敏的社会保障预警系统,保证社会保障的良性运转。

我国社会保障水平总体上处于较低的层次,表现为社会保障支出的总量规模较小,社会保障支出占的比重较低。这与我国经济发展的实际情况是紧密相关的,经济的规模与发展速度最终制约着社会保障水平的高低。我国较低的社会保障水平必然随着经济的发展而不断提高。

目前,我国社会保障水平尚有较大的提升空间,考虑到社会保障水平的刚性增长特征,在发展社会保障事业时,审慎地处理社会保障增长机制,避免盲目地提高水平,是一种合理的政策选择。

(二)加快社会保障制度的改革,使社会保障水平结构合理化

我国社会保障水平目前存在的最大问题是结构不合理,体现在城乡之间、

不同地区之间的社会保障水平存在着较大的差异,国家财政价格补贴和住房补贴过多,所有制、行业间保障水平差别过大,社会保障覆盖面过窄等。这些问题的存在,在一定程度上限制了社会保障调节作用的发挥,同时产生了社会不公平问题。社会保障水平的研究为我国社会保障改革提供了重要的参考,必须处理好社会保障水平与经济发展的关系、公平与效率的关系,引入缴费激励机制,开辟社会保障资金来源,减轻国家财政负担,使社会保障水平结构合理化,充分发挥社会保障调节国民收入分配的作用,切实保障人民的生活水平,促进经济发展与社会的全面进步。

本章小结

本章概述了西方社会保障的基本理论的形成和发展,对其中的主要理论问题,如社会保障制度中的公平与效率、市场与政府、人权与社会保障等进行了探讨。最后,讲述了社会保障水平的特点并对适度社会保障水平进行了界定。

重要概念

德国新历史学派　福利经济学　凯恩斯主义　公平与效率　政府失灵　市场失灵　人权社会保障水平

思考题

1. 西方社会保障理论经过三个发展阶段,每一阶段的代表性理论有哪些?
2. 马克思主义社会保障的基本思想是什么?
3. 社会保障中政府和市场各应起什么作用?
4. 试说明社会保障制度公平与效率的关系。
5. 人权思想上的社会保障制度的基本特征是什么?
6. 适度社会保障水平的含义和作用是什么?

Chapter 3

第三章 养老保险

本章学习要点

通通过本章的学习，要求了解养老保险制度的起源、发展，掌握养老保险制度的概念、含义和特点，掌握养老保险的筹资模式、基金筹集和待遇给付方式。

熟知中国的城镇职工养老保险制度的起源，掌握城镇职工养老保险制度的现状，了解问题所在。掌握企业年金的概念，掌握在中国发展企业年金制度的重要性。熟知灵活就业群体养老保险的现状和问题，掌握解决的对策。熟知机关事业单位养老保险制度的现状及未来发展的趋势。了解中国养老保险的隐性债务与转制成本。了解中国养老保险制度的困境和摆脱困境的对策。

第一节 养老保险制度的内涵、特点与模式

生、老、病、死是自然界永恒不变的定律，自人类社会诞生之日起，实现老有所养就一直是人类最为关心的问题。从养老资源供给的来源看，人类社会存在三种基本的养老方式，即家庭养老、社会养老和自我养老①。从原始社会到封建社会，养老的问题都是在部落或家庭中解决的，有了一定数量的强壮的后代，就

① 穆光宗：《中国传统养老方式的变革和展望》，《中国人民大学学报》，2000 年第 5 期。

可以保证自己老年生活,由此形成了人们“养儿防老”、追求“人丁兴旺”的传统思想。但随着社会化大生产的来临,养老从家庭保障走向了社会保障。

一、养老保险制度的起源

随着时代的进步尤其是工业化时代的来临,人们离开了赖以生存的土地,加入到雇佣劳动者大军中,成为自由流动的劳动力,原有的家庭保障的功能因此弱化。为了保证劳动力的充足供给,资本主义国家政府相继开始制定社会保障法规。19 世纪下半叶,德国的俾斯麦政府推出了第一部社会保障法,1888 年 11 月,德国政府推出了老年和残疾社会保障法,该法案规定:对工人和普通官员一律实行老年和残疾社会保险,保险资金由国家、企业主和工人三方负担,企业主和工人各缴保费的一半,国家提供一定的补贴,退休者的退休金收入,根据其在职时的工资收入等级确定,年满 71 岁、交纳保费满 30 年的,有权享受退休养老待遇。由此形成了现代意义上的社会养老保险制度。它是社会化大生产的产物,并保证了社会化大生产的持续不断进行。自此以后,各国纷纷建立实施了各具特色的养老保险制度,1940 年只有 33 个国家(地区)建立了养老保障制度,而 1999 年则有 167 个国家(地区)建立了这一制度。

二、养老保险制度介绍

(一)基本概念

1. 养老保险的概念。养老保险是社会保障制度的重要组成部分。所谓养老保险是国家和社会根据一定的法律和法规,为解决劳动者在达到国家规定的解除劳动义务的劳动年龄界限,或因年老丧失劳动能力退出劳动岗位后的基本生活而建立的一种社会保险制度。

2. 替代率的概念。替代率是衡量老年保障程度的关键性指标,它指退休金价值占某一时期内员工收入(退休前一年,前五年,或终生平均工资的比例;各国采用的基准有所不同)的比例。从某职工的退休金替代率可知道其退休后的生活大概可以维持在什么水平。

(二)养老保险的含义

首先,养老保险是在法定范围内的老年人完全或基本退出社会劳动生活后才自动发生作用的。这里所说的“完全”是以劳动者与生产资料的脱离为特征的;所谓“基本”指的是参加生产活动已不成为其主要社会生活内容。需强调说明的是,法定的年龄界限(各国有不同的标准)才是切实可行的衡量标准。其次,养老保险的目的是为保障老年人的基本生活需求,为其提供稳定可靠的生活来源。其三,养老保险是以社会保险为手段来达到保障的目的。

(三)养老保险的特点

养老保险具有以下特点:首先,由国家立法,强制实行,企业单位和个人都必须参加,符合养老条件的人,可向社会保险部门领取养老金;其次,养老保险费用来源,一般由国家、单位和个人三方或单位和个人双方共同负担,并实现广泛的社会互济;其三,养老保险具有社会性,影响很大,享受人多且时间较长,费用支出庞大,因此,必须设置专门机构,实行现代化、专业化、社会化的统一规划和管理。

(四)养老保险的模式

世界各国的养老保险制度千差万别,但可分为三种模式,即国家统筹、投保资助和强制储蓄模式。

1. 国家统筹模式。工薪劳动者在年老丧失劳动能力后,均可享受国家法定的社会保险待遇,但国家不向劳动者本人征收任何老年保险费,老年保险所需的全部资金,都来自于国家的财政拨款。这种模式在社会主义国家实行,如前苏联,我国计划经济体制下也实行过这种方式。

2. 投保资助模式。每一个劳动者和未在职的普通公民,都属于社会保险的参加者或受保对象;在职的企业雇员必须按工资的一定比例按期交纳社会保险费,未在职的社会成员也必须向社会保险机构缴纳一定的养老保险费,作为参加养老保险所履行的义务,才有资格享受社会保险。同时,企业或雇主也必须按照企业工资总额的一定比例定期缴纳保险费。

世界上大多数国家都采用投保资助保障模式。按照投保的情况不同,领取的保险金分为三个层次。

第一层次是普遍养老金,不管有无工作及收入多少,只要达到一定的年龄,并且向社会保险机构缴纳过一定的保险费,每一个老年人都有权利享受此项保险金。

第二层次是雇员退休金,享受该保险的是企业的雇员,雇主和政府工作人员没有此项保险。企业的雇员只要按规定缴纳保险费,达到法定退休年龄,就可享受雇员退休金。雇员缴费按照工资的一定比例,工资过低不缴费,工资超过一定数额以上的部分也不需缴费。

第三层次为企业补充退休金(企业年金),这种保险一般由企业实施,企业为吸引、保留优秀员工、提高雇员退休生活水平实施该项保险,具体投保及领取办法由企业自行规定。

3. 强制储蓄模式。国家给予一定的政策优惠,由企业和个人缴纳保险费,实现自我保障。这种保障方式以新加坡为典型代表。新加坡政府制定了《中央公积金法》,并成立了权威性的社会保险机构——中央公积金局,负责制定养老保险的方针、政策,进行日常管理;每个雇员都有自己的社会保险卡,上面记录着自己的缴费情况。政府对养老保险金缴费提供税收和利率的优惠。

在这种模式下,可积累大量的社会保险基金,配合良好的资金运营管理,可以为退休者提供高水平的保障。新加坡的公积金制度建立以来运转良好,不仅为退休者支付了充足的退休金,而且还有相当的结余。以 1984 年为例,有 97.3% 的劳动者参加公积金,占总人口比重的 73.4%,公积金总额为 332 000 亿新元,剩余基金达 29 689 亿新元。国家利用公积金购买国家债券,解决了居民住房建设资金短缺的问题;通过公积金在国家建设项目上的投资,还实现了国家经济的高速增长,并进一步提高了劳动者的收入水平,为公积金提供了更多的资金来源,形成了良性循环。

三种养老保险模式可参见表 3-1。

表 3-1　养老保险的三种模式

模式分类	国家责任	覆盖范围	保障水平	缴费	管理
国家统筹模式	国家财政包揽所有退休费用	国有、集体企业职工和国家机关、事业单位工作人员	保障层次单一,保障水平高	个人无需缴费	管理简单粗放
投保资助模式	国家同企业、个人分别负担养老保险责任	覆盖范围广,基础养老金覆盖全体国民	多层次保障,满足投保人不同需求	保险费由企业和个人缴纳	管理体系相对复杂,管理成本高
强制储蓄模式	国家财政不支付保险费,政府只提供税收优惠政策	覆盖范围广,几乎覆盖所有居民	保障水平高	保险费由企业和个人缴纳	公积金局统一管理

资料来源:根据董梅苹编著:《社会保障概论》(华东理工大学出版社,1999 年版),第 15~17 页中的有关资料整理而成。

(五)养老保险基金筹资方式

养老保险基金的筹资方式将决定养老保险制度的设计、运行和管理,养老保险基金可以有以下三种筹资方式。

1. 现收现付制。现收现付制由社会保障机构按所需支付的保险金总额进行社会筹资,雇主和雇员(或单方)按照工资总额的一定比例缴纳保险费。筹资原则是近期横向收付平衡,社会保险机构测算出当年或近一两年内社会保险项目所需支付的费用,然后按比例分摊到参加社会保险的单位和个人,当年提取,当年支付,没有积累。

这种筹资方式的优点是管理成本低;由需求决定征收数量,保证收支平衡,并体现了社会共济。缺点是退休费用其实是由下一代劳动者提供的,如果一国人口的年龄结构严重老化或者经济持续衰退,则会使在职劳动者不堪重负。现在各国普遍面临着人口老龄化问题,采用现收现付制将会使一国经济的健康发展面临严重挑战。

2. 完全积累制。完全积累制由劳动者参加工作之日起,按工资总额的一定比例由雇主和雇员(或单方)定期缴纳保险费,计入个人账户,基金长期积累并保值增值,个人账户基金归个人所有。筹资原则是远期纵向收付平衡,首先由政府基金管理部门对有关人口寿命、经济发展状况等做宏观预测,然后预测劳动者退休之后所需的保险费用支出,将其平均分摊到劳动者的整个就业期间和投保期间。

这种筹资方式的优点是退休费用由自己在工作期间积累,可激励劳动者努力工作;形成的储备基金可以用于国家的经济建设。缺点是互济功能较弱,个人之间的退休待遇差别大,不能体现社会保障的互助性原则。储备的基金要抵制通货膨胀的影响,确保保值增值,管理和运营的成本高。

3. 部分积累制。现收现付制和完全积累制都有各自难以克服的缺陷,因此在实践中许多国家采取了部分积累的方式。根据分阶段收支平衡的原则确定收费率,即在满足一定时期(5~10 年)支出需要的前提下,留有一定的储备基金;储备基金的数额是一个变量,在人口老龄化高峰到来之前,是储备基金的积累期,在老龄化高峰到来之后,进入储备基金的消耗期。这种筹资方式具备现收现付和完全积累制的优点,但需要对未来支出做合理预测,否则仍难以保证基金的收付平衡。

(六)养老金待遇给付的方式

养老金待遇给付分为待遇确定型和缴费确定型,在西方国家,缴费确定型养老金给付方式已经占有越来越大的比重。

1. 待遇确定型。根据预先设定的养老金领取水平来决定缴费率,即“以支定收”。当职工退休时,可领取的养老金数额会保持与原有工资的一定比例(替代率),但由于职工寿命的难以预期以及通货膨胀等因素,这种给付方式会使支付养老金的一方支出数额不确定,存在一定的风险。对于参保者来说,领取养老金需要满足相当的条件,比如,在一单位连续工作必须达到一定的年限(如 20 年),这样使部分劳动者实际难以领取养老金。

2. 缴费确定型。参保人按照一定的缴费率来缴纳保险费,保险金存入个人账户,退休后领取的养老金按照个人账户的积累额确定。养老基金通常委托社会保险机构、投资公司代为管理和投资,这样,职工退休后领取的退休金数额是不确定的,但由于个人账户属于个人所有,职工不必担心其缴费得不到回报,而且个人账户可以随职工转换工作而转移,有利于市场经济条件下的劳动力流动。

第二节　城镇职工养老保险的改革与完善

中国养老保险制度经过了50多年的发展,形成了三元社会保障体系,即企业职工养老保险制度、机关事业单位养老保险制度和农村养老保险制度三大体系。城镇企业职工养老保险制度改革力度最大,已形成了三支柱体系。

一、企业职工养老保险三支柱体系

当前国际上通行的养老保险体系以及我国社会养老保障体制改革的目标模式,是建立基本养老保险、企业补充养老保险、个人储蓄性养老保险三个层次相结合的制度。

在我国,由于长期以来由国家包揽的职工养老保险占统治地位,造成社会保障体制改革之前基本养老保险的平均替代率高达85%左右。为了改变这一局面,政府采取了一系列改革措施,包括在基本养老保险中引入了个人账户与社会统筹账户相结合的财务机制,对社会保障体制进行结构性改革。从养老保险三支柱的结构来看,世界各国养老保险都不尽相同,但多数专家认为,替代率分别为40%、30%和10%的构成较为合理。我国原有退休金的整体替代率在70%～80%之间,现在实行的企业职工养老保险三支柱模式(图3－1),目标定位于基本养老保险替代率为60%,企业年金为20%,个人储蓄养老保险保障水平依个人经济能力而定。

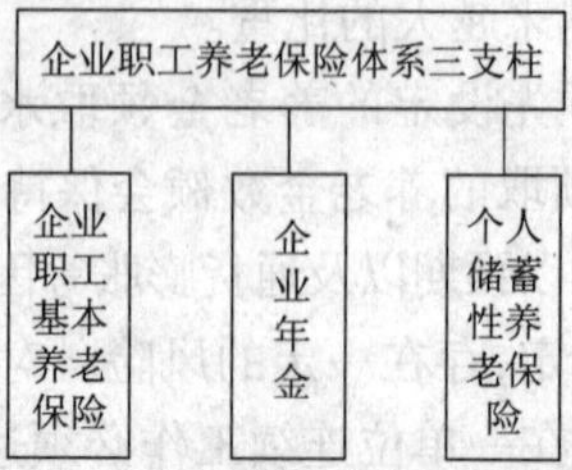

图3－1　企业职工养老保险的三支柱

企业职工基本养老保险是养老保险的第一根支柱,我国实行的是社会统筹和个人账户相结合的基本养老保险制度。

社会统筹与个人账户相结合的基本养老保险制度是我国在世界上首创的一种新型的基本养老保险制度。这个制度在基本养老保险基金的筹集上采用传统型的基本养老保险费用的筹集模式,即由国家、单位和个人共同负担;基本养老保险基金实行社会互济;在基本养老金的计发上采用结构式的计发办法,强调个人账户养老金的激励因素和劳动贡献差别。因此,该制度既吸收了传统型的养老保险制度的优点,又借鉴了个人账户模式的长处;既体现了传统意义上的社会保险的社会互济、分散风险、保障性强的特点,又强调了职工的自我保障意识和激励机制。随着该制度在我国实践中的不断完善,必将对世界养老保险的发展产生深远的影响。

二、制度介绍

1997 年 7 月 16 日,国务院颁发了《关于建立统一的企业职工基本养老保险制度的决定》,规定企业和职工个人必须缴纳保险费,企业缴纳工资总额的 20% 左右,个人缴纳本人工资的 8%(刚开始为 4%,逐步提高并稳定在 8%),企业缴纳部分按一定比例分别划入社会统筹基金和职工个人账户,个人缴纳部分全部划入个人账户。职工个人账户部分随职工调动工作而转移,职工因病死亡,个人账户部分可继承。

在待遇给付方面,按照该制度实施时间将参保对象分为老人、中人和新人。在制度实施前离退休的人员为老人,退休金按国家原规定执行;在制度实施前参加工作、实施后退休的人员为中人,达到领取条件的,国家给予基础养老金和个人账户养老金,同时给予部分过渡性养老金;在制度实施后参加工作的人员为新人,达到领取条件的,领取基础养老金和个人账户养老金。基础养老金的月标准为省、自治区、直辖市、或地(市)上年度职工月平均工资的 20%。个人账户养老金的月标准为本人账户储存额除以 120。对于中人和新人,如果达不到领取养老金的条件,其个人账户储存额一次性发放给本人。

下面以 2003 年缴费率为例,以图表形式介绍企业职工基本养老金的筹集与给付(图 3－2,图 3－3)。

三、制度内涵

该制度体现了公平与效率兼顾的原则,基础养老金体现社会公平,个人账户养老金体现效率原则。

基础养老金实际上是政府或社会为退休者提供的最基本的生活保障。在

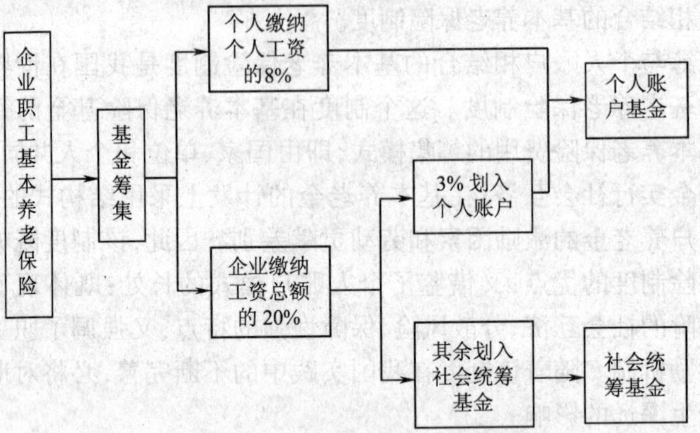

图 3－2　企业职工养老保险费用筹集

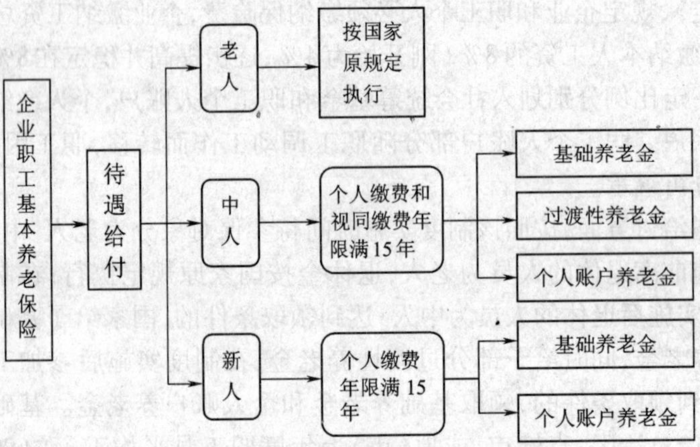

图 3－3　企业职工养老保险待遇给付

统一的企业职工基本养老保险制度中，基本养老金按养老金统筹地区上一年社会平均工资的20%计发给退休者，基本养老金是最基础的低水平保障。

个人账户养老金缴费由个人和企业分担，基金划入个人账户，并进行保值增值，退休后月养老金发放标准是个人账户基金除以120，即120个月。按照现有制度设计，假设劳动者25岁参加工作，60岁退休，这期间个人工资一直保持不变为A元，则退休后个人账户月养老金为 $A \times 11\% \times 12 \times (60-25)/120 = 0.385A$，即退休后按月领取相当于退休前月工资38.5%的个人账户养老金。

如果该劳动者的个人工资与社会平均工资相等，那么，个人账户养老金加上基础养老金，劳动者退休后每月领取的养老金为退休前月工资的58.5%。

如果劳动者的个人工资高于社会平均工资，那么个人账户储存额也相应较多，退休后按月领取的养老金也会高于社会平均水平，但国家为了防止基本养老金水平差距过大，规定参加企业职工基本养老保险的缴费工资基数要在社会平均工资的一定比例范围之内，各地方政策均有不同。应当注意的是：

首先，该方案是以职工连续工作并缴费为假设条件的，实际上，在现代市场经济条件下，劳动者在一生中难免会遇到转换工作并中断缴费的情况，所以造成缴费年限下降，个人账户积累额减少。

其次，对于收入水平低于社会平均工资的群体，由于缴费基数低，个人账户储存额相应较少，退休后的个人账户领取水平也降低。

再次，劳动者的个人缴费工资是以企业登记工资为基础的，对于部分高收入群体来说，由于劳动者收入的多元化以及福利的隐性化，劳动者实际工资往往高于缴费工资，劳动者实际生活水平又往往高于工资水平，那么，虽然个人账户积累额会有所增长，但退休后的实际养老金替代率往往会下降。

最后，领取退休金的水平是以退休当年的当地社会平均工资为基础的，而由于经济发展和收入水平的提高，随着退休后年龄的增长，其替代率会越来越低。所以，基本养老保险的实际替代率一般来讲达不到58.5%的水平。替代率水平的高低取决于劳动者是否连续、长期缴费，个人收入水平与社会平均工资的差距等等。

对于新制度实施前参加工作，制度实施后退休的人员（中人），还有过渡性养老金问题，由于新制度实施前没有个人账户的积累，因此，对于过渡性养老金根据职工本人的指数化月平均缴费工资的一定比例，按视同缴费年限长短计发，每年的发放比例大致在指数化月平均工资的1.0%～1.4%之间。

过渡性养老金的计算公式：

过渡性养老金＝指数化月平均缴费工资×（1.0%～1.4%）×视同缴费年限

指数化月平均缴费工资是指缴费工资乘以调整系数，计算公式如下：

$$S=(C_1/C_1\times X_1+C_1/C_2\times X_2+C_1/C_3\times X_3+\cdots C_1/C_n\times X_n)/12_N$$

式中：S 为指数化月平均缴费工资；C_1，C_2，C_3，C_n 为退休前1，2，3，n 年的当地职工年平均工资；X_1，X_2，X_3，X_n 为退休前1，2，3，n 年的年平均缴费工资；N 为视同缴费年限。

可见，为保证制度转轨时期参加工作的劳动者得到的退休金具有一定的公平性，过渡性养老金计算非常复杂，并且，在今后相当长的时期内，为中人支付的养老金都将占据非常大的比例。

四、改革与发展

2005年12月3日，国务院颁布了《国务院关于完善企业职工基本养老保险制度的决定》（国发［2005］38号文）。这实际上是我国城镇职工基本养老保险制度的一次重大改革。这次改革的背景是原制度（国发［1997］26号文）在运行过程中出现了计发办法不合理、个人账户“空账”等问题，从而影响了养老保险制度转轨的前景。新制度的出发点是扩大基本养老保险覆盖范围、逐步做实个人账户，并改革养老金计发办法，形成参保缴费的激励机制。可以肯定的是，这一改革不仅在宏观上有利于增大基金规模，而且在微观上体现了参保者权利与义务的对应，避免了搭便车行为，因此有其积极作用①。

（一）实现了社会统筹与个人账户的板块式结合

国务院38号文件在认真总结分析历次改革实践的基础上明确规定：“从2006年1月1日起，个人账户的规模统一由本人缴费工资的11%调整为8%，全部由个人缴费形成，单位缴费不再划入个人账户。”这一政策规定表明，我们寻找到了社会统筹和个人账户最佳的结合模式，即社会统筹与个人账户的板块式结构。社会统筹与个人账户板块式结构，一是有利于清楚地界定社会统筹与个人账户各自的比例和功能；二是通过财政资金对个人账户的逐步做实，实现政府偿还历史债务的目的，较好地解决了统账结合中的转型成本问题；三是这种模块组合的确定，标志着我国基本养老保险核心模式的形成，“其目标就是为了突出公平、完善制度，进而促使基本养老保险制度走向定型”，为进一步深化社会养老保险管理提供了制度上的支持。

（二）计发办法更加注重发挥激励约束机制的作用

国务院38号文件在基本养老金计发办法改革中进行了大胆的创新，突出在三个方面进行了政策的调整，使得新的计发办法全方位地体现了激励缴费的机制作用：一是在基础养老金的计发基数上，把缴费工资与在岗平均工资共同作为计发基数。由于基础养老金计发基数的50%部分与个人缴费相挂钩，所以在缴费年限与现行办法相同的条件下，当缴费工资高于在岗平均工资时，则所得高于现行办法，从而起到了鼓励提高缴费基数的作用。二是在基础养老金的计发比例上，缴费年限全部予以认可，突破了现行办法20年的封顶线。由于缴费每增加1年，计发基础养老金的比例提高1个百分点，因此，在缴费基数与现

① 彭浩然、申曙光：《改革前后我国养老保险制度的收入再分配效应比较研究》，《统计研究》，2007年第2期。

行办法相同的条件下，当缴费超过20年时，则所得高于现行办法，从而起到了鼓励延长缴费年限的作用。三是在个人账户养老金的计发参数的设定上，综合考虑了职工退休时城镇人口平均预期寿命、退休年龄、缴费年限和利息等因素，动态地确定计发的参数，而不是千篇一律用120作分母。因此，在同等条件下，退休时间晚的个人账户养老金高于退休时间早的人。三条政策的调整，使得基本养老保险的计发办法形成了有利于鼓励多缴费、多工作、多得养老金的激励约束机制，必定对推动扩面征缴和遏制提前退休现象产生积极的作用。

（三）基金收支预算管理是实现省级统筹的有效途径

国务院38号文件提出："进一步加强省级基金预算管理，明确省、市、县各级人民政府的责任，建立健全省级调剂金制度，加大基金调剂力度。在完善市级统筹的基础上，尽快提高统筹层次，实现省级统筹。"实行基本养老保险基金省级预算管理，至少有以下四个方面的作用：一是有利于规范社会保障资金收支及各项基金结余投资运营活动，提高资金的使用效率；二是有利于明确各级政府和经办机构的资金责任，切实解决在实际工作中存在的"鞭打快牛"和过度依赖上级调剂的不良现象；三是变事后调剂为事前调剂，有利于充分调动各级经办机构扩面征缴的主动性和积极性；四是通过预算编制特有的机制，有利于营造实事求是和互相监督的良好工作氛围和风格。总之，通过省级基金预算管理的推行，有利于形成责任明确、调控有力、管理规范的基金管理体系。

2009年12月22日，国务院召开常务会议，通过了《城镇企业职工基本养老保险关系转移接续暂行办法》（国办发〔2009〕66号）（下称《暂行办法》），从2010年1月1日起施行。该办法不仅包括了城镇居民同时还将农民工这一新兴群体包括在内。该办法规定，包括农民工在内的参加企业职工养老保险的所有人员，他们的基本养老保险关系可以在跨省就业时随同转移，而且参保人员在各个地区的缴费年限进行合并计算，个人账户的储蓄额则累计计算。为了方便参保人员养老保险关系的转移接续，《暂行办法》还规定了一系列转移接续的管理办法以及办理流程。《暂行办法》还指出，要建立全国县级以上的社保经办机构联系方式信息库，以及全国统一的基本养老保险参保缴费信息查询服务系统，为参保人员查询参保缴费信息提供便捷有效的技术支持。

对于流动就业的劳动者，其养老保险关系实现了省级之间的转移接续。《暂行办法》指出，对于返回户籍所在地就业的参保人员，由户籍所在地的社保经办机构办理转移接续手续；而对于未返回户籍所在地的参保人员则由新参保地的社保经办机构办理转移接续手续，并且对于年满50周岁的男性以及年满40周岁的女性劳动者，在原参保地保留其养老保险关系，同时在新参保地建立临时基本养老保险缴费账户，记录单位和个人全部缴费。

《暂行办法》的另外一个创新点就是将农民工的养老保险关系包括在内。《暂行办法》指出，对于中断就业或返乡没有继续缴费的农民工，由原参保地社保经办机构保留其基本养老保险关系，保存其全部参保缴费记录及个人账户，个人账户储存额继续按规定计息。而那些返回城镇就业并继续参保缴费的农民工，无论其回到原参保地就业还是到其他城镇就业，均按前述规定累计计算其缴费年限，合并计算其个人账户储存额，符合领取条件的，与城镇职工同样享受基本养老保险待遇；不再返回城镇就业的农民工，其在城镇参保缴费记录及个人账户全部有效，并根据农民工的实际情况，或在其达到规定领取条件时享受城镇职工基本养老保险待遇，或转入新型农村社会养老保险。

为避免参保人员因办理转续关系而在两地往返奔波，暂行办法规定了统一的办理流程，参保人员离开就业地，由社保经办机构发给参保缴费凭证；在新就业地参保，只需提出转续关系的书面申请，转入和转出地社保经办机构为其协调办理审核、确认和跨地区转续手续。国家建立全国统一的社保机构信息库和基本养老保险参保缴费信息查询服务系统，发行全国通用的社会保障卡。

【例题】 计算第一个月的基本养老金

基本情况：

C女士1981年1月参加工作，其工作单位于1991年1月参加了养老保险，2006年1月，C女士年满55岁，在该市办理了退休手续。

已知条件：

C女士缴费年限（含视同缴费年限）累计为25年。当地对“中人”的过渡性养老金政策为参加社会养老保险以前的“全部年功补偿法（参加养老保险之前的全部工龄，1年=15元）”。退休时其个人账户储存额为54 060元。2005年该地职工年平均工资为24 000元；其本人月平均缴费工资指数为2。

问：C女士退休后第一个月的基本养老金？

解析

（统筹地上年度职工月平均工资+本人指数化月平均缴费工资）/2×缴费年限（含视同缴费年限）×1%+个人账户储存额/计发月数+过渡性

养老金

$(2\,000+2\,000\times2)/2\times25\%+54\,060/170+(1991-1981)\times15$

$=750+318+150$

$=1\,218$(元)

第三节 企业年金的必要性及对策

一、企业年金概述

企业年金是养老保险的第二根支柱,国家在1991年《国务院关于企业职工养老保险制度改革的决定》中提出"国家提倡、鼓励企业实行补充养老保险";2000年,国务院《关于印发完善城镇社会保障试点方案的通知》将企业补充养老保险正式更名为"企业年金"。

2004年5月1日起施行的《企业年金试行办法》指出,企业年金是企业及其职工在依法参加基本养老保险的基础上,自愿建立的补充养老保险制度。同时,2004年颁布的《企业年金基金管理试行办法》指出,企业年金基金是根据依法制定的企业年金计划筹集的资金及其投资运营收益形成的企业补充养老保险基金。

企业年金是指由企业根据自身经济实力,在国家规定的实施政策和实施条件下为本企业职工所建立的一种辅助性的养老保险。它居于多层次的养老保险体系中的第二层次,由国家宏观指导、企业内部决策执行。企业补充养老保险由劳动保障部门管理,单位实行补充养老保险,选择经劳动保障行政部门认定的机构经办。企业补充养老保险的资金筹集方式有现收现付制、部分积累制和完全积累制三种。企业补充养老保险费可由企业完全承担,或由企业和员工双方共同承担,承担比例由劳资双方协议确定。企业内部一般都设有由劳资双方组成的董事会,负责企业补充养老保险事宜。

企业年金与基本养老保险既有区别又有联系。其区别主要体现在两种养老保险的层次和功能上的不同;其联系主要体现在两种养老保险的政策和水平相互联系、密不可分。企业年金不能够代替职工基本养老保险,它必须是在企业参加基本养老保险社会统筹基础之上建立的。

二、企业年金为退休者带来的收益

那么,企业年金到底会为职工带来多少退休收入呢?我们看两个案例。

（一）某企业建立企业年金实例

某大型金融企业，拥有正式员工 1 380 人，其中高级管理人员 80 人，中级管理人员 250 人，普通员工 1 050 人。企业已为全体员工办理了社会基本养老保险，由于养老保险体制改革，基本养老保险的替代率下降，企业员工的退休待遇受到影响，同时又面临同业严重的“挖墙脚”行为，公司内人心浮动。企业希望建立既能提高员工退休收入，又能有效地留住人才，吸引有用人才加盟的方案。平安人寿保险公司为该企业建立了补充养老保障计划，解决了困扰企业的难题。

该企业于 2002 年投保平安团体退休年金保险，采用年缴的方式，缴费比例为工资总额的 4%。假定工资水平保持不变，补充保险资金按 2.5% 保底收益率加中等分红利率增值，对年龄和缴费额度进行了设定，则被保险人至退休时（假定男性 60 岁退休）可领取金额如表 3－2 所示（本表假设投资收益率，且假定每年固定不变，不代表真实增值水平，实际增值情况每月将随企业投资情况变化）。

表 3－2　案例一：企业年金计划缴费及领取额

职级	年龄（岁）	缴费金额（元）	领取年龄（岁）	趸领（一次性领取）金额（元）	假设其平均余命为 10 年按月领取金额（元）
高级管理人员	45	4 000	60	83 402.25	695.02
中级管理人员	40	3 000	60	94 415.43	786.79
一般管理人员	35	2 000	60	89 415.64	745.13
普通员工	35	1 600	60	71 532.51	596.10

资料来源：企业实践案例《企业年金凝聚人心》。参见 csi001.zj001.net（纳言坊），2003 年 2 月 21 日。

从该案例看，在投资收益率一定的情况下，缴费年龄和缴费金额都会对企业年金的所得额有影响，公司建立企业年金方案时，要充分考虑职工的职位、工龄等因素，确定合理的缴费金额。

（二）员工参加企业年金计划后可得到的收益

A 先生，男，某单位员工，月工资收入 1 500 元，2001 年投保时 30 岁，采用年缴保费方式投保平安团体退休金投资连接保险。

假设：

（1）A 先生所在单位与其本人各按 A 先生工资总额的 5% 缴费；

（2）A 先生每年的工资增长率为 5%，A 先生的全部缴费均投资于平安平衡投资账户；

(3)平安平衡投资账户的每年净资产收益率分别为3%、5%和8%三种情况。

A先生至60岁时,被保险人总计缴费(包括企业缴费部分)127 369.42元。在以上几种假定净资产收益率的情况下,60岁时个人账户的资产净值分别是182 306.65元、244 359.81元和395 804.42元,A先生可领取金额见表3-3。

表3-3　案例二:企业年金计划领取额

投资收益率(%)	60岁时个人账户资产(元)	假设其平均余命为10年,按月领取金额(元)
3	182 306.65	1 519.22
5	244 359.81	2 036.33
8	395 804.42	3 298.37

资料来源:撒奕:《企业年金理论与实务浅析》,载于《中国劳动保障报》,2003年3月6日。

从该案例可以看出,对于同一名员工来说,企业年金的领取金额取决于投资收益率,在收益率分别为3%、5%和8%的情况下,员工得到的企业年金数额会相差非常大,所以,投保年金保险时,选择合适的公司可以使员工得到更多的收益。

经过十几年的发展,企业年金已经逐步在部分企业建立。截至到2010年末,全国有3.71万户企业建立了企业年金,参加的职工人数为1 335万人,企业年金基金结存累计达2 809亿元①。

我国目前的企业年金投资渠道主要是投保团体年金保险,随着国家政策的进一步推进和金融市场的完善,企业年金将会投向证券、保险、银行及专业投资机构。

(三)关于企业年金的疑问

在现实中,部分企业管理层和职工对于企业年金的实施必要性持怀疑态度。管理层认为,在企业效益好的情况下,可以给职工发奖金,直接将福利费用以现金的形式发放给员工,可减少企业年金制度设计和管理的成本;员工本人也普遍认为,直接领取奖金的方式更为直接和具有激励性,并且企业年金有一定的领取条件,员工可能享受不到企业年金带来的好处。

实际上,发达国家的企业年金制度已经发展到了相当的程度,例如,美国的

① 劳动和社会保障部:《2010年度人力资源和社会保障事业发展统计公报》,2011年7月20日发布。

401(K)企业年金计划。美国政府在1978年的《国内收入法典》新增的401(K)项条款中承认劳动者对工资的自由选择权①,即劳动者的工资是一次性领取现金还是把它的一部分积累起来作为退休后的年金收入到退休时再领取,有自由选择的权利。政府此后出台了对于积累金的延期纳税优惠,即企业和职工用于年金的储蓄额在提取和运营过程中都不需纳税,在领取年金时纳税即可。该政策极大地促进了美国企业年金的发展。

第四节　灵活就业群体养老保险机制的建立

一、灵活就业的概念和人员构成

灵活就业是指在劳动时间、收入报酬、工作场地、保险福利、劳动关系等方面不同于建立在工业化和现代工厂制度基础上的、传统的主流就业方式的各种就业形式的总称。

从人员构成看,我国灵活就业的主要人群是国有、集体企业离岗与下岗失业人员、个体从业人员和自由职业者、农民工等,部分知识阶层和新就业群体(如大学生及城镇新就业的青年)也越来越多地采用这种就业形式。

二、灵活就业出现的原因

灵活就业之所以呈逐步上升趋势,主要有以下几方面的原因。

(一)全球经济的发展

第二产业(即制造业)在逐步缩小,而第三产业不断扩张。固定的全日制正规就业形式是以制造业为主体的产物,而第三产业的生产经营方式乃至产品、客户都与第二产业大相径庭,要求适应客户灵活多样的服务需求,灵活就业因此应运而生。

(二)单位和劳动者共同的需求

单位为降低劳动成本,需要灵活就业的劳动者满足临时的用工需求,而同时部分劳动者也愿意从事只占用部分时间的工作。

(三)政府的主导

面临着就业的压力,各国政府普遍积极引导劳动者以灵活方式实现就业。江泽民同志在党的"十六大"报告中曾指出:"就业是民生之本。引导全社会转

① 中北彻:《企业年金的未来》,筑摩书房,2001年版,第104页。

变就业观念,推行灵活多样的就业形式,鼓励自谋职业和自主创业。"

三、我国灵活就业的状况

目前我国灵活就业人员的数量规模,很难有一个准确的统计数据。我们将灵活就业群体简单地划分为城镇国有集体单位的离岗和下岗人员、城镇失业人员、个体户及其雇工和自由职业者、农民工等若干群体,简略估计灵活就业人数。

第一,城镇国有集体企业离岗、下岗人员。据劳动保障部统计,从 1992 ~ 2000 年,城镇国有、集体单位职工总数净减少 5 185 万人,扣除在此期间离退休、退职人员 1 279 万人,尚有 3 906 万人,估计其中大部分都进入了灵活就业群体。即使按 60% 计算,也约有 2 400 万人从事灵活就业形式的工作。

第二,城镇失业人员。截止到 2010 年,城镇登记失业人数为 908 万人①。

第三,个体工商户和自由职业者。近年来,从事个体和自由职业的人员有较大的增加,数量规模庞大。据统计,截至 2010 年年底,我国从事第三产业私营企业和个体从业人员数达到 10 977 万人②。

第四,进城务工的农民工。2010 年度全国的农民工总量为 24 233 万人,其中农村向城镇转移的外出务工的农民工数量为 15 335 万人。

因此,比较保守地估计,我国城镇灵活就业人员应有 1.5 亿人左右。

四、灵活就业群体参加养老保险的状况

工作不稳定、收入低、没有正式劳动关系是灵活就业人员的基本特征,这也成为他们参加社会保险的障碍。目前,全国尚没有建立统一的灵活就业者参加养老保险的制度。因此,形成了灵活就业群体参保比例小,中断参保比例高的现象。

以辽宁省为例,2001 年底,辽宁省的个体从业人员有 280 万人,其中,参加养老保险的有 60 万人,占个体从业人员总数的 21.4%;2001 年,辽宁省有参保(养老保险)职工 680 万人,而实际缴费的人数只有 490 万人,中断缴费的有 190 万人之多;同年,下岗职工有 51.5 万人实行并轨,其中只有 23 万人接续了养老保险关系,一多半的并轨人员中断参保。从辽宁省的情况看,灵活就业人员参保率很低,下岗职工中断参保的情况比较严重。

---

① 劳动和社会保障部:《2010 年度人力资源和社会保障事业发展统计公报》,2011 年 7 月 20 日发布。

② 《中国第三产业统计年鉴(2011)》,中国统计出版社,2011 年版。

五、灵活就业群体的养老保险问题

长期以来，就业岗位的创造、社会保障保护的对象以及基金的筹集支付都只针对企业正规劳动者，而近几年，随着经济全球化、市场化进程的加速，我国就业形式和结构都发生了翻天覆地的变化。在城镇2.7亿从业人员中，个体、自营劳动者等灵活就业人员达到1亿人以上，但这个庞大的群体却没有基本的社会保障。另一方面，国有企业下岗职工再就业大多是灵活就业，中断参保和社会保险关系接续难的问题比较突出，续保问题已成为影响下岗职工从事灵活就业意愿、妨碍其再就业的不利因素。研究分析和解决包括下岗职工在内的灵活就业人员的社会保障问题不仅是扫清国有企业下岗职工再就业后社会保险关系接续的体制障碍的关键问题，也是保护劳动者权益、解决“边缘群体”社会归属感，从而缓解我国面临的长期就业压力的当务之急。

部分地区已经意识到了灵活就业人员参加养老保险的需求，并且出台了相应的政策，将灵活就业人员纳入基本养老保险范围。由于对这部分人员的养老保险政策没有经验可供借鉴，各地出台的政策在制度设计方面很大程度上模仿了企业职工的养老保险办法。

（一）自由职业人员参保政策

北京市在1999年就出台了关于个体劳动者、自由职业人员的养老保险办法，使这部分灵活就业者有了养老的基本保障，制度实施以来也反映出了一些问题。

附录

《北京市个体劳动者、自由职业人员参加社会保险试行办法》

（京劳险发[1999]8号　1999年1月18日）

适用范围：适用于具有本市城镇户口，在国家规定的劳动年龄之内，有劳动能力的个体劳动者、自由职业人员（以下简称被保险人）。

缴费办法：被保险人缴纳基本养老保险费的缴费基数，以本市上一年最低工资标准至本市上一年职工平均工资300%之间的范围内由被保险人根据收入情况自行确定。缴费比例暂为20%。

个体工商户受雇人员的养老保险费，由雇主和受雇人员共同缴纳。其中雇主按14%的比例缴费，受雇人员按6%的比例缴费，今后受雇人员的缴费比例随北京市企业职工个人缴费比例统一进行调整。缴费基数由雇主与受雇人员视受雇人员的收入情况协商确定。受雇人员的养老保险费由雇主代为扣缴。

基金管理：被保险人的基本养老保险实行社会统筹与个人账户相结合的制度。社会保险经办机构应为被保险人按社会保障号码建立基本养老保险个人账户。被保险人基本养老保险个人账户按被保险人个人缴费基数的11%建立。

领取办法：1998年7月1日后参加基本养老保险且此前无缴费年限的被保险人，基本养老金由基础养老金和个人账户养老金两部分组成。基础养老金月标准为本市上一年职工月平均工资的20%，个人账户养老金月标准为本人个人账户储存额的一百二十分之一。

1998年6月30日本办法实施前有缴费年限的被保险人，基本养老金由四部分组成：(一)基础养老金，(二)个人账户养老金，(三)过渡性养老金，(四)综合性补贴，按本办法领取基本养老金的人员同时执行本市基本养老金正常调整制度。

被保险人1998年7月1日以后参加养老保险，个人缴费年限累计不满15年的；1998年6月30日以前参加养老保险，个人缴费年限累计不满10年的，不享受按月领取基本养老金的待遇，其历年个人缴费额(包括个人账户利息)一次性全部支付给本人。

从北京市的制度设计看，降低了自由职业者和个体劳动者的缴费率(为20%)，低于企业职工养老保险合计27%的缴费率，减轻了这部分人员的缴费负担，在个人账户的设计和养老金的领取办法上同企业职工养老保险办法接轨，方便了两部分人员之间的流动。

(二)灵活就业群体参加养老保险的问题

问题之一是没有规范统一的制度。当前的企业职工养老保险在缴费年限、缴费基数、缴费办法和待遇享受等方面，主要是依据正规就业的情况而设计的，并不适应灵活就业多样化的特点和多层次的需要。加上多数灵活就业人员与用工单位之间，往往不确定固定的劳动关系，也不签订书面的劳动合同，无形之中就把他们排斥在了社会保障体系之外。

问题之二是灵活就业人员跨区域流动续保难。由于我国的养老保险制度改革是自下而上推进的，各地历史负担的轻重不一造成了各地养老保险压力大小不等，养老保险的统筹层次一直停留在地市甚至县一级。这种各地分而治之的养老保险制度，给区域间就业人员的流动设置了障碍，而且对灵活就业人员的养老保险许多地区并没有相关政策，使灵活就业者养老保险关系难以衔接。

问题之三是灵活就业者中的困难群体续保难。灵活就业者中涵盖了相当部分的下岗失业人员，他们的收入十分有限，即使考虑到未来生活的风险，也往往难以缴纳保险费,在失去劳动能力后给国家和社会造成更大的负担。

第五节　完善机关事业单位养老保险制度

一、国家机关和事业单位工作人员退休制度的建立(1950～1957年)

1955年12月29日,国务院针对国家、事业单位工作人员颁布了《国家机关工作人员退休处理暂行办法》和《国家机关工作人员退职处理暂行办法》,虽然规定的退休退职条件与企业大体相同(退休养老补助的最高标准为本人工资的60%),但从制度上将企业职工与机关事业单位人员严格区分开。

1956年,企业职工、国家机关、事业单位职工以及农村孤寡老人养老制度全面建立。截至1956年底,共计有2 300多万职工享受不同程度的养老保险待遇,相当于国营、公私合营、私营企业职工总数的94%①。

建国初期形成的退休金是由社会统筹的,企业职工和机关事业单位退休制度分别设立,保障了城镇劳动者的养老需求;农村居民仍以自我保障为主,对于"五保"人员由国家负责其养老。

二、国家机关和事业单位工作人员养老保险制度初步发展(1958～1966年)

由于企业职工和机关、事业单位养老制度不统一,给管理运营带来了困难,因此,国务院于1958年2月9日发布了《关于工人、职员退休处理的暂行规定》,放宽了退休条件,将工人、职员退休养老保险统一化。

为解决集体所有制单位职工的退休养老问题,1966年4月20日,第二轻工业部、全国手工业合作总社颁布了《关于轻、手工业集体企业职工、社员退休统筹暂行办法》和《关于轻、手工业集体企业职工、社员退职处理暂行办法》,标志着集体所有制单位职工退休制度的建立,退休金标准相当于本人工资的40%～65%②。

这一时期,我国的养老保险制度平稳发展,将企业职工与机关、事业单位退休制度相统一,并建立了集体企业职工的退休制度。

① 余天心等:《边缘财政考察》,中国财政经济出版社,1995年版,第359页。

② 第二轻工业部,全国手工业合作总社:《关于轻、手工业集体企业职工、社员退休统筹暂行办法》,1966年4月20日发布。

三、国家机关和事业单位工作人员养老保险制度遭到破坏(1967~1977年)

“文化大革命”中,正常的工作生活秩序全部被打乱,各项工作均无法顺利进行,社会保险也不例外。原有的退休、养老制度有法难依,企业、机关职工不能正常退休,实际上形成了职务终身制;“文化大革命”结束后,退休职工数量猛增,使1978年以后的退休费用跳跃式上涨,1978~1985年全国离退休、退职人数增加4.21倍,离退休、退职费增加7.42倍①。

1969年2月,财政部颁发《关于国营企业财务工作中几项制度的改革意见(草案)》,规定:“国营企业一律停止提取劳动保险金”,“企业的退休职工、长期病号工资和其他劳保开支,改在营业外列支。”②这一规定使我国建立起来的社会养老保险变成了单位保险,筹资方式由基金统筹变成了现收现付。

“文革”期间的养老保险制度遭遇严重倒退,社会保险成为各个企业自行负担的事情,并由此形成了企业包办职工的生、老、病、死的制度,该制度发展到今天,给国有企业带来了沉重负担,并成为国企改革难以跨越的障碍。

四、国家机关和事业单位工作人员养老保险制度的恢复(1978~1986年)

1978年6月2日,国务院颁布了《关于安置老弱病残干部的暂行办法》、《关于工人退休、退职的暂行办法》,对1958年颁布的有关规定进行了全面修订,规定干部和工人分别实行两种退休制度,放宽离职退养条件,适当提高退职、退休待遇标准。1980年10月7日,国务院又颁布了《关于老干部离职休养的暂行规定》,明确了离休制度与退休制度的差异。1981年1月7日,国务院发出《关于严格执行工人退休、退职暂行办法的通知》,使企业职工的退休制度得以严格实施。1982年以后,又陆续发布了关于军队干部、高级专家、教师、医生、科技人员的退休制度的通知。值得注意的是,1982年2月20日,中共中央发出的《关于建立老干部退休制度的通知》,打破了干部终身制,恢复了正常的干部退休制度。

五、机关事业单位养老保险体系的变革

我国目前尚没有建立统一的机关事业单位养老保险制度。机关事业单位

① 《中国劳动工资统计资料1945~1985》,中国统计出版社,1987年版,第186、209页。

② 刘传济,孙光德:《社会保险与职工福利》,劳动人事出版社,1987年版,第34页。

退休人员基本沿用了以前的单位退休制度，即达到退休年龄后领取一定比例的退休金。各地的机关事业单位养老保险制度改革于 1992 年起步，经过近 10 年的探索与实践，各地的制度各有差异，形成了不同的改革办法。

六、机关、事业单位养老保险体系的变革

1992 年 1 月，原人事部印发了《关于机关、事业单位养老保险制度改革有关问题的通知》（人退发[1992]2 号）（下称《通知》）。《通知》对机关事业单位养老保险制度的改革情况，以及机关事业单位劳动合同制工人的养老保险基金管理做出了明确规定，同时还指出，机关、事业单位养老保险制度的改革，应当按照国家、集体、个人共同合理负担的原则，在总结我国现行干部退休制度的基础之上，建立起国家统一的、具有中国特色的机关、事业单位社会养老保险制度。1993 年，党的十四届三中全会通过了《中共中央关于经济体制改革若干问题的决定》，要求在全国建立起多层次的社会保障体系。在此之后，云南、江苏、福建和山东等省都发布了机关事业单位养老保险改革的文件，开始在不同范围的人群中进行试点。1996 年 12 月，国务院办公厅下发了《关于印发机关、事业单位工资制度改革三个实施办法的通知》（国发办[1993]85 号），原人事部也下发了《关于印发机关、事业单位工资制度改革实施中若干问题的通知》，对国家机关、事业单位职工的退休养老制度进行了较大的修改和调整。原劳动和社会保障部、原人事部、财政部在指导全国改革试点的同时，结合各地改革的实际经验和做法，着手开始研究和制定总体改革方案。

2006 年 10 月，党的十六届六中全会通过了《中共中央关于构建社会主义和谐社会若干重大问题的决定》，《决定》指出："加快机关、事业单位养老保险制度的改革"是"加强制度建设，保障社会公平"的一项重要任务。2007 年 10 月，党的十七大报告又明确指出，要促进企业、机关、事业单位基本养老保险制度的改革。2008 年 2 月，国务院总理温家宝主持召开了国务院常务会议，研究开展事业单位工作人员养老保险制度改革试点工作，会议讨论并通过了《事业单位工作人员养老保险制度改革试点方案》，确定在山西、上海、浙江、广东和重庆 5 省市选择项目开始进行试点，并且同事业单位分类改革配套进行。2009 年 1 月，人力资源和社会保障部正式下发了《试点方案》，要求各个试点地区和有关部门加强组织领导，认真做好准备工作，以保证试点工作的顺利进行。但是这次改革受到的阻力颇大，试点的各地并未开展具体的落实工作，改革中遇到很多困难，进展不如预期。

案例

辽宁提出事业单位基本养老保险办法有关意见

近日,辽宁对全省事业单位养老保险办法提出了有关问题的意见,明确了事业单位基本养老保险费应由单位和职工共同缴纳,同时,职工缴费比例为本人基本工资的8%,并由单位从本人工资中代扣代缴。

辽宁规定社会保险经办机构要为参保职工建立基本养老保险个人账户。个人缴纳的基本养老保险费及利息全部记入个人账户。参保职工达到法定退休年龄但缴费年限(含视同缴费年限)未达到10年的、参保职工死亡的个人账户储存额的余额一次性发还本人或法定继承人。

参保职工退休时,基本养老金按国家规定的事业单位离退休人员基本工资的计发比例计发,另加发个人账户养老金,个人账户月养老金为个人账户累计储存额的1/120(个人账户基金支付完毕为止),按国家规定的离休人员的离休待遇及退休人员的基本养老金由社会保险经办机构支付。退休人员的各项补贴由原单位按原经费渠道支付。

因病退休人员,按照法定正常退休年龄,每提前一年,基本养老金减发2%。参保单位和职工必须按时足额缴纳基本养老保险费。凡欠费单位在职工退休时不能一次性补缴的,每累计欠缴一年扣减基本养老金2%。

另外,辽宁还就职工工作调动和企业转制等有关情况,对养老保险办法提出了一些意见,如参保职工调入企业后,自调入之日起执行城镇企业基本养老保险制度;企业职工调入事业单位以后,自调入事业单位之日起执行事业单位基本养老保险办法;参保职工因各种原因与参保单位脱离关系未再就业的,从与原单位脱离关系下月起,按规定办理基本养老保险关系和个人账户储存额转移手续;原在事业单位参保前的连续工龄和实际缴费年限均认定为缴费年限,达到法定退休年龄时,按城镇企业职工基本养老保险有关规定办理退休,享受基本养老保险待遇;参保单位成建制转为企业的,按有关规定接续基本养老保险关系并依法缴纳基本养老保险费等。

资料来源:《时代商报》,2003年6月25日。

辽宁省事业单位的基本养老保险制度是参照企业职工基本养老保险办法,由单位和职工共同缴费,为参保职工设立个人账户,个人账户养老金的领取办法基本与企业职工相同,基本养老金仍按国家规定的事业单位离退休人员基本工资的计发比例领取。可见,事业单位职工的养老金总水平将高于企业退休职工。事业单位养老保险个人账户的设立,方便了在事业单位和企业之间调动工作的职工养老保险关系的接续。

第六节　养老保险的隐性债务与转制成本

一、养老金隐性债务的承担

传统的退休养老制度采取现收现付的财务机制而缺乏任何积累,在退休人口数量不断增长的今天已经不堪重负。目前采取的统账结合制度模式,制度设计是半现收现付—社会统筹部分,半完全积累模式—个人账户部分,意味着现在工作的一代人不仅要为自己积累养老金,还要继续承担上一代人的养老责任。

以往的现收现付制究竟隐含了多少历史欠账呢?按照劳动和社会保障部的统计,新制度实施时已经退休的"老人"数量,2002 年末全国 11 128 万职工和 3 608 万离退休人员参加了基本养老保险,其中企业参保职工 9 090 万人,企业参保离退休人员 3 333 万人①。在新制度实施前参加工作的"中人"约有上亿人,"老人"没有任何积累,需要社会统筹基金支付其全部养老金;"中人"需要社会统筹基金支付部分过渡性养老金,两者相加所形成的历史欠账达数万亿元。由于测算方法和统计口径的不同,各部门公布数据有所不同,劳动部社会保险所于 1995 年测算的结果是 28 753 亿元,国务院体改办 2000 年测算的结果为 67 145 亿元②。但大多数研究者认为,我国养老保险隐性债务规模大致为 3 万亿元左右。

如此巨额的养老金债务由现有劳动者承担,不可避免地使缴费率偏高,我国规定的养老保险缴费率企业和个人合并达到 28%,远远高于国际通行的 20%左右的水平,并且在部分老工业基地,由于退休职工比例大,缴费率还进一步提高,使企业不堪重负。

巨大的养老金支付压力也使养老保险基金难以积累,由此形成了名义上的个人账户制度,而实质依然是现收现付制度,因为现收的记入个人账户的资金同时就用作社会保障的支出了,个人账户中的资金只是账面上的;与原来的现收现付模式相比,其差异就是将风险由企业分散给地方政府。

---

① 劳动和社会保障部:《2002 年劳动和社会保障事业发展统计公报》。

② 何平:《中国养老保险基金测算报告》,《社会保障制度》,2001 年第 3 期,第 3 ~ 10 页。

二、解决问题的思路

首先需要解决养老保险的个人账户空账运行问题。面对个人账户的空账问题,部分学者认为,个人账户制度在我国不可行,个人账户制无助于解决人口老龄化问题,还加大了老年人的贫富差距,也无力降低企业和个人缴费率,并面临着投资失败的风险。其实空账问题并非是制度设计造成的,个人账户制有利于基金的积累,将在未来减轻政府的负担。但个人账户的健康发展首先要将空账部分做实,然后经过严格的监管和控制,才会实现资金积累的良性发展。而且,几十年的现收现付制度面临的国家和企业负担越来越重的事实已经说明现收现付制不可行。做实个人账户,有三个层次的含义:第一层是要将当期收缴的个人账户基金做实,不再挤占和挪用新产生的个人账户基金;第二层是要将制度改革后的账面欠账部分补足;第三层是要将历史欠账补足,以及对于"中人"隐性债务的补偿。

要解决空账问题,就要解决空账背后的层次问题,隐性债务是空账产生的根本原因。社会统筹基金与个人账户基金的合并管理又为资金的借用提供了方便,社会保险机构管理与监督的一体化又使得对于资金的使用无从把关。要解决隐性债务问题,首先,要对老人和中人的历史债务做出精算,明确其应当得到的合理补偿,政府要对这一历史债务的解决提出明确的方案,国家、企业、个人合理分担责任。其次,国家要分步骤、分阶段地实施解决方案。在国家对于历史债务明确承担责任的前提下,个人账户才有可能真正做实。在做实个人账户时,一是对于新人现期缴纳的个人账户基金不能挪作他用;二是对于制度实施起新人个人账户上的账面资金补足;三是对于中人的个人账户空账一并做实。在个人账户做实的基础之上,探索养老保险基金市场化运作,提高基金的增值率。

在这个转轨的过程中,解决好隐性债务问题,将为个人账户制为基础的社会保障模式的健康、平稳运行创造良好的启动环境。人们在总结智利成功实现由现收现付模式向个人账户模式转轨的经验时,认为由智利政府承担全部社会保障成本、进而投入巨额资金支持新的模式的建立是顺利转轨的一个重要方面。据测算,智利政府承担的社会保障债务的总规模约占到其1981年GDP的80%,债务的最高峰值为GDP的4.8%,随后呈现逐年下降的趋势,到2025年智利政府将全部清偿所有债务。考虑到我国的社会保障水平较低,目前的人口年龄结构尚比较年轻等因素,据世界银行测算,我国政府为了推进社会保障模式的转轨所需要承担的社会保障债务的规模会比智利要小。但实现这一目标对我国政府来讲也将会是一项艰巨的任务。国家为此可以采取的措施有加大财政支出、开征新税种、变现部分国有资产、发行特种国债等。

第七节　养老保险筹资困境的解脱

一、养老保险统筹层次问题

在我国养老保险制度由单位保险向社会保险转变的过程中，实际形成了地区保险的局面。我国虽然建立了统一的企业职工基本养老保险制度，但由于养老保险金实际上由市、县、行业统筹，使得养老保险的社会互济功能大大降低。国家先后出台政策提高养老保险的统筹层次，1998 年 8 月 6 日，国务院发出《关于实行企业职工基本养老保险省级统筹，行业统筹移交地方管理有关问题的通知》，要求各地建立省级统筹。省级统筹能够提升养老保险制度的有效性和抗风险的能力，并可以减轻负担过重地区的企业负担，但实施的效果并不理想，2001 年 7 月试点地区——辽宁省，在中央财政的大力支持下尚未实现养老保险的省级统筹。养老保险的统筹层次低带来两个直接后果。

（一）养老保险缴费率不统一的问题

国务院关于建立统一的企业职工养老保险制度发布以来，各地纷纷按照制度规定出台了地方性的养老保险政策，但制度具有一定的灵活性，即各地可以根据自己的实际情况确定缴费率。由于目前社会养老保险的统筹层次还是省级统筹，而实际上还存在部分行业、地区统筹的现象，各统筹单位为满足本地的养老保险需求，形成了差距极大的缴费率。在一省范围内，由于存在部分企业的市、县统筹，使各企业缴费率不同，影响了企业的公平竞争和劳动力的正常流动，不同的省份之间，差距可能更大。比如，老工业基地养老保险金的支付压力大，所以对现有的缴费企业提高缴费率。2008 年，吉林省企业的养老保险缴费率高达 23%①，深圳的企业只按员工个人缴费工资的 10% 缴纳②。由此形成了强者更强、弱者更弱的局面。

1. 多种费率对养老制度的影响。以吉林省为例，由于受地区经济的制约，划分出了省级统筹（原国有企业及其职工）和县（市）级统筹（原集体所有制企业、劳服企业及其职工）两大块。省级统筹基金可以在全省区域内相互调剂，使省级统筹企业离退休人员的基本生活得到了保障。但县（市）级统筹支撑能力相当脆弱，上级没有调剂补助，地方财政又没有补贴，为了自求平衡，确定的缴

---

① 传真，艾灵：《吉林省将逐步下调企业养老保险缴费比例到 20%》，《劳动保障世界》，2009 年第 7 期。

② 《深圳经济特区企业员工社会养老保险条例》。

费比例五花八门、参差不齐。在运行过程中,为应对基金的入不敷出,又自行确定接收对象,使一部分人被挤出保障范围之外(剔除),少部分人挤入省级统筹,形成保障人数逐年下降的趋势。由于缴费比例的差异性,造成了政策上的不统一,使独立于企事业单位之外社会保障体系的建设受阻①。

2. 养老金的领取水平差距问题。国务院颁发的《关于建立统一的企业职工基本养老保险制度的决定》规定,基础养老金的月标准为省、自治区、直辖市或地(市)上年度职工月平均工资的20%,实际就是按照统筹地区的平均工资支付基础养老金。这一规定实际上不利于劳动力的正常合理流动,由此带来的后果可能是,由于退休后基础养老金的差异,职工可能会流向平均工资水平高的统筹地区,而实际上职工所贡献的统筹基金水平可能较低。而对于正常流动的劳动力,社会平均工资水平高的地区可能不接纳来自于其他地区劳动者的养老保险关系,造成对于劳动者利益的侵害。

(二)分散决策、分散管理

我国历史形成的养老保险的多头管理和分散决策使现行的制度虽然具有统一的框架,却不具有统一的实质。改革前的企业职工养老保险由劳动部门负责,机关事业单位养老保险由人事部门负责,农村养老保险由民政部负责,并且还有部分行业自行管理本行业内部的养老保险,由此形成了由上自下的垂直管理;同时,各级地方管理机构除对本机构上级负责外,还对同级地方政府负责,使得实际具体执行的制度各不相同。在原有的计划经济体制下,退休金完全由单位负责,并且职工流动性差,使制度之间相互差异的矛盾并没有凸显。

而在我国建立市场经济体制之时,原有的单位保险方式已经远远不能适应时代发展的要求。一是单位退休负担差异巨大,老国企不堪重负,新兴企业几乎没有任何负担,不利于市场公平竞争。二是市场经济下,劳动力要求自由流动,原有的制度差异造成员工流动后养老保险关系难以续接,妨碍了劳动力资源的正常流动,损害了劳动者利益。三是原有制度并未与实际贡献挂钩,显然不具有公平性。

改革目标是企业职工建立统一的养老保险制度,并形成统账结合的框架,但在基本养老保险方案设计时,劳动部和国家体改委出台了两套制度不同的统账结合模式,并允许各地根据自己的情况进行调整,由此形成了各地五花八门的统账模式,直至1997年国务院发布了建立统一的企业职工养老保险制度的通知,1998年劳动和社会保障部成立,开始了对养老保险的统一管理。但是原

① 《中国劳动保障报》,2003年10月16日。

有的管理体系不可能在短时期内被打破，全国统一管理的养老保险制度不可能在短时期内建立。过渡政策使企业、行业统筹首先变为地方政府统筹，然后变为省级统筹，再提高到全国统筹。统筹层次决定了基金要在地区范围内平衡，由此形成了各地不同的缴费率，不同统筹地区企业负担仍不相同，劳动力跨省流动仍然存在着接续养老保险关系的障碍，显然，社会平均工资水平高的地区不愿接纳来自于工资水平低的地区职工的养老保险关系。

二、中国未来养老保险体系的总体构想

中国未来的养老保险体系应当是广覆盖、多层次和可持续的城乡一体化的养老保险系统，将全社会公民纳入养老保险制度覆盖范围之内。要实现这一目标，需要政府、企业、个人合理分担责任，制定科学合理的规划，分阶段、有步骤地解决现有制度中存在的问题。

（一）养老保险制度总体设计的原则

针对中国养老保险制度存在的问题，专家和学者从各自不同的角度提出了自己的解决方案。

一种思路是在现有制度基础上强化管理，比如，扩大覆盖面、加强费用征缴并对各种违规行为进行处置等等。为了提高管理效率，还有不少人呼吁进行立法管理。加强管理是有益的，但目前养老保险制度本身还有待于完善，仅仅靠加强管理并不能从根本上解决问题。

拿扩大覆盖面问题来说，表面看来，迅速扩大覆盖面，能够使更多的人得到保障，缴费人数的增加也能够降低各种保险体系本身的财务压力，但问题在于，如果其他基本制度条件不变，单纯追求覆盖面的扩大，不仅不能从根本上解决问题，反而有可能对制度的未来安全带来更大隐患。所以，简单扩大覆盖面虽然可以推迟风险，但同时也积累了风险。再如，社会保险费欠缴问题，其更主要的原因是费率过高，不少企业经济状况不好而无力缴纳。在这种情况下强行征收，必然会带来诸多负面后果。如进一步加大企业亏损，造成对政府其他方面税收的冲击，甚至迫使一些企业破产。

另一种思路是针对特定问题实施制度调整。比如，个人账户的空账运行问题已经开始试点解决，将社会统筹基金与个人账户基金分开管理，不再相互挪用与挤占；个人账户也开始实施积累，有利于避免“空账”运行可能带来的弊端，但有关方案的问题也很突出。一是在开始实施养老金（部分）积累后，未能同步实施养老金投资管理体制改革。国际经验早已表明，如果没有有效的以资本市场为基础的投资管理体制，积累制养老金体制不可能顺利运行，其潜在的风险

比现收现付制要大得多。二是尽管确定了体制转轨,但并未形成合理的转轨成本筹集与分担机制。因此,试点结果是否具有推广性有待于进一步观察。

在各地的实践过程中,还反映出了目前养老保险制度的改革层面低的问题,各地区针对各自的情况出台了相应的政策,有些是符合发展趋向和要求的,如各地对于灵活就业人员的养老保险政策,对于被征地人员的养老保险政策等,但是地方政府主导的制度改革,由于只需要关注本地区的情况,难免存在着不能从更大的范围和更深的层次对制度进行设计的缺陷。

因此,对于目前养老保险体系存在的问题,如果从其表面现象着手解决,"头疼医头、脚疼医脚",只会越解决问题越多,最后造成无法解决的后果。国家需要尽快出台全国性的针对更大范围的参保人员的统一政策,否则,各地普遍实施的政策又需要进行修改,造成新的制度衔接的障碍,使参保人认为政策没有连续性和稳定性,影响政府的信誉。

(二)养老保险制度设计的几个原则性问题

社会保障制度改革能否获得成功,关键在于制度设计。而能否设计好的制度,则取决于对一些重要原则性问题的把握。过去的改革之所以出现问题,根源就在于此。在未来改革中,必须对有关问题给予足够重视。

1. 科学合理的决策。中国社会养老保险是关系数十亿人民群众生计的大事,需要在制定政策之前集中各方面的专家深入探讨、广泛征求意见,在局部地区试点后再行推广,避免政策出台后才发现有根本性的问题。

2. 短期目标和长期目标相结合。中国的养老保险制度实施至今,存在着各种各样的层次不一的问题,解决问题需要首先确定未来发展的框架,然后,针对目前的问题制定逐步解决的方案,实现养老保险制度改革的有步骤、分阶段推进。

3. 合理分担责任。现行养老保险实施中的问题相当一部分是责任不清导致的,责任不清导致历史欠账无人负责。养老保险问题属于社会性的问题,无法解决的问题最终还是要由国家来承担。在新制度设计时,首先要明确政府、单位、个人之间的责任边界,实现政府与市场的合理职能分工。该由政府承担的责任不能回避,在政府承担应有责任的同时,要注意实现政府、企业与个人之间责任的合理划分,避免政府包揽过多。

4. 制度模式与管理技术的配套。良好的制度在运行过程中,还会发生由于管理技术跟不上所导致的问题。如出现同一个人参加两份社会保险的情况和部分职工不参加社会保险的情况,这些都需要养老保险管理系统的信息化建设和对于个人收入的监控体系的完善。

5. 新旧体制的衔接。鉴于整个经济和社会体制的变革，对社会保障制度的改革更大程度上应是重构而非改良，对已有方案修修补补的改良很难获得成功。以重构为目标的改革，关键是要将新体制建设与旧体制遗留责任的处理分开。

6. 对于国际经验的合理借鉴。由于各国的原有制度、经济状况和面临的问题不同，借鉴国外经验时必须要考虑同中国国情的结合。从国情出发，充分考察国外的制度产生的背景和现实效果，结合中国的实际加以吸收和利用，才能产生良好的效果。

养老保险制度改革不仅要考虑到当前体制的问题，更重要的是要考虑经济与社会发展的长期需要；考虑到保障广大人民群众基本生活安全的需要；考虑到中国经济体制完善的需要；特别是多种经济成分共同发展以及劳动力市场化的需要；考虑到城市化与工业化的趋势；同时考虑到中国经济仍不太发达的现实以及社会保障制度本身的特点。未来社会养老保险改革和发展的基本目标应当明确定位于广覆盖、多层次和可持续上。

三、未来发展的政策建议

实现未来养老保险覆盖全社会的目标，近期任务一是扩大养老保险的覆盖面；二是提高养老保险统筹层次；三是考虑提高退休年龄。

（一）扩大养老保险覆盖面

扩大养老保险覆盖面，不仅仅是指扩大企业职工养老保险的覆盖面。目前，扩大覆盖面最大的问题是将灵活就业人员纳入保障范围之内，解决好下岗职工养老保险问题和被征地人员养老保险问题。下岗职工和被征地者有相当一部分人会进入灵活就业行列，国家应出台统一的对灵活就业人员的参保政策，以较低的缴费吸引灵活就业者的广泛参保。

1. 促进灵活就业人员参保。养老保险的参保人数在正规就业部门已经逐渐降低，随着中国城镇化进程的加快和市场经济的发展，出现了越来越多的灵活就业人员，将灵活就业人员纳入保障范围是扩大养老保险覆盖面的关键。同时，将这一部分劳动者纳入养老保险范围，让他们老有所养，也是必须解决好的一个问题。灵活就业人员具有不同于正式就业人员的特殊情况，目前需要制定关于灵活就业者的统一政策，合理确定他们的缴费比例，并为其提供方便的管理和服务措施。

(1)建立全国联网的养老保险数据库。以每个人的身份证号码作为养老保险登记号码，研制全国通用的社会保险登记、缴费记录表、卡。其作用一是可以使灵活就业者本人或用人单位,不论在哪个城市、哪个企业,只要办理一次社会保险登记,就可以该社会保险关系作为依据,不间断地对社会保险缴费进行记录、接续、转移,做到“通用、简便”;二是在目前各地信息系统不联网的情况下,出现了部分人员跨地区重复参加养老保险的现象,全国联网的数据库系统可以使个人缴费情况一目了然。

(2)缴费基数。虽然在养老保险缴费基数的问题上,各地都制定了按社会平均工资60%~300%若干档次自主选择的政策,但缴费基数高低与领取基础养老金的待遇没有联系,因而出现了普遍的逆选择行为——按照最低基数缴纳。所以可将多档次选择改为统一按60%社会平均工资确定。这样可以使这部分人员参保没有太大负担,而且统一的基数可使管理成本降低。

(3)缴费费率和领取标准。参照个体工商户参保的费率,平均标准可以确定为12%+8%(12%的缴费进入统筹基金,8%的缴费进入个人账户),比全国企业缴费平均费率20%+8%低8个百分点。领取的基本养老金水平是社会平均工资的20%。

(4)缴费方式。缴费方式应该更具灵活性,可以按月(或按小时)计算,按月、季、年缴费,允许中断后再补缴,缴费时间累计折算成标准缴费年限。

(5)缴费年限。目前制度规定达到15年缴费年限可按月领取基础养老金的期限偏短,建议适当延长。由于目前制度刚开始实施,对于达到退休年龄后,缴费年限不足的,可适当延长退休年龄,使其补足缴费年限;达到退休年龄,缴费年限长的,可以提高其基础养老金标准。

案例

大连市为个人劳动者缴费提供方便

大连市个体劳动者和自由职业者的缴费方式由定期到市社会保险公司缴费改为到就近的商业银行网点一次性缴纳多月养老保险费的方式。大连市内四区养老保险个体参保人员目前已达14万人,他们每月或每季要到社会保险经办机构缴费。由于个体缴费人数较多,经常排着长队缴费,既不方便,又浪费时间。为解决这一实际困难,从2001年5月开始,市社会保险公司委托市商业银行通过储蓄代扣方式,为其受理缴费业务。其具体办法是:参保者先办理储蓄缴费账户,领取储蓄凭卡或存折,开户时存款应不少于3个月的缴费额,以后最低余额不低于每月缴费额,每月8日由银行从存款中代扣当月保费。如存款不足缴费时,商业银行负责电话催缴,3个月内仍不存款缴费的,视同缴费关系中断。以后想继续缴费时，必须到市劳动保险公司办理补缴手续，并按规定缴纳中断期间的滞纳金。参保者每年3月底要到市社会保险公司申报缴费基数，如不申报，则按新年度社会平均工资执行。市社会保险公司还将根据商业银行代扣缴费的划款名单，打印个人账户凭单。现在，市商业银行已在市社会保险公司设立了5个窗口，为个体参保者办理储蓄卡或存折。

资料来源：社会政策网。

2. 下岗职工的养老保险问题。在经济转型时期的下岗职工，遇到了没有养老金积累，又很难找到工作继续参保的两难境地。对于这部分人员政府要提供相应的养老费补贴，补足其一定年限的社会统筹部分养老金缴费，在达到退休年龄后，这部分人员就可以得到基本的养老保障。

案例

大连对困难下岗职工实行养老保险费补贴

大连市针对2万多名下岗职工遇到的就业、生活和养老等困难，推出以“政府养老保险费补贴”为主要内容的新的援助计划。在大连2万多名下岗职工中，大约有近万名接近退休年龄。他们一方面再就业困难，另一方面因为下岗，养老保险缴费遇到困难，将来难以领取养老金。为此，大连市政府新的援助计划规定：对于这近万名年龄大的下岗困难职工，政府实行养老保险费补贴。至2001年末以前，凡是距离法定退休年龄不足5年(含5年)的，以上年度全市社会平均工资的60%为缴费基数缴纳养老保险费。其中，个人缴纳8%，政府为其补贴缴费10%(合计为18%)，一直补贴到法定退休年龄、开始领取养老金时截止。大连市政府从现在起，每年从财政拿出600多万元，给这些困难职工补缴养老保险费，从根本上保障了经济转型时期这一特殊下岗人群的基本利益，在大连市受到下岗职工的普遍欢迎。不仅如此，政府拿出养老保险费补贴以后，每年还吸引个人多缴400多万元养老保险费，相当于全市每年新增加1 000万元养老基金。

资料来源：社会政策网。

3. 被征地人员的养老保险。在城市化过程中，出现了越来越多的失地农民，失去了土地的农民就失去了生活的最基本的保障，在从事非农业劳动后，年老后的基本生活已无保障，对于失地人员要采取一定的补偿措施。

在经济条件较好的浙江省，陆续出台了对于被征地农民的养老保险办法，普遍采取个人一次性缴费,达到退休年龄后按月领取养老金的方式。根据个人缴费数额的不同档次,享受不同的养老金待遇。

案例

临海出台被征地农民生活保障制度

适用范围:市区规划范围外土地被全部征用或大部分被征用的行政村,以及经批准的试点村。实施对象为原行政村18周岁以上,包括18周岁被征地的农民。符合参加职工基本养老保险条件的,都必须参加职工基本养老保险;已参加职工基本养老保险缴费或补缴1年以上的人员,不作为适用对象。18周岁以下的人员实行一次性货币安置。

缴费标准分为四档,即A档13 500元,B档18 000元,C档23 000元,D档28 000元。筹资渠道采用个人缴纳一部分,集体经济组织承担一部分,其余不足部分由政府从土地出让金中筹集的方法,其中政府承担部分资金占保障资金总额的50%以上,个人或村集体出资部分从征用土地的补偿费和劳力安置费中提取,不足部分由个人或村集体补足。

被征地农民由社保经办机构按照公民身份证号码建立基本生活保障个人账户,个人和村集体缴纳的部分全部记入个人账户。被征地的农民死亡后,个人账户的余额可以继承,并一次性支付给法定继承人或指定受益人。但规定基本生活保障费的给付权益不得转让、抵押、还贷,也不得虚报、冒领,否则将受到法律追究。基本生活保障费的支付顺序是:先由个人账户支付,不足部分由政府补助资金支付。同时规定参加被征地农民基本生活保障费的享受条件即养老年龄为:男满60周岁、女满55周岁及其以上人员。

资料来源:浙江农业信息网。

(二)提高养老保险统筹层次

目前,企业职工养老保险统筹层次过低,部分地区做到了省级统筹,部分地区还停留在市、县统筹水平。统筹层次过低不利于发挥社会保险的互济性,造成了各地区企业负担严重不均的状况,并且给劳动力的跨地区流动带来很大障碍。农村养老保险的统筹层次一般为县级统筹,难以应对经济状况变化带来的基金风险。

统筹层次低是历史原因造成的,统筹层次的提高需要社会保险管理机构的统一和职能的明晰。我国应当将现有的养老保险统筹层次提高到省级,并逐步提高到全国统筹。在全国实行统一的养老保险政策,在全国范围内对养老保险基金调剂使用,均衡各地区负担,降低基金投资风险,使养老保险真正满足群众老有所养的基本要求。

(三)提高退休年龄

对于是否应该提高退休年龄,目前争论很大。反对方认为,我国目前就业压力大,许多年轻人找不到工作,延长退休年龄会进一步增大就业压力,而且,很多企业经济效益不好,把让职工提前退休作为减轻企业负担的方式。其实,提前退休非但不能减轻就业压力,而且让国家承担了更多的养老金支付压力。提前退休者往往退而不休,一面领着养老金,一面继续在劳动力市场找工作,反而加大了就业压力。另一方面,提前退休人员不但不为国家的养老保险基金提供资金,反而提前领取养老金,使国家背负了更大的养老金债务。

退休年龄延长,一方面减少了退休人数,另一方面增加了向养老保险基金缴费者的数量。我国人口平均寿命在不断提高,现已达到或接近发达国家水平,可以考虑适当延长退休年龄。我国目前职工退休年龄:机关事业单位男为60岁,女为55岁;企业职工男55岁,女50岁,一直是沿用20世纪50年代中期国家确定的国家机关和事业单位人员的退休年龄。它低于世界上许多国家的职工退休年龄,如瑞士男、女职工退休年龄都为67岁,美国、德国、英国的退休年龄为65岁。在24个发达国家中,规定退休年龄为65岁的占67%、67岁的占17%、60岁的占13%、55岁的占3%。

2007年,世界卫生组织发布的《2007世界卫生报告》指出,中国人口的平均寿命为男性71岁,女性74岁。据调查,我国相当大比重的退休人员还在继续工作,这其中以65岁以下的低龄老人居多,约占再就业老年人口的80%。强制性的退休制度将达到退休年龄的职工统一划归了非劳动人口,造成了养老金费用的增加。国际劳动组织的研究也表明,如果将退休年龄从60岁增加到65岁,将使退休金开支减少50%①。因此,我国应当适当提高退休年龄。

本章小结

本章讲述了养老保险制度的起源、发展,养老保险制度的概念、含义、特点,养老保险的筹资模式、基金筹集和待遇给付方式。

① 成思危:《中国社会保障体系的改革与完善》,民主与建设出版社,2000年版,第273页。

本章分析了中国的城镇职工养老保险制度的起源,城镇职工养老保险制度的现状及问题所在。叙述了企业年金的概念,在中国发展企业年金制度的重要性;灵活就业群体养老保险的现状和问题及解决的对策;机关事业单位养老保险制度的发展和现状及未来发展的趋势;养老保险的隐性债务与转制成本,并探讨了中国养老保险制度的困境和解脱的对策。

重要概念

养老保险　替代率　国家统筹模式　投保资助模式　强制储蓄模式　待遇确定型　缴费确定型　企业年金　灵活就业

思考题

1. 养老保险的含义和特点是什么?
2. 养老保险的筹资模式有哪几种类型,特点是什么?
3. 养老保险的基金筹集方式有哪些?
4. 养老保险的待遇给付方式有哪些?
5. 简述中国城镇职工养老保险的现状。
6. 简述企业年金的含义和发展的重要性。
7. 简述灵活就业人员养老保险制度建立的必要性。
8. 简述养老保险扩面征缴的难题和对策。

Chapter 4

第四章

医疗保险

本章学习要点

医疗保险是社会保险体系的重要组成部分,它具有与其他社会险种不同的特点:普遍性、复杂性、短期性和经常性。通过本章的学习,应当了解医疗保险系统的四角三方关系,这是医疗保险系统所特有的;要了解我国原有医疗社会保险制度的弊端以及我们通过改革要建立一种什么样的新型医疗社会保险制度;了解医疗费用的增长是世界各国面临的难题,如何控制医疗费用是医疗保险改革的核心问题;了解在城市如何发展补充医疗保险。

第一节　医疗保险的性质与运作

医疗保险是涉及面最广、内部关系最复杂的一项保险,它和养老、失业共同构成三大社会保险项目,在社会保障体系中有着重要的地位。

一、医疗保险的含义

从字面上看,医疗保险是保险的一种,即为补偿因疾病带来的医疗费用的保险。它分为社会医疗保险和商业医疗保险。从医疗卫生事业和社会保障的角度来看,它是保证公民获得必要医疗服务的费用保障制度,称为医疗保障制度。医疗社会保险是指由国家立法,通过强制性社会保险原则和方法筹集医疗资金,保证人们平等地获得适当的医疗服务的一种制度。

从医疗保险涵盖范围的大小来看,可分为广义的医疗保险和狭义的医疗保险。国际上,一般常规是将“医疗保险”用“Health Insurance”表达,直接翻译为“健康保险”,它不仅包括补偿由于疾病给人们带来的直接经济损失(医疗费用),也包括补偿由于疾病给人们带来的间接经济损失(如误工工资),对分娩、残疾、死亡也给予经济补偿,以至支持疾病预防、健康维护等等。而狭义的医疗保险仅指对医疗费用进行补偿,英文用“Medical Insurance”表达。两者在保险范围和程度上均存在着差异。

二、医疗保险的性质

(一)医疗保险的福利性

福利性是我国医疗保险制度的本质属性,是指国家、社会和企事业单位对劳动者因伤病所需的医疗费用提供的帮助和照顾。

(二)医疗保险的经济性

经济性是我国医疗保险制度的一个基本属性,作为意外损失补偿方式,医疗保险是一种分配制度,必然具有经济性质。

(三)医疗保险的公益性

公益性是医疗保险不同于其他保险的一种属性,表现在:医疗保险制度的实施直接关系到整个社会。医疗保险的实行,不仅使患病的劳动者本人尽快恢复健康而受益,而且还有助于减少疾病流行,有利于社会生产发展,使得整个社会全体成员共同受益。因此,费用理应由国家、企事业单位和个人三方合理分担。

(四)医疗保险的复杂性

医疗保险的复杂性主要表现在:理论的复杂性,例如,医疗保险的公益性、公平性与市场经济规律的冲突;涉及多方关系的复杂性,最基本的关系就涉及保险方、被保险方、服务提供方和政府四个方面,这是其他保险所无法比拟的;技术手段的复杂性,需要应用的基本知识和技术涉及医学、保险学、社会学、管理学、经济学和信息工程等等。

三、医疗保险系统

医疗保险系统是由医疗保险机构、被保险人、医疗服务的提供者组成的,在这三方之间以及与政府之间的相互作用形成了医疗保险系统运作的动力,形成了一种四角三方关系,其中,被保险人既是医疗保险的需求方,也是医疗服务的需求方。

（一）被保险人与保险机构（保险方）的关系

被保险人与保险机构的关系主要表现为保险机构向被保险人收取医疗保险费、组织医疗服务、支付医疗费用。影响这种联系的主要因素是参加保险的方式，自愿还是强制、保险金的高低、费用的补偿方式等。

（二）被保险人与医疗服务提供方的关系

被保险人与医疗服务提供方的关系主要表现为医疗服务机构提供医疗服务给被保险人，而被保险人要求提供医疗服务以及支付医疗费用。影响这种关系的主要因素是被保险方选择服务的自由程度，被保险人直接支付医疗服务费用的多少等。

（三）保险机构与医疗服务提供方的关系

保险机构与医疗服务提供方的关系主要表现为保险方代被保险方确定服务项目、支付服务费用和对医疗质量的监控。影响这种联系的主要因素是服务范围的大小、项目的多少和费用的支付方式。

（四）政府与其他三方的关系

政府与其他三方的关系主要表现为政府对保险方、被保险方和医疗服务提供方的管理和控制。影响这种联系的主要因素是政府管理和控制医疗保险的政策方式和程度。

在从总体上把握医疗保险中的供求关系的同时，我们还应了解它们的外围环境条件，主要有三方面。

首先，要有法律制度约束，保证医疗保险体系的运作都是在合法的大条件下进行的，而且每步运作都有法可依。

其次，在体系的中间环境中要有一整套完备的信息系统，保证信息的对称，才能使被保险人的选择服务、保险机构的监督和控制费用、政府的规范行为成为可能。

再次，我们要对这套体系有一套成熟的评价系统，可以对各种措施的实施进行监管，以便对其实施效果进行评价，从而使好的措施继续发挥作用，不利的措施废止或改进。

四、医疗保险基金筹集和运作的流程

医疗保险基金筹集和运作的流程可参见图4－1。

（一）医疗保险资金的来源

医疗保险资金的来源主要包括：一是医疗服务的利用者的个人缴费；二是

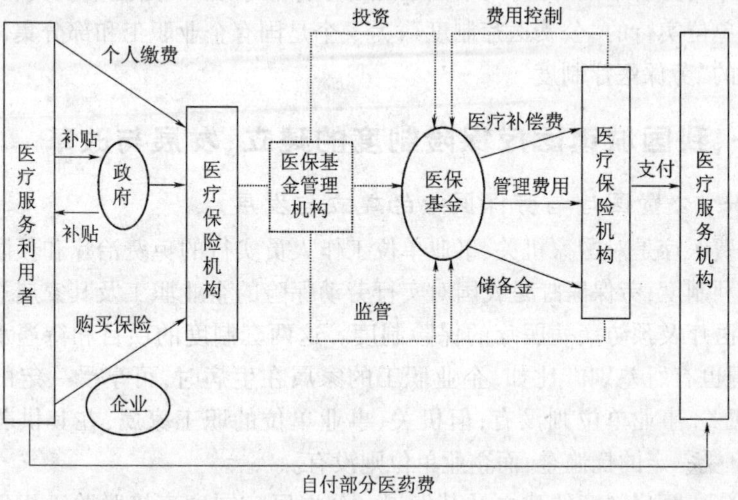

图 4-1 医疗保险基金筹集和运作的流程

企业为职工缴费；三是政府通过税收等方式获得国民收入，然后通过给公务员缴纳保险费的形式或给职工提供补贴的形式而成。这三部分资金形成了医疗保险基金。

（二）医疗保险基金的支出

医疗保险基金主要用做医疗补偿费、管理费用和储备金。医疗保险机构将基金交由基金管理机构进行运作，用做投资的这部分资金应使其保值增值，同时还要对这部分基金的使用进行监管，不能使之被挪用。

（三）费用支付的分担方式

费用分担的目的是使个人分担部分费用从而达到控制费用支出的目的。

为了达到控制费用支出的目的，费用的支付除了医保基金承担很大一部分之外，还需个人分担一部分。

第二节 我国医疗保险制度的建立与发展

我国传统医疗制度主要由我国城镇职工医疗保障制度和农村合作医疗两部分组成。我国城镇职工医疗保险是 20 世纪 50 年代初期建立起来的。在长达 50 多年的时间里，城市的社会医疗保险具有极浓的福利色彩，从严格意义上说，是不完全具有社会保险性质的无偿供给的医疗保障制度。在这期间，依据受保对象的身份不同，分为两个独立的医疗保险系统，一是国家机关、人民团体和事业单位实行的“公费医疗制度”；另一个是国有企业职工和部分集体企业职工实行的“劳保医疗制度”。

一、我国城镇医疗保险制度的建立、发展与改革

（一）公费医疗与劳保医疗的建立与发展

公费医疗是对国家机关、事业单位工作人员实行的免费治疗和预防疾病的一种福利制度；劳保医疗是我国对实行劳动保险的企业职工及其家属规定的伤病免费医疗及预防疾病医疗的保险制度。这两套制度的项目和待遇水平基本相同，但也有所差别。比如，企业职工的家属在生病时，可享受一定的医疗补助，而机关、事业单位则没有；但机关、事业单位的职工家属，在其供养人去世后，可享受一定的抚恤金，而企业单位则没有。

1.公费医疗制度的建立及其发展。公费医疗制度直接脱胎于战争年代革命根据地“战时共产主义”体制下的“供给制”分配制度。由于受战争机制的支配，只能按照需求决定分配的原则，统一、平均地分配和供应极有限的卫生资源，每一位成员都能无偿地和平等地获得当时条件所能提供的最基本的医疗待遇。新中国成立后，1952 年，原政务院颁布了《关于全国人民政府、党派、团体及所属事业单位的国家工作人员实行公费医疗预防的指示》，随后又批转了卫生部制定的《国家工作人员公费医疗预防实施办法》，实施范围从原来的革命根据地公职人员扩大到全国各级人民政府、党派、工青妇等团体、各种工作队以及文化、教育、卫生、科研、经济建设等事业单位的国家工作人员和革命残废军人，公费医疗保险制度开始在全国实行。随着国民经济和卫生事业的发展，享受公费医疗人员的范围不断扩大。1953 年将高等学校在校学生及乡干部列入公费医疗范围，1956 年又将退休的国家工作人员列为享受公费医疗的对象。

公费医疗制度是在国家工作人员实行“供给制”和“包干制”的条件下制定的，这在当时情况下是必要的。在实施初期，财政、卫生和医疗单位严格管理，共同把关，运行情况良好，秩序井然，基本没有发生超支现象。但是由于享受公费医疗待遇的对象不断扩大，职工医药费再由国家全包下来，就必然造成某些消极的后果。随着公费医疗费用的支出不断上升，政府开始感到压力。1957 年，周恩来总理在中共八届三中全会的报告中即提出：“劳保医疗和公费医疗实行少量收费，取消一切陋规，节约经费开支。”在新的历史条件下首次指出了公费医疗存在弊端，需要加以改革。1960 年，国家对报销范围又作了具体规定，明确了公费和自费的界限，并对药品的使用作了限制。

20世纪60年代,由于制度的不完善,愈加暴露出费用浪费严重的问题。例如,全国公费医疗经费年年增长,年年超支。1960年,国家规定公费医疗费用平均每年每人18元,实际用了24.6元。1964年,国家规定公费医疗费用平均每年每人26元,实际用了34.4元。1965年,中共中央指示:“公费医疗制度应做适当的改革,劳保医疗制度的执行也应当适当调整。”根据中央的指示,当时中南地区组织了试点。同年,卫生部、财政部发布《关于改进公费医疗管理问题的通知》,进一步规定了享受公费医疗待遇人员的门诊挂号费和出诊费改由个人缴纳,不得在公费医疗经费中报销。但总的看来,改革的变化不大,而且在随后的实际工作中也未能完全收到预期成效。

“文革”一开始,工会、劳动和内务部门都被撤销,整个社会保险工作一度处于无人管理的状态。20世纪60年代,医药费虽有超支,但数额并不大,一般尚可承受。从70年代到80年代制度渐松,管理难度增加,定点就医方法被打破,于是超支渐多,挤占了一些卫生经费。卫生主管部门借故退出公费医疗管理,公费医疗经费改为单列,中央没有相应的管理机构,地方的管理机构也渐渐解体,医院放下了监督把关的担子。这样,公费医疗经费便年年增长,年年超支。

2. 劳保医疗的建立和发展。劳保医疗(也称企业职工医疗保险制度)是根据1951年原政务院颁发的《中华人民共和国劳动保险条例》建立起来的。

劳保医疗制度的适用范围,主要是对全民所有制工矿企业和部门的职工及其供养直系亲属,县以上集体企业的职工参照执行。劳保医疗实质上是由“国家给政策”,而由“企业出资经办”的单位保险。1951~1969年的劳保医疗是一种“半基金”式的保险模式,由企业行政和工会共同管理,当时可以在劳动保险基金(按职工工资总额的3%税前提取,列入成本)项目下支付职工非因工负伤治疗超过6个月时的补助费,1969年以后则变为全部由企业自提、自付、自管的“企业保险”模式。职工因病或非因工负伤医疗期间,半年以内按其本人工龄长短发给本人工资40%~60%的病伤假工资,半年以上的发给本人工资40%~60%的救济费,俗称“吃劳保”。

从医疗费提取比例看,劳保医疗在1953年以前全部由企业行政负担,1953年以后改为根据行业性质分别按工资总额的5%~7%提取。“文化大革命”开始后,工会停止活动,国有企业停止提取工会经费和劳动保险金,所需费用改由企业生产成本和营业外收入开支。1969年,财政部规定将原工资总额2.5%提取的福利费、3%提取的奖励基金和5.5%提取的医疗卫生费合并提取,以“企业职工福利基金”科目,按工资总额的11%提取,直接计入成本。从此,职工医疗费与福利费捆在一起计提。

然而劳保医疗也存在着费用浪费等一系列问题。1957年是改进劳保管理办法的转折点。当年,国务院颁布了《关于职工生活方面若干问题的指示》,其中有关于职工的疾病医疗问题,要求卫生部门和企业、事业、机关都应该注意改进对职工疾病的防治工作,改进医疗设施,提高防治效率。从劳保福利方面看,某些方面走得快了,某些规定不切合实际和不够合理……第二个五年计划期间,对劳保福利工作的制度进行了整顿。整顿的方针是简化项目,加强管理,实行少量收费,克服浪费,改进不合理的制度。但是,由于种种原因,整顿措施没有得到及时贯彻。1966 年,劳动部、全国总工会联合颁发《关于改进企业职工劳保医疗制度几个问题的通知》,对部分收费项目作了调整,但成效并不明显。

（二）对传统医疗制度的改革

1978 年以来,随着我国改革开放的逐步深入,我国的经济体制逐步由计划经济体制向社会主义市场经济体制转轨。经济体制改革要求国有企业进入市场竞争。但是"企业办社会"的体制,使国有企业承担着就业、养老、医疗、住房保障等社会服务、社会管理及社会保障的责任。这使大多数国有企业在市场竞争中步履维艰。企业背负着沉重的包袱,阻碍了企业改革的深化。同时,职工医疗保险制度覆盖面窄,改革以来成长壮大起来的各种非公有制企业职工,却没有相应的医疗保障制度。显然这不能适应建立社会主义市场经济体制的需要。其弊端主要表现在:

第一,供需双方缺乏有效的制约机制,浪费严重。劳保医疗和公费医疗的费用绝大部分由政府和企业包揽,职工个人既不缴纳医疗保险金,又基本上不负担医疗费用。这种保障表面上是对低工资制度的一种补偿,但实际上却造成了一部分社会成员的"刚性福利"。显然这种制度超越了我国经济的发展水平和承受能力。职工没有自我约束,需求过度,刺激了一些不合理的医疗消费。特别是改革开放以来,人们受到商品经济思潮的冲击,"公"、"私"观念发生畸变,认为公费劳保医疗,不用白不用。而医院同样是花政府或企业的钱,而且花的钱越多医院的收益越大。由于医患的共同利益,驱使医患常常联手造假,如假职工(即没有公费、劳保医疗资格的人员)、假病历、假住院、假发票、假药(即从药房开出保健品或生活用品)等,所谓"一人公费,全家享用","一人劳保,全家吃药",这必然导致医疗费用的大量浪费和流失。1953～1995 年,我国的公费医疗费用支出由 1.05 亿元增长到 112.6 亿元,增长了 106 倍,而同期财政收入仅增长 27 倍;劳保医疗费用支出 1978～1997 年由 28 亿元增长到 773.7 亿元,增长了 28 倍,年递增 19%,远远高于同期财政收入 11% 的年递增速度①。医疗

① 吴邦国:《在全国城镇职工医疗保险制度改革工作会议上的讲话》。

费用上涨速度过快,超出了企业和财政所能承受的限度,已经到了非改不可的地步。

第二,缺乏合理的筹资机制和稳定的经费来源。劳保医疗制度的共济能力较差,一些弱小企业无力抵抗职工大病风险。因为劳保医疗经费是由企业自己筹集,自己管理,自己使用,一些弱小企业的基金总量很小,一旦碰上职工患大病,常常是要么企业厂垮人散,要么患者人财两空。发展到 20 世纪 80 年代后期,国有企业亏损问题愈益严重,这就给劳保医疗制度带来了更大的冲击。亏损企业连工资都发不出,更无法顾及医疗保障。职工医药费发票长期不能报销,有的甚至将医疗费按每人每月十几元甚至几元包干给职工个人。职工患病全由患者个人支付医药费。医疗保障在经济条件差的地区和单位实际已名存实亡。

我国的医疗体制改革始于 20 世纪 80 年代初期。随着改革开放进程的逐步深入,我国逐步明确了建立社会主义市场经济体制的目标,在社会保障制度方面,也选择了用现代社会保险制度取代传统的福利保障制度。20 多年来,我国医疗制度改革取得了重大的进展,其主要标志就是确立了新型的城镇职工基本医疗保险制度模式。

从 80 年代初开始,一些企业和地方自发地开始了对传统医疗制度的改革。从 80 年代初到 1998 年,我国医疗制度改革的进程大体可分为三个阶段:公费劳保医疗制度的局部性改革阶段,中央政府主导下的试点改革阶段以及统一的城镇职工医疗保险阶段。

从 80 年代初到 1988 年,是企业与地方对公费医疗与劳保医疗进行自发改革的时期。一些企业实行医疗费用定额包干管理(即所谓的"死包干"),将医疗定额发给职工个人,超支自理,剩余归己;有些企业实行将医疗经费拨付企业医院承包使用,等等。国有企业的改革,推动了同为医疗费用所累的地方政府的改革。

1993 年 11 月,党的十四届三中全会通过《关于建立社会主义市场经济体制若干问题的决定》(下称《决定》),标志着职工医疗保障制度的改革进入了一个新阶段。《决定》指明了医疗保险改革的方向和原则,确定改革的目标是:适应建立社会主义市场经济体制和提高职工健康水平的要求,建立社会统筹医疗基金与个人医疗账户相结合的社会医疗保险制度,并使之逐步覆盖城镇全体劳动者。

国家体改委、卫生部、劳动部、财政部联合草拟了城镇职工医疗保险制度改革方案,并经国务院批准,于 1994 年 4 月下发了《关于职工医疗制度改革的试点意见》,提出:"职工医疗保障制度改革的目标是建立社会统筹医疗基金与个人医疗账户相结合的社会保障制度”。江苏省镇江市、江西省九江市(简称“两江”)经过反复调查测算,制定了实施办法,并经国务院批准,于1994年12月开始“社会统筹与个人账户相结合”的试点,由此拉开了医疗保险制度创新的序幕。在“两江”试点全力推进的同时,制度创新的试验也在许多地区进行着各具特色的有益尝试。

1.“两江”模式——“三段通道”式。“三段通道”式是国务院在江西省九江市和江苏省镇江市试行的一种医保模式。该模式于1994年制订运作方案,于1994年底、1995年初分别开始在九江和镇江试行,1996年在全国57个城市扩大试点,1998年底全国试点工作基本结束。

“两江”模式改变了过去单纯由国家和企业包揽医疗费用的做法,建立由用人单位(行政机关和全额拨款的事业单位由财政缴费)和职工个人共同缴纳医疗保险费的新机制,按“工资总额长一寸,医疗福利有一分”的精神,筹措医疗保险基金。单位缴费的一半左右,集中于社会统筹医疗基金,另一半左右分别记入职工的个人医疗账户。个人缴纳的保险费也记入个人账户。镇江、九江两市企事业单位和个人缴费相当于工资总额的11%,单位缴费比例为上年度在职职工年工资总额与离退休人员费用总额之和的10%,个人缴费先从本人年工资的1%起步,以后作适当调整。其中45岁以下的职工都按本人工资的5%(即单位缴纳的4%加个人缴纳的1%)分别记入个人账户;45岁以上的职工,镇江市按7%(6% +1%),九江市按6.5%(5.5% +1%)分别记入个人账户,其余部分集中于社会统筹基金。参保人看病(包括门诊和住院)均按“三段通道”付费:先由患者用个人账户支付费用(此为第一段);在用完个人账户后,再由患者用现金全额支付一定费用(此为第二段);在支付完前两段费用后,患者才能享用医保统筹基金,患者个人按比例支付费用(此为第三段)。个人账户通过一个自付段与统筹基金连通起来。

“两江”模式的优点是:

(1)参保人的医保水平较高,患者个人负担较轻。因为“两江三段通道”模式,一是允许参保人不论门诊还是住院,在用完个人账户和现金全额自费段后进入社会统筹,这样所有大费用的慢性病患者门诊均可由社会统筹基金按一定比例报销;二是患者在进入社会统筹之前,个人现金全额自费标准仅为本人年工资收入的5%;三是患者大病住院未规定封顶线。国家现正在推行的“板块”医保模式,一般仅有十种左右大费用慢性病患者门诊可由社会统筹基金按一定比例报销;患者住院进入社会统筹之前,个人支付费用(即住院门槛费)为本人年工资收入的10%左右,同时住院大病医疗费还规定了封顶线。相比之下,前者比后者参保人的医保水平较高,患者个人负担较轻。

(2)参保人看病较方便。“三段通道”模式允许参保人在多家医院定点,这样患者在市内看病无需办理转诊转院手续。

“两江”模式的缺陷是:

(1)医保费用难控制。据有关资料显示,“两江”医改试点,九江市累计超支3 000多万元,镇江市超支5 000多万元。其他扩大试点城市的费用控制效果也不理想。是什么原因导致“两江三段通道”模式的费用严重失控呢?

直接原因:仍然是医保基金的浪费和流失严重。主要表现在医患的“六非”行为上:非合理用药、非合理检查、非合理收费、非合理药品定价(即药价虚高)、非医保对象享受医保待遇、非离退休人员享受离退休人员医保待遇。

深层原因:医保运作机制上的缺陷。表现在:一是在任何情况下(患者不论是在使用个人账户,或是用现金全额支付费用,或是已在使用社会统筹基金),医院花的都是别人(即患者或医保机构)的钱。俗话说,“花别人的钱不心疼”,这种钱不花白不花,甚至花得越多医院的好处越多。加之医患信息不对称,患者的就医行为又是被动的,医保部门的监管力度又有限。这是导致上述“六非”行为的主要原因。二是在许多情况下(如当患者是免费特殊人群时、当患者正在使用社会统筹基金时、当患者为了尽快进入社会统筹而对个人账户毫不爱惜时),医患的利益是趋同的,医、患共花的主要是第三者(即医保机构)的钱,他们为了双方的共同利益,必然会同公费和劳保医疗一样,医患联手造假。这是导致上述“六非”行为的另一个重要原因。三是在医院用别人的钱和医患共用别人的钱的情况,医院之间的竞争就会变味:不是比医疗服务的质优价廉,而是比谁敢于并善于为患者不规范行为提供方便和帮助。如参保人定点的医院越多,医院之间不规范行为的竞争也就越激烈。“三段通道”模式允许参保人在诸多医院定点(在试行“两江”模式时,为迎合参保人的眼前利益,有的城市最后甚至把所有医院定点全部放开),这是导致上述“六非”行为的第三个重要原因。

医保费用失控导致医保工作恶性循环:医保费用严重超支→财政和企业不堪重负→医保经办机构无法向定点医院及时拨付费用→医院无法向医药公司支付购药款→医药公司对医院停供药品(主要是特殊药品)→医院以得不到应有的医保费用为由,不仅单方面对一部分单位职工停保,而且抵制医保机构对医院进行检查监督→单位缴了保费而职工得不到应有的医疗保障,用人单位更不愿缴费;同时医院因得不到监督,医保基金的浪费和流失更为严重→医保基金更是入不敷出。

(2)个人账户挤占统筹基金。在“两江”试点的实践中,出现了统筹基金大幅度赤字与比较严重的个人账户“空账”问题。这是由于计入个人账户的费用较少,进入社会统筹后个人自付比例较小,个人账户超支越多,得到社会统筹调剂也多,一些人加快自付段,“跑步”进入统筹,形成大病小病吃“共济”的现象。还有一部分人是全家人参保,却只集中先用一卡,提前挤进社会统筹,这样其他家庭成员便可节约个人账户费用。

(3)医保机构的监管工作难度大。医保机构人少力量有限,面对千千万万的医生和患者,加之医患联手造假,如不转变机制,仅靠行政手段,医保机构就是有三头六臂,也无能为力。

2. 海南模式——“板块”式和深圳模式——“混合式”。

(1)“板块”医保模式也有人称为“双轨”医保模式,该模式于 1995 年 7 月开始在海南运行,后于 1998 年被国务院采用并一直在全国推行。

“板块”医保模式在筹资方式和适用范围等方面与“三段通道”医保模式基本相同,只是在医保基金的使用方式上有较大的区别:“三段通道”模式允许参保人的门诊费用在用完个人账户并全额支付一定的现金后,可进入社会统筹;而“板块”模式不允许参保人的门诊费用进入社会统筹,只能用患者个人账户和现金支付,只有当参保人住院时才允许患者在支付一定的门槛费用后再由社会统筹基金按比例支付。简单地说,“板块”模式是个人账户管门诊,社会统筹基金管住院,两者是两个“板块”,互不相通。对统筹基金的管理,制定了病种、药品、服务收费标准三个目录,未列入目录的不予报销。不过随着情况的变化,两个“板块”之间也在不断地开小口子:如当大费用慢性病门诊导致患者个人的负担过重,问题反映强烈时,全国各地出台了若干种大费用慢性病可由社会统筹基金按比例支付的规定。在大费用慢性病可由社会统筹基金按比例支付的规定出台后,有些患者仍感到门诊费用负担过重时,有些经济条件较好的城市和地区便提高财政和企业的筹资比例,在患者门诊负担超过一定标准后,由社会统筹基金进行补贴。也许这种口子今后还会逐渐增多和扩大,“板块”模式又逐渐演变成“通道”模式了。

“板块”模式有其明显的优势:

第一,医保费用的控制力度比“三段通道”式要大。由于“板块”模式的门诊全是用患者自己的钱(个人账户实际上也是患者自己的钱),即使是住院也得先由患者个人支付年工资收入 10% 左右的费用,这种做法必然大大增强患者的费用意识,因而可大大提高医保费用的控制力度。

第二,医保监管工作比公费、劳保医疗和“三段通道”模式更加轻松有效。由于“板块”模式把监管工作量最大、难度最大的门诊费用交给参保人自己管理,因而,在门诊中完全打破了过去由第三方(医保机构、企业)付费的利益格局,有效地遏制了医患合谋行为,促使患者自觉地抵制医院门诊中的滥开药、滥检查行为。

“板块”模式也存在着缺陷：

第一，参保患者个人负担过重，尤其对一些慢性病患者和大病患者。主要原因是：政策规定的患者自费项目过多、比例过高。患者自费最多有七项：门诊用完个人账户后的全部费用、住院起付线内的全部费用、住院起付线以上至封顶线以下的部分费用、大病封顶线以上（如未参加大病医保）的全部费用、“三个目录”外的全部费用、特检特治的增收费用、转外地的增收费用。由于多种原因，患者的自费比例普遍偏高，全国普遍在40%～50%，高的超过50%，有些患者碰上目录外自费药品较多，几千元的医疗费几乎全由自己支付。这在一些经济欠发达的城市和地区，尤其是困难家庭中的患者是无法承受的。

第二，个人账户“沉淀”过多。

第三，医院的“六非”行为依然严重。非合理用药、非合理检查、非合理收费、非合理定价、非参保对象享受医保待遇、非离退休人员享受离退休人员医保待遇的现象在“板块”模式的定点医院依然普遍存在。不仅在住院中存在，在门诊中也同样存在。“六非”行为一方面直接增加了患者的负担，另一方面导致了医疗资源的浪费和流失，加大了医院的运行成本，医院必然还要把这些成本摊在患者头上。

(2)与海南同步进行改革的深圳市实行了多层次（三个层次）混合型的医疗保险方式，满足了不同的医疗需求，提高了保险覆盖面，对个人账户进行了改进，同时拉开了个人账户与统筹账户之间的自负段，缓解了统筹账户透支和个人账户沉淀过多的状况。深圳市把医疗保险分为综合医疗保险、住院医疗保险和特殊医疗保险三种类型：凡具有深圳市常住户口的在职职工和退休人员参加综合医疗保险。参保人员按照规定缴费，其住院基本医疗费用主要由医疗保险统筹基金支付，门诊基本医疗费用由医疗保险个人账户支付。综合医疗保险实行社会统筹与个人账户相结合。住院医疗保险的参保人为具有深圳市暂住户口的职工和领失业救济金期间的失业人员，实行基金统筹，不建立个人账户。参保人按规定缴费，其住院基本医疗费用主要由医疗保险基金支付。特殊医疗保险的参保人员为离休人员和二等乙级以上革命残废军人，这部分人不缴费，就医时不自付医疗费。

深圳模式与“两江”模式相比，“门槛”较高，也就是说个人要在承担相当数量的医疗费用之后，才可能进入统筹账户。其目的是有效地控制和约束供需双方尤其是需求方的医疗行为，控制不合理的医疗行为及医疗费用的增长。应该说，在控制门诊行为方面，它的效果比较明显，但是在医疗保险住院费用控制方面，尚缺乏有效手段。另外，深圳模式更多地体现出资金积累模式的特点。如个人账户比重较高（约占统筹基金的50%～60%），强调资本运营和保险基金的保值增值，这种做法同深圳城市年轻化、移民化和居民收入高的特点是分不开的。

3. 青岛模式——“三金”式。在“三段通道”和“板块”医保模式中只有“两金”：职工个人账户金和医保统筹基金。而“三金”医保模式在上述两金的基础上增加了“一金”：用人单位内部调剂金。也就是说，该模式将整个医保基金一分为三。“三金”的分工是：个人账户金主要用于职工门诊（小病）医疗；统筹基金主要用于职工住院（大病）的基本医疗；单位内部调剂金主要用于职工大病医疗费用超出个人负担能力时（包括门诊和住院）的医疗费补助。这“三金”中的个人账户金和单位内部调剂金由用人单位管理；医保统筹基金由医保机构管理。有人认为，“三金”模式就是现在参加了企业补充医保的“板块”模式。实际上两者的做法是有区别的，主要是：前者的职工个人账户和企业内部调剂金均由企业自己管理，而后者均由医保机构统一管理。“三金”医保模式分别于1994年和1997年开始在山东省烟台、青岛市和四川省绵阳市试运行。

“三金”医保模式的主要优点是：与“三段通道”和“板块”模式相比，“三金”模式因有用人单位参与管理，一方面减轻了医保部门的管理工作量，另一方面加大了医保基金的监管力度。

“三金”医保模式也有明显的缺陷：

第一，增加了用人单位的工作任务和工作难度。尤其是中小单位不可能都有懂医保和医疗业务的人员专门管理，哪些费用合理，哪些费用不合理，甚至哪些费用是真，哪些费用是假，并不十分清楚。

第二，单位内部调剂金，因是在本单位内调剂，中小单位人少，共济能力弱，无法抵御职工的大病风险，对中小企业的生存与发展不利。

第三，费用控制效果不理想。有关资料显示，采用“三金”模式的城市，不合理费用难以控制，因而医保统筹费用超支仍然严重。导致这一结果的主要原因，依然是由于第三方（医保机构和用人单位）的利益格局未被打破。

在“统账结合”的医疗保险模式的改革试点中，虽然出现过一些问题，但是从不同的改革模式中我们得出了不少值得重视的经验。“两江”的改革，初步在属地管理原则下，参保的单位和职工执行统一的医疗保险政策，统一的筹集方式和基本结构，统一的医疗基金管理政策；建立起不分行政、企事业单位，不分所有制和用工形式，覆盖各类职工的社会统筹与个人账户相结合的医疗社会保障制度；形成了稳定的医疗保险资金筹措机制、医疗费用有效供给机制、职工自我约束机制和医患双方的制约机制。海南模式坚持了两个账户独立运行的原则，并且实行个人账户基金所有权原则与“实账户”管理，这种双轨并行的板块式账户运行的结果，加强了个人对小病的自我保障责任，从机制上避免了社会统揽过多和个人账户资金被社会统筹借用而形成“空账”等弊端。深圳利用进入社会统筹基金账户的门槛与个人按比例负担费用的方法,约束和控制需求方的过度消费。这些原则对制定职工基本医疗保险制度具有重要的参考价值。

(三)全面推行城镇职工基本医疗保险

1998 年新一届政府成立后,国家开始规范医疗制度改革,总结前期改革的经验教训,形成和颁布实施全国基本统一的职工基本医疗保险制度。3 月,朱镕基总理在施政纲领中把医疗制度的改革作为重点推进的“五项改革”之一。同月,劳动和社会保障部成立,标志着传统的部门分割管理体制的终结和中央统一管理体制的形成。12 月 14 日,国务院发布《关于建立城镇职工基本医疗保险制度的决定》,标志着职工医疗保险改革在全国范围内全面推开。1999 年,全国按要求制定医疗保险制度改革总体规划的 28 个省份(京、津、沪 3 个直辖市直接制订实施方案)中有 24 个省份出台了总体规划;全国 349 个地级以上统筹地区(含京、津、沪)中有 315 个统筹地区制订了实施方案,其中 68 个统筹地区开始正式实施。

这次全国城镇职工医疗保险制度的改革,旨在解决三个问题:一是实行用人单位和职工个人共同缴纳医疗保险费,建立基本医疗保险基金,切实保障职工的基本医疗;二是建立统筹基金与个人账户相结合的基本医疗制度,发挥互助共济和个人自我保障的作用,形成医、患、保三方制约机制,控制医疗费用过快增长,遏制浪费;三是将原公费和劳保医疗实行统一管理,在全国实行新的医疗保险制度。

改革的基本思想是“基本保障,广泛覆盖,双方负担,统账结合”。“基本保障”是指基本医疗保险的水平要和我国社会主义初级阶段的生产力发展水平相适应,相应的筹资水平要根据目前我国财政和企业的实际承受能力确定,保障的是职工的基本医疗;“广泛覆盖”是指基本医疗保险要覆盖城镇所有用人单位和职工,无论是国有单位,还是非国有单位,不论是效益好的企业,还是效益差的企业,都要参加基本医疗保险;“双方负担”是指改变过去职工医疗费用由国家和企业包揽、个人不承担医疗保险责任的状况,实行基本医疗保险费由单位和个人共同合理负担;“统账结合”是指基本医疗保险实行社会统筹和个人账户相结合,建立医疗保险统筹基金和个人账户,并明确各自的支付范围。

从改革的实际操作来看,由于与改革配套的体制问题没有得到很好的解决,改革陷入了困境。

2000 年 7 月 25 日,国务院召开上海会议,第一次提出“三改并举”的改革思路,即要求同步推进城镇职工基本医疗保险制度、医疗卫生体制和药品流通体制三项改革。2001 年 7 月 23 日,国务院又召开青岛会议,出台了一系列配套政策。至 2001 年底,全国绝大多数城市的职工医疗保险改革已经启动,参保人数达到 7 630 万人。2003 年年底,全国参加基本医疗保险人数达 10 902 万人,其中参保职工 7 975 万人,退休人员 2 927 万人①。2005 年末,全国参加基本医疗保险人数为 13 783 万人,其中参保职工 10 022 万人,参保退休人员 3 761 万人。全国基本医疗保险基本收入 1 405 亿元,支出 1 079 亿元。其中,统筹基金收入 820 亿元,支出 615 亿元。年末基本医疗保险基金累计结存1 278亿元②。

截止 2007 年末,基本医疗保险参保人数达 18 020 万人,在职职工 13 420 万人,退休人员 4 600 万人。

"三改并举"以来,经过十余年的努力,城镇职工基本医疗保险制度已基本建立起来。其基本框架已经形成,主要内容包括以下几点:

(1)城镇职工基本医疗保险的实施范围和统筹层次。其实施范围是城镇所有用人单位(包括各类机关、企事业单位和民办非企业单位)及其职工和退休人员,政策规定城镇灵活就业人员和农民工也在制度覆盖范围。其统筹层次原则上以地级城市为单位,也允许县级单位。

(2)基本医疗保险缴费。基本医疗保险费由用人单位和个人共同缴纳。单位缴费按当地工资总额的 6% 左右确定,个人缴费水平为本人工资的 2%。

(3)医疗保险统筹基金和个人账户。基本医疗保险基金分为统筹基金和个人账户两部分的统账结合模式。个人账户基金来源于个人缴纳本人工资的 2% 加上单位缴纳约 30% 左右。个人账户主要支付门诊医疗费用;统筹基金主要用于支付大额住院费用。其起付标准为当地职工平均工资的 10% 左右,最高支付限额为当地职工年平均工资的 4 倍左右。

(4)医疗服务管理机制。基本医疗保险的医疗服务管理,主要是对医疗服务范围、医疗服务机构和医疗费用结算的管理。

(5)国家公务员医疗补助和职工大额医疗费用补助。国家公务员在参加基本医疗保险的同时,根据公费医疗实际支出和基本医疗保险筹资水平筹集医疗补助经费,列入财政预算,按一定比例补助公务员封顶线以上医疗费用,个人自付医疗费用和医疗照顾对象享受照顾时发生的费用。

对不享受公务员医疗补助的员工,实行大额医疗费用补助。

(6)有关人员的医疗保障政策。

第一,离退休干部、老红军、二等乙级以上革命伤残军人待遇不变。

① 中华人民共和国国务院新闻办公室:《中国的社会保障状况和政策》,新星出版社,2004 年版。
② 武汉大学社会保障研究中心:《2005 ~ 2006 年中国社会保障改革与发展报告》。

第二,退休人员参加基本医疗保险,享受三方面的照顾:个人不缴费、个人账户比在职职工多计入、统筹基金支付范围内个人自付比例比在职职工低。

第三,下岗职工以当地职工平均工资的60%为基数按当地缴费率由再就业服务中心代缴,包括单位缴费和个人缴费两部分。

第四,灵活就业人员可以不建个人账户,相应医疗保险由个人缴费,享受统筹基金支付待遇。

第五,农村进城务工人员按"低效率、保大病、保当期"的办法参加医疗保险。①

(四)建立城镇居民基本医疗保险制度

由于自1999年在全国范围内开始的医疗制度改革主要涉及城镇职工基本医疗保险制度的建立及之后推进的与之配套的医疗卫生体制、药品流通体制的改革,致使改革后的医疗保障覆盖面有限,覆盖率较低,大量的城镇居民被排斥在制度保护体系之外。在医疗费用大幅上涨的背景下,城镇居民的疾病风险压力骤增,致使大量城镇居民家庭陷入因病致贫、因病返贫的困境,这不仅导致社会公平问题,而且对医疗体制产生严重的负面影响,极不利于经济社会的和谐、健康发展。

2007年7月10日,国务院发布《关于开展城镇居民基本医疗保险试点的指导意见》(下称《意见》),标志着我国向基本建立覆盖城乡全体居民医疗保障体系的目标又迈出了重要一步。此次试点目标规划为:2007年在有条件的省份选择2至3个城市启动试点,2008年扩大试点,争取2009年试点城市达到80%以上,2010年在全国全面推开,逐步覆盖全体城镇非从业居民;通过试点,探索和完善城镇居民基本医疗保险的政策体系,形成合理的筹资机制、健全的管理体制和规范的运行机制,逐步建立以大病统筹为主的城镇居民基本医疗保险制度。

《意见》还强调了"坚持低水平起步、自愿原则、明确中央和地方政府责任、属地管理和统筹协调"的原则,并对参保范围和筹资水平、加强管理和服务以及深化相关改革作了具体规定。

截止2007年底,国务院确定的88个试点城市全部按照要求启动实施了城镇居民基本医疗保险试点工作,全国参保人数4 291万人②。

2009年2月27日,卫生部公布第四次国家卫生服务调查主要结果,其中显示,在进一步扩大试点工作的2008年,城镇居民基本医疗保险的参保率为12.5%,并且在享有城镇居民基本医疗保险制度的人群中,有1/3门急诊患者

① 引自深化医疗卫生体制改革部际协调小组医疗保障专题组:《医疗保障制度背景情况》。

② 人力资源和社会保障部:《2007年全国社会保险情况》,2008年6月12日发布。

的医疗费用得到报销;79.3%的住院患者医疗费用得到报销,报销费用占其住院总费用的49.2%。数据显示,城镇居民基本医疗保险的实施在为城镇非从业居民减轻由于疾病(尤其是大病)而带来的经济压力方面确实起到了重要的作用。

近几年我国城镇居民基本医疗保险制度发展状况参见表4-1。

表4-1　近几年我国城镇居民医保制度发展状况

年份	2007	2008	2009	2010	2011
城镇居民基本医保参保人数(万人)	4 291	11 826	18 210	19 528	22 066
年增长率(%)	–	175.6	54.0	7.2	13.0

资料来源:卫生部:《2012年中国卫生统计提要》,2012年6月6日发布。

(五)提出覆盖城乡居民的多层次医疗保障体系

备受瞩目的《中共中央国务院关于深化医药卫生体制改革的意见》(简称"新医改")在历经三年多的酝酿和争论之后,于2009年4月正式公布。新医改提出:"有效减轻居民就医费用负担,切实为缓解'看病难、看病贵'"的近期目标,以及"建立健全覆盖城乡居民的基本医疗卫生制度,为群众提供安全、有效、方便、价廉的医疗卫生服务"的长远目标。这是党中央国务院从战略高度将"建立覆盖城乡居民的多层次医疗保障体系"第一次写进医疗改革方案中。其中,多项基本医疗保障制度的衔接和城市化进程中涌现出的新群体——农民工的医疗保障问题将作为改革的重点;同时鼓励工会等社会团体、组织以及个人开展多种形式的医疗互助活动或发展社会慈善医疗救助,鼓励发展商业健康保险,形成以基本医疗保障为主体,其他多种形式的医疗保险和商业健康保险为补充,覆盖城乡居民的多层次医疗保障体系。

新医改坚持广覆盖、保基本、可持续的原则,从重点保障大病起步,逐步向门诊小病延伸,不断提高保障水平;建立国家、单位、家庭和个人责任明确、分担合理的多渠道筹资机制,实现社会互助共济;并随着经济社会发展,逐步提高筹资水平和统筹层次,缩小保障水平差距,最终实现制度框架的基本统一;同时探索建立城乡一体化的基本医疗保障管理制度。

新医改针对我国医药卫生体制的发展提出了新的改革思路和措施,同时对医疗保险制度提出了新的改革重点和方向。我国覆盖城乡居民的多层次医疗保障体系需要以完备的社会基本医疗保险制度为首要层次,这一点是毋庸置疑的。

(六)《社会保险法》中关于基本医疗保险的新规定

2011年7月1日起施行的《中华人民共和国社会保险法》(以下简称《社会

保险法》)第三章是关于基本医疗保险的法律规定。其中,第一条(总第二十三条)明确规定:职工应当参加职工基本医疗保险;无雇工的个体工商户、未在用人单位参加职工基本医疗保险的非全日制从业人员以及其他灵活就业人员可以参加职工基本医疗保险,由个人按照国家规定缴纳基本医疗保险费。

《社会保险法》还对以下问题作出规定:①特殊人群参加城镇居民基本医疗保险的缴费问题;②职工基本医疗保险参保人员的累计缴费年限问题;③基本医疗保险基金承担的医疗费用支付范围、结算方式及异地就医医疗费用结算制度的建立等问题;④医疗服务行为的规范问题;⑤跨统筹地区就业人员的基本医疗保险关系的转移接续问题。

二、对我国城镇职工医疗保险制度改革的思考

医疗保险制度的改革是一个世界性的难题,医疗保险基金能否保持收支平衡是这项改革能否持续下去的一个重要前提。要保证医保基金的收支平衡,无外乎两个措施,一是"开源",二是"节流"。"开源"无非是增大政府投人,扩面征缴,以我国目前的国情看,"开源"的潜力不大,那么我们就只能在"节流"方面下工夫了。可以说,合理控制医疗费用是我国医疗保险制度改革的核心问题。

(一)如何合理控制医疗费用

多年来,我国医疗保险制度改革的切入点和着力点放在需方(即患者),而不是在供方(即医方)。一是多年来我们只是在增加患者个人负担上变换方式和加大力度,但如何充分调动医院的积极性,让医院按照医保规定自觉地加强管理想得不多,做得更少;二是多年来我们只是把提高参保人员的医疗保障水平的立足点放在加大筹资力度,增加政府和企业的负担上,而不是放在最大限度地遏制医保基金的浪费和流失,降低医疗成本,提高疗效和服务质量上。

1. 医疗费用增长的不可控因素。关于这一点,我们可以从对费用快速增长的原因分析中得出结论。不可否认,医疗费用的增长有其合理的一面,我们将这类因素归结为不可控因素,它们反映了社会的进步,主要有:①随着各国社会经济的发展,社会医疗需求也在不断提高;医疗保险有很高的收入弹性,随着社会经济水平的提高,当人们的基本需要得到满足后,对健康长寿和舒适的生活要求在不断增加,高收入弹性的产品会增大消费在总收入中的比重。②人口老龄化:由于老年人口慢性病患病率高,病程长,就诊及住院率高,且住院时间长,致使医疗费用负担增加。③疾病谱的改变:传染病不再是危害人们健康的主要疾病,心、脑血管疾病、恶性肿瘤等慢性病已成为危害健康的罪魁祸首。这些慢

性病的疗程长、费用高,故对医疗保险费用影响较大。④新的医学技术的发展:医学科技的发展推动药物和治疗技术设备的不断更新换代,也导致了医疗服务成本的不断上升。⑤物价的上涨:物价上涨必然导致医疗服务要素价格的升高。

2. 医疗费用增长的可控因素。除了上述不可控因素之外,也存在着许多可控因素,但正是因为对可控因素的控制不力,才导致了医疗费用不合理的增长。我们可以从医、保、患三方在基本保险费用支出中的关系和地位入手进行分析。

第一,患方的医疗服务需求机制。患方医疗服务需求机制对费用支出的影响主要表现为道德风险因素的影响,即俗话所说"花别人的钱不心疼"。在第三方付费的情况下,由于消费者个人付费极少,患者更容易丧失对医疗服务价格快速上升关注的动机;消费者个人还会利用信息不对称,很容易与医生形成利益同盟,共同对付医疗保险机构。消费者个人去看病花不了多少时间,医生开一张大处方或假处方的成本极低,然而医患双方却共同受益,医患双方联手创造巨大的"虚假需求"、"过度需求",使医疗保险面临着很大的制度风险。

第二,医方医疗服务提供机制。

(1)道德风险因素。医疗机构为了实现自身利益,往往会采取不规范的医疗服务行为,这就造成了基本医疗保险费用的不合理支出。医疗供方在经济利益驱动下,可能会在患方不知情的情况下对其进行诱导,提供过度医疗服务,造成统筹基金和个人账户的不合理使用和过度消费。

(2)补偿机制因素。目前我国医疗机构采取的是双重补偿政策,即以服务补偿为主,政府补偿为辅的补偿模式,且政府对医疗机构的补偿水平非常低。我国卫生总费用的构成中,政府支出比重较低。自1986年以来,卫生总费用中政府卫生支出比重由38.7%逐年递减至2002年的15.7%,之后才逐年恢复至2009年27.2%的水平;与此同时,个人卫生支出占卫生总费用的比重从1987年的30.3%增加到2001年的60.0%,之后才逐年回落到2009年38.2%的水平;2009年,我国社会卫生支出占卫生总费用的比重为34.6%,与国际相比,也是较低的[①]。作为独立核算法人经济实体,医疗机构为谋求自身利益,便将医疗机构的成本支出以医疗费用形式转嫁到患者身上。同时,我国医疗服务的价格制定极为不合理,许多医疗服务的价格偏低,甚至低于成本,医疗机构的一部分利益受到了损害。因此,在现行的补偿政策与价格政策下,医疗机构为了自身利益,不得不首先提供那些价格高于成本的服务,如药品服务、大型仪器的诊疗服

① 数据来源于《中国卫生统计年鉴(2010)》(中国协和医科大学出版社,2010年版)第四部分"卫生经费"相关统计数据。

务等,以解决医院补偿不足的问题,从而带来医疗费用的不合理支出。

由于反映医务人员劳务、技术价值的医疗服务价格偏低,难以调动医务人员的积极性,医疗机构过分依赖药品收入,带来浪费和不正之风。在“三改并举”实施之前,药品收入占医疗机构业务收入的比重曾一度达到50%以上,有的地方小医院这一比重甚至高达80%,医疗机构为取得药品加成收入,开大处方,用进口合资等贵重药品,甚至在购销药品中存在回扣等不正之风,造成药品严重浪费,医药费用迅猛增长。经过十余年的深化医药体制改革的努力,2011年,药品收入占医疗机构业务收入的比重已降至44.2%,其中公立医院为44.6%,所包含的三级医院、二级医院和一级医院的这一比重分别为44.2%,45.2%和47.5%。另外,据2011年卫生部针对全国范围内21 520个医院收入与支出情况的统计,门诊病人次均医药费为179.8元,其中包含药费90.9元,所占比重为50.6%,其中公立医院的这一比重为51.5%,所包含的三级医院、二级医院和一级医院的这一比重分别为52.6%,49.9%和54.0%;同样,出院病人人均医药费为6 632.2元,其中包含药费2 770.5元,所占比重为41.8%,其中公立医院的这一比重为42.0%,所包含的三级医院、二级医院和一级医院的这一比重分别为41.0%,43.8%和43.7%①。由此可见,虽然医疗机构药品收入所占比重已有所降低,但是居民看病费用中药费所占比重仍然处于较高的水平,并且在不同级别的医疗机构就医的药费比重存在一定的差异。这说明医疗费用的增加在很大程度上仍是由药品价格上涨造成的。

(3)卫生体制、药品生产流通体制因素的影响。目前我国的医疗卫生资源存在短缺与浪费并存的现象,卫生资源配置极不合理,利用效率不高。一是卫生资源过分集中于城市、大医院,造成城市医疗资源过剩,而农村和预防保健资源、对卫生资源和需求量最大且成本效果最好的社区卫生服务资源却明显不足,结果医疗费用高的大医院拥挤不堪,而费用低且方便居民的社区卫生服务却提供不足。二是卫生医疗机构缺乏全面规划和统筹安排,布局不合理,条块分割,条块交叉,机构重叠,医疗机构数量膨胀过快。三是大型贵重医疗设备购置、管理失控,重复购置,盲目追求高精尖,利用率低,浪费严重。而我国的药品生产流通体制也一直较混乱。我国药品生产厂家“多、小、散、乱”的低水平重复建设使生产能力低下,产品质量不高,产品严重供大于求,造成医药市场的激烈竞争。药品生产厂家为求生存,采用不正当竞争手段,以“虚高定价”、加大折扣比例等方式推销,客观上扰乱了医药市场,加重了患方负担,增加了医疗机构的

① 数据来源于卫生部:《2012年中国卫生统计提要》,2012年6月6日发布。

支出。

3. 保方医疗费用支付机制。在基本医疗保险制度下，保方作为第三方付费，其费用支付的各项政策和措施，直接影响到基本医疗保险费用的支出。目前国际上比较通行的医疗费用支付方式多种多样，这些方式各有利弊。

(1)按项目付费方式。它属于"后付制"类型。这一支付方式的特点是医院收入与提供的服务项目数直接相关。这样容易刺激需求，供方可增加不必要的医疗服务项目或服务量，以此从保险机构获得更多的费用偿付。由于保险机构作为服务的局外人(第三方)，只能事后对医院上报的服务项目和收费账单进行审查，在控制医疗费用方面显得"软弱无力"。

(2)按服务单元付费方式。这一支付方式的特点是医院或医生的收入与提供服务的次数直接有关。它容易刺激医生通过增加服务次数(如分解门诊次数，分解住院单元)以提供过量服务，获取多偿付费用。

(3)按人头付费方式。其特点是在一定时间内，按一定服务对象人数，预先承包给约定医疗单位的医疗费用。在此期间，医院或医生能够自觉开展健康教育、体检等活动，以期最大限度地降低发病率，从而减少医疗费用支出。

(4)按病种付费方式。这种方式通过统一的疾病分类定额偿付标准的制定，达到医疗资源利用标准化。它的费用制约力度较强，在客观上促进医院注意节约，避免不必要的支出。

(5)总额预算付费方式。政府或医疗保险机构与医疗服务提供方协商，确定供方一年的年度总预算，相当于为供方设立了一个封顶线。这种支付方式将医疗消费和费用的控制主动权交给了服务供方，医疗保险管理得以简化，成本下降。

4. 医疗费用控制的途径。医疗保险机构控制医疗保险费用的途径主要，包括对需方的费用控制途径和对供方的费用控制途径，即建立医患双方的制约机制。

(1)对医疗服务需方的费用控制途径。

①费用分担。通过费用分担，提高个人自负力度，增强被保险人的费用意识，减少不合理及不必要的医疗服务消费。但在引进费用分担机制的过程中，要正确处理公平与效率之间的矛盾，要兼顾一般人群与特殊人群的差异，要消除收入与风险的"剪刀差"等诸多问题，确保弱势群体的基本医疗。

②缩小医疗保险报销范围与报销比例。为了有效控制需方过度需求和超前消费，可增加法定的医疗保险非覆盖范围。

③经济激励措施。对不报销返回或未就医者给予节约奖励；对超费用者要适当征收附加税；加强费用意识教育，一旦发现就诊时冒名顶替、费用转嫁等现

象,则对违规参保人员进行严肃处理。

(2)对医疗服务提供方的费用控制途径。

①通过对定点医疗机构实行“定额支付、总量控制、超支不补、结余归院”和“总额控制、结构调整”的措施,对医疗机构形成制约;限制医院的规模和数量,转换医院功能;限制医院贵重仪器、设备的配置与使用。

②引入竞争机制,促进医疗服务态度的改善,提高医疗服务质量。

③增加非住院保健项目。可针对服务对象的医疗卫生需求,开设低医疗成本的老年护理院、社区卫生服务中心,设置家庭病床,为老年人提供医疗保健和家庭式照料;为危重病人和临终病人或晚期癌症病人在家庭内或临终关怀所提供医疗护理和善后医疗保健服务。开设长期卫生保健服务站,专门为慢性病患者和生活不能自理的残疾人提供长期或终身的医疗护理服务,或提供以居住式为主的医疗护理服务。

④采用合理的费用偿付方式,尽量实施医疗费用的偿付与医院、医生的收入脱钩以及医保支付逐渐向总额预算方式转变。

⑤加强对医疗服务机构的监督与管理。由医疗保险机构对医疗单位进行考核,择优确定合同医疗单位。增设参保就医点,加大职工自主选择定点医疗机构的“自由度”,促使医疗单位以优质、高效、合理收费来吸引消费者。此外,调整不合理的医疗服务价格和医药费结构,提高医务人员的技术劳务价值;加强对医生的医德医风教育,对违规医院和医生进行行政通报或经济处罚。

(3)明确政府在医疗保险费用控制方面的职责。

①制定与医疗保险相配套的政策。如医疗机构分类管理与补偿政策、药品集中招标采购政策、医药分业、药品收支两条线管理政策等。着力解决医疗保险制度、药品流通体制和医疗卫生体制三项改革协调发展问题。

②调整与完善医疗机构的补偿机制。一是理顺医疗服务价格体系,包括逐步提高医疗劳务性收费标准;适当降低大型医疗仪器检查、治疗的收费标准;降低药品价格,减少药品销售的中间环节,规范药品市场;结合医院分级管理,实行按级分等收费;放开特殊医疗服务价格,按完全成本收费。二是逐步弱化药品收益对医院的补偿作用,坚持和完善医院药品收支两条线管理办法,并进一步规范和完善药品收益结余的核定上缴和合理返还的操作办法;实行药品收益与医院收入脱钩,割断“以药养医”的经济利益机制;促进定点医疗机构与定点零售药店之间的竞争,打破医疗机构一统天下的格局。

③对城镇医疗机构进行分类管理,促进医疗机构之间公平、有序的竞争。非营利性医疗机构主要提供基本医疗服务,也可提供少量的非基本医疗服务,但不以营利为目的,其收入用于弥补医疗服务成本,实际运营中的收支结余只

能用于自身的发展,享受同级政府给予的财政补助,执行政府规定的医疗服务指导价格,享受相应的税收优惠政策;营利性医疗机构根据市场需求自主确定医疗服务项目,医疗服务价格放开,依法自主经营,照章纳税,其所得收益可用于投资者的经济回报。

④制定区域卫生规划。通过改变卫生资源增量的投向和对具有不合理结构的卫生资源存量进行调整,资源配置应当向社区倾斜,向预防保健倾斜,这样才能提高有限资源的利用效率。

第三节 企业补充医疗保险

2011年7月1日施行的《中华人民共和国社会保险法》第一章总则第三条规定:社会保险制度坚持广覆盖、保基本、多层次、可持续的方针。此12字方针写入社会保险法,通过国家立法的形式使其具有普遍的约束力。

根据《中华人民共和国社会保险法释义》的解释:多层次就是社会保险除了基本保险之外,还可以建立补充保险。社会保险的多层次表现在除了基本养老保险、基本医疗保险外,还有补充养老保险(企业年金和职业年金)、补充医疗保险,商业人寿、健康保险也是更大范围上的补充保险。

我国医疗保险制度改革的目标是建立一个多层次的医疗保障体系,但现阶段只有基本医疗保险,因此需要尽快补上其他层次的保障内容。

国务院《关于建立城镇职工基本医疗保险制度的决定》规定:"为了不降低一些特定行业职工现有的医疗消费水平,在参加基本医疗保险的基础上,作为过渡措施,允许建立企业补充医疗保险。企业补充医疗保险费在工资总额4%以内的部分,从职工福利费中列支,福利费不足列支的部分,经同级财政部门核准后列入成本。"2002年5月21日,财政部、劳动和社会保障部联合发布《关于企业补充医疗保险有关问题的通知》(财社【2002】18号文件),对企业建立补充医疗保险的具体问题进一步作出明确规定:①按规定参加各项社会保险并按时足额缴纳社会保险费的企业,可自主决定是否建立补充医疗保险。企业可在按规定参加当地基本医疗保险基础上,建立补充医疗保险,用于对城镇职工基本医疗保险制度支付以外由职工个人负担的医药费用进行的适当补助,减轻参保职工的医药费负担。②企业补充医疗保险费在工资总额4%以内的部分,企业可直接从成本中列支,不再经同级财政部门审批。③企业补充医疗保险办法应与当地基本医疗保险制度相衔接。企业补充医疗保险资金由企业或行业集中使用和管理,单独建账,单独管理,用于本企业个人负担较重职工和退休人员的医药费补助,不得划入基本医疗保险个人账户,也不得另行建立个人账户或变相用于职工其他方面的开支。

④财政部门和劳动保障部门要加强对企业补充医疗保险资金管理的监督和财务监管,防止挪用资金等违规行为。建立企业补充医疗保险的目的是为了弥补基本医疗保险保障水平的不足,解决医改中出现的难点问题,缓解部分职工个人自付医疗费用负担过重的压力,稳定职工队伍,顺利推进医疗保险制度改革,促进企业的健康发展,保持和维护经济社会生活的稳定。

对企业来说,建立补充医疗保险也是非常必要的,主要体现在以下几个方面:

第一,基本医疗保险的保障水平和职工实际医疗消费需求之间存在差距,特别是对超过统筹基金最高支付限额即封顶线以上的医疗费用,必须通过建立多层次医疗保障体系解决。

第二,基本医疗保险定位在"低水平、广覆盖"上,将所有用人单位和职工都纳入基本医疗保险范围并实行统一的政策,难以充分体现不同人群的现实差别,并且降低了一部分人的医疗保障水平,影响了基本医疗的稳步推进。因此,实行企业补充医疗保险制度,是实现效率、公平原则,确保基本医疗保险制度顺利推进的基础。

第三,有利于职工队伍稳定。国家公务员在参加基本医疗保险统筹的同时享受特殊的医疗补助,企业职工必须有相对应的措施作为基本医疗保险制度的补充,以保证广大职工队伍的稳定。

第四,实行补充医疗保险制度还为商业医疗保险的发展提供了空间,同时也有利于强化医患的制约机制,有利于控制不合理的医疗费用支出。

一、企业建立补充医疗保险的条件

首先,企业必须参加基本医疗保险,并按时足额缴纳保险费用。其次,具有一定的经济承受能力,即具有持续的税后利润,并按时缴纳其他社会保险费用,保证足额发放职工工资。另外,已经形成的医疗保障待遇高于基本医疗保险待遇,且有能力主办或参加补充医疗保险。

二、企业补充医疗保险的设计原则

(一)合法性原则

企业在制定补充医疗保险方案时一定要依法从事,切不可认为补充医疗保险是企业自己的事而自行其是。

(二)合理负担原则

企业补充医疗保险方案在设计过程中应体现合理负担的原则,这样既有利于规避道德风险，抑制不合理费用支出，同时，也有利于提高参保人员的保障意识。如有的单位补充医疗保险方案门诊和住院费用都不设起付线（免赔额）就不符合这一原则。

（三）针对性原则

企业建立补充医疗保险，目的是解决基本医疗保险以外个人负担的医疗费用，主要是解决患重大疾病如恶性肿瘤、血液透析，器官、骨髓、血管移植及服用抗排异药等人员医疗费用负担过重的问题。因此，医疗费用支出的绝对数额越大，个人负担的比例应当越低。补充医疗保险方案的设计要有针对性，体现"雪中送炭"的原则。

（四）与基本医疗保险制度相衔接的原则

企业在设计补充医疗保险方案时，应与当地基本医疗保险制度相衔接。从操作上讲，这样也有利于报销单据的收集和范围的认定。

三、企业补充医疗保险的覆盖范围

由于企业补充医疗保险是以基本医疗保险为参照，对基本医疗保险不能覆盖的部分进行补充，所以可以根据基本医疗保险不能覆盖的范围确定企业补充医疗保险的范围。基本医疗保险不能覆盖的部分主要有：①参加基本医疗保险的职工超过《基本医疗保险药品目录》的药品费；超过《基本医疗保险诊疗项目》、《医疗服务设施范围和支付标准》的医疗费用。②参加基本医疗保险的职工，起付线以下、封顶线以上的医疗费用，门诊超过账户支付限额的费用，统筹段自负费用。③离休人员、老红军、二等乙级以上革命伤残军人、工伤、生育所发生的费用由原资金渠道列支。《社会保险法》第三十条还规定了下列医疗费用不纳入基本医疗保险基金支付范围：①应当从工伤保险基金中支付的；②应当由第三人负担的；③应当由公共卫生负担的；④在境外就医的。

以上内容都是企业补充医疗保险可以涉及的领域。参照以上方面的内容，企业补充医疗保险在基本医疗保险的基础上可以有水平提高式、范围扩大式和混合式三种方式。水平提高式是指企业补充保险对参加基本医疗保险的职工，在不扩大用药和服务范围的前提下，对个人自负部分实行补贴，即以上第二部分；范围扩大式是指将被保险人范围扩大到职工家属、工伤、生育、离休人员、老红军等人员或将保险项目扩展到"三个目录"以外，即以上的第一和第三部分；混合式是指上述两个方面均纳入覆盖范围。

另外，企业补充医疗保险还可以对补充大额互助医疗的个人自负超过一定数额的部分、补充特殊病种医疗的个人自负超过一定数额的部分以及超过大额封顶线的部分进行补贴。

四、企业补充医疗保险的管理方式

企业补充医疗保险的管理方式可参见表4-1。

表4-1 企业补充医疗保险的管理方式

管理模式	具体操作	优 点	缺 点
企业自办	按规定提取资金设立专户,单独建账,单独管理,专款专用	企业自主性强,简便易行,管理费用低	资金量小;保障能力弱
医保管理机构经办	企业到医保机构办手续并按规定缴费,基金由医保机构单独列账管理,专款专用	与基本保险紧密衔接,基金可以在企业间调剂使用,保障能力较强	由于管理办法统一,不能满足不同企业的不同需要;增加医保机构的管理成本
委托商业保险公司代理	根据商业保险公司提供的承保方案缴费,基金由商业保险公司运作	减轻企业管理负担	缴费与赔付遵循商业原则,无法体现互济功能;企业缺乏自主性

资料来源:根据仇雨临,孙树菡:《医疗保险》,中国人民大学出版社,2001年版,第23~24页有关文字资料整理。

五、企业补充医疗保险的保障水平

企业补充医疗保险的保障水平与企业建立补充医疗保险的目的有关,若企业以不降低原有的医疗保障水平为目的,可以以本企业最近3年(或5年)医疗费用的历史资料为依据,制定出适当的补贴水平;若企业将建立补充医疗保险作为职工激励机制的一种手段,旨在提高企业对人才的吸引力,激发职工的工作热情,同时企业又具有相当的经济实力,则该企业可以适当提高医疗保障水平,作为本企业的一项福利政策。

但是无论上述哪一种情况都应注意规避道德风险,在减轻职工负担的同时防止形成漏洞,造成医疗资源的浪费。

六、企业补充医疗保险的资金筹集和运营方式

根据《关于建立城镇职工基本医疗保险制度的决定》,"企业补充医疗保险费在工资总额4%以内的部分,从职工福利费中列支,福利费不足列支的部分,

经同级财政部门核准后列入成本”,企业负担并负责缴纳补充医疗保险费,职工个人自愿缴纳补充医疗保险费的可以由企业统一收缴。

基金运营方式有企业自管模式和集中管理模式。

企业自管模式指企业补充保险基金由企业医保机构管理。企业医保机构根据有关政策、法律和本单位实际情况确定管理方案,在这种管理方式中尤其应注意的是将医疗保险基金的管理与该企业的资产管理和行政管理分开,独立经办,社会保障行政管理部门和金融保险行政管理部门对企业医保机构要进行监督和业务指导。目前,企业自管方式因其高成本、高风险和调剂能力较差而采用较少。

集中管理模式指企业基本医疗保险和补充医疗保险统一实行属地管理,但基本保险基金与补充保险基金分别建账,专款专用,尤其防止相互透支,该种方式目前被较多企业采用。

此外,补充医疗保险也可集体交商业保险公司承办,用人单位和商业保险公司签订合同,企业不负责基金的管理和运营。

劳动保障部门和财政部门一方面要加强调研,制定切合当地实际的企业补充医疗保险办法;另一方面,要加强对企业补充医疗保险管理和资金运作的督导、规范,努力完善企业补充医疗保险的管理。企业要自觉接受金融部门和劳动保障部门的技术指导与管理监督,严格按照有关规定制定本企业补充医疗保险的具体管理办法,并付诸实施;要建立有关管理制度,增强工作透明度,及时公开信息,自觉接受职工监督。

本章小结

本章介绍了医疗保险的概念、特点和性质,详细阐述了我国城镇医疗保险制度的发展与改革历程,重点对我国城镇职工医疗保险制度的改革进行了反思,并探讨了在新形势下如何发展企业补充医疗保险的问题。

重要概念

医疗保险　医疗保险系统　公费医疗　劳保医疗　企业补充医疗保险　给付项目　预付制　后付制　个人账户　统筹基金

思考题

1. 什么是医疗保险？医疗保险有哪些特点？

2. 我国为什么要进行医疗保险的改革？

3. 为什么要实行个人账户与社会统筹相结合的职工医疗保险制度？

4. 在我国城镇职工医疗保险改革的探索过程中，我们获得了哪些经验和教训？

5. 如何控制我国居高不下的医疗费用？

6. 你认为应当如何发展我国的补充医疗保险？

Chapter 5

第五章 失业保险

本章学习要点

失业是市场经济中不可避免的一种社会经济现象。失业保险是社会保障体系的重要组成部分,它在保障失业者的基本生活和促进就业方面起了重要作用。本章主要阐述失业保险的基本理论、基础知识和我国的失业保险制度。学习要点包括失业和失业保险的概念及类型,我国失业保险制度的建立和发展,我国失业保险制度的现状、问题,我国失业保险制度的完善。

第一节 失业保险制度的类型与特征

一、失业的概念和类型

(一)关于失业及失业率

1.失业的概念。失业是相对就业而言的。按照国际上通用的一般概念,失业是指在市场经济条件下,在劳动年龄之内,有劳动能力并有就业愿望的劳动者,失去工作机会和工作岗位而形成的劳动人口相对工作岗位过剩的社会经济现象。它也是劳动力与生产资料相分离的一种状态。

2003 年,我国劳动和社会保障部对"就业"与"失业"的概念作了重新界定。按照新的标准,"就业"与"失业"的一般概念为:

(1)就业人员。在法定劳动年龄内(男 16 ~60 岁,女 16 ~55 岁),从事一定的社会经济活动,并取得合法劳动报酬或经营收入的人员。

其中,劳动报酬达到和超过当地最低工资标准的,为充分就业;劳动时间少于法定工作时间,且劳动报酬低于当地最低工资标准、高于城市居民最低生活保障标准,本人愿意从事更多工作的,为不充分就业。

(2)失业人员。在法定劳动年龄内,有工作能力、无业且要求就业而未能就业的人员。其中,虽然从事一定的社会劳动,但劳动报酬低于当地城市居民最低生活保障标准的,视同失业。

失业人员新定义不再强调"非农业户口"和"在当地就业机构登记",这意味着更多的人将享受政府的失业保障福利待遇。

2. 失业率的概念。失业率是就业形势的表征,根据失业率判断就业形势是否严峻,比估算劳动力供需状况更接近实际。

通常,失业率有三种表现形式:失业率、城镇登记失业率和调查失业率。

(1)失业率。失业率指失业人数与就业人数和失业人数之和的百分比,它是衡量一个国家宏观经济中失业状况最基本的指标。计算公式为:

$$\text{失业率}=\frac{\text{失业人数}}{\text{失业人数}+\text{就业人数}}\times 100\%$$

(2)城镇登记失业率。城镇登记失业率指城镇登记失业人数与城镇就业人数和城镇登记失业人数之和的百分比。计算公式为:

$$\text{城镇登记失业率}=\frac{\text{城镇登记失业人数}}{\text{城镇登记失业人数}+\text{城镇就业人数}}\times 100\%$$

城镇登记失业人员是指有非农业户口,在一定的劳动年龄内,有劳动能力,无业而要求就业,并在当地就业服务机构进行求职登记的人员。

(3)城镇调查失业率。城镇调查失业率是通过城镇劳动力情况抽样调查所取得的城镇就业与失业汇总数据进行计算的,具体是指城镇调查失业人数占城镇调查从业人数与城镇调查失业人数之和的百分比。计算公式为:

$$\text{城镇调查失业率}=\frac{\text{城镇调查失业人数}}{\text{城镇调查从业人数}+\text{城镇调查失业人数}}\times 100\%$$

国际劳工组织的报告显示,2003 年全球失业率达 6.2%。美国经济在 2003 年下半年出现的显著增长并未带来就业状况的明显改善,失业率仍停留在 6% 左右的高水平,就业市场低迷可能阻碍其经济加快复苏。在日本,影响个人消费增长的就业问题和可支配收入减少的问题仍比较严重,失业率一直处于 5.4% 左右的高位。欧元区失业率一直无法摆脱 3 年多来的最高水平,法、德的失业率均为9.4%,远高于欧元区的平均水平。①

我国目前公布的失业率实际上是城镇登记失业率,2009年末城镇登记失业人数为921万人,城镇登记失业率为4.3%。这一失业率的定义很明确,只包括城镇地区并且经过登记的失业人员,要求失业人员具备三个条件:有劳动能力、愿意就业、按规定进行了失业登记。2010年末城镇登记失业人数为908万人,城镇登记失业率为4.1%,同比下降0.2个百分点。

目前我国公布的城镇登记失业率的局限性在于未能够全面反映没有登记者的失业状况,也没有包括农村劳动力和农村进城务工的劳动力,但反映了劳动力市场上就业最为困难的群体的状况,包括两部分人群:一是失业人员中再就业最困难的群体,他们需要政府提供就业帮助;二是需要政府提供失业期间社会保障的人员,登记失业人员中一半左右需要领取失业保险金。

而西方国家公布的失业率是既包括城镇又包括农村的全社会失业率。西方国家公布的失业率是调查失业率,而调查失业率的真实性高于登记失业率。

(二)失业的类型

根据失业的成因和特点,失业一般分为摩擦性失业、周期性失业、技术性失业、季节性失业和结构性失业等。

1. 摩擦性失业。在市场经济中,由于劳动力市场运转不完善而出现的失业,主要表现为求职者与提供的就业岗位之间存在着时间的滞差。

2. 周期性失业。由于经济的周期性波动而导致的失业,主要表现为当经济运行周期性波动处于收缩或衰退和萧条的阶段时,失业者会明显增加。

3. 技术性失业。由于引进了节省劳动力的新设备、新材料、新工艺以及新的生产管理技术导致的失业。主要表现为随着资本有机构成的提高、生产技术的改进,资本对劳动力的需求相对或绝对减少,半熟练或不熟练的工人容易陷于失业的境地。

4. 季节性失业。由于某些行业生产条件或产品受气候条件、社会风俗或购买习惯的影响,使生产对劳动力的需求出现季节性变化而导致的失业。

5. 结构性失业。由于产业结构的变化以及生产形式和规模的变化,劳动力结构不能与之相适应而导致的失业。主要表现为一些行业的岗位空缺和另一行业的一定数量的失业者并存。

上述对失业类型的划分是为了让人们了解失业产生的原因。现实中,一国的失业状况往往很复杂,基本上各种类型的失业同时并存,国家解决失业问题

① 中国对外贸易形势报告(2004年春季)附件一:《世界经济贸易形势展望》,商务部网站,2004年6月18日。

需要考虑当时主要的问题,采取有针对性的措施。

二、失业保险的含义和类型

(一)失业保险的含义

失业保险是指国家通过立法实行的,由社会集中建立基金,对因失业而暂时中断生活来源的劳动者提供一定时期物质帮助及再就业服务的社会保险制度。它是社会保障体系的重要组成部分。

失业保险的基本功能是保障失业者的基本生活。在现代市场经济条件下,失业是不可避免的,失业者离开工作岗位,失去了工作和收入,意味着无法保障基本生活,无法得到社会和家人的认可,长期失业者更会对自己失去信心,甚至走上违法犯罪的道路。让就业者参加失业保险,可以使他们有基本的生活来源,维持一定时间的体面生活。现在,世界各国普遍重视失业保险的促进就业功能,比如,失业保险金的领取与参加一定的职业培训或劳动相关,鼓励失业者从事服务行业或自谋职业等。

(二)失业保险的特征

失业保险同其他社会保险项目一样,都是政府行为,都侧重于保障基本需求,并以货币为提供帮助的主要形式;不同之处在于失业保险具有保障生活和促进再就业的双重职能,与劳动力市场相互关联的密切程度明显高于其他社会保险项目。失业保险制度具有以下几个方面的特征:

1. 普遍性。它是为保障有工资收入的劳动者失业后的基本生活而建立的,其覆盖范围应该十分广泛。

2. 强制性。制度范围内的单位及其职工必须按照法律、法规规定参加失业保险,并履行缴费义务。

3. 互济性。收缴的失业保险费在统筹地区内统一安排使用,不需要偿还。

4. 社会化。基金来源要多渠道,由用人单位、职工和国家分担。

5. 水平适度。失业保险待遇要与经济发展水平相适应,要保障失业人员的基本生活,同时尽可能减轻企业和政府的负担。

6. 适当积累。在采取现收现付办法的同时,保留一定数量的基金以备应急之用。

7. 专款专用。要对失业保险基金进行严格管理,防止基金被贪污、挪用,保证基金安全。

(三)失业保险的类型

各国的失业保险制度,大体可分为强制性失业保险、非强制性失业保险、失业救济以及由以上三种类型中的某两种所形成的双重保险制度。

1. 强制性失业保险。强制性失业保险是指符合法律规定范围的人员,不管个人是否愿意,都要强制其参加失业保险,交纳一定的保险费用。目前,美国、加拿大、中国都实行强制性失业保险。

2. 非强制性失业保险。符合法律规定范围的人员,是否参加失业保险,取决于投保人个人的意愿。参加保险后,就必须承担相应的缴费义务并享有应得的权利。丹麦、冰岛等国实行非强制性失业保险。

3. 失业救济。失业救济由国家单方出资,享受救济者不必承担什么义务,但要经过收入调查确定符合救济的范围。澳大利亚、阿根廷、新西兰等国实行失业救济制度。

4. 强制性失业保险和失业救济相结合。同时存在失业保险和失业救济两种制度,对于不同的失业者适用不同的制度。如 1969 年,前联邦德国颁布的《劳工安置与就业保险法》,规定失业保险覆盖大部分受雇人员及家庭雇工,但不包括每周工作少于 19 小时的人员;失业救济覆盖不在失业保险范围之内的人员和不能继续享受失业保险金的人员。目前,该制度在法国、英国、德国等国实行。

5. 非强制性失业保险和失业救济相结合。在瑞典、芬兰等北欧国家,实行的是非强制的失业保险和失业救济相结合的失业保障制度,瑞典失业保险采取国家资助、工会主办、个人自愿参加的方式。除此之外,可享受国家失业救济的人员有:一是不愿意参加失业保险的人员;二是参加了失业保险但尚未具备享受失业保险金待遇的人;三是受雇于不存在失业保险金的部门;四是每天工作少于 3 小时,每周工作少于 17 小时的人。

6. 强制性失业保险制度和非强制性失业保险制度相结合。多年来,日本就实行这一制度。

三、失业保险制度的产生和发展

由于工业化时代的到来,失业成为不可避免的现象。失业工人的大量存在,对于国家的稳定造成了极大的威胁,而且,如果失业工人的基本生活没有保障,也难以为经济高涨时期提供大量充足的劳动力。因此,各国政府为了缓解矛盾,陆续建立了失业保险制度。

法国是最早建立失业保险制度的国家(1905 年建立),其后挪威和瑞典分别在 1906 年和 1907 年建立了失业保险制度。这三个国家的失业保险均为非强制性失业保险,即法律确定范围内的人员是否参加失业保险取决于个人意愿,参加保险,就必须根据失业保险法律规定接受管理,包括承担一定的义务和享受相应的权利。

1911 年,英国颁布了《国民保险法》,开创了强制性失业保险制度的先河,其后被一些国家效仿,构成了世界失业保险制度的主流。到 1997 年初,世界上已有 68 个国家和地区建立了失业保险制度,其中大多数国家和地区实行强制性保险,自愿性保险的范围只限于工会已建立失业保险基金的产业。

在基金来源上,与社会保险其他险种相同,失业保险费通常由雇员和雇主平均分担,也有些国家规定全部保险费由雇主缴纳。政府对强制性和自愿性两种保险的补贴数额都很大。在享受待遇条件上,一般都规定:非自愿性失业,缴纳一定期限的保险费或在受保职业工作一定年限,申请者具有工作能力并愿意寻找工作。另外,对无正当理由而自愿离职的,由于行为不端被解雇的,或参加劳资纠纷导致停产而使自己失业的,一般规定要取消其享受失业保险的资格或降低给付标准,有的还要推迟给付时间。

在失业补助金上,通常以周为单位支付,标准为其最近一段时期平均工资的一定百分比。大多数国家计算失业补助金的替代率为平均收入的 40% ~ 75%。有些国家一律支付等额补助金。如果失业人员已成家,除发给基本补助金外,还要对其配偶及子女加发一定的补助金。在支付失业补助金前,通常有几天的等待期。大多数国家对连续领取失业补助金的时间有一定限制,一般情况下为 8 ~ 36 周,在某些情况下可适当延长。

另外,有些国家根据缴费期限或参保时间决定享受期限。有些国家除正规的失业保险外,还提供失业援助或提供以失业人员家庭经济状况为条件的其他待遇作为补充。这样,失业人员领取补助金期满后,如果收入低于一定水平,还可以继续得到一些救助。在管理体制上,多数国家是由政府部门管理,有些是由自治机构管理,这种自治机构一般由受保人、雇主和政府三方代表组成。失业保险与就业服务之间经常保持紧密的行政联系。有些国家已将失业保险和就业服务合并管理,基层的管理工作尤其如此,目的在于促进失业人员尽快实现再就业。

失业保险制度的建立,对于保障失业人员的生活,稳定社会,无疑起到了巨大的作用。首先,这是一种基本生活保障,因有失业保险做后盾,失业者的心理和经济承受力将会提高,同时也减轻了国家的负担;其次,既然失业是现代经济社会不可避免的一种现象,那么,有了失业保险给付的缓冲期,就有利于失业者择机选择职业或提高自身技能重新就业;再次,失业保险制度的建立,有利于产业结构的调整和劳动力的优化组合,有利于劳动制度的改革和现代企业制度的建立。因此,建立和完善失业保险制度,是社会发展的需要,也是经济发展中不可缺少的一环。目前,失业保险制度在社会经济发展的过程中不断发展和完善。

四、失业保险的原则

对于劳动者来说,失业是由于各种原因失去了工作,但并未失去劳动能力。建立失业保险的目的是通过建立社会保险基金的办法,使员工在失业期间获得必要的经济帮助,保证其基本生活,并通过转业训练、职业介绍等手段,为他们重新实现就业创造条件。因此,建立和完善失业保险制度,应当遵循以下原则:

(一)失业保险的对象和范围只限于原来已经工作的失业人员

按照过去是否参加过工作划分,失业人员由两部分构成:一部分是新成长起来的劳动力,他们还没有参加过工作,生活一般由家庭负担;另一部分是失业之前已经工作一段时间或很长时间,并且依靠就业的工资收入维持本人及其家庭的生活。因此,失业保险的范围,一般只限于原来已经工作的失业人员,不包括新成长起来的劳动力,我国 1999 年的《失业保险条例》所指失业人员只限定为就业转失业的人员。

(二)根据失业的主客观原因,严格规定享受失业保险的条件

失业有主观和客观两类原因,规定失业保险条件,应尽量避免因建立失业保险制度产生擅自离职,或故意造成保险事故以使享受失业保险待遇的情形发生。享受失业保险待遇必须符合下列条件:①因社会或经济因素被迫失业者,即非自愿原因失业者;②有就业意愿并登记申请就业者;③接受职业训练和接受就业安排者。

对于那些自动离职,不进行就业登记,不接受职业训练及不服从就业安排者,均不能享受或继续享受失业保险待遇。

(三)规定失业保险的标准和期限要适当

确定失业保险待遇标准,要从保证失业人员的基本生活和促进再就业出发,标准不宜规定过高,应适当低于本人失业前的基本工资收入和当地政府依法规定的最低工资保障标准,但要高于当地民政部门规定的社会救济标准。

失业保险的给付应有时间上的适当区别和限制。首先,在失业保险的给付期限上,不同工作时间的职工应有所区别。其次,对享受失业保险待遇过期仍不能就业者,应转入社会救济渠道,按社会救济条件和标准由民政部门给予社会救济。确定这一原则,是从有利于促进失业者积极寻找工作来考虑的。

(四)失业保险基金必须在较大的范围内实行统筹

国家通过立法,规定失业保险基金来源要多渠道,由用人单位、职工和国家分担。对于缴纳失业保险费的广大劳动者和诸多企业而言,每次享受失业保险金的只是少数人,体现了劳动者之间的互助互济。失业保险基金的收缴在一个

大范围内进行，遵循“大数法则”，使社会分布不均的失业风险在一个足够大的范围内进行分散。

第二节　我国失业保险制度的建立与发展

一、我国失业保险制度的历史沿革

（一）建国初期的失业救济制度

我国失业保险制度的历史最早可追溯到建国初期。当时为了解决旧中国遗留下来的失业问题，保障失业人员的基本生活，政府开始实施失业救济制度。1950年6月，政务院发布了《关于救济失业工人的暂行办法》。为了救济生活特别困难的失业工人，政务院决定拨出2亿公斤粮食作为救济失业工人的基金。在实行失业工人救济的地区，所有国营、私营的工商企业行政方面或资方所有在业工人职员，均按日缴纳一定的失业救济金。救济办法以“以工代赈”为主，并在失业严重的省份建立了“失业救济委员会”。这可以视为新中国成立以来最早的失业保险的雏形，但这种办法只是为了解决旧社会遗留下来的失业问题而采取的临时性措施。随着我国经济的发展，就业机会逐步增加，失业率逐步降低，到1957年我国宣布消灭了失业，并采取了“统包统配”的劳动用工制度，因此使其后20多年的时间里在我国失去了建立失业保险制度的基础和要求。

（二）改革开放以来失业保险制度的发展

我国失业保险制度的历史很短，至今只有近20年的时间。在这些年的发展中，其大体可划分为三个阶段：

1. 1986年7月～1993年4月，为确立失业保险制度基本框架的阶段。这一阶段也是失业保险初步发挥作用的时期，其标志是1986年7月12日国务院颁布的《国营企业职工待业保险暂行规定》（1986年10月1日实行）。

《国营企业职工待业保险暂行规定》确立了失业保险制度的基本框架，明确了这项制度的主要内容。一是强调了保障失业人员基本生活和促进再就业的双重功能，使失业保险在深化经济体制改革和保持社会稳定中发挥不可替代的作用。二是突出了国家和社会在失业保险中的地位和作用，国家通过立法和制定政策，组织开展失业保险工作，并在必要时提供财政补贴；基金主要由企业承担，社会筹集，统筹使用。三是明确了管理和经办失业保险业务的工作体系，为失业保险的运作提供了组织保证。这一时期，由于种种原因，职工失业现象不突出，享受失业保险待遇的人数有限，失业保险的作用发挥得不够充分。尽管初建的制度在覆盖范围、缴费方式等方面还不尽完善，但毕竟迈出了重要的一步，其深远影响是不可低估的，它为以后失业保险制度的发展与完善打下了基础。

2. 1993年4月~1999年1月，为失业保险制度进一步调整的阶段。这一阶段也是失业保险制度开始发挥作用的时期，其标志是1993年4月国务院颁布的《国有企业职工待业保险规定》。

1992年，邓小平同志南方谈话后，我国的改革进程进一步加快。为了解决国有企业改革与发展的问题，国务院制定了《全民所有制工业企业转换经营机制条例》，加大了落实国有企业经营和用人自主权的力度。为了配合企业各项改革措施的实施，在总结几年来失业保险制度实践经验的基础上，1993年4月国务院颁布了《国有企业职工待业保险规定》，对国有企业的失业保险制度作了部分调整。一是扩大了失业保险覆盖范围，将保障对象从原来的4类人员扩大到国有企业的7类9种人员，并规定企业化管理的事业单位也应依照执行。新制度实施后，享受失业保险待遇的人数明显增加，仅1994年就有194万人，超过了前7年的总和，使失业保险的作用逐渐明显。二是针对原有制度中统筹层次过高、不符合实际情况的问题，将基金由省级统筹调整为市、县统筹，并规定在省和自治区建立调剂金。三是明确了失业保险应当与就业服务工作紧密结合，同时授权省级人民政府可以从失业保险基金中支付为解决失业人员生活困难和促进再就业确需支付的其他费用。四是将缴费基数由企业标准工资总额改为工资总额，并对费率规定了一个幅度，还相应改变了失业保险待遇的计发办法。五是制定了罚则，使这项制度更加完整。根据规定的要求，各地先后出台了地方性法规或规章，加强了失业保险的制度化建设。实践证明，这次调整是失业保险制度发展的重要举措。

3. 1999年1月~2010年10月，为失业保险制度走向完善的阶段。这一阶段也是失业保险逐步成为基本生活保障主要形式的时期，其标志是1999年1月22日国务院颁布的《失业保险条例》。

劳动和社会保障部成立后，与有关部门密切配合，在原有工作的基础上，加快了制定新的失业保险行政法规的节奏。经过广泛征求意见，反复研究论证，劳动和社会保障部向国务院提交了《失业保险条例》草案。国务院常务会议通过后，于1999年1月22日颁布了《失业保险条例》（以下简称《条例》）。《条例》是我国失业保险制度由不规范走向比较规范，从计划走向市场的重要标志，是适应我国社会主义市场经济体制建立的社会保障体系的组成部分。《条例》与1993年颁布的《待业保险规定》相比，有以下几方面的重要变化：一是扩大了失业保险的覆盖范围,将1993年《国营企业职工待业保险规定》规定的待业保险范围仅限于国有企业,扩大到城镇所有企业和事业单位;二是提高了失业保险费的费率,将企业缴费费率由0.6%~1%提高到2%,并增加了1%的个人缴费,同时增加了关于事业单位及其缴费的规定;三是提高了失业保险基金的统筹层次,由省级统筹提高到地、市级统筹,并建立了省级失业保险调剂金制度;四是重新确定了失业保险金发放的标准,使其更好地与最低工资制度和城市居民最低生活保障制度相衔接,五是明确规定了失业保险基金的支出项目,以保证基金的安全,防止基金流失;六是确定了劳动、财政、银行三家互相监督制约,实行收支两条线管理的机制,这一机制的确定是我国社会保障管理监督体制改革的重要成果,是防止基金挪用、流失的有效措施,这项新制度的具体落实和实施,也为其他险种社会保险基金的管理监督探索了路子;七是规定了社会化管理的发放制度。

2000年10月26日,劳动和社会保障部颁布了《失业保险金申领发放办法》明确规定了失业保险金申领条件、发放标准、领取期限和失业保险关系转迁等问题,进一步完善了失业保险制度。

4.2010年10月至今。《社会保险法》的通过标志着失业保险制度由法规层面上升到了法律层面。

2010年的《社会保险法》同1999年的《失业保险》条例相比,有以下突破和发展:第一,规定了职工应当参加失业保险,为失业保险适用范围的扩大提供了法律依据。《失业保险条例》覆盖国有企业、城镇集体企业、外商投资企业、城镇私营企业以及其他城镇企业。《社会保险法》则将有雇工的个体工商户、合伙组织、基金会、律师事务所和会计事务所等用人单位包括在内。第二,明确了失业人员参加基本医疗保险,解决了失业人员的医疗保障问题。1999年的《失业保险条例》第十九条规定:"失业人员在领取失业保险期间患病就医的,可以按照规定向社会保险经办机构申请领取医疗补助金。医疗补助金的标准由省、自治区、直辖市人民政府规定。"然而,医疗补助金数额较低且和医疗费用没有关联,因此,很难解决失业人员在失业期间患病的医疗保障问题。《社会保险法》第四十八条规定,失业人员在领取失业保险金期间,参加职工基本医疗保险,享受基本医疗保险待遇。并且,失业人员应当缴纳的基本医疗保险费从失业保险基金中支付,个人不缴纳基本医疗保险费。这一规定说明,今后失业保险和医疗保险可以同时作用,失业人员在失业期间除领取失业保险之外,还可以在患病时享受到基本医疗保险待遇。第三,规定失业保险实现省级统筹,为失业保险统筹层次的提高提供法律依据。《社会保险法》第六十四条规定:"基本养老保险基金逐步实行全国统筹,其他社会保险基金逐步实行省级统筹,具体时间、步骤由国务院规定。”明确了失业保险的法定统筹层次是省级统筹，对提高失业保险的统筹层次提出了明确的要求。第四，加强了失业保险制度的可诉性。《失业保险条例》中并没有关于失业保险争议解决机制的规定，理论上一般将失业保险争议按照劳动争议有关规定进行处理，然而不同的人对于劳动争议同社会保险争议的关系有不同的理解，因此处理方式也不同。但《社会保险法》第八十三条明确规定：“个人与所在用人单位发生社会保险争议的，可以依法申请调解、仲裁，提起诉讼。用人单位侵害个人社会保险权益的，个人也可以要求社会保险行政部门或者社会保险费征收机构依法处理。”这就明确了个人与用人单位发生的包括失业保险在内的社会保险争议属于劳动争议的一种，可以通过调解、仲裁、诉讼等方式处理。劳动者因与用人单位的失业保险争议向法院提起诉讼的，法院应当受理。

需要指出，原《社会保险法（草案）》规定了“失业保险金的标准，由省、自治区、直辖市人民政府根据个人失业前十二个月的月平均缴费工资和赡养系数确定”，说明我国政府已经开始注重权利与义务相统一的原则，将失业保险的领取待遇同失业人员的工资相挂钩，同时照顾低收入者，将失业人员的家庭赡养状况作为失业保险待遇领取标准的一个影响因素，体现失业保险的公平原则以及政府以人为本的执政理念。然而之后颁布的《社会保险法》却没有体现这一公平和效率兼顾的思想。

总之，我国的失业保险制度是在推行劳动制度改革的背景下建立的，目的是为了解决企业职工失业后的基本生活问题，并为他们实现再就业提供帮助。从这一点看，我国建立失业保险制度，是经济体制改革的客观需要，是对计划经济体制下用工制度进行调整的一项重要保证条件，也是对社会保障体系予以逐步完善的一项重大举措。失业保险制度的建立和实施，有效地解决了职工失业后基本生活没有来源的问题，保障了失业人员的基本生活，成为社会主义条件下保护基本人权的重要内容；同时，通过提供资金支持，帮助失业人员尽快实现再就业，改善生活条件，实现自己的价值和理想。

二、我国现行失业保险制度的主要内容

我国现行失业保险制度的主要内容如下：

（一）失业保险的覆盖范围

《社会保险法》的四十四条规定：“职工应当参加失业保险，由用人单位和职工按照国家规定共同缴纳失业保险费。”这里的“职工”是劳动法意义上的劳动者，是与用人单位相对应的概念，包括企事业单位、民办非企业单位、有雇工的

个体工商户、合伙组织、基金会、律师事务所和会计事务所等用人单位的员工。

（二）失业保险基金的来源

失业保险所需资金来源于四个部分：失业保险费，包括单位缴纳和个人缴纳两部分，这是基金的主要来源；财政补贴，这是政府负担的部分；基金利息，这是基金存入银行和购买国债的收益部分；其他资金，主要是指对不按期缴纳失业保险费的单位征收的滞纳金等。失业保险费由城镇企业事业单位按照本单位工资总额的2%缴纳，城镇企业事业单位职工按照本人工资的1%缴纳失业保险费。城镇企业事业单位招用的农民合同制工人本人不缴纳失业保险费。

（三）失业人员享受失业保险待遇的条件

失业人员同时具备以下三个条件，才有资格享受失业保险待遇。一是按照规定参加失业保险，所在单位和本人已按照规定履行缴费义务满1年的；二是非因本人意愿中断就业的；三是已办理失业登记，并有求职要求的。失业人员在领取失业保险金期间，按照规定同时享受其他失业保险待遇。

（四）失业人员停止享受失业保险待遇的条件

失业人员在领取失业保险金期间重新就业、应征服役、移居境外、享受基本养老保险待遇、被判刑收监执行或者被劳动教养、无正当理由拒不接受当地人民政府指定的部门或者机构介绍的工作的，以及有法律、行政法规规定的其他情形的，应停止领取失业保险金，并同时停止享受其他失业保险待遇。

（五）失业人员享受的失业保险待遇

具体来说，主要包括按月领取的失业保险金，领取失业保险金期间死亡的失业人员的丧葬补助金以及供养的配偶、直系亲属的抚恤金。失业人员在领取失业保险金期间死亡的，参照当地对在职职工死亡的规定，向其遗属发给一次性丧葬补助金和抚恤金。所需资金从失业保险基金中支付。个人死亡同时若符合领取基本养老保险丧葬补助金、工伤保险丧葬补助金和失业保险丧葬补助金条件的，其遗属只能选择领取其中的一项。除此之外，失业人员在领取失业保险金期间，参加职工基本医疗保险，享受基本医疗保险待遇。失业人员应当缴纳的基本医疗保险费从失业保险基金中支付，个人不缴纳基本医疗保险费。

（六）失业保险金的标准

失业保险金的标准，由省、自治区、直辖市人民政府确定，不得低于城市居民最低生活保障标准。

（七）失业保险金的领取期限

失业保险金的领取时间是由失业人员失业前所在单位和本人按照规定累计缴费时间决定的，满1年不足5年的，最长不超过12个月；满5年不足10年的，最长不超过 18 个月；10 年以上的，最长不超过 24 个月。对连续工作满 1 年的农民合同工，据其工作时间长短支付一次性生活补助。

另外，《条例》还对负责失业保险工作的机构、失业保险基金的统筹和管理、对违法行为的处罚等做了规定。例如，国务院劳动保障行政部门主管全国的失业保险工作，县级以上地方政府劳动保障行政部门主管本行政区域内的失业保险工作。

三、我国失业保险制度的现状

几十年的实践充分证明，建立失业保险制度，对暂时失去工作的劳动者给予帮助，保障他们的基本生活，提供再就业服务，是把失业造成的消极影响降到最低限度的有效措施，是经济发展、社会稳定的必要条件。尤其是 1999 年国务院颁布《失业保险条例》后，为失业保险制度的发展奠定了坚实的基础。多年来，各级劳动保障部门在政府的领导下，以贯彻《条例》为主线，紧紧围绕劳动保障中心工作，克服困难，扎实工作，促使失业保险工作取得了重大进展。可以说，我国的失业保险工作已进入了一个新的发展时期，正朝着“制度完善，资金雄厚，管理服务优良”的目标健康发展。

（一）形成了较完善的法规政策体系，为依法行政奠定了基础

1999 年，国务院颁布了《社会保险费征缴暂行条例》，劳动和社会保险部制定了社会保险登记管理、社会保险费申报缴纳和征缴监督检查，以及失业保险金申领发放等一系列部颁规章和规范性文件，27 个省级单位制定了地方性法规、规章。

而 2010 年颁布的《社会保险法》，则将失业保险制度上升到法律层面。明确了失业保险的法定统筹层次，为解决失业保险基金地区间的调剂起到一定作用。

2010 年的《社会保险法》在 1999 年《失业保险条例》的基础之上，扩大了失业保险的覆盖范围，并将失业人员纳入职工基本医疗保险中，对失业保险金的标准以及失业保险的争议等做出了具体的规定。

（二）扩大了覆盖范围，为劳动者提供保障

《社会保险费征缴暂行条例》颁布后，劳动保障部门把扩大覆盖面作为首要任务，广泛争取社会各方面的支持，集中力量，明确重点，狠抓落实，取得了明显效果。国家发布的《2010 年度劳动和社会保障事业发展统计公报》中说，截止 2010 年末，全国参加失业保险人数为 13 376 万人，比上年末增加 660 万人。其中，参加失业保险的农民工人数为 1 990 万人，比上年末增加 347 万人。年末全

国领取失业保险金人数为209万人，比上年末减少26万人。

（三）加强基金征缴，提高了保障能力

几年来，各地通过规范缴费基数、加大征缴力度、与财政部门和税务机关合作等措施，克服困难，保证了基金收入的稳定增长，失业保险基金连续几年保持增势。国家发布的2010年度人力资源和社会保障事业发展统计公报中说，全年失业保险基金收入650亿元，比上年增长12.0%，支出423亿元，比上年增长15.4%。年末失业保险基金累计结存1 750亿元。

（四）基础工作得到加强，管理水平得到提高

社会保障部门严格按照基金支出项目规范基金使用，没有发生大的挤占挪用和其他违纪违规动用基金问题，并对以前发生的问题进行了认真清理和纠正。实行月度统计制度，加强统计分析，提高了信息的时效性和准确性。推行个人缴费记录，增强待遇发放的可靠性。结合劳动力市场“三化”建设和“金保工程”，推行计算机管理和信息传送网络化，提高了工作效率。

（五）在保障生活和促进再就业方面发挥了重要作用

失业保险基金的使用，为失业人员提供了基本生活保障。1998年以来，先后为1 400多万失业人员提供了失业保险待遇，并向再就业服务中心调剂资金206亿元，为实现“两个确保”作出了重要贡献。目前，领取失业保险金的人数近209万人，比1998年年底的58万人增长了4倍。同期，进中心领取生活费的下岗职工人数大幅下降，就全国来讲，失业保险已成为下岗失业人员基本生活保障的主要形式。与此同时，失业保险基金用于职业培训和职业介绍补贴占基金支出的比例逐年提高，资金投入也逐步加大，在促进失业人员再就业中发挥了积极作用。

可以说，失业保险是伴随着社会主义市场经济体制的建立完善而完善，伴随着市场导向就业机制的建立发展而发展，为构筑“三条保障线”的社会安全网，为推动就业与再就业，为促进企业改革和维护社会稳定做出了应有的贡献。

第三节　我国失业保险制度的完善

我国失业保险制度实施以来，在政治、经济和社会生活方面发挥了明显作用，但与预期效果相比，还有一定差距。尤其是当深化国有企业改革和经济结构调整加大，需要把企业富余人员向社会上分流时，失业保险制度显得力不从心。《条例》发布施行后，这种状况有了很大改观。为使我国失业保险制度更好地适应社会主义市场经济体制发展的要求，发挥应有作用，必须尽快研究解决

存在的问题,对制度进一步加以完善。

一、我国失业保险制度面临的挑战

(一)就业形势严峻带来的挑战

在计划经济体制下,我国实行低工资、高就业政策,表面上人人就业,但实际上大量的过剩劳动力以隐性失业形式存在。改革开放以后,随着经济体制的转换,隐性失业逐步显性化,进入20世纪90年代,失业压力明显加大。1992年,我国城镇登记失业率为2.3%,近年我国城镇登记失业率一直处于小幅攀升态势。2009年年底,城镇登记失业率为4.3%,2010年的城镇登记失业率则为4.1%。

失业率的不断攀升,使我国面临巨大的就业压力。大量失业人口的存在,不仅意味着人力资源的浪费,而且会给个人、家庭和社会带来痛苦,产生多方面的消极影响,成为影响社会稳定的重要因素。所以,在西方经济学中,失业率被称做“痛苦指数”。

需要指出的是,用西方发达国家的标准来衡量,我国目前的失业率并不算高,可为什么说我国就业压力巨大呢?要说清楚这个问题,必须先弄清我国失业率的特定内涵。首先,我国政府向社会公布的失业率,是城镇登记失业率。既然是“城镇”失业率,就不反映农村的失业问题,就是说它只反映我国一部分失业问题,而西方国家公布的失业率是既包括城镇又包括农村的全社会的失业率;所谓“登记”失业,是指非农业户口,在一定劳动年龄内,有劳动能力,要求就业而无业,并在当地就业服务机构进行求职登记的人员,如果无业,但没登记,就不进入统计,而西方国家公布的失业率是调查失业率,调查失业率的真实性高于登记失业率。其次,我国失业统计的年龄上限过低。我国规定,失业登记的年龄范围是男16~50岁,女16~45岁,而职工退休年龄规定为男60岁,女55岁。国外通常对失业者只规定年龄下限,退休以后继续寻找工作但找不到工作的,仍计算为失业人口。再次,以前我国把下岗与失业区分开来,下岗不算失业,下岗人员不进入失业统计,到2009年,登记求职人员中下岗职工人数有334.5万人①。

既然我国失业率与西方国家失业率在内涵上存在很大差异,我们在分析就业压力时就不能简单套用西方标准。尽管如此,失业率的变化仍然是分析我国就业形势的重要指标。失业率的持续上升,反映了我国就业压力不断加大的趋势。

① 《中国统计年鉴(2011)》,中国统计出版社,2011年版。

进入“十五”时期，我国面临的就业压力是空前的。一方面，劳动力供给显著增加。“十五”期间，平均每年新增劳动年龄人口1 000多万人，比“九五”期间平均每年多增加200多万人，原因是生育高峰期出生的人口进入劳动年龄。另一方面，劳动力需求扩张受到诸多因素，主要是“两个根本转变”即经济体制转变和经济增长方式转变的约束。经济体制的进一步转变，全面贯彻效率原则，将促使国有企业大约1/3的冗员下岗失业；经济增长方式不断转变的结果，必然是整个社会的资本有机构成提高，就业机会相对减少。资料表明，上世纪80年代，国内生产总值每增长1个百分点，平均每年可新增就业岗位200多万个，90年代则下降为80多万个。再一方面，劳动力供求的匹配率低，或不匹配率高。劳动力供求的匹配率低，是结构性失业的直接原因。劳动和社会保障部对2003年第一季度全国劳动力市场职业供求状况进行的调查显示，因供求不匹配不能就业者达17%，因此导致就业机会损失达152.6万个。2012年第一季度，中国人力资源市场信息监测中心对全国91个城市的公共就业服务机构市场供求信息进行了统计分析。从供求状况对比看，商业和服务业人员、生产运输设备操作工、专业技术人员和农林牧渔水利生产人员的劳动力需求大于供给，其岗位空缺与求职人数的比率分别为1.22，1.14，1.08和1.03；办事人员和有关人员岗位空缺与求职人数的比率最低，仅为0.74。

分析我国的就业压力，除了关注城镇失业率上升以外，还必须关注农村的剩余劳动力。我国农村没有失业统计，但据有关部门分析，我国农村剩余劳动力有1.5亿人，众多农村剩余劳动人口的转移，无论如何都是一个很大的难题。

（二）新型就业方式带来的挑战

中国已经加入WTO，经济全球化带来的竞争将更加激烈，人们生活观念、就业观念也发生了变化，这样必定会带来就业方式的多样化，临时就业、弹性就业、劳务式工作将大量出现。而就业方式的多样化也符合我国当前和将来一段时间解决严重就业问题的需要。我国政府现在实行积极的促进就业政策，千方百计扩大就业规模，而新的就业方式必定会带来对新的劳动力的需求，在一定程度上缓解就业压力 。

同时，伴随着就业方式多样化产生的将是不规则的失业，在将来，从事临时性工作、工作时间短的人会越来越多，因为没有达到最低缴费期限，而没有资格享受社会保障权益的人会逐渐增多。如何适应新情况，是否覆盖、部分覆盖还是全部覆盖这部分人群，将是失业保险制度面临的一个挑战。

（三）并轨带来的挑战

在我国长期处于劳动力供大于求的背景下，随着经济结构的不断调整，曾使大批职工失去工作岗位。1998～2003年，国有企业累计下岗职工2 818万人[①]。下岗问题是在中国经济体制改革特别是企业改革过程中发生的一种特殊形式的失业。下岗职工基本生活保障是在社会保障体系不健全、劳动力市场发育不充分的情况下而采取的一项过渡性措施。随着我国社会保障体系的逐步完善，"下岗"这个具有中国特色的、过渡性的名词担任的使命已经宣告终结。到2003年年底，所有下岗职工都要出"中心"（再就业服务中心），转换身份进入市场，寻求再就业。再就业服务中心逐步完成历史使命，企业裁员从下岗、失业两种形态变为失业一种形态，国有企业下岗职工基本生活保障完全并入失业保险，这就是所谓的"并轨"。因此，所有失业人员，包括企业新的裁员和协议期满出"中心"的下岗职工，全部进入劳动力市场，按规定享受失业保险待遇。所有下岗职工都将纳入到失业人员范围，将使领取失业保险金的人数增加一倍左右，按现行失业保险法规筹集的资金根本无法应付需要。

二、我国失业保险制度存在的问题

从1986年我国建立第一个失业保险制度到1993年建立第二个制度，以至到1999年新出台的失业保险条例，我国共建立了3个失业保险制度。失业保险制度处在不断发展、不断完善、不断适应新形势的过程中。随着市场经济体制的逐步完善，失业保险制度也面临着潜在的威胁和挑战。从我国失业保险的实施情况来看，其中的薄弱点和问题主要有下述几点。

（一）基础数据的缺憾影响着失业保险的实施效果

失业率作为一项非常重要的统计指标，是制定失业保险政策的基本依据，因而准确及时应当是这项指标最基本的要求。遗憾的是，我国的这项指标不仅历史短暂，而且没有随着就业形势的变化而不断地调整完善。比较突出的问题是统计周期偏长和统计数据欠准确。

目前，城镇登记失业率的统计基本是按部就班，采取以年度为时间单位，用年底最后一天的失业人数统计计算出来的，对一年当中的失业动态，如失业期限的变化情况等缺乏及时的反馈和真实的反映。而调查失业率由于调查的手段、方法相对落后以及调查成本等方面的原因，影响了调查数据的准确程度。这些都不利于失业保险政策的制定和调整，必然会影响失业保险的实施效果。

（二）扩面工作不到位，覆盖范围仍然过窄

虽然《条例》把失业保险推广到城镇非国有企业和事业单位，但到目前为

① 中华人民共和国国务院新闻办公室：《中国的就业状况和政策》白皮书。

止，事实上参加保险的主要是国有企业，其他性质的单位覆盖率很低。

此外，大量的城镇企业下岗职工和农村剩余劳动力没有被纳入失业保险的范围之内。另外还有少部分失业了却因为各种情况而没有进行登记的失业者，而官方统计的失业人口只包括城镇登记失业人口。

（三）失业保险基金证集难，欠费现象比较严重

在基金征缴上，缴费基数不够规范，欠费现象比较严重。在征缴失业保险费的过程中，有的单位经济效益不好暂时无力缴费，有的单位却故意拖欠缴费，也有一些事业单位缴费资金渠道没有完全流通而不能正常缴费等，影响失业保险费的足额收缴。

有关方面反映，目前失业保险基金的征集是越来越难，这其中主要有两类情况。一类是特困企业无力正常缴纳失业保险金。这个面不算小，有些地区或行业的企业普遍亏损，许多是只能付给职工极低的薪金，一些企业甚至发不出薪金。另一类是效益很好的企业不愿缴纳。它们有的强调这是“在背别人的包袱”，有的则声称反对“鞭打快牛”，再加上这项工作的强制性手段不够，以致该收的收不上来。这样，在有些地区出现了收不抵支的现象，难以保证失业人员的基本生活。

（四）失业保险范围统筹过窄，地区之间的调剂作用难以发挥

在基金统筹层次上，按照《条例》，失业保险基金实行市、县统筹，在设区的市要实行全市统筹，省、自治区可以集中部分失业保险金调剂使用。可是，多数设区的市没有实行全市统筹，统筹层次低、抗风险能力弱。《社会保险法》中虽然明确指出将失业保险实行省级统筹，但是实施的具体情况还有待观察。

（五）失业保险制度不能很好地促进再就业

我国失业人口中大部分是受教育程度不高的人群，他们所掌握的技术水平较低，从原来的工作中得到的收入也不高，在享受与原工资额相差不大的失业保险金期间，他们寻找新工作的积极性会大打折扣。失业保险制度在促进再就业方面所起的作用较小。

此外，在基层经办机构建设上，不少地方人员少、经费不足、办公手段落后等现象较为突出。

解决这些问题，要求我们立足于完善制度，进一步做好工作。另一方面，面临市场就业的新形势，如何促进失业保险服务与就业服务的紧密结合，如何使失业保险基金的使用在保障生活、调控失业和促进再就业方面发挥更大的作用，又要求我们站在全局和着眼于长远发展的高度，创造性

地开展工作。

三、我国失业保险制度的完善

（一）通过立法促进就业

凡是选择强制性失业保险模式的国家，其失业保险立法层次都是国家最高层次的立法，如日本的《雇佣保险法》、德国的《就业促进法》。但是在我国，无论是1986年国务院颁布的《国营企业职工待业保险暂行规定》，还是1993年国务院颁布的《国有企业职工待业保险规定》以及1999年初国务院颁布的《失业保险条例》都是以国务院颁布的条例形式出台的、非国家最高形式的立法。由于失业保险制度缺乏最高形式立法的规范，形成对违法行为追究不力，使强制性保险制度变为实际上的自愿保险。

立法需要明确劳动者的失业保障，失业保险的功能应当从对失业者的生活救济为重点向帮助失业者重新就业为重点转化；通过法律规范失业保险金的筹集、发放等，并与参加再就业培训相联系。因此，我国在立法方面也进行了完善。

2007年2月26日，《中华人民共和国就业促进法》草案首次提请十届全国人大常委会第二十六次会议审议。3月25日，草案向社会全文公布，并广泛征求意见。社会各界在一个月的时间里提出了11 020件意见。

全国人大法律委员会对草案逐条进行审议、修改，形成草案二审稿。2007年6月25日，十届全国人大常委会第二十八次会议再次审议《中华人民共和国就业促进法》草案，并进行相应修改。2007年8月9日、21日，全国人大法律委员会对草案进行审议并进行多项修改，形成三审稿，提交十届全国人大常委会第二十九次会议审议。

8月30日下午，十届全国人大常委会第二十九次会议经表决通过《中华人民共和国就业促进法》，国家主席胡锦涛签署主席令予以公布。就业促进法于2008年1月1日起施行。

《中华人民共和国就业促进法》共分九章六十九条，分别为总则、政策支持、公平就业、就业服务和管理、职业教育和培训、就业援助、监督检查、法律责任和附则。

《中华人民共和国就业促进法》的颁布和实施，是我国广大劳动者，特别是失业人员、就业困难人员的一个福祉，标志着我国就业工作从此进入依法行政的新阶段。

2010年10月28日，十一届全国人民代表大会常务委员会第十七次会议通过了《中华人民共和国社会保险法》。《社会保险法》共分为十二章九十八条，其中包括总则、基本养老保险、基本医疗保险、工伤保险、失业保险、生育保险、社会保险费征缴、社会保险基金、社会保险经办、社会保险监督、法律责任以及附录。其中在失业保险一章，对失业保险的覆盖范围、失业人员享受的失业保险待遇以及失业保险金的标准等作出了修改。《中华人民共和国社会保险法》的颁布，是对社会保险制度转型成果的一个全面的总结，特别是将失业保险上升到法律层面，加强了失业保险的强制性和执行力。

（二）扩大失业保险的覆盖范围

失业保险制度作为社会保障制度中的一项重要内容，同样要体现其互济性、公平性的特点，对于劳动力市场上的就业者应当提供一视同仁的保险待遇。要使失业保险的覆盖范围跟上城镇就业面的扩大，使失业保险成为更多劳动者的就业保障。目前，城镇就业格局发生了重大变化。非公有制经济已经成为吸纳就业的主渠道，多种就业形式发展迅速。失业保险要根据这一发展，主动扩大保障范围，按照发展非公有制经济、多种就业形式和逐步统一城乡劳动力市场的要求，把工作重点转移到这些领域和行业上来，把更多的劳动者纳入失业保障的体系中。要采取多种措施，巩固原有参保单位和职工，同时，通过对新的经济成分和就业单位加强政策宣传工作，树立典型，带动更多单位和职工参保。要妥善解决职工在不同经济类型单位之间转换过程中的关系接续问题，适应他们流动性大、就业形式灵活的特点，采取更便利有效的办法，保证失业保险的及时接续，防止参保资源流失。通过努力，逐步实现将城镇绝大多数工薪从业者纳入失业保障的范围，促进市场导向就业机制的发展和完善。

扩大失业保险的覆盖范围，还将在更大的范围内分散风险，加强基金在总量上保持均衡的能力。

（三）规范失业保险基金的征缴和使用管理，增强保障能力

要在失业保险基金的筹集、使用、管理、调剂上下工夫，保证失业保险基金的支付能力不出问题。要进一步规范缴费基数，加强稽核，做到应收尽收，同时加大欠费回收力度。要认真总结近年来在基金管理方面的经验教训，采取更严格的管理措施，确保基金的安全。要增强基金的调度调剂能力，认真研究设区的市实行全市失业保险基金统筹的有效实现形式，明确区（县）级和市级的责任，并加大省级调剂金的筹集力度，增强基金调剂余缺的能力。要密切关注并轨、企业关闭破产等情况下出现的基金支付问题，提前制定应对方案，基金一旦出现缺口要及时采取调剂金调剂、地方财政补贴和银行贷款等有效措

施，确保基金支付的需要。要通过努力，实现基金征缴和管理使用的规范化，确保基金有足够能力应对任何情况，为失业保险制度的有效运行提供有力支撑。

（四）加大失业保险促进就业的功能

加大失业保险基金中用于就业培训的部分，将失业保险金的发放与参加就业培训相结合，失业保险在政策取向上从以生活保障为主转为以就业保障为主，重点做好失业人员的职业培训和再就业工作；失业保险金应定位为求职或培训期间的生活补贴；失业保险机构应着重做好培训和再就业工作，而不仅仅是发钱。

失业保险期限应适当缩短，以增强失业人员再就业的紧迫感；待遇给付标准与本人缴费工资挂钩，按本人缴费工资的一定比例领取失业金，体现劳动贡献的差异，也能增强交费的积极性；另外，应将大量的灵活就业人员纳入失业保险范围，可以先将在正规部门就业的灵活就业人员覆盖进来。

（五）帮助失业人员再就业，完善管理服务

失业保险要以帮助失业人员解决困难、保证其基本生活保障、提供就业帮助为目标。要结合街道社区平台建设，将失业保险经办业务向基层延伸，充分发挥街道劳动保障工作机构在扩面征缴、申领登记、待遇支付等方面的作用，同时加强与社区的联系，及时、准确了解失业人员求职、就业的状况。要深入关闭破产、改组改制企业开展工作，采取提前介入、及时宣传政策、主动提供劳动保障服务等措施，帮助企业和职工解决实际问题。要加强失业保险金发放的管理工作，认真总结地方性政策，及时纠正不规范做法，切实做到应发尽发。同时，还要将失业人员领取失业保险金与其参加就业活动的要求结合起来，把他们组织到就业活动准备中，帮助他们在技能、心理方面提高竞争就业的能力，尽快实现再就业。要把失业保险信息系统建设纳入“金保”工程和劳动力市场“三化”建设的总体安排中，全面实现计算机管理和信息传送网络化，为失业人员提供优质便捷的服务。通过努力，实现管理的规范化、信息化，服务的全程化、个性化，为企业和失业人员提供切实有效的帮助。

（六）做好基本生活保障工作，探索失业保险促进就业的有效办法

要构建失业保险服务和就业服务一体化的工作平台，根据各自特点，既保持相对独立性，更要有机衔接，形成合力，共同致力于实现扩大就业和失业调控的目标。要增加失业保险基金对职业培训、职业介绍的投入，提高资金的使用效益。要研究探索失业保险基金支持企业减少裁员、平稳转岗和扩大就业的有效形式，在扩大就业和调控失业中发挥更大作用。总之，要把失业保险工作纳

入就业发展的总体部署,在保障失业人员基本生活的基础上,不断探索失业保险促进就业的有效办法,创造性地开展工作。

本章小结

本章介绍了失业及失业保险的概念与类型,阐述了失业保险制度的产生与发展。概述了失业保险的原则,详细讲述了我国失业保险制度的历史沿革,介绍了现行失业保险制度的主要内容和现状。同时,重点分析了我国失业保险制度存在的问题,在深入分析的基础上,指出了我国失业保险制度面临的挑战,并探讨了完善我国失业保险制度的思路。

重要概念

失业率　失业保险　摩擦性失业　结构性失业

思考题

1. 失业和失业率的概念是什么?
2. 失业保险的概念和特点是什么?
3. 改革开放后,我国的失业保险制度经历了哪三个阶段?
4. 简述我国失业保险制度存在的问题。
5. 如何完善我国的失业保险制度?

第六章

工伤保险

本章学习要点

工伤保险是覆盖范围最广泛的社会保障制度之一，它对于劳动者的职业健康和安全有着极其重要的作用，具有与其他险种不同的特点。本章讲述了工伤保险的基本知识和我国的工伤保险制度，要求掌握工伤保险的概念，熟知工伤保险的形成和发展过程；掌握工伤保险的作用、原则和特点，了解工伤保险的范围和待遇；掌握我国工伤保险制度的建立和发展历程，了解变革的难点，掌握新的工伤保险制度的特点。

第一节　工伤保险制度的内容与特征

工伤保险的产生是工业化发展的必然结果，机器大工业的发展给劳动者带来了更多的风险和职业伤害，在没有工伤保险的情况下，劳动者往往要承受工伤可能带来的一切损失，一旦致残或失去生命，将会给个人和家庭带来难以弥补的精神和经济损失。由个人承担工伤损失当然是不合理的，所以各国相继制定了关于工伤事故责任的确认和承担的立法。

一、工伤保险的概念

工伤一词比较早期的正式提法出自 1921 年国际劳工大会的公约中，即“由于工作直接或间接引起的事故为工伤”。后来，随着时间的推移，各国又逐渐把职业病纳入到工伤的范畴之中。

从广义上讲,职业病是指劳动者在生产劳动及其他职业性活动中,因接触职业性有毒、有害环境而引起的所有疾病。但是各国立法中,职业病有一定的界限,一般属于工伤保险范畴的职业病,指的是法定职业病。

工伤是指职工在生产岗位上,从事与生产劳动有关或由于劳动条件、作业环境所引起的人身伤害事故和职业病。职业病包括两种类型,一是因突发事故而导致的伤残和职业病;二是因工作本身的性质而导致的职业病。

工伤保险又称职业伤害保险,是指劳动者在生产经营过程中或在规定的某些特殊情况下遭受意外伤害、职业病,以及因这两种情况造成死亡、暂时或永久丧失劳动能力时,劳动者及其遗属能够从国家、社会得到的必要的物质补偿的一种社会保险制度。

二、工伤保险的形成

工伤保险的形成经历了由受害工人个人负责阶段、雇主过失赔偿阶段和"补偿不究过失"三个阶段。

(一)受害工人个人负责阶段

18世纪,资本主义上升时期,英国经济学家亚当·斯密曾认为,给工人支付的工资中包含了对工作岗位危险性的补偿,因此,工人既然自愿与雇主签订了合同,那么,就意味着他们不是被迫接受危险工作。依照该逻辑,工人应当负担他们在工作过程中因发生工伤事故而蒙受的损失。该理论盛行于资本主义的自由竞争时代,成为雇主推卸责任的理论依据。

(二)雇主过失赔偿阶段

随着大工业时代的发展,工伤事故发生的次数、所造成的危害越来越严重,而且,由于雇主不必承担工伤的责任,他们往往不会主动改善工人的工作环境和条件,工人的工作环境差,一旦发生事故,受害者要承受失去健康、失去收入的双重痛苦。因此,工人们不断加以反抗,雇主迫于压力,开始实行有过失赔偿的措施,雇主按照过失责任比重给予相应的赔偿。如英国在19世纪80年代通过的《雇主责任法》规定,工人因工负伤,经法院审理判决获胜,可以得到一定的收入补偿,但前提条件是:负伤者在此次工伤事故中没有任何过失,不负任何责任;与其一道从事生产活动的其他工人,也无任何过失和责任。可见,该法对于工人是非常不平等的。法院在审理和判决过程中,雇主往往可以利用其有利的地位和金钱优势获胜,工人很难得到补偿。

（三）“补偿不究过失”阶段

19世纪末，法、德、英等国普遍认同“职业风险”原则，凡是利用机器或雇员体力从事经济活动的雇主或机构，都有可能造成雇员的职业伤害。意外事故不论是由于雇主的疏忽还是由于受害者或同事的责任，甚至不存在任何人的过失，雇主都应当给予赔偿。19世纪80年代，德国颁布的《工人灾害赔偿保险法》中明确规定，工人受到工业伤害而负伤、致残、死亡的，不论过失出自哪里，雇主均有义务赔偿。

三、工伤保险制度的建立

工伤保险立法经过了一个建立和发展的过程，它经历了雇主责任保险和社会保险两个阶段。19世纪末，西欧各国出现的工伤保险立法是雇主责任保险，法律规定受伤害工人或遗属可以直接向雇主索赔，雇主向他们直接支付伤亡待遇。1884年，英国颁布了《雇主责任法》，形成工伤赔偿的专门法律，许多国家是在工厂法有关劳动条件的条文中规定工伤赔偿责任。那时西欧出现两种责任赔偿办法，英国、意大利和西班牙规定由雇主直接赔偿；德国和奥地利规定由雇主集体组织赔偿。

（一）雇主责任制

1. 雇主责任制的形式。雇主责任制存在三种形式，它反映了工伤保险改进和提高的过程。

（1）政府立法规定雇主赔偿责任，对赔偿办法只作简单原则规定，对具体赔偿标准不作规定。发生工伤事故后，生产单位按政府原则规定根据本身经济能力自行支付工伤待遇，劳动部门监督实施，或者由法院裁决。在这种“自我保险”的情况下，雇主为了减少意外事故给他们带来的经济损失，希望保险公司承担他们的一部分风险，于是，商业保险公司开始介入。

（2）政府立法具体明确雇主责任，规定赔偿最低标准，并规定某些危险性大的行业必须向商业保险公司投保。这时，某些被指定的商业保险公司承担法定保险责任，在这种情况下，商业人身意外伤害险的保险单对因工作受伤害的工人起着某种保障作用。这种办法加强了对雇主和商业保险公司的约束，进一步增强了保险的强制性。

（3）政府立法规定雇主和承担工伤保险的商业保险向政府主管部门缴纳保险金，以便在生产单位或保险公司破产时保证向工人支付工伤保险待遇。这样，雇主工伤赔偿责任又得到进一步保证。目前实行雇主责任制的美国就采取这种办法。

2. 雇主责任制的弊端

(1)赔偿费在通常情况下都是一次性支付,一般为3年的工资,大体相当于治疗期间暂时丧失劳动能力的损失,一次了结的办法不能解决永久性伤残工人和死亡职工遗属的长期困难,更不能解决职工康复问题。

(2)雇主责任制的赔偿要根据责任大小区分,往往要诉诸法律,由于在实际上追究事故责任十分复杂,一方面造成法院工作量大,办案时间长,另一方面使雇主耗费精力,雇员既打不起官司也得不到及时、公平的保障。

(3)某些职业病有几年甚至十几年的潜伏期,工人转换几个企业工作后患病便很难追究是哪个雇主的责任,其结果就是没有保障。

(4)中小生产单位"自我保险"的能力脆弱,或者是保险公司对易发事故的生产单位拒绝承保,导致这类生产单位的工人得不到可靠工伤保障。

(5)商业保险公司以赢利为目的,支付率较低,其大部分的收费作为公司的收入或开支,而没有用于工人身上。

雇主责任制的弊端促使人们寻求更好的制度解决职业伤害保险问题,因而产生了工伤保险社会化的方式。

(二)工伤社会保险

为克服雇主责任保险的上述弊端,许多国家逐步实行了工伤社会保险,为受到职业伤害的劳动者提供必要的保护。工伤社会保险的主要做法是,由国家立法,政府有关部门或监督机构负责工伤保险事务,确立了对所有提出支付待遇要求的审核和评估的程序,统一筹措资金,共担风险。凡是参加工伤社会保险的雇主,都必须向社会保险机构(或行业雇主协会)缴纳工伤保险费,在发生职业伤害时,由社会保险机构(或行业雇主协会)向受伤害的劳动者支付伤残补助金。这样既可以使受伤害者及其家属得到相应的待遇,又可以避免工伤保险成为一个企业或某个雇主个人承担的保险。实行社会保险制度国家的工伤医疗费都是免费的,受保人原则上不缴纳费用。

四、工伤保险的作用

工伤保险的产生无疑标志着人类社会有了更进一步的发展,它保障了劳动者的合法权益,对雇主提出了加强安全生产的要求,使得社会生产更加文明。

第一,工伤保险的实施是人类文明和社会发达的标志。工伤保险作为社会保险制度的组成部分,是通过立法强制实施的,是国家对劳动者履行的社会责任,也是劳动者应当享受的基本权利。

第二,工伤保险能保障工伤职工医疗以及基本生活。伤残抚恤和遗属抚恤,在一定程度上解除了职工和家属的后顾之忧。工伤保险体现了国家和社会对职工的尊重,有利于提高他们的工作积极性。

第三,建立工伤保险有利于促进安全生产,保护和发展社会生产力。工伤保险与生产单位改善劳动条件、防病防伤、安全教育、医疗康复和社会服务等工作紧密相连,对提高企业和职工的安全生产意识,防止或减少工伤、职业病,保护职工的身体健康至关重要。

第四,工伤保险保障了受伤害职工的合法权益。有了工伤保险制度,有利于妥善处理事故和恢复生产,维护正常的生产、生活秩序,维护社会安定。

五、工伤保险的原则

工伤保险制度是世界各国立法较为普遍、发展最为完善的一项社会保障制度。工伤保险制度遵循的普遍原则有以下几个。

(一)无过失补偿原则

它包含两层意义:一是无论职业伤害责任主要属于雇主或第三者还是个人,受伤害者都应得到一定的经济补偿;二是雇主不承担直接补偿责任,由工伤社会保险机构统一组织工伤补偿,而一般不需要通过法律程序和法院裁决。这样做既可以及时、公正地保障工伤待遇,又简化了法律程序,提高了效率。雇主因此解脱了工伤赔偿事务,有利于集中精力搞经营。按照这一原则建立工伤保险,基本消除了雇主责任制的弊端。

(二)风险分担、互助互济原则

这是社会保险制度中的基本原则,首先是通过法律,强制征收保险费,建立工伤保险金,采取互助互济的办法,分担风险;其次是在待遇分配上,国家责成社会保险机构对费用实行再分配,这种基金的分配使用,包括人员之间、地区之间、行业之间的调剂,可以更有效地解决社会问题。

(三)个人不缴费原则

工伤保险金由单位缴纳,职工个人不缴纳任何费用,这是工伤保险与养老、失业、医疗保险的区别之处。由于职业伤害是工作过程中造成的,劳动力是生产的重要因素,劳动者为单位创造财富而付出了代价,所以雇主理应负担全部保险费,如同花钱修理和添置设备一样,是完全必要和合理的,这一点在世界上已形成了共识。

（四）区别因工与非因工的原则

职业伤害与工作或职业有直接关系，工伤保险待遇具有补偿性质，医疗康复、伤残待遇和死亡抚恤待遇等比其他保险待遇优厚，享受条件只要符合工伤保险范围，不受年龄和缴费合格期的限制。因病与非因工伤亡基本上与工作无直接关系，保险待遇属补助性质，待遇水平低于工伤待遇，享受条件受到年龄和个人缴费年限的限制。因此，区别因工与非因工是建立工伤保险的出发点和前提。

（五）工资损失的原则

职业伤害导致肢体或器官损害，甚至会危及生命，这种损失既不能挽回，也不能像财物一样作价赔偿。工伤补偿主要是对工资损失进行适当的补偿，这是从劳动力生产和再生产的角度出发的。工伤保险待遇与受伤害者既往的工资收入保持一个适当的比例关系，暂时丧失劳动能力时的津贴一般不发100%工资，永久丧失劳动能力的待遇和死亡抚恤待遇也换算成若干年工资来表示，补偿是有一定限度的。这也体现了雇主与雇员分担风险的原则，因为在一般情况下雇员在事故中也负有一定的责任。

（六）补偿与预防、康复相结合的原则

这是工伤社会保险方式和雇主责任工伤保险方式的根本区别之一。工伤保险首要的、直接的任务是工伤补偿，但这不是它唯一的任务。社会保险的根本任务是保障职工生活，保护职工的健康，促进社会安定和生产力发展。从这个根本任务出发，工伤保险应当与事故预防、医疗康复和职业康复相结合。加强安全生产、减少事故发生和万一发生事故时及时地进行抢救治疗，采取有力的措施恢复职工健康并帮助他们重新走上工作岗位，这对于社会利益和职工根本利益来说，比工伤补偿工作具有更积极、更深远的意义。把工伤补偿与事故预防、职业康复有机结合起来，是目前许多国家实行的工伤社会保险制度的一项重要内容。

六、工伤保险的特点

在社会保险体系中，工伤保险比之其他社会保险有许多特点，主要表现在以下几个方面。

第一，工伤保险具有最大的强制性，实施的范围最为广泛。工伤保险从其前身雇主责任制起，国家就以立法形式强制雇主必须对雇员的工伤负责。一百多年来，雇主负责工伤赔偿，并从法律强制变成了一种习惯。许多国家有专项立法，工伤保险在19世纪80年代首次立法的占10%，20世纪20年代立法的占

43%,20 世纪 30 ~40 年代立法的占 43%,20 世纪 50 年代以来,首次立法的占 4%。凡是实行社会保险的国家,95% 的国家有工伤保险。

第二,工伤保险具有最强的保障性。工伤保险的项目最多、最全面。它不仅仅是一次性的经济补偿,更重要的是对伤残、死亡者全过程的保障。工伤保险项目繁多,它要解决医疗期的工资、工伤医疗费、伤残待遇、死亡职工的丧葬、抚恤及供养直系亲属的生活待遇。在医疗期,除免费医疗外,还有护理津贴、职业康复、伤残重建、生活辅助器具、伤残人员的转业培训与就业,以及工伤预防等等。

第三,工伤保险在社会保险体系中待遇最优厚。工伤保险个人不缴纳保险费,工伤保险待遇比疾病、失业和养老保险的待遇都要高。养老保险是保障基本生活,失业保险虽也保障失业者的生活,但带有救济性质,工伤保险除了保障伤残人员的生活外,还要根据其伤残情况补偿因工受伤的经济损失。

第四,工伤保险的给付条件最宽泛。享受工伤待遇不受年龄、工伤条件的限制,凡是因工伤残的,均给以相应待遇。

七、工伤保险与人身意外伤害保险的区别

第一,性质不同。劳动者发生工伤后,不必缴纳任何费用,就能够从国家、社会和企业得到必要的补偿,而人身意外伤害保险是以营利为目的,由商业保险公司与投保人双方以契约的形式确定各自的权利和义务。

第二,对象不同。工伤保险以劳动者及其供养的直系亲属为对象,人身意外伤害保险以投保者为保障对象。

第三,待遇不同。工伤保险待遇以满足劳动者基本生活需要为标准,而人身意外伤害保险以投保金额不同享受不同待遇。

第四,范畴不同。工伤保险属于社会保险法调整的范围,而人身意外伤害保险属于经济合同法调整的范围。

第五,实施主体不同。工伤保险是政府行为,由国家授权的部门实施,而人身意外伤害保险是商业行为,由商业保险公司实施。

八、工伤保险的范围

工伤保险制度建立的初期,一般只包括工厂意外事故造成的伤害,后来将职业病和上下班交通事故也涵盖进来。

从工伤保险所覆盖的人群来看,大部分国家未能将劳动人口全部覆盖,少数国家已经将全部劳动人口覆盖在内(参见表 6-1)。

表 6-1　部分国家和地区工伤保险覆盖范围

洲际	国家和地区	覆盖范围	除外
亚洲	日本	下列自愿保险或特别制度未包括的所有工商业雇员;雇用人数不到5人的农业、林业和渔业的雇员,可自愿保险;海员和公共雇员实行特别制度,部分自谋职业者如司机、手工艺匠人经批准也可参加	
	韩国	有5名以上雇员的工业公司的雇员;公共雇员实行特别制度	
	新加坡	所有体力劳动者,警察实行特别制度	家务佣工、临时雇工、家庭劳动者、月收入低于1 500新元的薪金雇员
	香港地区	所有雇员、居民(公共救助)	
欧洲	德国	雇员、大多数类别的自我雇佣者、学徒、学生、幼儿园儿童以及家庭佣工;公共雇员实行特别制度	
	法国	雇员(普通制度约覆盖72%的雇员);职业教育学校学生;社会服务组织的某些非领薪成员;农业、矿业、铁路、公用事业和公共雇员以及海员、农业和非农业自我雇佣者,实行特别制度	独立劳动的手工艺者和自由职业者(在疾病保险项目覆盖之下)
	荷兰	政府举办的保险是强制的,年龄在65岁以下的所有工薪劳动者和部分自谋职业者必须参加保险;妻子和儿童也在受保护之列;丧失劳动能力者,失业人员和享受遗属年金者也被强制性参加保险;低于一定收入水平的人员自愿参加保险,并有权根据其收入进行缴费	妻子和儿童
	英国	雇员	自我雇佣者,一些公共部门就业人员如军人等
	瑞士	所有雇员;自我雇佣者可自行选择参加;如果每周工作时间未超过12小时,保险范围只限于与工作(包括上下班路途)有关的伤害	
	俄罗斯	受雇公民、自我雇佣者、个体农民和学生、律师、文艺工作者、作家、自愿抢险人员、救火队员或类似的紧急救援人员;执行管理人员交办的任务、例行工作,或从事对本单位有益的工作而造成人身伤害的全体居民均可享受医疗保健	临时工

续表

洲际	国家和地区	覆盖范围	除外
非洲	喀麦隆	雇员（不包括公共雇员）、学徒、海员、技校学生和受培训人员，自我雇佣者可自愿参加保险	
	尼日尔	雇员、技校学生、学徒、生产合作社社员、商业企业的经理与董事、劳改犯人	
	塞内加尔	雇员、学徒、接受培训人员和技校学生；不包括在上述类别中的人员，可自愿参加保险	
北美洲	加拿大	工商业雇员（各省之间有某些差别）；商业性航海人员和联邦公务员实行特别制度	家务佣工、职业运动员和体育俱乐部人员
北美洲	墨西哥	雇员（生产、农业和信用合作社成员）将逐步扩大到农业工人、小农业主、小商贩，林业、工业或商业合作社，自我雇佣者和家务工人，其余人员可自愿参保；石油工人、公共雇员和军人有各自的特别制度	
	美国	一般工商业雇员、大多数公共雇员	农业雇员（1/5 的州）；家务佣工（1/2 的州）；临时雇员（3/5 的州）；雇员人数在 3～5 名以下的公司的雇员（1/6 的州）
南美洲	阿根廷	私营和公共部门的雇员	家务佣工
	巴西	雇员、公共雇员和军人实行特别制度	
	智利	雇员、政府工作人员、学生以及一些自我雇佣者	

资料来源：孙树菡：《工伤保险》，中国人民大学出版社，2000 年版，第 54～60 页。

九、工伤保险的待遇标准

工伤保险待遇遵循“无过失补偿”原则，劳动者在劳动过程中受到伤害，无论是否本人责任，都要按照工伤办理。工伤保险还要对受害者进行适当补偿，因为受到工伤后，劳动者在身体上受到损伤甚至失去生命，除了相应的救治、护理费用外，还要对受害者及其家属（或遗属）进行适当的补偿。

1952 年，国际劳工大会制定的第 102 号《社会保障（最低标准）公约》中指出，职业伤害保险对工伤工人提供所需的每一类型的照顾（包括矫形设备的供应和维修）都不允许由工人分担费用，对工伤工人提供不受时间限制的医疗照顾。在1964年的国际劳工大会制定的第121号公约中，对医疗照顾的事项重新加以修订。

除此以外，国际劳工局在其他一些公约及建议书中，对工伤保险项目也做了规定，1925年的《劳工赔偿法（最低标准）建议书》、1944年的《收入保障建议书》都规定职业伤害保险包括因职业病而丧失劳动能力者。1925年的第17号《工人赔偿（事故）公约》和1964年的第121号公约中，包含了对永久丧失劳动能力者的津贴，以及对需要长期照顾的职工支付额外待遇。1964年的第121号公约中规定了对遗属津贴和完全丧失劳动能力者所抚养的人员的最低津贴。部分国家的工伤保险待遇参见表6－2。

表6－2　部分国家和地区工伤保险待遇水平

国家	医疗待遇	暂时伤残待遇	永久部分残疾待遇	永久完全残疾待遇	死亡待遇
英国	按正常社会保障遗属津贴办法和国民保健服务计划支付	前28周与疾病津贴相同，28周后按永久残疾津贴支付	按残疾程度不同，每月19.06～85.77英镑不等。因伤残致使收入减少，每周发给收入减少津贴至多38.12英镑	残疾程度100%的，每周至多支付95.30英镑，从发生事故第15周开始支付。日常补助每周至多38.20英镑	遗属抚恤金：参照年金补助
美国	各州均规定，在需要时提供医疗保健	大多数州为收入的2/3，1/5的州对供养亲属有补助，多数州规定2～7天的等待期	按工薪损失的比例发给，如属规定残疾类别，支付较短时间的全额抚恤金	大多数州支付金额占原收入的66.7%，有3个以上需供养亲属，增加补助，最高为抚恤金的100%，有的还加护理补贴	抚恤金为收入的35%～70%，有子女的60%～80%，另有丧葬费，各州不一
日本	因工负伤可享受没有时间限制的免费医疗	日平均工资的60%，20%的特别补助，抚恤金随每年工资变动而调整	可享受56～503天的工资和8万～65万日元的一次性补助	每年发给131～313天的平均工资，159万～342万日元补助，根据奖金基数计发的特别补助	每年发给153～245天平均工薪，300万日元特别补助；丧葬补助：28万日元加30天工薪或60天工薪，选多者

续表

国家	医疗待遇	暂时伤残待遇	永久部分残疾待遇	永久完全残疾待遇	死亡待遇
德国	全部医疗保健、医疗器械费用免费	与普通疾病相同,前6周由雇主支付,之后由事故保险基金支付	丧失谋生能力20%及以上者,领取全额抚恤金的一定比例,领取金额和失能程度成正比	最近一年收入的66.7%,失能50%以上而无其他抚恤金者,补助基本抚恤金的10%,日常照顾补助每月526~2 100马克	遗属抚恤金:收入的30%~40%。孤儿:20%~30%,最高限额80%。丧葬补助:一个月收入,最低400马克
加拿大	普通医疗、外科治疗、护理、住院、药品、医疗器械免费	6个省为收入的90%,最低每周0~317.77加元,伤残次日起支付	根据残疾程度付给全额抚恤金的相应比例	最高限额每月1 687.5~3 162.5加元,某些省还有一次性给付,多数省为收入的75%或90%	抚恤金:每月550~3 153.84加元,另一次性支付500~139 500加元;丧葬:900~6 000加元
瑞典	与一般疾病保险规定相同	支付标准与疾病保险规定相同,每年随基数变动调整	残疾程度在1/15及以上的,按比例发给抚恤金,自动调整	100%残疾者,收入的100%,至多为基数的7.5倍,自动调整	遗属抚恤金:1年调节抚恤金;最高限额抚恤金96%,孤儿是20%~40%;不能自理者领取特别补助金,丧葬:工薪基数的30%

资料来源:孙树菡:《工伤保险》,中国人民大学出版社,2000年版,第73~93页。

十、劳动能力鉴定

(一)丧失劳动能力的概念和分类

1980年,国际劳工组织阐述了丧失劳动能力的概念。

丧失劳动能力是指个人因身体或精神受到损害而导致本人工作能力严重减弱的状况。丧失工作能力可能是暂时的,也可能是永久的,可能是部分丧失,也可能是完全丧失,可以是先天的,也可以是职业原因的,或其他原因造成的。

国际劳工组织对工伤所致的失能作了如下分类:①永久完全失能;②永久部分失能;③暂时完全失能;④暂时部分失能。

（二）劳动能力鉴定的方法

对于劳动能力的鉴定，国际上通常有劳动能力测试和致残程度测试两种测试方法。

1. 劳动能力测试。劳动能力测试是按照同年龄、同性别健康人群的平均劳动能力作为对照，评价工伤职工伤残后所具有的劳动能力的大小，该方法比较客观、可比性强，但评价指标较多，操作复杂。

2. 致残程度测试。致残程度测试是按器官损伤、功能障碍和医疗依赖将工伤、职业病伤残程度分解为相应等级，该方法不直接评价劳动能力，而是衡量致残的严重性，是衡量工伤程度的相对指标，该方法操作较为简单，但不能准确反映伤残职工劳动能力损失的程度。

（三）工伤所致失能的鉴定

鉴定工伤所致的失能大小，一般考虑三个方面：人身能力丧失、职业能力丧失和一般工作能力丧失。

1. 人身能力丧失。人身能力丧失指因工伤而使个人人身的适应性受到损害。人身适应性损害参照同年龄、同性别的正常、健康的人的状况而确定。在人身能力鉴定中只考虑损害程度，不考虑人身能力受到损害后所带来的可能的经济或职业损失。

2. 职业能力丧失。职业能力丧失的鉴定通常通过个别工作或集体工作的证明人评定职业病或意外事故的方式进行，目前，该方法已经很少采用。

3. 一般工作能力丧失。一般工作能力丧失考虑获取新工作的可能性，即个人剩余的挣钱能力。丧失工作能力的鉴定不是以具体的职业为依据衡量，而是以个人取得工作并赚取收入的机会为依据，这种机会考虑了个人受伤害的严重性、伤害的特征、年龄和受伤前的工作情况以及康复的可能性。

十一、工伤保险的发展趋势

（一）实施国家更广泛

工伤保险是世界上实施范围最广泛的社会保险制度，根据国际社会保障协会的资料，在全球近200个国家和地区中，已有164个国家和地区建立了工伤保险制度，其余的30多个国家和地区中也有工伤事故方面的立法①。

（二）补偿、预防、康复三位一体

许多国家设立了工伤保险基金，用以支付工伤职工的待遇及遗属的待遇，

① 曾煜：《新编工伤保险实用指南》，中国建材工业出版社，2003年版，第12页。

以体现工伤保险的基本职能。大部分国家设立了工伤保险机构，开展工伤保险补偿、事故预防和职业康复。工伤事故预防是防患于未然的举措，做好工伤事故的预防能从根本上减少工伤和职业病的发生，但是工伤往往是不可避免的，一旦发生工伤事故，工伤保险将发挥救助补偿的作用，为患者提供基本的医疗和救助。由于部分工伤和职业病会产生永久性损伤，患者的职业康复就显得非常必要，适当及时的康复措施能够最大限度地恢复患者的生活和劳动能力，三种措施的结合是预防、治疗工伤所必需的。

(三)涵盖的范围更广泛

工伤保险涵盖的受保对象范围不断扩大，如许多国家将家庭雇工、个体经营者和保姆等涵盖在保险范围内，工伤保险给予补偿的事故范围也在不断扩大。在工伤补偿计划发展初期，只包括企业工伤意外事故，后来发展到包括疾病和职业病。对于上下班交通事故，根据国际劳工局调查，1925 年只有 7 个国家将其包含在职业伤害范围内，而到 1963 年被调查的 101 个国家中有 50 个国家把这种事故视为企业事故工伤保险。工伤保险发展到现在，许多国家工伤的范围进一步扩大，如参与红十字会活动或营救工作，消防、治安、民防等公益活动中的事故也列为工伤。

第二节　我国工伤保险制度的改革与完善

一、我国工伤保险制度的建立与发展

我国的职业伤害保险制度在新中国建立初期就开始设立，1951 年政务院颁布实施《劳动保险条例》，这是一部包括工伤、死亡、遗属等社会保险问题的全国性统一法规，是我国职业伤害保险制度开始实施的起点。其目的在于对生产过程中发生的伤亡事故和职业性疾病职工及其供养直系亲属提供医疗和抚恤。《劳动保险条例》实施以来，对保障职工合法权益，减轻职工的后顾之忧，促进生产发展起到了积极的作用。与此同时，国家机关、事业单位的社会保险制度也以单项法规的形式逐步建立，1950 年内务部公布了《革命工作人员伤亡褒恤暂行条例》，规定了伤残待遇标准，此后，1952、1953、1955 年分别进行了修改，提高了伤残待遇水平。

1957 年 2 月，卫生部制定和颁布了《职业病范围和职业病患者处理办法的规定》，确定了 14 种法定职业病，其后多次增添病种。1986 年，卫生部开始对职业病范围进行修订，1987 年由卫生部、劳动人事部、财政部和中华全国总工会联

合公布，确定了9类共99种法定职业病。1990年12月，十三届中央委员会第七次会议通过的《中共中央关于制定国民经济和社会发展十年规划和"八五"计划》的建议中，明确提出"要改革医疗保障和工伤保险制度"。

二、我国工伤保险制度的建立

1996年8月，劳动部根据各地改革的实践经验，制定了《企业职工工伤保险试行办法》(以下简称《试行办法》)。《试行办法》首次将工伤预防、工伤康复和工伤补偿三项任务结合起来，对沿用了40多年的企业自我保障的工伤福利制度进行了全面改革。把工伤保险作为一种相对独立的制度体系化、规范化，表明我国的工伤保险制度的建设进入了一个崭新的阶段。1996年3月，原国家技术监督局颁布了《职工工伤与职业病致残程度鉴定》(国家标准GB/T 16180－1996)。这两个文件的实施，是工伤保险制度改革取得的初步效果。

(一)工伤保险的职能

《试行办法》明确规定了工伤保险的三大职能：补偿、预防和康复。工伤补偿是根据因工负伤、致残、死亡的不同情况提供法定标准的经济补偿，主要以现金支付。工伤保险实行"无责任补偿"或称"无过错补偿"原则，无论事故责任出于本人过失，还是出于同事或雇主，都要对受伤害者进行经济补偿。工伤预防就是按照《劳动法》对职业安全卫生的要求，采取必要的措施防范工伤事故和职业病。工伤康复包括医疗康复和职业康复，尽量帮助伤者恢复健康和劳动能力。

工伤预防是为了减少工伤事故的发生，然而一旦发生工伤事故，必要的补偿可以减轻伤者的经济和精神负担，工伤康复可以帮助伤者更快、更好地恢复身体健康，三者紧密相连，缺一不可。

(二)工伤范围

1.工伤保险的范围。《试行办法》规定，下列10种情形属于工伤范围：①从事本单位日常生产、工作或者本单位负责人临时指定的工作的，在紧急情况下，虽未经本单位负责人指定但从事直接关系本单位重大利益的工作的；②经本单位负责人安排或者同意，从事与本单位有关的科学试验、发明创造和技术改进工作的；③在生产工作环境中接触职业性有害因素造成职业病的；④在生产工作的时间和区域内，由于不安全因素造成意外伤害的，或者由于工作紧张突发疾病造成死亡或经第一次抢救治疗后全部丧失劳动能力的；⑤因履行职责招致人身伤害的；⑥从事抢险、救灾、救人等维护国家、社会和公众利益的活动的；⑦因公、因战致残的军人复员转业到企业工作后旧伤复发的；⑧因公外出期间，由于工作原因,遭受交通事故或其他意外事故造成伤害或者失踪的,或因突发疾病造成死亡或者经第一次抢救治疗后全部丧失劳动能力的;⑨在上下班的规定时间和必经路线上,发生无本人责任或者非本人主要责任的道路交通机动车事故的;⑩法律、法规规定的其他情形。

2. 不属于工伤保险的范围。下列情形不属于工伤范围:①犯罪或违法;②自杀或自残;③斗殴;④酗酒;⑤蓄意违章;⑥法律、法规规定的其他情形。

(三)工伤认定

1. 工伤认定的过程。企业应当自工伤事故发生之日或者职业病确诊之日起,15 日内向当地劳动行政部门提出工伤报告。工伤职工或其亲属应当自工伤事故发生之日或者职业病确诊之日起,15 日内向当地劳动行政部门提出工伤保险待遇申请。遇有特殊情况,申请期限可以延长至 30 日。

工伤职工本人或者其亲属没有可能提出申请的,可以由本企业工会组织代表工伤职工提出待遇申请。职工工伤保险待遇申请应当经企业签字后报送。企业不签字的,工伤职工或其亲属可以直接报送申请。

劳动行政部门接到企业的工伤报告或职工的工伤保险待遇申请后,应当组织工伤保险经办机构进行调查取证,在 7 日内做出是否认定为工伤的决定。特殊情况可以延长,但不得超过 30 日。

2. 工伤认定根据的资料。工伤认定根据的资料包括:①职工的工伤保险待遇申请;②指定医院或医疗机构初次治疗工伤的诊断书和职业病诊断证明书,属于轻伤无需到医院治疗的,由企业医生开具工伤诊断书;③企业的工伤报告,或者劳动行政部门根据职工的申请进行调查的工伤报告。

3. 工伤认定结果的送达。工伤认定的决定以书面形式通知申请人和企业。

职工因公外出期间或者在抢险救灾中失踪的,其亲属或者企业应当向企业所在地公安部门、劳动行政部门报告。劳动行政部门应当根据人民法院宣告死亡的结论认定因工死亡。

(四)工伤评残

职工在工伤医疗期内治愈或者伤情处于相对稳定状态,或者医疗期满仍不能工作的,应当进行劳动能力鉴定,评定伤残等级并定期复查伤残状况。

省、地(市)、县(市)级劳动鉴定委员会由当地劳动、卫生等行政部门和工会组织的主管人员组成。劳动鉴定委员会应当委托有条件的医疗卫生机构或者聘请具有鉴定资格的医生组成专家组进行伤残等级和护理等级鉴定。

劳动鉴定委员会办公室工作人员必须具有工伤评残的专业知识,熟练掌握工伤保险政策法规。

符合评残标准1～4级为全部丧失劳动能力；5～6级为大部分丧失劳动能力；7～10级为部分丧失劳动能力。伤残待遇的确定和工伤职工的安置以评定的伤残等级为主要依据。

（五）工伤保险待遇

1.工伤医疗待遇。工伤职工治疗工伤或职业病所需的挂号费、住院费、医疗费、药费、就医路费全额报销。工伤职工需要住院治疗的，按照当地因公出差伙食补助标准的2/3发给住院伙食补助费；经批准转外地治疗的，所需交通、食宿费按照本企业职工因公出差标准报销。

2.工伤津贴待遇。工伤职工在工伤医疗期内停发工资，改为按月发给工伤津贴。工伤津贴标准相当于工伤职工本人受伤前12个月内平均月工资收入。工伤医疗期满或者评定伤残等级后应当停发工伤津贴，改为享受伤残待遇。

3.工伤护理费。工伤职工经评残并确认需要护理的，应当按月发给护理费。护理等级根据进食、翻身、大小便、穿衣及洗漱、自我移动五项条件，区分为全部护理依赖、大部分护理依赖和部分护理依赖三个等级。护理等级由劳动鉴定委员会评定。工伤护理费依照上述护理等级分别按上年度当地职工月平均工资的50%、40%和30%发给。

4.残疾辅助器具费。工伤职工因日常生活或者辅助生产劳动需要，必须安置假肢、仪眼、镶牙和配置代步车等辅助器具的，按国内普及型标准报销费用。

5.伤残抚恤金。职工因工致残被鉴定为1～4级的，应当退出生产、工作岗位，终止与企业的劳动关系，发给工伤伤残抚恤证件，并按月发给伤残抚恤金，标准分别为本人工资的90%～75%。其中：1级90%，2级85%，3级80%，4级75%。

6.一次性伤残补助金。对评为伤残的发给一次性伤残补助金，以本人月工资为标准，每级相差两个月工资水平，其中：1级24个月，2级22个月，3级20个月，4级18个月。

7.易地安家补助。易地安家的，发给相当于本省、自治区、直辖市上年度职工平均工资6个月的安家补助费。旅途所需车船费、旅馆费、行李搬运费和伙食补助费，按照本单位职工因公出差标准报销。

8.丧葬补助。丧葬补助金按省、自治区、直辖市上年度职工平均工资6个月的标准发给。

9.供养亲属抚恤金。供养亲属抚恤金发给由死者生前提供主要生活来源的死者的亲属。其标准为：配偶每月按本省、自治区、直辖市上年度职工月平均工资的40%发给，其他供养亲属每人每月按30%发给，孤寡老人或者孤儿每人每月在上述标准的基础上加发10%。抚恤金总额不得超过死者本人工资。供养亲属失去供养条件时不再享受该项抚恤金。

10.一次性工亡补助金。一次性工亡补助金,标准为本省、自治区、直辖市上年度职工平均工资48个月至60个月的金额,具体标准由各省、自治区、直辖市确定。符合第二十二条规定享受伤残抚恤金期间死亡的,一次性工亡补助金按全额标准的50%发给。

三、《试行办法》的不足

1996年劳动部发布的《试行办法》,比以前的劳动保险条例有了很大的改进,从制度规定上相对完整,对于工伤保险的地位、作用、原则做出了明确的描述;对工伤保险制度实施的范围、待遇水平、基金筹集与支付、工伤认定等各个方面作了详细的规定,基本确立了我国工伤保险制度的框架。但是,该《试行办法》也有许多不够完善的地方。

(一)工伤医疗管理难

我国为保障职工工伤期间的生活,规定工伤停工期间的工伤津贴由企业按职工工伤前12个月的平均工资发放。这部分津贴没有纳入统筹,由企业支付。实行中部分职工钻制度的漏洞,即使康复也在医院里养"病"。

(二)工伤保险费率低

国外的工伤保险普遍实行行业差别费率和浮动费率机制。如日本制定了52个行业类别的费率标准,伐木、水电站等行业的最高费率为13.4%,商业、门卫等的最低费率为0.6%①,而我国工伤保险费率按不到1%进行筹资,水平显然偏低。

(三)工伤保险基金的筹集模式

《试行办法》规定,工伤保险基金按以支定收、收支基本平衡的原则统一筹集,主要考虑的是基金的短期平衡,没有考虑到部分项目如伤残抚恤和遗属抚恤需要长期支付,而这些长期支付的项目会给基金带来沉重的负担。

(四)职业预防和职业康复

在当今国际社会,职业预防、职业康复已经同工伤保险一起构成工伤保险制度的三大组成部分。在我国,职业预防和职业康复还刚刚开始,还没有明确这部分所需要的资金比例。

(五)上下班交通事故

我国的试行办法中规定,在上下班的规定时间和必经路线上,发生无本人

① 孙树菡:《工伤保险》,中国人民大学出版社,2000年版,第215页。

责任或者非本人主要责任的道路交通机动车事故,在保险范围之内。事实上,上下班的时间和路线都有一定的灵活性,如果职工加班或者临时办理其他业务,就会在非规定时间和非必经路线上下班,一旦发生事故,对于职工是非常不公平的。另外,界定事故责任也非常复杂和耗费时间,如肇事者逃逸,伤者往往不能及时得到救护和补偿。

第三节 新的《工伤保险条例》的颁布与实施

我国第一部自成体系又较为完善的工伤保险立法——《工伤保险条例》(以下称《条例》),于2003年4月16日国务院第五次常务会议讨论通过,并于2004年1月1日起施行。这是我国继1951年《劳动保险条例》后关于工伤保险的一次革命性突破。《条例》实施后,工伤保险的覆盖范围迅速扩大,截至2007年底,参加工伤保险的职工人数达12 173万人①。

作为我国社会保障体系建设中的重要一步,《条例》由一个部门的规范性文件上升为国务院行政法规,其权威性、法律效力大大提高,对规范工伤保险制度,促进工伤预防和职业康复,进一步维护职工的合法权益,具有十分重要的意义。

《社会保险法》以专章的形式对工伤保险的基本内容做出了规定,实现了工伤保险制度的法律化。2010年12月8日,国务院第136次常务会议通过了《国务院关于修订<工伤保险条例>的决定》,12月20日,国务院总理温家宝签署了中华人民共和国国务院令,公布了该《条例》,自2011年1月1日起施行。

一、《条例》的突破

(一)责任界定明确

《条例》规定,任何组织和个人对有关工伤保险的违法行为均有权举报。劳动保障行政部门对举报应当及时调查,按照规定处理,并为举报人保密。《条例》规定了劳动保障行政部门工作人员的三个"禁区":无正当理由不受理工伤认定申请,或者弄虚作假将不符合工伤条件的人员认定为工伤职工的;未妥善保管申请工伤认定的证据材料,致使有关证据丢失的;收受当事人财物的。《条例》规定,劳动保障行政部门工作人员有上述情形之一的,将依法给予行政处

① 中华人民共和国国务院新闻办公室:《中国的社会保障状况和政策》白皮书。

分；情节严重，构成犯罪的，依法追究刑事责任。

对于经办机构，如果存在“未按规定保存用人单位缴费和职工享受工伤保险待遇情况记录”、“不按规定核定工伤保险待遇”、“收受当事人财物”等三种行为中的任何一种，应由劳动保障行政部门责令改正，对直接负责的主管人员和其他责任人员依法给予纪律处分；情节严重，构成犯罪的，依法追究刑事责任；造成当事人经济损失的，由经办机构依法承担赔偿责任。

用人单位、工伤职工或者其直系亲属骗取工伤保险待遇，医疗机构、辅助器具配置机构骗取工伤保险基金支出的，由劳动保障行政部门责令退还，并处罚款；情节严重构成犯罪的，依法追究刑事责任。

（二）透明度增强

《条例》规定，劳动保障行政部门等制定工伤保险的政策、标准，应当征求工会组织、用人单位代表的意见；工会组织依法维护工伤职工的合法权益，对用人单位的工伤保险工作实行监督；经办机构应当定期公布工伤保险基金的收支情况，及时向劳动保障行政部门提出调整费率的建议；从事劳动能力鉴定的组织或者个人提供虚假鉴定意见、虚假诊断证明或收受当事人财物的，由劳动保障行政部门责令改正；情节严重，构成犯罪的，依法追究刑事责任；用人单位应当将参加工伤保险的有关情况在本单位内公示。用人单位依照本《条例》规定应当参加工伤保险而未参加的，由劳动保障行政部门责令改正；未参加工伤保险期间用人单位职工发生工伤的，由该用人单位按照本《条例》规定的工伤保险待遇项目和标准支付费用；职工如果丧失享受待遇条件、拒不接受劳动能力鉴定或拒绝治疗，都将停止享受工伤保险待遇。

《条例》规定，从事劳动能力鉴定的组织或者个人如果存在“提供虚假鉴定意见”或“收受当事人财物”情形之一的，由劳动保障行政部门责令改正，并处2 000元以上1万元以下的罚款；情节严重，构成犯罪的，依法追究刑事责任。用人单位、工伤职工或者其直系亲属骗取工伤保险待遇的，不仅要如数退还，还要处以骗取金额1倍以上3倍以下的罚款；情节严重，构成犯罪的，依法追究刑事责任。

（三）覆盖范围变化

1. 扩大了保险对象范围。《条例》明确规定，“中华人民共和国境内的各类企业的职工和个体工商户的雇工，均有依照本条例的规定享受工伤保险待遇的权利。”《条例》特别强调“本条例所称职工，是指与用人单位存在劳动关系（包括事实劳动关系）的各种用工形式、各种用工期限的劳动者。”《条例》拓展了原来的适用人群，突破了不同所有制类型的区别，包括外资、合资、个体经济组织的劳动者均被要求参加工伤保险，只有机关、事业和社会团体的劳动者未包括在内,仍旧执行人事部门原有的规定。而“职工”则是指与企业形成劳动关系的所有劳动者,只要该劳动者已事实上成为企业成员,为企业提供了有偿劳动,就被视为该企业的职工,应当参加工伤保险。这就意味着:无论临时工、外来工还是农民工,也不论是否与企业签订了劳动用工合同,只要能证明自己与企业的劳动用工关系,即与用人单位存在劳动关系的各种用工形式,各种用工期限的劳动者,都应当也能够得到来自社会和企业的保障。覆盖面的扩大也是劳动者权益保护力度得到加强的表现。

2. 扩大工伤保险所覆盖的事故范围。在《条例》的第三章,规定了认定工伤和视同工伤的10种情况,比以前规定更加明确、精细,范围扩大,将“在工作时间和工作场所内,因工作原因受到事故伤害”的情况延伸到“从事与工作有关的预备性或收尾性工作受到事故伤害”的情况。对于受机动车交通事故伤害的,不仅取消了原“规定时间和必经路线”,而且不受事故责任的限制,即职工只要是上下班途中遭受机动车事故伤害的,不论其是主要责任、次要责任或无责任,均可认定为工伤。

3. 取消劳教服刑者工伤待遇。待遇支付和标准基本不变,增加了工伤医疗管理的“三目录”和工伤保险定期待遇的调整机制,取消了劳教人员和犯罪人员服刑期可以享受待遇的规定,明确规定职工劳动关系变更时的工伤保险关系的处理办法。

(四)待遇享受变化

1. 工伤待遇变化。工伤津贴不低于最低工资,一次性伤残补助金、伤残津贴、护理费自劳动能力鉴定委员会做出结论的次月起开始支付。1~4级工伤职工伤残津贴扣除个人缴纳的社会保险费后,实际领取金额低于本市最低工资标准的,用人单位参加工伤保险的,由工伤保险基金补足差额;用人单位未参加工伤保险的,由用人单位支付。

2. 工伤治疗可任选两家协议医院。《条例》,职工治疗工伤应当在签订服务协议的医疗机构就医,治疗工伤所需的费用符合工伤保险诊疗项目目录、工伤保险药品目录、工伤保险住院服务标准,方可在工伤保险基金中报销。

3. 停工留薪期缩短12个月。以往的工伤保险政策规定,职工发生工伤在停止工作接受治疗期间,实行医疗期享受工伤津贴。《条例》规定,将工伤医疗期改名为停工留薪期,明确了原工资福利待遇不变,停工留薪最长可达36个月,缩短了12个月。

4. 生活不能自理者由单位负责护理。以往的工伤保险政策对工伤人员在停工留薪期内生活不能自理,没有规定护理人员由谁来承担。《条例》规定工伤人员在停工留薪期内生活不能自理需要护理的由所在单位负责。

(五)操作规范变化

1. 加强制度管理。《条例》对工伤认定或劳动能力“鉴定申请”、“提交材料”、“受理”和“时效”要求作了十分详细的规定,使工伤保险制度实施及管理更加科学合理。这些新变化,增强了工伤保险制度的强制性,有力地保障了职工利益。

2. 劳动能力鉴定更加科学和规范。《条例》规定,成立省、自治区、直辖市劳动能力鉴定委员会和设区的市级劳动能力鉴定委员会,分别由该地区的劳动保障行政部门、人事行政部门、卫生行政部门、工会组织、经办机构代表以及用人单位代表组成,委员会应当建立医疗卫生专家库(列入专家库的医疗卫生专业技术人员除了应当具有医疗卫生高级专业技术职务任职资格,掌握劳动能力鉴定的相关知识外,还特别强调应当具有良好的职业道德)。鉴定委员会在收到劳动能力鉴定申请后,应当从专家库中随机抽取3名或者5名相关专家组成专家组,由专家组提出鉴定意见,并据此做出工伤职工劳动能力鉴定结论;必要时,可以委托具备资格的医疗机构协助进行有关的诊断。鉴定人员由固定的办公人员变为不固定的医疗卫生专家,不但提高了透明度和权威性,而且防止了可能由此发生的道德风险。这充分表明了国家加强劳动者权益保护力度的决心和立场。

3. 事实劳动关系为工伤申请依据。在以往的工伤保险政策中,对工伤认定申请材料没有明确规定。《条例》规定,提交工伤认定申请需提交与用人单位存在劳动关系的证明材料,包括证明事实劳动关系的材料。如果个人和用人单位在劳动关系上有争议,应先向劳动争议仲裁委员会申请仲裁,由劳动争议仲裁委员会依法确定劳动关系。

4. 个人申请工伤时限为1年。对用人单位而言,申请时限一般为自事故发生之日或者由省级人民政府卫生行政部门指定的职业病诊断机构确诊为职业病之日起30日内;特殊情况的,经劳动保障行政部门批准,可以适当延长。对个人而言,工伤认定的申请时限为事故伤害发生之日起或者被确诊为职业病之日起的1年内。

二、建立新型的工伤保险制度面临的难题

健全工伤保险制度是社会进步发展的要求,合理的制度设计将保证最大限度地保障职工的合法权益,体现社会的公平和互助,但在改革过程中以下难题需要加以解决。

（一）行业分类标准的建立和执行

工伤保险费根据行业工伤风险程度和发生频率实行差别费率，因而，科学划分行业、准确进行分类是实行差别费率的基础。

由于目前涌现出诸多跨行业的大公司、大集团，对于所属企业的行业类别认定和保险费的收缴需要投入大量的人力、物力，严格鉴定、严格收缴。

（二）工伤取证

1. 资料难搜集。工伤认定是一项关系到职工切身利益的基础性工作。但一些工伤事故历史久远，由于企业和本人的疏忽，原始资料丢失或不全；一些工伤事故根本没有留下任何资料，使取证难度增大，影响了认定工作的公正和准确。

2. 部分企业不配合。工伤事故发生后，有一部分企业，特别是一些私营企业和个体经济组织对抗劳动保障部门的调查取证，人为制造障碍，千方百计搪塞推脱。如果企业拖延、推脱责任，将会延误受害者救助的时机，拖延事故处理的进程，使受害者承受身体和精神的痛苦，职工会失去对企业的信任，企业的形象和声誉必将受到影响。

3. 部分证人有顾虑。由于相当多的工伤事故发生在企业中，所以许多证人在同一企业工作，从自身利益考虑，他们不愿、也不敢在劳动保障部门进行调查取证时提供证据，有的甚至按照企业的授意提供相反的证据。证人的证言和证物将会对工伤的认定起到重要作用，证人不作证或者作伪证，会影响对工伤的认定。

4. 事故不能及时申报。按照工伤保险有关规定，工伤事故发生或职业病确诊后，企业应当在 15 日内，特殊情况不超过 30 日向劳动保障部门申请工伤认定。工伤职工本人或亲属应当自工伤事故发生之日或职业病确诊之日起 15 日内，特殊情况不超过 30 日内向劳动保障行政部门提出工伤保障待遇申请。而有些企业职工没有在规定的时间内向劳动保障部门提出工伤认定或工伤保险待遇申请；有的几个月、甚至几年以后才提出工伤认定或工伤保险待遇申请。时过境迁，事故现场被破坏，调查取证非常困难，直接影响了工伤认定的准确性。

由于企业的隐瞒不报，将会使受害者个人及其家庭承受极大的损失，并且由于事故原因不能及时查清，事故隐患不能消除，将会对职工造成长期威胁，并最终损害企业的利益。

（三）工伤认定

工伤保险有关规定都明确指出了不能认定工伤的几种情形，如犯罪、自杀或自残、斗殴、酗酒、蓄意违章、违法等。其中有些条件比较客观,容易认定,如犯罪、自杀或自残、斗殴、违法等;但如酗酒、蓄意违章等都没有严格的标准来界定,认定时比较困难。因为适用这些条款没有具体的标准,容易在一些细节问题上产生纠纷,影响工伤的正确认定。

如工伤认定条件规定,“由于工作紧张突发疾病造成死亡或经第一次抢救治疗全部丧失劳动能力的”、“在上下班规定时间和必经路线上,发生的无本人责任或者非本人主要责任的交通机动车事故的”可以认定为工伤。这里的“工作紧张”、“规定时间”、“必经路线”都是定性的概念,不是定量的标准,且以上原因发生的工伤事故往往还牵涉到医疗机构的鉴定及交管部门的事故责任认定,所以变得更为复杂。工伤认定人员在掌握时的自由裁量度极大,为纠纷的产生埋下了隐患。

(四)亲属确认

按规定,职工因公死亡,按月发给死者生前提供主要生活来源的死者亲属抚恤金。据调查,有的抚恤对象已经死亡;有的配偶改嫁;有的子女超过了享受的年龄限制。因而必须重新确认。但是,由于时间的推移,人员的变化,地域的限制,给确认工作带来了一定的难度。

(五)新旧制度的衔接

新的工伤保险制度确立后,保证新、旧制度平稳衔接显得尤为重要。当时存在的问题是:企业不按有关规定落实实施工伤保险统筹前的有关待遇;个别企业弄虚作假,无故延长医疗期。新的工伤保险制度实施后,工伤认定等工作滞后,影响了待遇的给付。

三、解决的对策

(一)完善工伤保险法规政策

尽可能将现行政策法规中定性的标准制定出定量的依据。把工伤界定、享受待遇的条件、标准、程序等问题规定得更加具体,增加可操作性,减少人为因素的影响。标准客观、具体、明确,就可以避免出现因为认识上的差异而导致认定失误情况的发生。

(二)完善工伤认定工作体系

要不断完善由劳动保障、安全生产、总工会、各主管局(企业集团)等参加的安全生产联席会议制度,将工伤认定、待遇享受作为联席会议的重要内容,定期分析研究安全生产形势,检查各项安全生产措施的落实情况,分析工伤事故出现的原因,认真做好工伤认定、待遇享受等善后事宜。

建立工伤认定预测预警机制。加大对工伤事故隐瞒不报的处罚力度，提高企业主动申报的自觉性。充分发挥企业工会、劳动争议调解委员会在事故预防和工伤认定工作中的重要作用，在有条件的企业设立联络员制度，以便劳动保障工伤认定机构及时掌握基层工伤事故信息。

（三）扩大工伤社会保险覆盖范围

目前，工伤保险还没有达到全覆盖，尤其是私营企业和个体工商户参保率更低。因为企业没能参加工伤保险，出现工伤事故以后各类工伤待遇由企业承担，所以客观上造成了部分企业为了经济效益而隐瞒不报的情况。如果工伤保险全面推行，就可以均衡企业负担，分散工伤待遇短期支付风险，从根本上解决工伤事故隐瞒不报、职工权益得不到及时维护的问题。

（四）加大工伤保险政策法规的宣传力度

充分利用各种宣传工具和手段，大力宣传工伤保险有关政策法规，让职工和企业充分了解工伤认定的条件、标准、程序、待遇以及各种时限，增强企业和职工对工伤事故的法律意识。

四、新《工伤保险条例》的实施和完善

新的《工伤保险条例》相较于旧《工伤保险条例》有以下几处变化：

（一）扩大了工伤保险的覆盖范围

旧《工伤保险条例》第二条指出："中华人民共和国境内的各类企业、有雇工的个体工商户（以下称用人单位）应当依照本条例规定参加工伤保险。"新的《工伤保险条例》则规定，中华人民共和国境内的企业、事业单位、社会团体、民办非企业单位、基金会、律师事务所、会计师事务所等组织的职工和个体工商户的雇工，均有依照本条例的规定享受工伤保险待遇的权利。在旧《工伤保险条例》规定的企业和个体工商户两类参保人员的基础上，添加了事业单位、社会团体、民办非企业单位、基金会、律师事务所、会计事务所等六类。除去《工伤保险条例》的适用范围扩大了之外，新《工伤保险条例》的事故覆盖范围也有所扩大。《社会保险法》对旧的《工伤保险条例》中不应当认定为工伤的情形做出了更正。首先，旧《工伤保险条例》规定犯罪不得认定为工伤。而《社会保险法》则区分了故意犯罪和过失犯罪，规定故意犯罪的不认定为工伤。其次，《社会保险法》删去了"违反治安管理伤亡（吸毒除外）不属于工伤"的规定。同犯罪相比违反治安管理行为的社会危害性要小得多，不宜将因为这种行为导致的事故排除在工伤认定的范围之外。新的《工伤保险条例》保持了《社会保险法》的变动

之外，将原来的上下班途中机动车事故伤害调整扩大到非本人主要责任的交通事故以及城市轨道交通、客运渡轮和火车事故伤害。

（二）对工伤保险待遇标准做出改变

一次性工亡补助金标准，从原来的48至60个月的统筹地区上年度职工月平均工资，改成按上年度全国城镇居民人均可支配收入的20倍发放；同时，伤残职工的一次性伤残补助金的标准也有一定程度的提高。

（三）简化了工伤认定的程序

新的《工伤保险条例》在工伤认定程序上做出了以下修改：

1. 增加工伤认定的简易程序，规定，对事实清楚、权利义务明确的工伤认定申请，应当在15日内作出工伤认定的决定，从旧《工伤保险条例》中规定的60日缩短为15日。

2. 取消了行政复议的前置程序。发生工伤争议时，有关单位或个人可以依法申请行政复议，也可以直接向人民法院提出行政诉讼。

3. 增加了劳动能力和复查鉴定的期限规定。旧《工伤保险条例》对劳动能力再次鉴定和复查鉴定的期限没有明确的规定，但是新《工伤保险条例》明确规定为60日，必要时可延长30日。

4. 增加了工伤保险基金的支出项目。《社会保险法》将工伤职工住院治疗的住院伙食补助费、到统筹地区以外就医的交通食宿费，以及职工因公致残而终止或者解除劳动合同时，应当享受的一次性医疗补助金都从工伤保险基金中支付。这些项目在旧《工伤保险条例》中都是由用人单位按一定比例或全额支付。新《工伤保险条例》除保持了《社会保险法》的规定之外，还将工伤预防费用增列为工伤保险基金的支出项目。工伤保险基金支出项目中增加了由工伤保险基金支付的待遇项目，减少了用人单位支付的待遇项目，这将有助于减轻用人单位的负担，化解单个用人单位在发生工伤事故后所面临的经营风险，有利于提高用人单位参加工伤保险的积极性。

5. 明确工伤保险基金的法定统筹层次为省级统筹。旧《工伤保险条例》规定："工伤保险基金在直辖市和设区的市实行全市统筹，其他地区的统筹层次由省、自治区人民政府确定。"《社会保险法》则规定，基本养老保险逐步实行全国统筹，其他社会基金逐步实现省级统筹。新的《工伤保险条例》规定，工伤保险基金逐步实现省级统筹。根据"大数法则"，工伤保险基金的统筹层次越提高，其互助互济和抗风险能力也越强。

6. 加强了工伤保险制度的强制性。旧《工伤保险条例》对用人单位应参加工伤保险而未参加的，只规定"劳动行政部门责令改正"，强制性明显不足，不能保证工伤保险制度的正常运行。《社会保险法》则规定,用人单位未按时足额缴纳社会保险费的,征收机构可以采取责令限期缴纳或者补足,划拨社会保险费,申请人民法院执行等方式保证社会保险费的按时足额征收。《社会保险法》还规定了用人单位未按时足额缴纳社会保险费时,需要承担的法律责任,并且加大了对不参加社会保险的用人单位的处罚力度。新《工伤保险条例》在保持《社会保险法》关于社会保险费征收的法律规定的基础上,还增加了对不参加工伤保险用人单位的行政处罚规定,对拒不协助工伤认定调查核实的用人单位的行政处罚规定,还增加了社会保险行政部门作出认定为工伤的决定后发生行政复议、行政诉讼时,行政复议和行政诉讼期间不停止支付工伤职工治疗工伤的医疗费用的规定。这些规定不仅提高了工伤保险的强制力度,同时也为相关单位或个人处理工伤保险费用收缴以及工伤保险争议的过程中,提供了有效的法律手段和措施。

本章小结

本章讲述了工伤保险的基本概念、特征、原则等基本知识,对国际上工伤保险的范围和待遇进行了简要介绍,分析了我国的工伤保险制度的建立和发展及面临的困难,分析了新的工伤保险条例的变化。

重要概念

职业病　工伤保险　无责任补偿原则　丧失劳动能力　劳动能力测试　致残程度测试　人身能力丧失　一般工作能力丧失

思考题

1. 工伤保险制度的形成经历了哪几个阶段?
2. 工伤保险的原则是什么?
3. 工伤保险的特点有哪些?
4. 工伤保险的发展趋势如何?
5. 新的工伤保险条例有哪些变化?
6. 新工伤保险条例实施的难点有哪些?

Chapter 7

第七章 生育保险

本章学习要点

通过本章的学习，要求了解生育保险的含义、特点和作用；了解国外生育保险的内容和国外生育保险的发展历程及发展趋势；掌握我国生育保险的内容，思考我国生育保险的发展与完善的途径。

第一节 生育保险制度的特点与作用

在社会保险体系中，生育保险就基金规模而言是“小险”，就支付期限而言是一个“短险”，就保护标的而言则是“重险”。生育保险肩负着保障劳动力简单再生产和扩大再生产正常进行的使命，因其“一手托两命”的特性受到各国政府的普遍重视①。随着我国生育保险制度改革的不断深入，我国应在不断总结经验的基础上，使生育保险制度尽快加以完善，并用法律的形式将其定型化，以保证生育保险制度的强制性和有效性。

一、生育保险的含义

生育保险是国家通过立法，对怀孕、分娩而无法从事正常的生产劳动、中断经济来源的女职工给予医疗保健服务、生活保障和物质帮助的一项社会保障制度，其宗旨在于通过向职业妇女提供生育津贴、医疗服务和产假，帮助她们恢复劳动能力，重返工作岗位，主要是通过现金补助和实物供给来实现。

① 潘英：《社会保险概论》，华东师范大学出版社，1999 年版，第 105 页。

就生育保险的具体内容而言，一般包括：①生育津贴，即在法定的生育休假期间对生育者的工资收入损失给予经济补偿；②医疗护理，即承担与生育有关的医护费用（包括“产前检查费”等）；③生育补助，如对生育保险对象及其家属（如妻子和女儿）的生育费用给予经济补助，又如“婴儿津贴”和“保姆津贴”等；④生育休假，包括母育假（产假）、父育假（母亲产假期间的父亲育儿假）和育儿假（母亲产假后父母双亲任何一方的育儿休假）[①]。

二、生育保险的特点

生育保险与其他社会保险项目相比，有其自身的特点。

（一）生育保险的覆盖面只限于女性

在我国，目前还只是在达到法定结婚年龄，正式登记结婚，并符合国家计划生育规定的女职工生育时，才能享受生育保险待遇。

（二）生育保险的给付项目较多

在国外，生育保险的给付项目包括生育假期、生育收入补偿、生育医疗保健和子女补助金等项目。在我国，生育保险还配合国家的人口控制政策，对实行晚婚、晚育的生育妇女制定有一些奖励政策。

（三）待遇给付标准较高

妇女生育履行着繁衍人类的重要天职，为了保证新一代劳动力有较高的先天素质，同时又要保护妇女的身体健康，大多数国家的生育保险待遇的给付标准比较高，妇女生育所得补偿一般相当于被保险人生育前基本工资的100%，这不仅弥补了女职工的收入损失，并维持了女职工自身的劳动力再生产，保障了新一代劳动力的健康成长。

（四）生育保险实行“产前与产后都应享受”的原则

怀孕女职工在分娩前后都享有休假时间，以保证其身体健康，在临产分娩前一段时间，女职工已经不能工作或不宜工作；分娩以后，需要一段时间休假、恢复健康和照顾婴儿；生育保险的保险事故是正常生理活动引发的，所引起的暂时不能参加劳动，一般属于正常的生理改变，与疾病等引起的病理变化不同，与失业、老年等社会风险造成的经济收入中断也不同。

三、生育保险的作用

生育保险是为了维护女职工的基本权益，减少和解决女职工在孕产期以及

① 潘锦棠：《中国生育保险制度的历史与现状》，《人口研究》，2003 年第 2 期，第 29 ~ 35 页。

流产期间因特定的生理特点造成的困难,使她们在生育和流产期间得到必要的经济收入和医疗照顾,保障职工及婴儿的正常生活,使职工尽快恢复身体健康和回到工作岗位。生育保险的主要作用体现在以下几个方面。

（一）生育保险是对妇女生育价值的认可,有利于社会劳动力的再生产

妇女生育是社会发展的需要,她们为社会劳动力再生产付出了努力,应当得到社会的补偿。因此,对妇女生育权益进行保护,被大多数国家接受和在政策上给予支持。建立生育保险不仅是为了保证女职工的身体健康,而且也是为了保护后代。同时,生育保险对于优生优育,保证新生儿能有健康的体魄和正常的智力,对于社会劳动力素质的提高提供了物质基础。

（二）生育保险是对女职工基本生活的保障,有利于女职工的身体健康和劳动能力的恢复

女职工在生育期间离开工作岗位,不能正常工作。国家通过制定相关政策保障她们离开工作岗位期间享受有关待遇,在生活保障和健康保障两方面为孕妇的顺利分娩创造了有利条件。

向女职工提供医疗服务能够保证女职工在生育期间得到及时的检查、治疗和保护,获得基本的生活保障,可以使她们的身体迅速的恢复,保证生育女职工劳动力再生产的正常进行。

（三）生育保险有利于提高人口素质,落实国家的人口政策

生育保险为妇女提供了医疗服务项目,对于在孕期出现异常现象的妇女,进行重点保护和治疗,以达到保护胎儿正常生长、提高人口质量的作用。在我国,人类自身的再生产与物质的再生产、人口的增长与经济发展的矛盾十分突出。而实行生育保险不仅有利于女职工的生育权益得到应有的尊重和保护,而且提高了生育质量,促进计划生育和优生优育。

第二节　国外的生育保险

一、国外生育保险的内容

（一）国外生育保险制度的覆盖范围

目前,相当一部分的国家将生育保险的覆盖范围扩大到包括非工资劳动妇女在内的一切符合条件的妇女。享受生育社会保险的资格条件大体分为两种情况:一是没有最低合格期限的规定,只要是该国公民,就有资格享受生育社会

保险,如澳大利亚、芬兰等国;二是有最低合格期限的规定,大多数国家属于这种类型,但具体规定又不相同,大体可以归纳为以下五种情形。

1. 符合一定条件的居住权是享受生育保险的唯一资格条件。如冰岛规定有常住权的母亲,具有享受生育保险金的资格;澳大利亚规定,凡符合居住条件者,均有资格领取生育保险。

2. 从事受保职业是享受生育保险的位移资格条件。如意大利、日本、波兰、危地马拉、几内亚、丹麦等国规定,只要从事受保职业就具备享受生育保险的资格。

3. 规定从事受保职业并且达到一定的时限才具备领取生育保险金的资格。如加拿大规定,在最近 1 年内从事受保职业 10 ~ 14 周后,能够取得领取生育保险的资格;阿根廷规定,产前连续受雇 10 个月,或从事现职工作 1 个月,并在从事现职工作前的 1 年内,受雇时间不少于 6 个月的,就有资格领取生育保险金。

4. 缴足一定时限的保险费是领取生育保险金的资格条件。英国规定,被保险人在以往缴足了 26 周的生育保险费,即可享受生育补助金;墨西哥规定,受保妇女生育前 12 个月内,必须已缴纳 30 周保险费才能享受生育保险。

5. 在要求被保险人生育前投保达到一定时限的基础上,要求被保险人实际参加工作还要达到一定时间。如法国规定,被保险人在分娩前必须投保满 10 个月,并且在生育的最近 1 年内的前 3 个月中,至少受雇 200 小时,才能够具有享受生育保险的资格。

（二）生育保险与医疗保险合并立法[①]

在国际社会,将生育保险纳入医疗保险而作为一个特殊的社会保险项目得到相当国家的认可。继 1883 年德国颁布了世界上第一部《疾病保险法》,实行医疗保险制度以后,奥地利、瑞典、丹麦、挪威、英国、荷兰、瑞士等国也相继建立了医疗社会保险制度,对疾病、生育实行现金补助和医疗保健服务。医疗和生育保险所筹基金均由国家进行统一管理、统一支付。这主要是基于生育和医疗保健两者的给付在性质和标准上的相似性,同时也为了提高生育保险基金抗风险的能力。

（三）待遇标准水平

国外生育保险的待遇主要包括产假、生育补偿金、生育补助及医疗保健、儿童津贴等内容。

1. 产假。多数国家一般规定产假为 12 ~ 18 周,部分国家规定在 20 周以

① 张思锋,温海红,赵文龙:《社会保障概论》,科学出版社,2003 年版,第 232 页。

上,极少数国家规定为10周;如芬兰为33周,德国为32周;还有些国家的产假较为灵活,随着生育次数的增多而逐渐地增多,如波兰、法国和保加利亚等国家,第一胎的产假一般为16~17周,第二胎为18~21周,第三胎为26周。欧洲个别国家规定,在产假期满后还有半休假8年(瑞典)、5年(比利时)、3年(法国)。从劳动力再生产的角度考虑,有些国家还规定给予抚育婴儿假期,相应地延长了产假时间,如比利时从1981~1995年期间,产假时间从14周延长到24周,德国从32周延长到78周。

2. 生育补偿金。生育社会保险的收入补偿,大多数国家规定为原工资的100%,在社会保险一切险种中补偿比例是最高的。基于待遇平衡的考虑,在有些国家,如果规定的产假很长,则收入补偿会相应减少,如芬兰,产假为33周,较大多数国家都长,其收入补偿仅占女职工原工资的55%。

3. 生育补助。女职工除了享有收入补偿外,一些国家还给予一定金额或实物的补助。如法国、葡萄牙、玻利维亚等国规定生育收入补偿之外还有"护理津贴"或"育婴津贴",如墨西哥、以色列等国的生育保险制度还提供婴儿的全套用品或发给购置婴儿用品的津贴。

4. 医疗保健服务。生育医疗保健大部分都被纳入医疗保健项目中,由保险机构支付生育医疗保健费。

5. 儿童津贴。1993年,有3个子女的家庭,其儿童津贴合计在瑞典为每月450美元,德国为340美元,法国为330美元。

二、国外生育保险的创建与发展

(一)国外生育保险的发展历程

1883年,德国首先制定了《疾病保险法》,后于1884年制定了《工人赔偿法》,1889年制定了《老年与病残强制保险法》。这些社会保障法规的基本内涵是:当劳动者因年老、患病、工伤、生育等原因永久性或暂时性、完全或部分丧失劳动能力,或因失业而丧失工作机会及收入来源时,由国家和社会通过法律强制性手段,对其提供经济上的援助和补偿,生育社会保障即属此列。这种以保险为特征的生育社会保障制度的产生,适应了社会化大生产条件下广大妇女参加社会生产劳动的需求,促使妇女的生育行为逐渐转变为社会行为,生育的社会价值日渐为人们所认同。妇女生育管理开始朝着社会化方向发展①。

1929~1933年,从美国开始的经济危机在资本主义世界大规模地爆发,主

① 黄润光:《我国"生育保险"的现状及前瞻》,《人口与经济》,2002年第5期,第76~79页。

要资本主义国家的工业生产急剧下降,工人大量失业,农产品严重过剩,产品价格大跌,通货膨胀严重,劳资双方矛盾激化,罢工、示威游行和农民斗争重新高涨起来。在这种局面下,1935 年 8 月美国颁布了《社会保障法》,不仅规定老年救济、失业保险,而且还提出为母亲和儿童卫生机构、残疾儿童机构及儿童福利机构提供服务。

二战结束到 20 世纪 70 年代是西方社会保障发展的黄金时期。以英国为例,1945 年英国出台了《家庭津贴法》,1946 年制定了《国民保险法》、《国民工伤保险法》、《国民保障法》,1947 年又颁布了《国民经济法》。英国成为公民"从摇篮到坟墓"都有社会保障的国家。北欧、北美洲、大洋洲、亚洲等部分国家陆续宣布实施"普遍福利"政策,生育社会保障也包括其中。

(二)生育保险的发展趋势

随着世界经济的发展,生育保险制度作为保障生育妇女权益的主要措施,在生育保险待遇、收入补偿形式及医疗费的分担方式等方面有了调整和变化,生育保险制度正日臻完善。

1. 生育保险待遇方面的发展趋势。生育保险待遇的发展主要体现为对生育保险产假时间延长的趋向。先前的产假时间的长短主要基于保护生育妇女的健康和新生儿的安全出生,产假即是生育假。随着社会、经济、文化的发展,各国逐步将保障劳动力再生产作为目标,产假时间有所延长,在生育假之外又增加了对婴儿的抚育假期,劳动力的健康再生产和人口素质的提高成为各国关注的重点。

2. 收入补偿形式方面。近年来,在理论界出现了所谓的"补偿局限论"①。虽然目前世界上相当多的国家对生育保险的收入补偿水平达到了原有工资水平的 100%,但是该理论认为,既然生育保险制度属于社会保险,那么,收入补偿水平就不应当达到原有工资水平的 100%,各个社会保险项目之间应保持相对的平衡。因此,个别国家相应地调低了收入补偿待遇,大约降至原有工资的 2/3 左右。但是与此同时,生育保险津贴、儿童津贴、实物给付等待遇给付水平有所提高,从而相应地弥补了收入补偿水平的下降幅度对生育妇女及新生儿的生活质量的影响。

3. 医药费用的分担形式方面。生育医疗费用支出是生育保险的主要支出项目,生育医疗费用的不断增长给各国生育保险基金带来了相应的压力。因此,个人分担一定比例的生育医疗费成为一种趋势。例如,法国规定,个人承担

---

① 郭士征,葛寿昌:《中国社会保险的改革与探索》,上海财经大学出版社,1998 年版,第 197 页。

生育医疗费用的20%左右，这样有利于保险基金的合理运用，增强受保人的义务和责任感。

第三节　我国生育保险制度的改革与完善

一、现阶段我国生育保险制度的内容

就全国的整体情况而言，从1994年出台《企业职工生育保险试行办法》并在全国范围实施以来，生育保险推进情况并不令人乐观，全国仍有许多地区尚未建立该项制度，生育保险推进的速度较缓，社会化程度仍然较低。

（一）生育保险费的负担情况

目前，我国生育保险制度实行两种制度并存的形式。

第一种是新中国成立以来延续下来的制度，主要措施是由职工所在单位负担生育女职工的生育津贴（产假工资）和医疗费用，法律依据是2012年4月28日国务院颁布的《女职工劳动保护特别规定》。目前该规定在国家机关、企业、事业单位、社会团体、个体经济组织以及其他社会组织等范围内实施。职工所在单位负责承担女职工的生育津贴和医疗费用的保险形式事实上成为企业保险，在管理方式上采取由企业单位自我管理的方式。

第二种是1988年以后以江苏省南通市为代表的部分地区实行的生育保险制度。法律依据是1994年劳动部颁布的《企业职工生育保险试行办法》。把生育保险纳入社会保险的轨道，使生育风险在全社会范围内得以分散，由社会作为补偿生育损失的责任主体，生育保险费用由社会保险经办机构集中管理。生育保险社会统筹制度符合保险大数法则，社会化程度高，调剂功能强和抵御风险能力较强，但是覆盖范围只限于城镇企业及其职工。值得一提的是，2011年7月1日起施行的《社会保险法》第五十四条明确规定了“职工未就业配偶按照国家规定享受生育医疗费用待遇，所需资金从生育保险基金中支付”，这在很大程度上扩大了生育保险的受益者数量；另外，在附则中还提到“进城务工的农村居民依照本法规定参加社会保险”，这意味着常游离于社保之外的农民打工者的生育权益也将得到法律保障，有助于解决这部分弱势群体的迫切需要。总之，《社会保险法》的上述规定在一定程度上扩大了生育保险制度的覆盖范围。

（二）生育保险的缴费与补偿情况

我国各地的生育保险实施办法基本覆盖了国有企业、股份制企业、城镇集体企业等，社会保险经办机构支付生育女职工的生育津贴和生育医疗服务费。

生育保险根据“以支定收，收支基本平衡”的原则进行基金筹集。企业按照规定的比例缴纳生育保险费，职工个人不缴费，全国各地根据实际情况确定基金提取比例，但最高额不得超过职工工资总额的1%，大部分地区控制在0.6%～0.8%。2010年，全国平均基金提取比例（缴费率）为职工工资总额的0.74%。

生育保险待遇主要分为三大类：一是生育、流产发生的医疗费用，包括检查费、接生费、手术费、住院费和药费；二是生育津贴，指在职妇女因生育而中断工作时，定期给予的生育补助，以保障生育女职工和婴儿的正常生活，《企业职工生育保险试行办法》规定，生育津贴按照本企业上一年度职工月平均工资计发；三是计划生育费用，1999年9月，劳动保障部、国家计生委、财政部、卫生部联合发出《关于妥善解决城镇职工计划生育手术费用问题的通知》规定，职工因计划生育需要，实施放置（取出）宫内节育器、流产术、引产术、绝育及复通手术所发生的医疗费用由生育保险基金支付。2011年末，全国参加生育保险人数为13 892万人，全年共有265万人次享受了生育保险待遇，全年生育保险基金收入220亿元[①]。

在待遇水平的确定方面，我国主要考虑两点：一是不降低女职工生育期间的生活水平；二是照顾不同行业的工资差异，调动所有企业参加生育保险的积极性。

在待遇支付期限方面，生育保险待遇主要分为医疗待遇和津贴待遇。医疗待遇为生育期间的医疗费用及因生育产生的并发症的医疗费用，这些费用的支付不受期限制约，且目前大多数地区以定额支付。生育津贴的支付期限以《女职工劳动保护特别规定》中的98天产假期限为依据。各地区对晚婚晚育职工普遍给予一定的奖励假期，少则15天，多则一年有余，多数在3个月左右。

生育保险基金由劳动保障部门所属的社会保险经办机构负责收支和管理，社会保险监督机构对生育保险基金管理工作进行监督。

我国当前生育保险存在的主要问题有：部分老企业取消了生育保险，而同时部分新企业不建生育保险；对生育女工放长假；生育保险金得不到足额支付；统筹覆盖面有待于扩大等等。随着经济体制改革的深入，当多种经济类型企业并存的局面出现，即使以“职工”生育保险的要求来衡量，我国生育保险的覆盖面也显得过窄。原有的企业生育保险主要对国有企业的职工负责，生育保险对其他经济类型企业覆盖不够；90年代生育保险所进行的基金统筹改革进展缓慢，至1999年全国统筹的平均覆盖率只有28%[②]。

① 人力资源社会保障部：《2011年度人力资源和社会保障事业发展统计公报》，2012年6月5日发布。
② 潘锦棠：《中国生育保险制度的历史与现状》，《人口研究》，2003年第2期，第29～35页。

（三）生育保险与计划生育保障

在我国，计划生育保障与生育保险在覆盖范围（部分对象有所重合）、资金来源、管理机构等方面都有所不同，由此导致我们在研究生育保险制度时，常会忽略计划生育保障方面的内容。但从国外的角度来看，我国的生育保险制度，我国对独生子女家庭的优惠政策，比如，独生子女费以及有些省市规定的父亲护理假等等，应属于我国生育保障制度的一个组成部分。

国家的现行人口政策与生育保险制度相联系是世界许多国家的通行做法，只是根据国家的人口政策的具体情况不同而有所区别。鼓励人口增长的国家在生育保障中采取奖励多子女家庭的方法，比如，法国、加拿大等国家；而就我国目前人口的状况而言，为了减缓人口的数量压力，采取了奖励独生子女家庭的政策。《中华人民共和国人口与计划生育法》规定，国家奖励实行计划生育的夫妻。公民晚婚晚育，可以获得延长婚假、生育假的奖励或者其他方面的福利待遇；公民实行计划生育手术，可以享受国家规定的休假；自愿终身只生育一个子女的夫妻，可以获得《独生子女父母光荣证》，按照有关规定享受独生子女父母奖励。在上海、四川等地还对符合计划生育政策的家庭给予3～7天的父亲护理假。

二、我国生育保险的发展历程

基于生育保险在社会保险中具有重要地位，我国自建国伊始就颁布了保护妇女权益的法律法规及相应的政策，迄今为止已形成了一套保护妇女权益和促进妇女发展的法律体系，有效地推动了我国妇女事业的发展。

（一）生育保险的建立（20世纪50年代初～50年代末）

我国最初的生育保险基金实行的是“社会统筹”的筹资模式。1951年，国家颁布了《中华人民共和国劳动保险条例》，该条例依据当时的情况对生育保险实施范围进行了明确的规定，其保障对象为“女工人与女职员”。1953年1月2日，政务院公布了修订的《劳动保险条例》。1953年1月26日，劳动部制定了《劳动保险条例实施细则》，生育保险制度的内容大致如下：

1. 覆盖对象。雇用工人与职员人数在100人以上的国营、公私合营、私营及合作社经营的工厂、矿场及其附属单位与业务管理机关。

2. 生育保险金包括在劳动保险金之中，实行全国统筹与企业留存相结合的基金管理制度。劳动保险金由企业行政或资方按工资总额的3%提留。

3. 医疗服务。“女工人与女职员怀孕，在该企业医疗所、医院或特约医院检查或分娩时，其检查费与接生费由企业行政方面或资方负担”。

4. 女性临时工、季节工及试用工的生育保险。怀孕及生育的女工人、女职员,其怀孕检查费、接生费、生育补助费及生育假期与一般女工人、女职员相同[①]。

生育保险待遇详见表7-1。

表7-1 我国女职工产假、生育津贴和补助演变过程

年份	生育产假(天)			生育津贴			生育补助		
	正常产	小产	难产及多胎	正常产	小产	难产及多胎	正常产	小产	难产及多胎
1951	56	15~30	按规定增加产假	本人工资100%	本人工资100%	本人工资100%	5尺红布的零售价	—	难产5尺布,多胞胎10尺布
1953	56	20~30	增加产假14天	本人工资100%	本人工资100%	本人工资100%	4元	—	难产4元,多胎8元
1988	90	根据医务部门证明给假	难产增加15天,多胞胎每多一胎增加产假15天	本人工资100%	本人工资100%	本人工资100%	—	—	—

资料来源:林义:《社会保险》,中国金融出版社,2003年版。

1955年,国务院颁布了《关于女工作人员生育假期规定的通知》,使机关工作人员也有了相应的制度保障。企业、单位与国家机关、事业单位的生育保险分别建立,但其待遇项目和待遇水平相一致。至此,我国生育保险内容的完善性、保险待遇水平和制度的灵活性都达到了相当高的水平。

(二)社会统筹走向企业保险(20世纪60年代初~70年代末)

60年代初,我国完成了对私营经济的"社会主义改造","市场经济"转变成了"计划经济",劳动者"单位所有制"的模式逐渐形成,"文化大革命"使这种变化得到了加强。

1969年2月,财政部颁发了《关于国营企业财务工作中的几项制度的改革

① 潘锦棠:《中国生育保险制度的历史与现状》,《人口研究》,2003年第2期,第29~35页。

意见(草稿)》,从此,生育保险的国家统筹消失,企业生育保险形成,各企业只对本企业的女工负责。随着“临时工”实际上都成了“固定工”,生育保险从适合多种用工制度变成了只适合单一的用工制度。这时的生育保险制度从“社会”走向“企业”,它的多层次与“灵活性”也消失了,使其在以后的经济体制改革中成了影响妇女公平就业的障碍①。

(三)生育保险制度的调整(20 世纪 80 年代初～1988 年)

这一时期,60 年代初至 70 年代末产生的由“社会保险”到“企业保险”的转变变得更加清晰和明朗。1988 年,我国关于生育保险的规定对 60 年代初至 70 年代末生育保险制度的变化由默认到正式承认。

1988 年,国务院颁布了《女职工劳动保护规定》,这是新中国成立以来第一部比较完整的、综合性的女职工劳动保护规定,以保护女职工的劳动权益、减少和解决她们在劳动中因生理机能造成的特殊困难、保护其安全和健康为目的,该规定明确“不得在女职工怀孕期、产期、哺乳期降低其基本工资或者解除劳动合同”。

随着计划经济向社会主义市场经济的转变,企业作为市场经济的主体依然独自负担企业职工的生育保险费用和风险,导致了企业减少使用女工或在落实保险规定时打折扣现象的产生。

同时,各企业间生育费用负担的畸轻畸重,使得企业难以平等参与市场竞争;生育费用负担的不合理,致使妇女的平等就业权难以保障;在“企业保险”模式下,一些效益不好甚至濒临倒闭的企业,女职工的生育保险权益得不到应有的保障;待遇水平给付的计发标准是以女职工生育前的标准工资为基准的,从而变相地使企业生育女职工的收入骤减,难以保障其基本生活;同时,产假 56 天的规定,与当时的国际标准 84 天相比较也偏短,不利于新时期“计划生育、优生优育,提高生育质量”等人口政策的落实;传统生育保险的对象只是国有企业和行政事业单位的职工,其覆盖范围极其有限②。

因此,为了保证企业间的公平竞争和育龄妇女的就业权益,使企业保险走向社会保险,实行社会统筹成为我国生育保险制度改革的方向。

(四)生育保险制度的改革探索(1988～1994 年)

20 世纪 80 年代中期,在理论界和各级政府的领导及有关部门的协同下,我国开始了生育保险制度改革的探索。1988 年、1994 年,国家先后出台了《女职

① 郑功成等:《中国社会保障制度变迁与评估》,中国人民大学出版社,2002 年版,第 279 页。

② 洪英:《我国企业职工生育保险制度可持续发展展望》,《重庆工学院学报》,2003 年第 3 期,第 58～60 页。

工劳动保护规定》和《企业职工生育保险试行办法》(以下简称《试行办法》)两个重要法规文件,使得生育保险从此进入建立新制度的历史时期。

1988~1994年,各地改革措施归纳起来主要有两种。首先,生育保险基金社会统筹。1988年9月1日,江苏省南通市开始实行《南通市全民、大集体企业生养基金统筹暂行办法》,企业按男女全部职工人数每年一次性向社会统筹机构上缴一定数额的资金,建立女职工生养基金。统筹企业中有女职工生育,其生育医疗费和生育津贴由社会统筹机构负责支付。其次,夫妇双方所在企业平均分担生育保险费用。1988年,辽宁省鞍山市颁布《鞍山市保护老人、妇女、儿童合法权益的规定》,该规定要求:生育津贴由夫妻双方所在企业各自承担50%,若男方在部队、外地或机关工作,由女方单位全部承担①。

1994年,第八届全国人民代表大会第八次会议通过了《中华人民共和国劳动法》,其中规定女职工与男职工在社会保险方面享有同样的权利,女职工生育享有不少于90天的产假,在生育期间依法享受社会保险待遇。

(五)生育保险迈向社会统筹(1994年至今)

为配合《劳动法》的实施,规范各地生育保险制度改革试点工作,劳动部于1994年12月颁布了《企业职工生育保险试行办法》(1995年1月1日起试行),全国有了统一的生育保险基金统筹办法。1995年7月27日,国务院发布《中国妇女发展纲要(1995~2000)》,在生育保险上的目标是:20世纪末"在全国城市基本实现女职工生育费用的社会统筹"。劳动部"关于贯彻实施《中国妇女发展纲要》的通知"要求:"全国80%左右的县(市),到本世纪末实现生育保险社会统筹",并将保险覆盖面扩大到城镇各类企业。《试行办法》是第一个试图与经济转型相适应的生育保险法规。

从2005年到2010年,生育保险参保人数由5 408万人增加到12 336万人,增长1.3倍,全面完成《中国妇女发展纲要(2001 -2010年)》提出的覆盖面90%和"十一五"规划确定的8 000万人参保的目标;受益人数由62万人增加到160万人,增长了1.6倍;参保人员人均基金支出由56元增加到95元,增长70%;生育保障范围不断拓展,各地将居民医保参保人员住院分娩发生的符合规定的医疗费用纳入居民医保支付范围,一些城市还开展了居民生育保障试点工作②。

然而,随着时间的推移和改革的深入,《试行办法》逐渐表现出相对的滞后和不完善,已经不能适应经济社会发展的现实需要。2008年12月28日,全国

---

① 潘锦棠:《中国生育保险制度的历史与现状》,《人口研究》,2003年第2期,第29~35页。

② 摘自人社部副部长胡晓义2011年4月7日在全国医疗保险工作座谈会上的讲话。

人大常委会公布《中华人民共和国社会保险法(草案)》向社会公开征求意见,生育保险被明确作为我国社会保险制度的基本内容和重要组成部分予以专项讨论。全国人民代表大会常务委员会于2010年10月28日高票通过了《中华人民共和国社会保险法》(自2011年7月1日起施行),其中对于生育保险的立法规定向完善生育保险制度迈出关键一步,但是其内容仍不完善,留下了许多问题亟待立法解决。

综上所述,在建国初期,我国职工生育保险制度还是比较完整的,具有社会统筹的特点。但是在"社会主义改造"与"文化大革命"时期,生育保险制度从"社会"走向了"企业",保险的多层次性消失了。在经济体制改革中,这种"企业生育保险"又成为影响女性公平就业的障碍,生育保险社会统筹——变生育企业保险为生育社会保险的发展趋势成为历史的必然选择。

本章小结

本章首先概述了生育保险的含义、特点和作用,同时讲述了国外的生育保险制度的内容、待遇水平和发展历程,最后重点对我国的生育保险的改革与完善进行了探讨。

重要概念

生育保险　生育补助金　生育津贴

思考题

1. 什么是生育保险? 生育保险的特点和作用有哪些?
2. 简述国外生育保险的发展历程及发展趋势。
3. 简述国外生育保险的内容。
4. 简述我国生育保险的内容。
5. 谈谈我国生育保险的发展和完善。
6. 谈谈我国生育保险制度与计划生育政策之间的联系。

Chapter 8

第八章 社会救济

本章学习要点

社会救济虽然不像社会保险那样是社会保障体系的核心部分，但也有着不可或缺的作用，因为它是社会保障体系中最后的安全网。我们应当了解社会救济与社会保险的区别，以及我国社会救济制度的发展历程与改革。社会救济的重要内容之一是贫困救济，贫困则是一个世界性的课题。通过本章的学习，我们应当了解贫困的基本概念和贫困线的确定方法；了解我国的反贫困政策——城镇居民最低生活保障制度的内容、存在的问题，农村居民低保制度的内容和存在的问题，以及应当如何建立健全我国的社会救济体系。

第一节 社会救济制度的内容和发展历程

作为解决民众生活困难最古老的措施，社会救济是现代社会保障体系中最基本的项目。社会救济的对象是社会困难群体，无论是过去还是现在，国家和社会都不同程度地关注困难群体，这是社会健康协调发展的必然要求。

一、社会救济的基本概念

社会救济亦称社会救助，是国家通过国民收入的再分配，对因自然或其他经济、社会原因而无法维持最低生活水平的社会成员给予救助，以保障其最低生活水平的制度①。

社会救济被称做保障社会安全的"最后一道防线"。与社会保险、社会福利等其他社会保障制度相比,社会救济是一种最低层次的社会保障制度,它的首要目标是克服贫困,保障全体公民最基本的生存权利。社会救济的对象主要是无收入、无生活来源或孤苦无依、无法生活者,以及虽有收入,但因遭受意外事故或收入较低无法维持生活的人。社会救济的对象是社会保险这道安全网保护不了的人群,所以社会救济这一制度更强调国家和社会对个人的责任和义务,其在保障人类生活方面发挥着极其重要的作用。

社会救济的目标是维持最低生活需要,给付标准一般低于社会保险。经费来源与社会保险不同,主要是由政府财政税收拨付或由特别税捐辅助,还有社会团体或个人提供的捐赠。享受救济者,需经个人提出申请,有关机构进行调查,确定救济标准,按期或一次给付救济金。

二、社会救济制度的国际概况

(一)国外的社会救济

社会救济在美国称作公共救助或福利补贴,是社会保障体系的重要组成部分,它形成于20世纪三四十年代。1935年《社会保障法》的出台,首次明确提出了"社会保障"的概念。从那以后,美国的社会保障项目在不断地调整和完善。美国是世界上社会救济方案最为复杂的国家之一,其社会救济是受益人数很多,费用开支较大的社会保障项目之一。它补助的项目很多,包括补充保障所得、失依儿童家庭补助、低收入家庭能源补助、医疗补助、食品券补助、就业与劳动技能援助、特困人员收入补助等等。

在英国,社会救济有着比国民保险更为悠久的历史。早在1601年英国就颁布了以传统的慈善救济为特征的《济贫法》,史称旧济贫法。1834年新的《济贫法》则以立法形式将社会救济制度第一次确定下来。经过历年的完善补充,英国形成了比较健全的社会救济制度,主要包括低收入家庭救助、老龄救助、儿童救助、失业救助和疾病救助等内容。

德国政府在1924年制定了关于救济义务的法令,第一次对公共救济的享受条件、救济的种类和程度做出了全国的统一规定。1962年的《联邦社会救助法》,对特殊困难者进行社会救济作了具体规定。德国的社会救济体系大体也可分为两大类:一种是特殊困难的救助;一种是一般低收入家庭的救助。特殊

① 孙光德,董克用:《社会保障概论》,中国人民大学出版社,2000年版,第28页。

困难的救助包括残疾人救助、老人救助,以及病人救助、孕妇和产妇救助、在国外的德国人的救助等等。

日本的现代社会救济制度是明治维新之后逐渐建立起来的。1932 年颁布实施的《救护法》,确立了现代日本的社会救济制度。日本的社会救济项目主要有七项:生活救济、义务教育、医疗救助、住宅救助、生育救助、立业救助和丧葬救助。此外,还有一些福利补助如助老服务、困难家庭儿童抚养津贴,重残人员生活津贴等实际上也发挥了重要作用。

(二)国外社会救济的启示

1. 各国都比较注意社会救济的法制建设,大多数国家制定了社会救济方面的法律法规。越是发达国家,社会救济的法制越健全,法规越完善,社会救助的有关规定越详细具体。

2. 社会救济经费主要由政府承担,总体上以中央政府为主,地方政府也要承担相应的比例。如美国,社会救济资金由联邦政府、州政府和地方政府分担比例,要由各州对该项目的实际支出和州人均收入来决定。人均收入较低的州,联邦政府负担的比例较高,反之,负担的比例就较低。

3. 多数国家在社会救济方面一般都确定最低生活保障标准或贫困线,对收入低于此标准的人员进行社会救助。贫困线根据经济发展水平确立。发达国家的贫困线标准一般较高,而发展中国家的贫困线会很低。

4. 注意依靠社会力量进行社会救济,政府积极鼓励民间组织在社会救济中发挥作用。如德国立法规定,社会救济要坚持政府与民间合作的原则。

5. 家庭津贴是发达国家社会救济的重要内容,津贴的项目很多,标准不一。

三、我国的社会救济制度

(一)我国社会救济制度的发展历程

新中国成立初期,社会救济的主要任务是医治战争创伤,安定人民生活,稳定社会秩序,促进国民经济的恢复。针对城市大量流落街头的难民、灾民、无业人员等贫困人口,政务院于 1949 年 12 月发布了《关于生产救灾的指示》,1950 年 6 月政务院又发布了《关于救济失业工人的指示》,同年 7 月,劳动部发布了《救济失业工人暂行办法》。当时城市的救济方针是“在自力更生的原则下,动员与组织人民实行劳动互助,实行自救、自助、助人。”农村救灾工作的方针是:“生产自救、节约度荒,群众互助,以工代赈,并辅之以必要的救济。”

党和政府拨出大量粮食和经费,对不同情况的人员给予不同的救济。1952 年,全国 152 个城市经常得到救济的有 120 余万人,冬季期间达到 150 余万人,占到各城市人口的20%～40%。从1953～1957年,国家支付城市社会救济费1亿多元,救济了1 000多万人。在农村,1950～1954年,国家发放10亿元的救灾救济款以及大量的救济物资,救济灾民和孤老病残人员①。

1956年,我国开始进入全面建设社会主义时期以后,在城市形成了就业与保障一体化的保障制度,农村生活困难的农民由生产队给予补助。在这个时期,社会救济主要面向城乡没有劳动能力、没有收入来源、没有法定赡养人或抚养人的社会成员,社会救济费由国家承担。1961～1963年三年困难时期,城市得到救济的人口分别为51.7万人次、266.8万人次、322.5万人次。1960～1963年,国家拨付农村社会救济款和灾民生活救济款23亿元,超过以往10年的总和。1956年一届人大三次会议通过《高级农业生产合作社示范章程》,其中第五十三条规定,对无依无靠的孤老病残社员实行"五保"(即保吃、保穿、保烧、保教、保葬)供养。1958年,全国农村享受"五保"待遇的有519万人。从此,中国农村以"五保"为内容、以社会救济为特征的社会保障制度初步形成。

"文革"期间,社会救济工作遭到了严重挫折,但是党和政府仍然在一定程度上支持社会救济工作,尤其是农村社队和城镇企事业单位承担了对社员和困难职工给予救济、补助的主要责任。10年期间,国家为农村灾民拨付了30多亿元的生活救济费②。

改革开放以来,社会救济工作主要是多次调整了城市社会救济对象的救济标准,由1979年的平均每人75元增加到1989年的平均每人273元。农村在实行了联产承包责任制以后,国家加大了对农村社会救济的投入,1978年,国家用于"五保"户的救济金为2 309万元,占国家拨付农村社会救济费的10%,1994年为"五保"户拨付救济金7 554万元,占国家拨付农村社会救济费的27%。1979～1994年的15年间,国家和集体用于农村社会救济和补助的资金共70余亿元,灾民生活救济费170余亿元。在这个时期,社会救济改革最有成效的是在农村开展扶贫工作。20世纪70年代末,我国的贫困人口有2.5亿人,1982年民政部等9部委联合下发《关于认真做好扶助农村贫困户的通知》后,扶贫工作在我国农村全面展开,1994年国务院又部署实施《国家八七扶贫攻坚计划》,到1998年我国农村贫困人口下降到4 200万人。

综上所述可以看出,传统社会救济制度的适用对象主要是:①"三无"(无法定赡养人或抚养人、无劳动能力、无可靠生活来源)孤老残幼,他们是长期的救济对象,政府为他们解决了衣食住医教等各方面的生活问题,在城镇,为他们建立了福

---

① 多吉才让:《中国最低生活保障制度研究与实践》,人民出版社,2001年版,第54页。
② 多吉才让:《中国最低生活保障制度研究与实践》,人民出版社,2001年版,第57页。

利院、托老所、精神病院等福利机构；在农村，主要是建立了敬老院。1994 年全国孤老残幼有 330 万人，国家提供救济款 13.6 亿元，其中政府提供了 1.88 亿元。②灾民，即城镇或农村居民因遭受自然灾害而使财产和收成受到巨大损失的人们。灾情主要发生在农村，因而灾民主要集中在农村，国家将 70% 左右的救灾款用于解决灾民的吃饭问题，10% 左右用于衣被救济，25% 左右用于修建房屋补贴，5% 左右用于防疫治病。1994 年国家拨付救济款 18 亿元，救济灾民 8 228 万人。③社会上的生活困难者，他们因各种原因（家庭成员生病、家庭人口多劳动力少、失去工作机会等）陷入贫困，他们中的一部分是暂时困难者，另一部分则是长年困难者，因此对前者实行临时救济，对后者则实行定期定量救济。

（二）我国社会救济制度的基本内容和特点

我国社会救济工作的内容概括起来主要有救济灾民生活、救济贫困户和孤老病残人员生活、救济部分特殊人员生活。

我国是个多自然灾害的国家，党和政府历年来高度重视救灾工作，把灾民生活救济摆在突出重要的位置。灾民生活救济主要解决四个方面的问题：一是吃饭问题，这是灾民生活救济的重点；二是穿衣问题，主要是保证灾民安全过冬，避免冻死、冻伤；三是住房问题，帮助无家可归的灾民安排临时住所和重建家园；四是防疫、治病问题。2007 年各级政府和中央下拨救灾资金 79.8 亿元，比上年同期增加 30.4 亿元，增长 61.5%。

目前，我国经济尚不发达，不论城市还是农村都有相当多的贫困人口。目前农村还有约 2 365 万贫困人口，城市也有上千万人处于贫困状况。对贫困户的救济，要根据不同的情况实行定量救济或临时救济。贫困人口中有的是暂时的困难者，应实行临时救济；而另一部分则是长年贫困户，如孤老病残人员，对他们要实行定期定量的救济。

所谓救济特殊人员生活，是指对某些特定人员的救济，如精简退职职工等。据统计，1999 年全国得到特殊救济的有近 80 万人，其中精简退职职工 50 多万人，其他特殊救济对象 20 多万人，国家拨发救济经费 4 亿多元。随着时间的推移，这类救济对象的人数会逐步减少。

我国社会救济制度的特点是：①建立了比较完善的社会救济制度；②国家救济、集体补贴、社会互助相结合；③生活救济与扶持生产相结合；④物质帮助与福利服务相结合。

我国传统的社会救济制度，对保障城市困难群体的基本生活、维护社会稳定曾发挥了重要作用，取得了显著成绩，应给予充分肯定。但随着形势的发展，传统的社会救济制度越来越不适应新形势发展的要求，存在着救济面窄、缺乏科学的救济标准、操作程序不规范等问题，必须通过改革建立新的社会救济制度。

（三）城市居民最低生活保障制度的发展历程

1993 年 6 月，上海市民政局率先进行了建立城市最低生活保障线的探索，得到了 1994 年第十次全国民政工作会议的肯定，并将推进该项制度作为民政部 1995 年的重点工作。1995 年 4 月，厦门、青岛、大连、福州、广州和无锡等 6 城市也建立了这一制度，年终发展为 12 个城市，1996 年底发展为 101 个城市，1997 年底达到 334 个，其中直辖市 4 个，计划单列市 5 个，其他地级以上城市 160 个，县级市 165 个，占全国城市总数的 50%，另外还有 290 个县的人民政府所在镇建立了这项制度；1998 年底，全国 668 个城市中有 584 个城市、1 683 个有建制镇的县中有 1 035 个县政府所在镇建立了城市居民最低生活保障制度，覆盖面分别为 87% 和 63%；1999 年 6 月底，全国 660 个城市、1 505 个县人民政府所在镇建立了城市居民最低生活保障制度，覆盖面分别达到 99% 和 92%。

自 2000 年起，低保工作的重心开始由建立制度转移到了规范和完善制度上来。

2002 年 1 月底，全国 12 个省基本实现应保尽保，1 235 万城市贫困人口纳入了城市最低生活保障体系，占到 1 589 万城市贫困总人口的 78%。2002 年 7 月，"低保"待遇、贫困居民已经从 2001 年底的 1 170 万人迅速增加到 1 930.83 万人，初步实现了应保尽保的目标。目前，全国所有城市和县级人民政府所在地的镇全部建立了城市居民最低生活保障制度。

截至 2011 年年底，全国共有城市低保对象 1 145.7 万户，2 276.8 万人。全年各级财政共支出城市低保资金 659.9 亿元，比上年增长 25.8%，其中中央财政补助资金 502.0 亿元，占总支出的 76.1%。2011 年全国城市低保月平均标准 287.6 元/人，比上年增长 14.5%；全国城市低保月人均补助水平 240.3 元（含一次性生活补贴），比上年提高 27.1%①。

近几年我国城镇低保制度发展状况参见表 8－1。

表 8－1　近几年我国城镇低保制度发展状况

年份	2004	2005	2006	2007	2008	2009	2010	2011
保障人数（万人）	2 205	2 234.2	2 240.1	2 272.1	2 334.8	2 345.6	2 310.5	2 276.8
年增长率（%）	－1.9	1.3	0.3	1.4	2.8	0.5	－1.5	－1.5
城市低保月平均标准（元/人）	152.0	156.0	169.6	182.4	205.3	227.8	251.2	287.6
城市低保月平均支出水平（元/人）	65.0	72.3	83.6	102.7	143.7	172.0	189.0	240.3

资料来源：根据民政部《2011 年社会服务发展统计公报》、《2009 年民政事业发展统计报告》整理得出。

① 民政部：《2011 年社会服务发展统计公报》，2012 年 6 月 21 日发布。

（四）流浪乞讨人员救助管理办法的发展历程

1951年6月，北京市政府发布了《北京市城市处理乞丐暂行办法》，规定由警察负责随时收容街头乞丐，并由派出所转送收容机关。1954年政府曾实施了一次大规模的收容遣送。当时有许多内部文件用来规范和制止农民进城。然而改革开放以来，我国经济社会等方面发生了巨大的变化，在这一时代背景下，流动人口的状况也有很大的改变，在总量增加的同时，外出逃避计划生育的人增多，还有很多以乞讨作为生财之道的人，这些都使得流动人口成为城市一个显著的社会问题。为了解决这一新的情况，国务院在1982年发布了《城市流浪乞讨人员收容遣送办法》，正式确立了收容遣送制度。收容遣送办法所规定的收容对象是“家居农村流入城市乞讨的”、“城市居民中流浪乞讨的”以及“其他露宿街头生活无着落的”三类人。但是随着制度的实施，收容遣送的对象也在不断地扩大，收容遣送工作的具体内容也发生了新的变化。1991年国务院48号文件将无合法证件、无固定住所、无稳定收入的“三无人员”也归到收容遣送的范围中。收容遣送办法在实施过程中，受到利益驱动，一些地区还出现了下达收容指标任务、强迫收容对象劳动、收取各种费用等违法行为，使不少公民的政治、经济、人身受到严重的侵害。至此，收容遣送办法实际上已经异化为限制流动人口特别是外来务工人员的治安管理条例。2003年，在广州打工的大学生孙志刚被强制收容并被伤害致死一事，经过多家媒体报道之后，成为当年除“非典”以外另一桩为世人普遍关注的事件。这一事件也使得收容遣送办法的种种问题浮出水面，推动了收容遣送制度向救助管理制度的转变。2003年6月20日，温家宝总理签署381号令，公布实施《城市生活无着落的流浪乞讨人员救助管理办法》。该《办法》共18条，包括对在城市生活无着落的流浪乞讨人员救助的原则、救助站设立和管理、为救助人员提供救助内容、救助站工作人员的行为以及违反者责任追究等。《办法》自2003年8月1日起施行，1982年5月国务院发布的《城市流浪乞讨人员收容遣送办法》同时废除。

第二节　现阶段中国城市贫困问题

一、贫困的科学界定

世界银行在《2000/2001世界发展报告：向贫困开战》中指出，在这个对许多国家来说是财富超过以往任何时期的时代，世界上还有28亿人口每天的生活费不足2美元，在这些贫困人口中，有12亿人几乎入不敷出，每天的生活费不足1美元。反贫困是全人类面临的共同课题。

部分学者将现有的贫困一般分为绝对贫困、基本贫困和相对贫困三种①。绝对贫困是指满足基本生存需要的生活资料极端缺乏;基本贫困是指虽能维持生存,但生活状态仍然是不足以维护人的生存尊严,不够体面;相对贫困是指相对于社会平均生活水平而言处于低于平均生活水平一定程度的生活状态。但这些概念往往不具有操作性。现实中我们一般是先定一个贫困线或者叫做最低生活水平线,然后,将个人收入和其比较,凡是收入水平低于标准的个人或家庭就称之为贫困者,贫困者的生活状态就是贫困状态。

贫困线,又叫最低生活水平线,是指社会认为每个居民不管贡献与否都应该享受到的最低的生活水平。贫困线的确定通常有五种方法:

第一,恩格尔系数法。恩格尔系数是德国统计学家恩格尔发明的反映个人食品支出占其全部消费支出的百分比。一般认为,贫困人口的恩格尔系数为60%。我们现在一般依据统计局测算的,征询营养专家意见或调查得出维护个人基本生存所需的食品数量,按食品的价格换算为食品支出,然后,用个人食品支出除以恩格尔系数即是最低生活水平线。

第二,线性支出系统模型法。这种方法是把居民的各类消费品支出看成是居民收入的函数,建立线性支出系统模型。然后利用现有的统计数据估计模型,从而导出模型中设定的各类消费品的基本需求支出以及总的基本需求支出,以此作为贫困标准。

第三,国际贫困线法。在参加亚洲太平洋经济合作组织的西方国家中,一般认为将个人中位收入的一半或者2/3作为社会贫困线,较为合理。

第四,市场菜篮法。直接依据低收入家庭的日常消费中的吃、穿、住、用、烧、医、教、服务等方面的生活必需品数量清单,再与物价统计部门提供的相应物品的市场平均代表价格相乘,然后加总求出低收入家庭的最低生活水平标准。

第五,生活形态调查法。社会学家列出社会公认的最低收入阶层合理的生活形态指标,经过向官员、专家、社会成员、贫困者等多方征求意见,加以调整,确定出合理的贫困者的生活形态;然后,调查出哪些人的实际生活状态符合此标准,即确定为贫困者,而他们的收入水平即是贫困线。

对于中国这样一个幅员辽阔、地域特点各异的国家来说,地域覆盖范围是一个很重要的问题。由于各地区消费结构、物价和生活水准(或人均收入)差异

① 唐钧:《中国城市居民贫困线研究》,上海科学出版社,1998年版,第20页。

很大，因此，采用全国统一的贫困线可能会扭曲地区的贫困格局。尽管省级贫困线也有同样的缺陷，但比全国贫困线要可靠一些。同时，由于个人的生活水准取决于其家庭的规模和家庭成员的年龄构成，因此，贫困线的确定还需要根据家庭的规模和构成进行调整。

二、中国城市贫困问题

虽然贫困一度被称做是农村现象，但世界银行 1996 年的报告指出，21 世纪初，城镇贫困人口的数目会超过农村人口。这些城镇贫困人口生活在缺乏基础设施，地方政府甚至不能提供最基本的服务的地方。所以，21 世纪世界面临的最严峻的挑战将是城镇贫困人口的出现。

长期以来，我国城市居民的贫困问题并没有引起各界的足够关注，一些由于个人或家庭原因而陷入生活困境的人口，通常被政府或各单位内部的救济体制所接纳。但是，在我国由计划经济向市场经济转变的过程中，随着经济体制的转轨，城市居民收入差距扩大，通货膨胀，加上社会保障体制不完善的影响，一些城市居民生活水平下降或者感受到了严重的相对剥夺，原有的社会救济体制已经不适应新的形势。因此，城市居民的贫困问题浮到了社会的表层，继中国农村贫困问题之后，开始成为公众关注的焦点。

改革开放以来，我国经济发展迅速，取得了举世瞩目的成就。中国的城市已今非昔比：高楼拔地而起、公共设施日益改善、居民平均可支配收入增长迅速。然而我们必须清醒地看到，在日益繁荣的城市里，贫困依然是我们必须正视的问题：居民收入差距不断扩大、失业人员增加、经济弱势群体问题突出等。

（一）中国城市贫困的显著特征

1. 敏感性程度很高。敏感性程度高意味着贫困线较小的移动会导致贫困比率发生很大的变化。这说明有相当一部分非贫困城镇居民，由于收入较小幅度的下降，或在非食品方面的开支加大，比如，由于疾病而陷入贫困的可能性相当大。从某种意义上说，后者相当于收入的减少，因为受影响的家庭不得不在食品或非食品方面减少开支。这一分析表明：扶贫措施不应当只注意贫困线以下的家庭，同时也应当注意陷入贫困风险高的家庭。对于后一人群的适当政策不是提供社会援助而是增加低收入家庭应付风险的能力，比如，提供大病健康保险。由于家庭人均收入较小幅度的下降而会使相当比例的城镇人口陷入贫困，这种可能性的存在要求我们必须重视社会安全网的建设。这一安全网要保护所有的城镇居民，而不能像过去和现在的实际做法，只保护无工作能力、无积蓄和无亲人可依靠的一小部分人口。

2. 区域差异显著。根据国际标准，从具体的数字来看，全国的城镇贫困人口总数是比较少的，贫困比率也是比较低的。将长期外来打工人员包括在城镇人口中很可能增大贫困比率，但不会大到完全推翻此结论的程度。但是，各省之间的比率相差很大。我们测算发现，比率很低的地区，除北京外都是沿海地区，属最富裕的省份。高比率的地区都是内陆地区，除河南外，均地处西部。不过，这两个极端之间的地区是一种混合状态。某些最贫困省份的平均贫困率是4%～6%，包括贵州和青海。某些较富裕的省份，如辽宁和天津，贫困比率比平均数高出不少。省别贫困线的显著特点是变化的范围很大，这说明如果整个国家只有一条贫困线会扭曲城镇贫困的实际状况，同时还说明城镇扶贫的重心不同于农村地区，城镇贫困状况和地区贫富程度之间不是完全对应的。

3. 城市贫困人口构成发生重大变化。大量失业人员、下岗（或放长假）人员、困难企业的部分在岗职工以及部分退休职工成为目前城市贫困层的主要成员。据估计，他们占了城市全部低收入者的88%。以前，城市贫困层的主体是所谓“三无”人员（无生活来源、无劳动能力、无法定赡养人或抚养人），主要是由于个人或家庭的原因导致贫困，这一部分贫困人口的数量相对稳定，对社会结构的冲击较小，而且在城市贫困层中所占的比例正在逐步缩小。而现在，上述城市贫困层的主体之所以陷入贫困，在很大程度上是由于社会结构变迁的原因，是社会经济体制转轨和产业结构调整过程中难以避免的现象。

4. 流动人口的贫困问题突出。20世纪80年代中期以来，农村到城市打工的人员急剧增加，处于流动状态的人口也在不断增长。据第五次全国人口普查结果显示，我国流动人口总规模已超过1.2亿人，随着流动人口的增长，流动人口的贫困问题日益突出，应当予以高度关注。关于流动人口的贫困问题存在如下特点：

第一，流动人口的贫困比率很高。流动人口贫困比率全国平均达到15.2%，在一些城市超过了20%，如乌鲁木齐、济南、南京、呼和浩特、银川和郑州等。

第二，流动人口的平均贫困率比城镇常住人口高出50%。

第三，流动人口在城市劳动力市场中处于不利地位。在多数城市，流动人口仅限于从事常住人口不愿干的工作。而且，在从事同样工作时，流动人口得到的报酬通常比常住人口低。

（二）现有城镇贫困人口收入支持体系存在的缺陷

目前的城镇人口（流动人口除外）享有防范贫困的三道防线。

第一道防线是下岗人员生活费。目前下岗人员的生活费保障主要包括两个方面:一是企业负责照顾和发放本企业下岗职工生活费,但最多只发放3年;一是下岗职工仅领取低于当地最低工资的生活费,而在过去是领取基本工资。下岗人员所在企业都按照要求成立再就业服务中心,负责登记下岗工人并支付他们的生活津贴,代下岗工人缴纳社会保险费,提供再培训及帮助求职或介绍工作。从2001年开始,所有的下岗人员都直接进入失业保险,不再像以前那样,先进入下岗再就业中心,3年后找不到工作再进入失业保险。因此,尽管这项政策的保障范围最广,但其功能是国有企业改革过程中的阶段性措施,因而是临时性的,现已基本由失业保险取代。

第二道防线是失业保险。2000年底,包括"登记失业人员"和"下岗职工"在内,城市失业人口总数达到1 460万人,相对应的"职工"(正式雇员)以及"登记失业人员"总数为1.185亿人,由此计算的城市失业率为12.3%。目前失业保险主要覆盖正式雇用人员("职工"),虽然缴费人数从1998年的793万人增加到2010年年底的1.3376亿人,但是失业保险并不包括城镇个体经营者和在城市工作的流动人口。

第三道防线是最低生活保障制度。目前全国有668个城市和1 638个县镇都实行了最低生活保障制度。到2000年底,最低生活保障制度正式覆盖的城镇人口是4.58亿人(人口总数的36.2%)。1999年,即最低生活保障制度覆盖几乎所有城镇人口的第一年,281万人领取了救助金。其中,约25%的人是"三无"人员,其余75%的受助者主要是"新的城市贫困人口",其中包括了下列曾经被排除在传统贫困救助之外的人员:下岗人员(尚未与工作单位正式脱离关系)、失业人员和退休人员。

2009年底,有2 345.6万人享受到最低生活保障,其中在职人员79.0万人,占总人数的3.4%;灵活就业人员432.2万人,占总人数的18.4%;老年人333.5万人,占总人数的14.2%;登记失业人员510.2万人,占总人数的21.8%;未登记失业人员410.9万人,占总人数的17.5%;在校生369.1万人,占总人数的15.7%;其他未成年人210.7万人,占总人数的9.0%[①]。到2010年年底,最低生活保障支付正式覆盖的城镇人口是2 276.8万人。

上述三道防线中,最低生活保障制度是最后一道防线。从原则上说,这项制度是足以抵御贫困的,但事实上却难以实现上述目标。存在的问题主要包括:

第一,覆盖面有限,只有很小比例的城镇人口得到接受救助的认可。符合条件的城市贫困人员中只有不到1/4的人员领取了救助费。另外,长期流动人

① 民政部:《2009年民政事业发展统计报告》,2010年2月3日发布。

口(在某一地方居住6个月以上)还被排除在外。在2000年的前9个月,受助人均收入低于贫困线的人数为1 400万人,这个数字在其他的估算中更高。根据民政部的数字,事实上只有23%的城市贫困人口得到了救助。扩大覆盖面的主要障碍是较低级别政府的可应用资金不能满足需要救助人口的需要。

第二,贫困诊断工作不完善,得到确认具有接受救助资格的城镇贫困人口数被低估。地方贫困人数的数量主要靠估计,调查是零星进行的,而且调查方法和覆盖面都有较大差异。同时,由于确定贫困的市级政府要考虑财政上的压力和约束,也影响了对贫困的诊断。

第三,救助的标准仍不足以预防贫困。测算发现,全国35个城市中的27个城市的救助线低于估计的贫困线。这些城市中有17个城市的救助线和估计的贫困线之间的差距大于10%,而且在一些城市,这一差距特别大,例如,青岛、深圳、乌鲁木齐和广州。

第三节　我国城镇居民最低生活保障制度

一、城镇居民最低生活保障制度的保障范围

确定保障对象的范围有三种方法:一是定量方法,即依法确定最低生活保障标准,凡是低于这个标准的人员,均属于保障对象;二是定性方法,即依据现实社会中已经存在的不同性质、不同致贫原因的贫困群体,分门别类地确定保障对象的范围;三是在以上定量与定性相结合的基础上,由国家根据政策需要划定保障范围。

我国《城市居民最低生活保障条例》作了这样的规定:"持有非农业户口的城市居民,凡共同生活的家庭成员人均收入低于当地城市居民最低生活保障标准的,均有从当地人民政府获得基本生活物质帮助的权利。"具体包括以下四类人员:①"三无"人员;②失业保险期满仍不能就业而符合社会救济条件的居民;③在职人员在领取最低工资、下岗人员领取基本生活费、离退休人员领取离退休金后,其家庭人均收入仍低于最低生活保障标准的居民;④由于各种原因造成生活低于最低生活保障线标准的其他居民。

二、城镇居民最低生活保障制度的保障标准

《城市居民最低生活保障条例》规定:"城市居民最低生活保障标准,按照当地维持城市居民基本生活所必需的衣食住费用,并适当考虑水电燃煤(煤气)费用以及未成年人的义务教育费用确定。"

最低生活保障标准并非一成不变,而是要经常进行调整。在进行调整时要考虑两个原则:一是分享经济发展成果的原则;二是与物价挂钩的原则。

三、城镇居民最低生活保障制度的申领程序

根据规定,居委会受街道办事处或镇人民政府的委托,在接到城市居民最低生活保障待遇申请书后,根据申请人所填写的内容及有关情况进行初步审查,对认为符合享受城市居民最低生活保障的签署意见,上报街道办事处或镇人民政府再作进一步的调查和审核。街道办事处和镇人民政府按规定严格核实申请享受最低生活保障家庭的收入情况和困难程度,并取证有关证明材料后,签署审核意见,对符合条件的报送所在县(市、区)民政局审批。街道办事处或镇人民政府一般应在收到申请之日起20天内,签署审核意见。县(市、区)民政局接到已签署街道办事处、镇人民政府审核意见的保障对象申请书后,对符合条件的申请人予以审批,审批时限一般不超过10天。获得批准的,通过街道办事处或镇人民政府发给保障对象城市居民最低生活保障金领取证。

四、城镇居民最低生活保障制度的管理体制和运行机制

《城市居民最低生活保障条例》明确规定:"城市居民最低生活保障制度实行地方各级人民政府负责制。国务院民政部门负责全国城市居民最低生活保障的管理工作。"根据这一规定,城市居民最低生活保障工作实行的是政府领导、民政主管、部门配合、基层落实的管理体制。

要做好城市居民最低生活保障工作,就要使参与这项工作的社会各界、各有关部门和广大群众都能纳入一个运转协调、科学规范的工作体系之中。维持这个体系运转的根本则是以法制化、社会化、信息化为特征的运行机制。

第四节 我国城市反贫困政策评析

一、我国城镇低保政策评析

验证最低生活保障制度的实施效果有两个关键的指标:一是被认定为贫困人口并得到救助的居民的百分比;二是实际贫困人口与被认定的贫困人口之间可能存在的差距。

以上述两项指标来衡量,当前最低生活保障制度的实施都不尽如人意。在2000年的前9个月,得到救助的总人数为323.7万人,而2000年8月间民政部的调查统计结果是:城镇居民收入低于当地贫困线的人数为1 400万人,若按其

他的估算则人数更多，根据民政部的数字，事实上仅有23%的城镇贫困人口得到了救助。

由此可见，最低生活保障制度的覆盖面相当小。一些负责社会救助的官员将此归因于资金严重短缺，对资金短缺的普遍对策是：将获取最低生活保障金的条件抬高，以减少潜在的受益者的人数。他们想当然地认为，那些能工作的人总能挣到一些钱，而不考虑他们的实际需求。或者，假设那些有资格领取"下岗生活费"的人有地方得到补助，甚至明明知道他们没有得到下岗生活费也不考虑他们的需求。这种情况相当普遍。

除了最低生活保障制度的覆盖面很小之外，被认定的贫困人口人数要低于实际贫困人口。例如，在安徽省蚌埠市进行的一次抽样调查表明：家庭收入每人每月少于130元（当地的贫困线）的人口在该市是80 000人（占城镇人口的15.4%）。这一数字是前次估算数字的一倍（40 000人，占城镇人口的7.5%）。这或许是一个极端的例子，但是，贫困人口的人数被低估是普遍现象，因为当前的估算主要靠当地官员呈报。

（一）覆盖面有限

最低生活保障制度在对城镇贫困救助中发挥着关键的作用。作为防御城镇贫困的最后一道防线，这项制度对社会保险金和下岗生活费是一项补充。但是，实际获取救助的城镇贫困人口占符合条件的城镇贫困人口的比例不到1/4，因此，作为社会安全网的最后手段，这项制度的覆盖面太有限，尚且长期流动人口（居留时间6个月以上）被完全排除在外。负责这项制度实施的地方官员都认识到扩大这项制度覆盖面的重要性。扩大覆盖面的主要障碍是：基层政府的可用资金与需要救助的城镇贫困人口之间的不匹配。如果增加省级政府和中央政府对这项制度所承担的经费份额，这一障碍是完全可以消除的。

（二）城镇贫困诊断方法中的漏洞

城镇贫困的诊断，在过去的几年中已有巨大的进步，这是贫困救助关键的第一步。但是，诊断方法仍存在严重的缺陷。对于贫困人口的估算，在地方一级，大部分仍然依靠下级的呈报。虽然某些城市对贫困的程度和范围进行了专门的调查，但是这些调查，在范围和方法上仍然是不完整和不一致的。

由地方政府设定贫困线，从而估算贫困人口人数并确定救助对象，事情本应如此。中国是一个人口众多、幅员辽阔的国家，消费结构、物价和人均收入（生活标准），省与省之间、同一省份的市与市之间，都会有很大的不同。在原则上，当地的贫困线，应当是通过统计基本生活必需品和服务的支出来设定的。但是，设定贫困线的市、区政府，同时要负责此项救助制度的经费。因此，当地贫困线的设定掺杂着对财政支出的考虑。一般的看法是:经济落后的城市,迫于公共财政的压力,将贫困线设定得太低而不能确保基本生存条件。

将贫困标准加以区分,分为诊断性贫困线和用于确定救助的贫困线,这一想法是很有道理的。前者可用以评估目前救助工作的效果并为今后确立一个目标。有些全国性的组织,如国家统计局,计算贫困线的目的只是为了估算贫困人口的人数。这些贫困线是用做计算基准的,其价值是有限的,因为这些贫困线在价格和消费结构上不反映地区之间的差别。

(三)救助不充分

最低生活保障制度只局限于补足家庭人均收入与贫困线之间的差额。与一些国家不同,这里的救助不考虑根据家庭成员的人数(规模效应)以及他们的年龄而进行调整。其中的原因是:这项制度从其出台到管理对地方政府已是一个不轻的负担了。

最低生活保障制度对个人实际的救助水平是很低的。2010 年 1 ~ 6 月,全国人均补助水平为 162 元,平均低保标准为 236 元。全国共有 16 个省份的低保标准低于 236 元,其中有 7 个省份的低保标准低于 200 元,甘肃省和贵州省的低保标准最低,分别为 183 元和 172 元①。有两个因素对这个问题产生影响:一是家庭人均收入常常是以"推算收入",而不是以实际收入为根据而计算得出的,这有助于不超出有限的预算;二是衡量是否符合救助条件的贫困线,在许多地区设定得太低。在原则上,这些问题通过下述途径是可以得到解决的:制定出以提供救助为目标,用于估算实际收入和计算贫困线的全国性指导方针。但是,这项制度在向城镇贫困家庭提供救助时,面临两个主要缺口,这两个缺口限制了它作为社会安全网最后手段的有效性。

第一,低保对象的大病医疗问题亟待解决。据 2002 年下半年民政部组织社会力量开展的"百城万户"低保抽样调查的结果显示,城市低保对象中有 63% 的家庭都有病人。与失业保险不同,这项制度未提供健康保障,甚至没有大病保障。一般认为,贫困线应当包括对医疗保健开支的补贴。但是,这种补贴纯粹是概念上的东西,并未根据受助者的健康状况而进行调整。有大量事例证明,这项制度的受助者(许多人患有慢性病)和其他低收入城镇家庭的成员有病硬撑着而不愿去医院接受必要的治疗。因此,设立经家庭经济情况调查后提供的免费医疗保障是很有必要的,以此覆盖有严重疾病的城镇人口,应当说这是救助工作的重点。

---

① 2010 年 6 月全国城市低保情况,http://dbs.mca.gov.cn/article/csdb/tjsj/201007/20100700094084.shtml

第二,教育费用近几年增长很快,成了城镇中有小孩的低收入家庭的沉重负担。他们面临着这样的困难选择:紧缩已经相当低的日常开支,给孩子安排适当的教育,或者是减少教育费用。因此,设立教育基金,救助低收入家庭的学龄子女,是有充分理由的。

此外,住房条件差、打官司难以及北方地区较高的冬季取暖费支出等问题也很突出。

(四)救助与鼓励工作积极性

在市场经济背景下,与社会福利制度相对应的一个核心问题是:如何保护那些有能力工作的个人不至于陷入贫困,同时还要鼓励他们参加工作。在过去,解决此问题的办法是向他们提供工作岗位,不过现在这种方式不那么行得通了。这一问题目前还没有摆上议事日程,因为失业和下岗的人数急剧增长。另一方面,工作岗位明显难以找到。但是,不论是救助制度还是失业保险,都将不得不针对这个问题制定相应的措施,从而促使和鼓励那些有能力工作的个人,通过工作挣钱或自谋生计使自己摆脱贫困。

地方政府和非政府组织,诸如工会和妇联,具有帮助失业人员寻找工作或自谋生计的主观能动性。此外,还需要制定若干与救助制度相关联的、以创造就业机会和自谋生计为目标的方案。

(五)财政问题

近几年,中央用于城市低保的补助资金连年翻番,省级财政也在不断加大投入,在一定程度上缓解了低保资金的供需矛盾。但由于中西部地区相当部分的市、县财政困难,一些地方仍存在资金缺口。而低保人数的增加,会使资金问题更加突出。由于各地深入贯彻国务院关于按“实际收入”计算家庭收入的政策,低保人数会有所增加;随着户籍制度改革的推进,大量农村人口将转为城镇人口,其中部分困难居民将要享受低保;产业结构调整的加快和企业减员增效还会产生新的贫困人口;国有企业下岗职工基本生活保障向失业保险并轨过程中,一些未就业的困难职工家庭也会直接进入低保人群。

虽然这项制度由于资金的严重短缺而受到限制,但是,其中的原因不在总支出有多大,而在于这项制度的分配过程要通过几级政府。尽管上级政府分担费用,但区(比最基层政府高一级)政府承担了最低生活保障制度总支出较高的份额。区政府是一个级别很低的行政单位,因为级别太低,所以城镇贫困救助资金的分配难以达到公平合理。因为,贫困的程度在各区之间相当不均衡,加之贫困人口比率较高的区,公共财政往往也比较吃紧。

目前,最低生活保障制度的资金筹措渠道只是应急的权宜之计。这造成了两种情况：①分配不公平、不合理；②资金不足（与其承担的责任相比较）。因此，必须重新分派经费分担的份额，中央和省一级多一些，相应减少下级政府的支出。

（六）民政部门机构设置不当，各有关部门配合不力

目前，许多地方的民政部门没有专门机构和专业人员来管理这项工作，越到基层越是这样，面对繁重的救助工作，机构和人员显得很不适应。就低保制度的日常运作而言，现在仍然依靠市级、区级和街道办事处的少数几个官员；就官员人数和物质资源而言，管理架构严重缺损，从而大大地影响了这项制度的有效运转。这项制度当前的行政基础，是沿袭过去的城镇救济还仅限于"三无"人员时的行政基础。因此，在救助所有收入低于当地贫困线的城镇居民的目标与实施最低生活保障制度的行政结构之间，存在着严重的失衡现象。

作为一项政策性强且讲究方法和技巧的工作，在国外一般都有专管机构和人员，而且必须是经过正规教育培训的社会工作人员。由于这项制度在我国刚开始实行不久，各有关部门对其了解不够，缺乏有力的配合，不能制定出更为有效的配套措施。

二、城市最低生活保障制度的规范管理

2002年，民政部门不断完善和提高城市低保工作规范管理的制度化程度，建立健全了"政府统一领导，民政部门主管，有关部门协作，街居具体操作，社会广泛参与"的低保管理体制和运行机制，主要包括：一是对低保对象家庭收入的计算方法作了详细规定，集中力量解决了部分地方"虚拟收入"和"应得收入"的问题，坚决纠正按劳动就业年龄段计算"虚拟收入"的做法。二是建立城市低保对象家庭备案制度，即民政系统自下而上把低保家庭户主姓名、身份证号码、家庭人口、家庭住址、邮政编码、月领低保金数额等制作成备案光碟，并层层上报备案，形成制度，这一措施方便了社会各方面的查询和监督，促进了低保对象和低保资金的落实。三是推动各地按照《城市居民最低生活保障条例》和国务院一系列文件精神，尽快出台或修订省级《低保管理办法》或市县《低保实施细则》，为规范管理创造条件。目前全国出台或修订省级管理办法的省份已增加到26个，绝大部分省份和地市县有了本地区的低保规章或实施办法。四是加快推进城市低保资讯化建设，民政部完成了《民政部低保资讯管理软体正式版》，连同培训光碟，一同下发到街道和区（县）以上各级民政部门。目前低保资讯系统已纳入国家"十五"期间电子政务建设重点工程。五是初步建立了低保对象和低保资金发放的监督核查机制。六是民政部门组织动员了近百万人调

查，基本摸清了全国低保对象的底数。目前，城市最低生活保障制度的规范管理主要集中在以下一些环节。

（一）科学制定城市居民最低生活保障标准

制定城市居民最低生活保障标准需要进行的工作包括：①以估算贫困线为目标，开展标准化的调查统计；②编制详细的全国性指导框架，供各省、市政府用做贫困线的计算；③计算出诊断性贫困线，其中不仅有针对全国的，而且有针对各省以及省内各地区的。

制定城市居民最低生活保障标准是一项复杂、系统的工作，主要依据包括：①维持居民的最低生活需求所需要的物品的种类和数量；②生活必需品所需要的费用；③市场综合物价指数，尤其是生活必需品的价格指数；④居民的平均实际收入和消费水准；⑤经济发展状况和财政收入状况；⑥其他社会保障标准。目前享受城市居民最低生活保障待遇的家庭分为全额享受和差额享受两类。对于无生活来源、无劳动能力，又无法定赡养人、扶养人或抚养人的城市居民，按照其当地城市居民最低生活保障标准全额享受；对尚有一定收入的城市居民，按照家庭人均收入低于当地城市居民最低生活保障标准的差额享受。具体发放的差额是这样计算的：家庭月保障金额 = 当地月保障标准 × 家庭人口数/月家庭成员各类收入总额（抚恤补助金除外）。

（二）严格审核城市居民最低生活保障的申请

对于调查和审核过程中遇到的如存款数量无法明确，隐性收入无法核定，有高档消费品的申请人家庭，尽管人均收入低于当地居民生活保障标准，但实际生活水准明显高于当地最低生活水准的不予保障。此外，对于不符合有关条件的不批；不按规定程式申报的不批；相关的证明材料和手续不全的不批；群众反映强烈的暂时不批。

（三）切实保障城市居民最低生活保障的资金供给

国务院《关于在全国建立城市居民最低生活保障制度的通知》中规定，实施城市居民最低生活保障制度所需资金，由地方各级人民政府列入预算，纳入社会救济专项资金支出科目，专账管理。由于城市居民最低生活保障资金的来源主要是财政拨款，为保证资金能够按时、足额下拨，必须实行专账管理，以保证专款专用，不被挤占、挪用。对于保障资金的支出，各级民政部门应在国有商业银行开设城市居民最低生活保障金支出专户，专门用于保障金的支付。

（四）严格监管城市居民最低生活保障金的使用

民政部门必须加强对保障金的管理。基层民政部门和街道办事处、居委会在发放保障金时要坚持政策公开、金额公开、保障对象公开的原则，健全手续。街道办事处及居委会，对申请领取最低生活保障金的人员要认真审核，严格把关。民政部门和街道办事处、居委会应定期对领取保障金人员的家庭收入情况进行复核，居委会一般每月、街道每季、县（市、区）民政局每半年对保障对象审核一次，发现高于当地最低生活保障标准的应停发保障金并收回《城市居民最低生活保障金领取证》。申领生活保障金和领取生活保障金的人员，应接受民政局和街道办事处、居委会的监督管理，如实反映家庭成员情况及家庭的所有收入，不得隐瞒、虚报、冒领生活保障金。各级民政部门要经常检查资金的使用情况，定期做好清理、对账工作，并积极配合财政、审计等部门对保障资金的使用情况进行监督、检查。对工作人员利用职权贪污、挪用、扩大保障金使用范围等行为，要严格依照国家有关法律法规进行处理，构成犯罪的，由司法机关依法追究刑事责任。

（五）建立健全城市居民最低生活保障的资讯系统

为改变落后的工作方式和管理手段，民政部门正加快建立城市居民最低生活保障工作资讯管理系统，推行全国统一的管理软件，运用科技手段加强低保工作的管理，不断提高管理水平，促进低保工作由传统落后的管理向科学化、规范化管理转变。

三、建立健全公正、积极、高效的社会救济体系

（一）赋予救助对象平等的公民身份

1. 需要继续强化对救助者平等公民身份的尊重。目前，民政系统在最低生活保障资格认定上采取了家庭收入调查和对初检符合条件者在社区张榜公示（接受群众监督）的程序。这种张榜公示的做法不但有侵犯公民个人隐私之嫌，更有贬低个人价值的“污名”之效。一方面，在完整公民身份的法律秩序下，公民的具体收入和生活事件属于个人隐私，非司法等原因不应受到强制性调查并被公示；另一方面，这种公示会给受公示者带来“无能”甚至“懒惰”的社会评价，从而贬低了个人价值和名誉。所以从保护公民平等身份的意义上看，社区没有调查居民家庭收入并张榜公示的权力。越来越多的国家出于对公民平等身份的考虑，也不再调查申请者的家庭经济收入，而是采用受助者定期陈述家庭经济状况变化、参加劳动技能培训和寻找就业的努力，以及完成义务性社区服务等方式来进行互动管理。实际上，据我们在多个城市的调查，这种办法在收入调查和公示两个环节上因为收入背景的日趋复杂和社区环境的更加开放而存在较大的局限性，效果并不好。

2. 在保证救助对象权利的同时，根据对等原则要把救助对象应履行的义务提高到相当重要的位置，并增强责任承担制度的可操作性。国务院《城市居民最低生活保障条例》第十条规定："……在就业年龄内有劳动能力但尚未就业的城市居民，在享受城市居民最低生活保障待遇期间，应当参加其所在地居民委员会组织的公益性社区服务活动"。虽然其中提到了受助者有义务参加社区公益服务，但并不是"必须"，也没有规定明确的责任和制度执行办法，在实践中无法成为硬约束。

（二）物质性救济和精神援助并举

目前实施的救济制度在一定程度上还表现出"政府只管花钱、救济对象只管享受"的消极特征，给部分申请者的动机带来不良影响，并在客观上扩大了资金需求。以低保制度为例，受经济理性驱动的群体，甚至比较富裕的群体都可能设计出符合低保标准的收入报告并提出申请，如某地有百万富翁申请低保，以争取这份不需要任何付出的福利补贴，直接增加了收入排查和低保对象甄别的工作量，而且由于受惠对象的混杂，既扩大了资金需求量，又降低了制度的公正性。低保制度的"消极性"还为独立人格的形成带来新的问题。越来越多的研究发现，真正的低保对象在被动领取"低保金"一段时间之后，其中相当部分的劳动者逐渐放弃了重新参与社会的愿望和努力，与社会相排斥。

所以，仅仅有物质救助是不够的，还要对低保对象实行精神援助。社会救济的根本目的不在于物质性的资助，而在于提高受救助者改变自身命运的"可行能力"。所以，要变消极的救助为积极的救助，把救助的工作重点转移到开发受救助者的劳动潜能和人格健康发展上来，具体做法包括增加对受救助者实行心理干预、组织参加社区服务、实施专业社工指导和职业技师辅导等政策，鼓励、引导和敦促受救助者自强自立。

（三）降低社会救助的行政管理成本，杜绝救助资金的无效膨胀

民政部在2002年12月的中国城市反贫困论坛主题报告《中国的城市贫困与最低生活保障》中指出，虽然城镇居民最低生活保障制度在全国的推广取得了成功，但进一步发展需要面对以下工作难点：家庭经济调查不易进行，工作机构不健全和人员紧张的矛盾突出等。不难想象，在收支管理十分落后的市场化环境中，把几千万申请者的家庭收入调查清楚，将是多么大的社会工程！更何况还要对"应保"者实现"尽保"，进行常年的动态管理，工作机构和人员的扩张似乎已经迫在眉睫。但是，我们必须杜绝西方国家所谓的"福利机关挥金如土"现象在中国重演。西方不少国家，救济机构的行政管理费用超过了救济预算总

额的 60%，大部分救济款被不是穷人的救济机关占用，或者说救济机构和人员的无限制扩张导致了救济资金的无效膨胀。

我国必须保持救助机构的精简和救助管理的效率。其中关键之处是将工作重心从机关下放到社区。因为机关只有政府资源，如果机关直接面对规模扩大、需求复杂的受救助对象，必然会不断扩编机构、增加预算，由此导致行政低效率。而依托社区，政府则可以避免"陷入其中而不得不自我膨胀"的尴尬，有利于更准确地把握全局，进行政策调控。政策调控工作的思路主要有两条：一是建立社会救助的社区平台，政府只需在提供基本的救助津贴的同时，通过政策倡导和鼓励企业、公益机构及社区居民等多方面、多种类资源的流入，就可以为贫困群体提供低成本的物资、信息、培训、组织等全方位服务。如目前只要在社区把已经实施的低保制度、经常化捐赠制度、社会化养老方案以及其他多种社区服务整合起来，就能达到资源互补和相互促进，低保对象不但能够得到更多的物质帮助，而且可以为社会养老等社区服务提供人力资源，从而显著提高低保救助的效率。二是给受助者提供组织和社会活动空间，一方面促进受救助对象在社区自我组织、自我管理、自我服务，另一方面引导他们合作互助，开展劳动自救。与其成立一个级别森严、规模庞大的机关团队对贫困者进行管理和监督，不如让他们自己管理自己、自己的事自己做，这是控制救济管理成本的有效途径。如果受救助者能够依托社区相互志愿合作，发挥劳动潜能，积极参与社区服务和其他经济活动，那么将直接减少政府对救济资源的投入，促进自强自立之良好社会风气的形成。

本章小结

本章阐述了社会救济和贫困的一般概念，对部分发达国家的社会救济制度进行了简要介绍，讲述了我国社会救济发展与改革的历程，重点对我国城市贫困问题以及作为反贫困对策的城市低保制度进行了剖析，最后提出要建立一个公正、平等、高效的社会救助体系。

重要概念

社会救济　贫困线　恩格尔系数法　市场菜篮法

思考题

1. 什么是社会救济？它与社会保险有何区别？
2. 通过对其他国家社会救济制度的比较，对我们有何启示？
3. 我国传统的社会救济制度为什么要进行改革？
4. 我们如何界定贫困？贫困线的确定有哪几种方法？
5. 你如何看待中国城市的贫困问题？
6. 什么是城镇居民最低生活保障制度？
7. 你对当前中国城镇居民最低生活保障制度有什么看法？
8. 你认为当前中国应该建立一种什么样的社会救助体系？

Chapter 9

第九章 社会福利

本章学习要点

通过本章的学习,要求领会社会福利的含义与特点,社会福利的制度模式,了解国外社会福利的发展历程与现状,了解我国社会福利的内容与历史沿革的基本情况,对我国社会福利制度的完善有一个清晰的思路。同时要求理解生活质量指标的概念,了解福利多元化与非营利性组织的含义,熟悉住房制度改革与廉租房制度。

第一节 社会福利的内涵及历史沿革

在正常情况或者在特殊情况下,社会成员除了要从社会获得社会保险、社会救助和优抚安置等保障外,还需要国家和社会为其提供设施、服务和补贴等社会福利措施,以改善人民的物质文化生活,因此,社会福利是社会保障体系中一个不可或缺的组成部分。

一、社会福利的含义和特点

(一)社会福利的含义

《中国社会工作百科全书》对社会福利的解释是:“按其字义和一般人的观念,通常被理解为有关改善社会成员物质、文化生活的一切举措。在社会工作专业领域里,对社会福利有广义和狭义两种理解。在世界许多国家,特别是西方发达国家,大多把‘社会福利’当做‘社会保障’的同义词。如《简明不列颠百科全书》将社会保障解释为'一种公共福利计划',属于对'社会福利'一词的广义解释。在另外一些国家里,如美国、日本等国,社会福利仅指社会保障制度中的一个特定的范围和领域,通常是指专为弱者所提供的带有福利性质的社会服务与保障,如儿童福利、老人福利、残疾人福利等等。从这个意义上'社会福利'以此便具体化为'社会福利服务'或'社会福利事业',属于对社会福利的狭义理解。"

在本书中,我们将社会福利作为社会保障体系的一个组成部分,即属于狭义社会福利范畴。就此而言,社会福利是指国家、社区组织和企事业单位为保障其社会成员(包括一般的社会成员和有特殊需要的老人、儿童和残疾人等群体)或本单位职工的基本物质文化生活而提供和组织实施的具有福利性质的收入保障和服务保障,既要保障人们的基本生活,又要不断满足人们日益增长的物质文化生活的需要,以提高人们的生活质量。

(二)社会福利的特点

社会福利作为社会保障制度的重要组成部分,通过不同方式、不同形式体现社会政策、目标,具有以下几个方面的特征:

1. 范围的普遍性。社会福利为社会成员提供范围广泛的福利项目,面向广大社会成员,通过学校、幼儿园、娱乐设施、敬老院等福利设施和福利项目为社会成员提供改善生活质量的物质帮助和服务项目,社会成员均能通过社会福利制度获得某种程度的物质帮助和服务照顾,尤其对于某些社会津贴项目而言更是如此。

2. 多样性。社会福利呈现出政府参与、民间参与及政府与民间联合参与的结合,社会津贴与随缘倾斜的职业福利和社会福利的结合;随业缘倾斜的职业福利和随地缘倾斜的社区的福利,企业福利、行业福利呈现多样性。

3. 服务性。社会福利一般通过各种福利机构、福利设施为社会成员提供全面周到的社会福利服务,涉及社会成员生、老、病、残、衣、食、住、行的方方面面。社会福利提供的服务与人们的日常生活密不可分,满足了人们的实际需要,体现了物质保障、服务保障和精神慰藉的福利服务系统。

4. 非营利性与单向性[①]。社会福利的资金主要来源于财政,它的目的不在于盈利,而在于通过免费、减费的方式,提供福利设施和一些生活用品等给社会成员以方便,使他们的生活质量不断得到改善和提高。

在权利和义务方面,社会福利具有明显的由国家和社会直接或间接向社会

① 林义:《社会保险》,中国金融出版社,2002 年版,第 292 页。

成员提供福利和服务的单向性特征,不需要福利获得者对所获得福利具有明确的权利和义务关系或以缴费和承担个人责任为前提的对等给付。

5. 待遇标准的相应发展性与补充提高性①。目前,对社会福利的水平高低还没有相应的指标规定,但实际生活中,随着社会经济发展水平的提高,福利水平也得到相应的提高。就职业福利而言,职工在领取工资后,生活上仍然会存在着不足,从而影响职工的家庭生活质量,职业福利通过向职工提供各种设施和服务,以补充和满足职工的生活需要并进一步提高他们的生活水平。

二、社会福利的制度模式

社会福利制度模式是指社会福利的对象、保障标准、政策的制度化水平等相关因素的内在规定性。按此定义,国际上将社会福利制度模式分为两类:补救模式和机制模式。

(一)补救模式

补救模式又称剩余福利模式,指只有家庭、市场、慈善机构等正常的社会供给渠道不畅,供给机制发生障碍时,由国家出面补偿,提供最后的帮助。剩余福利政策产生于英国。

在补救模式下,政府处于市场、社会、个人之后,是公民社会保障的最后责任人,所提供的保障水平只是维持基本生活,并尽可能地减少直接参与社会福利服务。

(二)机制模式

机制模式又称为制度福利模式,将社会福利的支付制度化,是一种再分配的模式,目的在于预防贫困,保障公民适当的生活标准,促进个人发展。

机制模式以需求为原则,以普及性的福利和服务为特征,国家是这些福利的主要提供者,目的是通过资源再分配维护社会公平。

三、国外社会福利的发展历程

目前,社会福利制度的范围既包括了老人福利、残疾人福利、儿童福利和家庭福利等传统内容,又包括了教育、住房、卫生、环境以及社会服务等各个方面。经过几百年的演变而形成的社会福利制度正在逐步地完善,这一过程大体分为三个阶段②。

---

① 曾煜:《新编社会保障通论》,中国建材工业出版社,2003 年版,第 457 页。

② 张思锋,温海红,赵文龙:《社会保障概论》,科学出版社,2003 年版,第 263 页。

（一）二战前，民间慈善救济到社会福利思想的萌芽和初步规范化

19 世纪末、20 世纪初以前，英国的以教会救济和一定的社会救济济贫事业延续了大约 300 年。最初的社会福利是针对穷人而提供的有限的慈善性的物质援助，是面向社会弱者提供的剩余性质的社会福利。这期间，社会福利几乎是慈善的同义语，提供主体主要是教会或教区，对象主要是社会的弱者——老人、残疾者和孤儿等。

随着社会和经济的发展，贫困问题的加重，民间组织的救济活动显得无能为力了，公共福利制度不可避免地出现，并成为一个不可或缺的环节。20 世纪 20 年代，英国福利经济学家的创始人庇古提出通过收入均等化来实现增进全民社会福利，增加国民收入的目标。政府将救济济贫转变为经常性的社会福利项目，并且将社会福利项目之间有机联系，建立了由国家统一规划的社会福利制度。社会福利制度的建立，其根本原因在于经济的衰退，使剩余社会福利根基开始动摇，制度性社会福利由此成为福利的主导。人们逐渐认识到：人们都有可能遇到不可控的因素而导致成为需要援助的人，而这并不是个人的原因，而是由于社会的原因造成的。因此，面对穷人和富人的社会福利成为一个具有稳定社会秩序、保障个人基本生活需要的制度。

（二）二战后，各国社会福利项目扩展，社会福利制度逐步得到完善

战后，英国率先依照“贝弗里奇报告”而建成了“福利国家”。20 世纪 50～70 年代，北欧发达国家仿照英国建立了“从摇篮到坟墓”的福利计划，由此而进入了社会福利立法的兴盛时期。福利标准得到了明显的提高，特别是瑞典，战后几乎把国民生产总值的 2/3 用于国家的福利建设上，社会福利制度体系以其项目全、范围广、标准高而成为“福利国家”的橱窗，社会福利几乎扩展到家庭生活的各个方面，范围扩展到更多的社会成员，成为国民的一项重要的社会权利；与此同时，孕妇、产妇、离婚妇女、寡妇都获得了相应的津贴，妇女问题日益受到重视；教育、住房及医疗保健等与社会保险制度同时实施；民间的非营利组织也有了相当的发展。

（三）20 世纪 70 年代以来，福利国家危机的出现及福利的发展趋势

由于经济发展的波动性以及福利本身所具有的刚性特征，到 20 世纪 70 年代世界经济进入滞胀时期时，“福利国家”陷入了财政危机，患上了所谓的“福利病”：社会福利支出日益增加，经济发展陷入停滞，财政赤字问题严重；同时，伴随着人口老龄化和失业率的上升，福利的支出呈现刚性上升；福利待遇的过度化，导致人们的惰性上升，工作积极性降低，社会经济效率下降，企业的生产经营成本上升又反过来影响了经济的发展，陷入了一个恶性的循环之中。

面对经济危机，人们开始对普遍福利的思想进行深刻反思，认识到：过度的社会福利是脱离社会实际的。因此，以人的全面发展为内涵的社会福利思想应运而生，即营造一种与社会经济发展相一致的、公平合理的、促进社会可持续发展的社会福利制度；强调以人为中心设计社会福利制度或计划，以社区为立足点和出发点，发动和鼓励所有社会成员积极参与，挖掘自身潜力，实现人生价值，追求生活质量。这种发展型福利的新思路，使社会福利走出了困境，开辟了社会福利新的发展空间①。

第二节 我国社会福利制度的改革与完善

一、我国社会福利制度的历史沿革

现代社会保障体系中，社会福利的作用日益重要，它在改善和提高社会成员的生活质量中，已成为一种极其重要的制度和因素。我国的社会福利制度大体经历了四个发展阶段：创建阶段、调整和完善阶段、受挫阶段以及恢复和改革阶段。

（一）创建阶段（1949 年 10 月～1957 年）

这一阶段，我国社会福利事业的发展主要体现在国家和政府为社会福利提供法律法规保障和资金保障两个方面。

一方面，国家为发展社会福利事业提供法律法规和相应的政策保障。1950 年 6 月，国家颁布了《中华人民共和国工会法》，其中规定："工会有改善工人、职员、群众生活与物质文化生活各种设施的责任"。1957 年 1 月和 3 月，国家又发布了《税收减免和贷款扶助的通知》，规定了解决烈属、军属、城市贫民的安置和生产自救方面困难的办法。同年，国务院又再次发出《关于职工生活方面若干问题的指示》，对职工住宅问题、上下班交通问题、职工生活必需品的供应等问题作了明确的规定。

另一方面，国家为发展社会福利事业提供了资金保证。如 1953 年政务院财经委规定，企业可按工资总额的 2.5% 提取福利补助费，用于企业各种福利开支不足的补贴；国家机关和事业单位的职工福利费是按财政部规定提取一定的资金。1956 年规定，区以上工作人员福利费标准按工资总额的 5% 提取，乡镇干部按 3% 提取；工会会费中的 20% 部分可用做职工困难补助，福利经费还可

① 冯必扬，严翅君：《现代社会保障研究》，人民出版社，2003 年版。

从单位行政事业费、各项福利设施的收入、国家提供的各种基本建设投资中所包含与职工福利有关的建设幼儿园、食堂、职工住宅等方面的费用中提取。

（二）调整和完善阶段（1958～1966年）

"大跃进"时期，我国社会福利项目和实施范围盲目扩大，高福利的严重浪费和继之而来的自然灾害的影响，促使国家进行了一系列的调整。1963年，将中央国家机关工作人员福利费从1958年按工资总额的1%提取提高到按2%提取，对职工食堂、幼儿园等也都进行了相应的整顿，加强社会福利政策法规建设，做好城镇待业青年和聋哑青年的就业安置工作。

（三）受挫阶段（1966～1976年）

这一阶段，由于错误地以阶级斗争为纲，忽视生产建设，我国的社会福利事业受到严重的挫折。"文革"结束时，社会福利事业处于崩溃的边缘，全国原有的300多个疗养院、福利院等机构荡然无存，劳动保险费改由企业自行负担，社会保险走向"企业保险"，社会福利事业也发生了相应的转变，形成了"企业办社会"的状况①。

（四）恢复和改革阶段（1976年至今）

十一届三中全会的召开使我国的社会福利事业进入了新的发展时期。从1983年起，国家规定国有企业的职工福利经费先按职工工资总额的11%在成本中提取，不足部分再在企业税后利润中列支。1984年11月，民政部召开了全国社会福利事业单位改革整顿工作会议，会议明确"社会福利社会办"的城市社会福利事业指导思想。1986年，《关于进一步保护和扶持社会福利生产的通知》的下发，使社会福利企业走上了社会办的道路。同时，对一些不合理的现象进行了一系列的改革，如将社会补贴中的"暗贴"改为"明贴"，对职工住房制度的改革、职工福利制度的改革等等。

20世纪90年代以来，我国在"社会福利社会办"、城镇职工住房改革和社区服务等方面取得了很大的进步。但由于传统社会福利制度的影响仍然存在，社会福利事业的发展还有许多问题有待解决。

二、我国社会福利体系的内容

我国积极推进社会福利事业的发展，通过多种渠道筹集资金，为老年人、孤儿和残疾人等群体提供社会福利。现阶段，我国社会福利体系的构成大体可以分为三个部分，即特殊性社会福利、职业福利和一般性社会福利。

---

① 张思峰，温海红，赵文龙：《社会保障概论》，科学出版社，2003年版，第264页。

(一)特殊性社会福利

国家和社会为残疾人和无劳动能力与生活能力的人举办的福利工厂、孤儿院、养老院等福利事业,以及为老年人、儿童、残疾者提供免费或低费的社会服务。

1. 老年人福利,即举办社会福利院等收养“三无人员”和生活上难以自理的孤寡老人。《中华人民共和国老年人权益保障法》规定,国家和社会要采取措施改善老年人生活、健康以及参与社会发展的条件。目前,随着社会福利社会化的推进,逐步形成了以国家、集体举办的老年社会福利机构为主体,以社会力量举办的老年社会福利机构为辅助,以社区老年人福利服务为依托,以居家养老为基础的老年人社会服务体系。截至 2011 年年底,全国共有老龄事业单位 2 503个,老年法律援助中心 19 407 个,老年维权协调组织 8.4 万个,老年学校 48 116 个、在校学习人员 603.2 万人,各类老年活动室 41.3 万个,全年接待来信来访 45.8 万次。截至 2010 年底,全国各类老年福利机构 39 904 个,比上年增加 233 个,床位 314.9 万张,比上年增长 9.0%,年末收养老年人 242.6 万人,比上年增长 6.6%。从单位类型上看,城市养老服务机构 5 413 个,床位 56.7 万张,年末收养老年人 36.3 万人;农村养老服务机构 31 472 个,床位 224.9 万张,年末收养老年人 182.5 万人;社会福利院 1 572 个,床位 24.5 万张,年末收养人数 17.9 万人;光荣院 1 371 个,床位 7.3 万张,年末收养老年人 5.0 万人;荣誉军人康复医院 40 个,床位 0.9 万张,年末收养老年人 0.5 万人;复员军人疗养院 36 个,床位 0.6 万张,年末收养老年人 0.4 万人①。

2. 儿童福利,主要是面向无依无靠、无人抚养的孤儿、弃婴和残疾儿童,以及部分由于家庭原因导致的生活不能自理而又无人照管的残疾婴幼儿。依据《中华人民共和国未成年人保护法》、《中华人民共和国教育法》等法律法规,国家为儿童提供教育、计划免疫等社会福利,特别是为残疾儿童、孤儿和弃婴等处在特殊困境下的儿童提供福利项目、设施和服务,保障其生活、康复和教育。截至 2010 年年底,全国有流浪儿童救助保护中心 145 个,床位 0.5 万张。全年救助生活无着流浪乞讨未成年人 14.6 万人次。共有 25.2 万孤儿领取了儿童福利证,各类社会福利机构共收养儿童 10.0 万人。儿童福利院 335 个,比上年增加 32 个,床位 5.0 万张,比上年增长 13.6%。

3. 残疾人福利,主要是残疾人的康复及举办社会福利企业、安排社会福利生产、安置残疾人就业。《中华人民共和国残疾人保障法》为残疾人康复、教育、

① 民政部:《2011 年社会服务发展统计公报》,2012 年 6 月 21 日发布。

劳动就业等提供了法律保障。政府通过兴办福利企业、实施按比例就业和扶持残疾人个体从业等形式，帮助残疾人实现就业；采取临时救济和集中供养等福利措施，对残疾人提供特别照顾。财政部、国家税务总局于2007年公布了《关于促进残疾人就业税收优惠政策的通知》，对安置残疾人就业的单位，给予增值税、营业税及企业所得税方面的税收优惠，并规定了残疾人个人就业的个人所得税优惠政策①。截至2010年，全国城镇共有441万残疾人实现就业，农村共有1 749万残疾人实现就业。180.7万贫困的残疾人得到最低生活保障，各类福利、养老机构为残疾人共提供342.2万张床位，共有残疾人就业服务机构3 019个，扶持贫困残疾人204万人次。县级（包括县、县级市、市辖区）残疾人综合服务设施累计已投入使用项目总投资为169 599万元。收养类的老年人与残疾人服务机构的固定资产共达419.9亿元②。

（二）职业福利

职业福利主要是指职工因其所从事的职业而从企业所获得的福利待遇，它的主要目的是为了提高职工的物质文化生活水平，满足职工的一般性需求。职工所在企业的福利设施，发放的各种补贴及举办的业余文化教育活动等都属于职业福利。

（三）一般性社会福利

一般性社会福利是指国家和政府为主体主办的、旨在提高全体社会成员的物质文化生活水平的福利性事业，主要形式是为社会成员提供公益性的福利设施。目前，通过提供教育设施和服务、医疗卫生设施和服务，以及博物馆、体育和文化娱乐场所等来满足居民正常生活的需要。

三、完善社会福利制度的思路

在我国，社会福利制度对我国城乡中无家可归、无依无靠、无生活来源的孤、老、残、幼困难群体提供了基本生活服务，但与此同时，社会福利事业也不可避免地出现了一些亟待解决的问题。完善社会福利制度，需要从以下几个方面努力。

（一）动员社会力量办社会福利事业

由于人口众多、经济和社会发展水平的地域性不平衡、政府的财力有限、过分注重政府的福利资源而对各种社会福利资源的综合利用度较低等因素的影

① 参见财政部网站。
② 《中国民政统计年鉴（2011）》，中国统计出版社，2011年版。

响,要完善和发展我国的福利事业,必须要坚持“有所为、有所不为”的原则。在资源条件有限的情况下,社会福利机构就会出现一系列的问题,例如,社会福利机构通过收取一定的服务费面向社会代养老人时,就会出现“三无人员”与代养老人争夺有限床位的局面,在缺乏硬性政策约束的情况下,社会福利机构在利益的驱使下就会倾向于后者,新的不平等和效率低下就会出现:一是入住社会福利机构的“三无人员”与没有入住社会福利机构“三无人员”之间的不平等;二是入住社会福利机构的“三无人员”与社会贫困老年人之间的不平等;三是有支付能力、有法定赡养人的老年人通过支付低廉服务费占用了有限的国家福利服务资源;四是民办社会福利机构在竞争上处于不利地位①。

(二)社会福利资金筹集渠道多样化

资金是发展社会福利事业的重要物质条件,要发展社会福利事业,必须通过多渠道筹措社会福利资金。福利资金的来源应包括下列渠道:①国家的财政拨款或资助;②企业按规定提取的福利资金;③通过社会组织、个人筹集社会福利发展资金;④由社会福利企业所筹集的福利资金;⑤发行社会福利彩票及社会募捐筹集的资金。

按照民政部1994年12月发布的《有奖募捐社会福利资金管理使用办法》的规定:“社会福利资金主要用于资助为老年人、残疾人、孤儿服务的社会福利事业,帮助有特殊困难的人,支持社区服务和社会福利企业的发展”。据《2011年社会服务发展统计公报》显示,2011年中国福利彩票年销售1 278.0亿元,比上年增加310.0亿元,同比增长32.0%。全年筹集福彩公益金388.7亿元,比上年增长30.8%。全年民政系统共支出彩票公益金127.9亿元,比上年增加6.7亿元;其中:资助用于抚恤4.8亿元,退役安置0.4亿元,社会福利61.4亿元,城市最低生活保障0.9亿元,其他城市社会救济2.7亿元,自然灾害0.8亿元,农村最低生活保障1.4亿元,其他农村社会救济2.4亿元,医疗救助16.3亿元。

《2011年社会服务发展统计公报》显示,截至2011年年底,全国共有社会福利企业21 507个,比上年减少719个;社会福利业增加值为738.0亿元,比上年增长24.7%,占第三产业的比重0.36%;吸纳残疾职工62.8万人就业;实现利润140.1亿元,比上年下降7.1%;年末固定资产1 818.1亿元,比上年增长10.4%。

《2011年社会服务发展统计公报》还显示,截至2011年年底,全国共建立经

---

① 阳胜芳:《关于老年社会福利机构改革发展的思考》,《社会福利》,2003年第11期,第43~45页。

常性社会捐助工作站、点和慈善超市3.4万个(其中:慈善超市8 802个)。全年各地直接接收社会捐赠款物495.0亿元,其中:民政部门直接接收社会各界捐款96.6亿元,捐赠物资折款4.8亿元,各类社会组织接收捐款393.6亿元。全年各地接收捐赠衣被2 918.5万件,其中:棉衣被1 647.1万件。间接接收其他部门转入的社会捐款3.8亿元,衣被588.4万件,其中:棉衣被410.2万件,捐赠物资折款2 714.3万元。全年有1 459.7万人(次)困难群众受益。全年有950.2万人次在社会服务领域提供了9 272.6万小时的志愿服务。

(三)将市场机制适度引入福利领域

福利机构可以分为公益性福利机构和经营性福利机构两种。经营性福利机构的主要服务对象是社会的老人。应通过引入市场机制,以独资、合资、合作等多种方式提供较好的服务,从而最终促进社会福利事业的产业化发展方向。在管理的标准上,应引进ISO质量体系加以认证,以加强和提高公益性和经营性福利机构的管理水平,提升其服务档次,逐步与国际通行规则接轨。

1. 实行公办民营为主体。实行公办民营为主体是指将原有的国家主办的社会福利机构的所有权与使用权分离,其中,所有权仍然归国家,经营权转移给非营利组织或个人①。

2. 辅以民办公助。社会团体或者个人为经营主体,政府投入一定的资金无偿资助地方社会福利机构,推动其发展,或者,政府以一定比例入股的方式加入民办的福利机构。政府的股份所占比例应加以限定,避免直接从事对福利机构的管理工作,政府扮演着宏观管理监督和以普通股东参与企业的经营和发展的角色。

第三节　社会福利有关问题探讨

一、关于福利概念与生活质量指标

(一)福利的含义

西方发达资本主义国家有"福利国家"之称,而东方社会主义国家则有"为人民谋福利"之说。"福利"的本义蕴含着幸福、美满的内涵,即人们在实际生活中所得到的好处,如可口的饭菜、体面的服装、舒适的住房、健康的体魄等等都属

① 阳胜芳:《关于老年社会福利机构改革发展的思考》,《社会福利》,2003年第11期,第43~45页。

于福利的范畴。社会福利则是国家或政府为了改善全体社会成员的物质、文化和精神生活,提高人们的生活质量①。

荷兰经济学家汉斯·范登·德尔认为:"个人福利指的是个人需要的满足程度,只要这种满足是基于经济因素的","福利是作为一个含义宽泛的概念出现的,它是指人类的任何一种基于稀缺资源的需要的满足程度"②。英国福利经济学创始人庇古从边际效用价值理论出发,提出了福利、社会福利和经济福利等概念。他认为,福利表示人的心理状态并寓于人的满足之中,福利的大小可以通过货币加以衡量。福利和社会福利是社会学研究的重要范畴。从社会整体、人与社会关系的视角界定福利的含义,社会学认为,福利是指人和社会的健全、和谐和发展的状况,即人类生活中的幸福和正常的状态。在社会学里,通常把福利和社会福利基本上作为同一概念使用,如福利思想、福利政策、福利制度和福利措施等。因此,社会学对"社会福利"的定义,一般可以看做是"福利"的定义③。

1999 年,美国出版的《社会工作词典》将"社会福利"定义为:一方面,它属于国家的项目、待遇和服务制度的一种,能够帮助人们满足社会、经济、教育和医疗等方面的需要,而这些对于维系一个社会而言是最基本的;另一方面,它是一个社会共同体的集体的幸福和正常的存在状态。美国社会学家米基利认为,社会福利是"当社会问题得到控制时,当人类需要得到满足时,当社会机会最大化时,人类正常存在的一种情况或状态"。英国著名的社会政策与社会福利学者罗伯特·平克认为:"福利指的是'个人的福祉'和对个人福利需要的满足。这些需要有集体的和个人的层面,包括基本的物品与服务,比如,食物、收入、医疗、保健、教育和住房"。他还把工作、职业作为福利的应有之义,"福利无不避免地与工作联系在一起,没有劳动及不断的财富创造,就不会有任何福利可言"。从更高的层面上讲,"福利的定义中必须包含真实的民主权利和义务,社会融入的机会,以及积极参与政治过程的机会"。平克的福利概念具有广泛丰富的含义,符合当代社会生活的实际④。

我国社会保障学专家郑功成认为:"福利包括个人福利和社会福利,其中个人福利通常被解释为'幸福'、'快乐'的同义语,是指个人对物质生活的需要与个人精神生活的需要的满足;而社会福利是一个整体的概念,指一个社会全体

---

① 高鸣放:《福利解析》,载《武汉理工大学学报(社会科学版)》,2003 年第 1 期,第 25~30 页。
②③ 〔荷兰〕汉斯·范登·德尔:《民主与福利经济学》,中国社会科学出版社,1999 年版,第 18 页。
④ 高鸣放:《福利解析》,《武汉理工大学学报》(社会科学版),2003 年第 1 期,第 25~30 页。

成员的个人福利的总和或个人福利的集合”[①]。这个解释实质上是从社会学的角度揭示了福利的基本含义。

综上所述，福利可概括为人的幸福和利益。从基本含义上讲，“福利”与“幸福”是同义语，与“利益”亦是同义语。幸福是指人们由于实现了自己的理想和目标，在物质和精神生活上所获得的精神满足或愉悦。在现实生活中，人得到了满意的食物、服装、住房、医疗、娱乐、工作、收入、名誉、情谊等，就得到了福利，也就意味着得到了幸福。幸福是人的主观与客观、个性与共性的统一。当然，对于幸福的具体内容，不同时代、不同社会、不同阶级阶层、不同的人会有不同的理解。与福利同义的利益本质上是一个社会关系的范畴，是人们的需要能否得到满足以及满足的程度和状况[②]。

（二）生活质量指标

社会学家坎贝尔将生活质量定义为“生活幸福的总体感觉”；我国学者林南则认为，生活质量是“对生活各方面的评价和总结”，这些观点倾向于反映人们的主观指标。生活质量既是主观的又是客观的，客观领域的生活质量标准由对客观生活质量进行的与文化相关的要素构成；主观领域的生活质量由对生活领域的满意程度等构成。生活质量不仅包含生活的物质层面，如生活水平，自然的和社会的基础设施的完备程度，而且还包含非有形的生活层面，比如，良好的健康状况、娱乐和休闲的机会等。人们的受教育程度、性别、年龄、生活阶段、社会地位和经历不同，对生活质量的评价就不同。然而，在特定的时间、地点和社会，对生活质量的理解通常可以达成一致，即在特定的文化背景下，对人们的需求、愿望和需求的满足情况可以有一个比较准确的含义，即幸福感、满意度和生活水平。生活质量的所有观点都显示出共识的趋势：首先，生活质量一般由主观和客观两个方面构成，主观的生活质量涵盖着对生活的主观看法，可以通过生活满意度和幸福体验等测试得以量化，而客观的生活质量涵盖了有形的生活并可以得到客观的证实；其次，就生活质量的客观方面而言，它能反映客观的健康状况和文化规范，例如，西方国家的某些文化规范以及追求物质财富、生理健康、拥有亲密关系等；其三，生活质量的主观方面被称为主观生活质量和主观的健康[③]。

我国作为一个发展中国家，从政府的角度和社会的宏观层面可将生活质量定义为：“社会提高国民生活的充分程度和国民生活需求的满足程度，是建立在一定的物质条件基础上，社会全体对自身及其自身社会环境的认同感”，从此定

---

① 郑功成：《社会保障学》，商务印书馆，2000 年版，第 76 ~ 77 页。

② 高鸣放：《福利解析》，《武汉理工大学学报》（社会科学版），2003 年第 1 期，第 25 ~ 30 页。

③ 饶权，周长城：《关于生活质量指标问题的探讨》，《宏观经济管理》，2001 年第 8 期，第 39 ~ 40 页。

义出发,我国现阶段的生活质量的研究应具有以下特点[①]:第一,将生活质量的研究限定在其客观方面。首先,生活质量的研究应当与经济社会的发展相适应。而我国的经济发展尚处在较低级的阶段,国家在制定社会发展战略时,中心目标是社会为国民生活提供充分的物质基础,使国民生活的需求得到一定的满足;其次,随着社会的发展,将在一定的阶段中适时考虑生活质量标准的主观指标。第二,生活质量应较少涉及个人生活层面,而以社会条件层面为主。社会发展的终极目标是提高人的生活质量,是使社会中的每一个人都生活得幸福。从这个意义上讲,研究生活质量应当着重研究生活质量的个人层面。但是,社会层面的总体生活需求满足是个人层面生活质量提高的基本前提。同时,从我国社会发展的实际以及人们生活的需求程度和阶段性原则出发,目前拟从生活质量的社会层面着手,以社会为公共领域提供的生活需求满足程度为首要目标。第三,生活质量应着重从两个方面来评价,即,社会提高国民生活水平的充分程度以及国民生活需求的满足程度。二者均可用"人民生活质量保障状况"表示,包括经济、社会和自然系统。第四,生活质量研究主要考虑与社会发展以及影响生活质量直接相关的因素,而对影响人民生活的间接因素不要过多地考虑。当然,与人民生活质量直接相关的指标并不排除一些重要的间接指标,如 GDP 等,而是强调重点放在直接相关的指标上。

二、福利多元化与非营利组织

(一)福利多元化

20 世纪 70 年代的石油危机使得世界经济的发展步伐减慢,人们发现,"福利国"并不像人们想象的那样完美无缺,针对"福利国"制度的批评此起彼落,出现了所谓的"福利国"危机。

"福利国"的弊端可以归纳为几方面[②]:一是政府主办的福利机构服务素质较差,官僚化现象严重,效率低下;二是国民形成了对福利和政府的依赖,工作意识差;三是家庭和社区的责任被削弱;四是政客为了争取选民,导致了福利的扩张和不切实际的承诺,使政府不堪重负;五是公营部门规模过大,浪费社会资源,触发财务危机,不利于经济发展。另外,随着工业社会进入后现代时期,人口老化、离婚率上升、家庭核心化、失业问题严重、经济竞争激烈、政府威信下降等等,过度的福利化将难以持续。现代主流的看法是,福利不能由国家包揽,民间社会组织也应参与其中,福利产品可以来自国家、家庭、商营部门和志愿机

① 饶权,周长城:《关于生活质量指标问题的探讨》,《宏观经济管理》,2001 年第 8 期,第 39 ~ 40 页。
② 黄黎若莲:《"福利国""福利多元主义"和"福利市场化"》,《中国改革》,2000 年第 10 期,第 62 ~ 63 页。

构,这种模式就是所谓的“福利多元主义”。在肯定福利多元论的同时,人们发现,民间社会,尤其是家庭、社区一直都是个人福利的提供主体,而且它们的角色是不能被其他部门所替代的,“福利国”不是万能的。

在我国,长期以来民政部门的社会福利对象主要是城市“三无人员”和农村的“五保户”,改革开放以来的救济办法几乎没有什么大的变化。2000 年上半年,国家民政部提出了社会福利社会化的改革方案,其基本思路是实现投资主体多元化、服务对象公众化、运行机制市场化、服务方式多样化和服务队伍专业化与志愿者相结合①。

投资主体多元化,即以多种所有制形式发展社会福利事业,改变过去政府对社会福利事业的单一拨款渠道,形成国家、社会组织和个人的多种投资渠道,促进多种所有制形式的社会福利机构共同发展。

服务对象公众化是改变社会福利服务仅面对“三无”等对象的做法,以有偿、无偿相结合的方式,面向全社会的老年人、残疾人和孤儿等一切有社会福利服务需求的人。

运行机制市场化,即按照产业化思路和市场经济规律发展社会福利事业,社会效益与经济效益并重,改变完全由政府、集体包揽民政部门直属、直管、直办的、只强调社会效益的做法,在政府规划引导下,发挥市场配置资源、调整布局的作用,使福利机构成为自主经营、自负盈亏、自我约束、自我发展的法人实体。

服务方式多样化,即采取集中、分散、上门包户等多种形式,满足不同人群不同层次的需要,改变过去服务形式单一的做法,充分发挥家庭、社区和社会福利机构的多种服务功能,因地制宜地开展形式多样的福利服务,满足不同层次、不同方式对福利服务的需要。

服务队伍专业化与志愿者相结合是通过加强专业教育与培训,提高服务人员的素质和专业水平,正确引导业已形成的志愿者队伍的发展,通过建立“劳务储蓄”等制度使志愿者服务制度化、经常化,通过制度化、经常化,发展壮大志愿者服务队伍。推进社会福利社会化,必须从中国国情出发,建立以居家为基础、社区为依托、福利机构为补充的社会福利服务发展格局。

家庭是社会的细胞,要坚持家庭在养老、育幼、助残中的基础地位。社区福利服务具有地缘和区位优势,是社会福利社会化的重要实现形式。要将社区福利服务纳入社会福利社会化的总体规划,使社区福利服务设施和网点遍布城

① 窦玉沛:《社会福利:大力推进社会化》,《民政论坛》,2000 年第 1 期,第 14~16 页。

乡，通过加快社区老年人、残疾人照料体系的建设，为家庭提供支持和帮助。社会福利机构相对家庭和社区福利服务而言，处于重要的补充地位，因此要加快发展，并使之尽快发挥示范、培训和辐射的功能。

推进社会福利社会化，主要目标是逐步建立三个体系①：一是逐步建立覆盖所有老年人、残疾人和孤残儿童的、全社会共同参与的福利服务体系；二是逐步建立政府宏观管理、社会中介组织承办、福利机构实体化运作的管理体系；三是逐步建立与社会主义市场经济体制相适应，符合社会化发展要求的社会福利政策、法规体系。

（二）非营利组织

1. 非营利组织一词源于美国的国家税收法，因其涉及包含的组织团体种类繁多，从不同的角度分析形成了不同的称谓，如自愿团体、非政府组织等。

萨拉蒙和安海尔从结构—运作分析认为，这类组织是：①正式化：正式组织有制度化的运作过程、定期的会议、规划的运作过程和某些程度的组织化特征；②私人的：它的组织完全由民间来组成及运作，不属于政府的一部分；③非营利分配：非营利组织也会赚取利润，但不分配利润，不以获取利益为目的，这是不同于其他商业组织之处；④自主管理；⑤自愿服务②。

沃尔夫对非营利组织的定义为：①必须具备有公益使命；②正式合法的组织，并接受相关法令规章的管理；③不以营利为目的；④经营结构必须排除私人利益或财务之获得；⑤其经营享有政府免除税收的优待；⑥享有法律上的特殊地位，捐助或赞助者的捐款列入免（减）税的范围③。

综上所述，一方面，非营利组织与政府密切相关。首先，非营利组织的存续要得到政府的承认，由政府规范其活动范围，同时受到法律、规章的制约；其次，非营利组织与政府存在合作关系。政府需要非营利组织的介入满足福利变化的需要，由非营利组织提供部分福利，政府对其提供部分资助。另一方面，非营利组织与营利组织之间存在本质的区别，从组织目标上看，收益或获利期望是激励投资者给营利企业提供资金的主要因素。而与此相反，非营利组织向社区或社会提供的货物或劳务是没有利润刺激的。因此，非营利组织存在着资金的压力，有时会开展营利性活动，就非营利组织在财政上自给自足以维持其运转而言，它们是营利的。但是非营利组织的实质是“非营利分配性”，存在和发展的根本目的不是致力于给股东和董事分配利润，而是追求公共目标。就此而

---

① 窦玉沛：《社会福利：大力推进社会化》，《民政话坛》，2000 年第 1 期，第 14 ~ 16 页。

② Salamon L M & Anheier, H K. *Defining the Nonprofit Organization*, New Youk: walter de Gruyter, 1997.

③ Thomas Wolf*The Management of Nonprofit Organization*. New Youk Prentice Hall Press, 1990.

言，首先，非营利组织可以从事营利性活动，但是利润不能分配给个人股东，而是投向组织的运行和发展；其次，非营利组织提供的服务可以区分服务对象的具体情况，实行不同的服务形式，或无偿提供，或低价提供，或付酬提供。

2. 非营利组织在我国社会保障中的作用。作为社会保障的一支重要力量，非营利组织对社会保障能发挥调适功能。

非营利组织能在失业人员的角色转换过程中进行服务，消除可能引发的问题。其一，非营利组织开展专业性服务，如心理咨询等，有针对性地解决问题；其二，非营利组织提供各种无偿或低酬的社区服务，可以缓解失业人员的经济负担；其三，非营利组织能够吸纳部分人员就业；其四，非营利组织能开展教育培训项目，帮助失业人员更新知识、掌握技术、重返工作岗位。

作为社会保障的一支重要力量，非营利组织能发挥支撑功能。

人口老龄化及其带来的养老保险基金的入不敷出对我国社会保障制度的可持续发展产生着重大的冲击，非营利组织的介入减轻了养老保险对经济发展的巨大压力，支持我国社会保障体系的可持续发展：首先，非营利组织活动的开展能为老人们提供参与社会的机会；其次，非营利组织提供的服务能提高老人们的生活质量，提供的服务价格低廉，并且提供的服务项目能够满足老人的需要，服务人员受过专业训练，服务质量得到保证；第三，非营利组织所提供的护理服务解放了家庭劳动力。因年迈或因有病的老人需要护理，而低标准的养老保险收入决定了他们的护理不能由费用较高的营利性服务机构提供，接受来自家庭和居住地社区的多种照顾是适合老年人的身心需要和减少庞大社会开支需要的方式。但是因为计划生育政策的贯彻实施，“四二一”家庭结构的出现，一对年轻夫妇一般需要赡养四位老人和抚养一个孩子，在老人的护理方面就会显得力不从心。非营利组织的介入，既可以照顾老人，又可以使年轻劳动力更好地工作。

三、住房制度改革与廉租住房

近几十年以来，我国实行了以住房公积金制度、经济适用住房制度、廉租住房制度等为主要内容的城镇居民的住房保障制度。近年来，中国城镇人均住宅面积从 23.7 平方米增加到 27 平方米，居住条件有了很大改善①。

（一）住房公积金制度

住房公积金制度按照“个人存储、单位资助”的办法筹集资金，各单位将原用于建房、购房的资金转化为住房补贴发给职工，借助于市场的渠道解决职工

① 中国新闻网 www.chinanews.com 2007.10.10。

的住房问题。住房公积金制度是我国为解决职工家庭住房问题的政策性融资渠道。

住房公积金由国家机关、企事业单位、社会团体和民办非企业单位及其在职职工各按职工工资的一定比例逐月缴存,归职工个人所有。住房公积金专户存储,专项用于职工购买、建造、大修自住住房,并可以向职工个人住房贷款。1994年,住房公积金制度在城镇全面推行。1999年,国家颁布《住房公积金管理条例》,并于2002年重新发布,使住房公积金制度逐步纳入法制化和规范化轨道。住房公积金按规定可以享受列入企业成本、免交个人所得税等税收政策,存贷款利率实行低进低出原则,体现政策优惠。截至到2008年末,全国应缴职工人数11 184.05万人,实际缴存职工人数为7 745.09万人,同比增加557.18万人,增幅为7.75%。全国住房公积金缴存额为4 469.48亿元,同比增加926.56亿元,增幅为26.15%。2008年末,全国住房公积金缴存总额为20 699.78亿元,同比增长27.54%;缴存余额为12 116.24亿元,新增余额2 511.13亿元,增幅为26.14%[①]。

(二)经济适用住房制度

经济适用住房是政府扶持的具有经济性和适用性的社会保障住房。所谓的经济性是指住房价格相对市场价而言是适中的,能够适应中、低收入家庭的承受能力;适用性是指在住房设计及其建设标准上强调住房的使用效果,而不是降低建筑标准。经济适用住房是由政府提供政策优惠,限定建设标准、供应对象和销售价格,具有保障性质的政策性商品住房。

1988年,我国确定发展经济适用住房。1994年,建设部、国务院房改领导小组、财政部联合发布《城镇经济适用住房建设管理办法》,目的是配合住房体制改革,用新的体制为城镇中、低收入者提供住房。政府为经济适用住房提供建设用地、资金、税收等方面的优惠,按照规定的面积及质量标准,由政府有关部门或开发商承建,以低于商品房的价格出售给中、低收入者。截至到2010年年底,全国经济适用房开发面积达13 439.73万平方米,2010年房地产开发企业共竣工399 193套经济适用房,完成1 069.2亿元的投资额[②]。

经济适用住房存在许多问题[③]:其一,购房对象缺乏针对性。购房对象虽然包含了低收入群体,但还不是针对低收入群体的政策。它主要适用于中等收入以上人群,因为他们的购房支付能力较强,这就产生了福利受益人群倒置问题。有能力买房的,从中获得数以万计的利益;而无能力买房者,则不可能问津住房

① 中华人民共和国住房和城乡建设部网 http://mohurd.gov.en
② 《中国统计年鉴(2011)》,中国统计出版社,2011年版。
③ 孙炳耀:《城镇低收入人群住房福利制度探索》,《中国社会科学院院报》,2004年3月,第36页。

福利。其二,在管理方面,住房福利与市场的结合、开发商的介入,往往会导致开发商从其商业目标出发运作而忽视政策规定,如不对建筑面积标准和销售对象等加以控制。其三,经济适用住房与二手房市场脱节。二手房价格通常要低于新房,旧房的建筑标准也低些,更适合中、低收入家庭。

针对经济适用住房的问题,在2005年“两会”期间,有的政协委员提出停止开发建设经济适用住房的提案,认为经济适用住房建设存在着容易滋生腐败、开发商暴利、购房资格“灌水”等等诸多弊端。停建经济适用住房后,让老百姓回到房地产市场上去找房子,困难户按规定选定房屋后由政府直接向其提供经济补助,开发商根据市场需求建设适宜不同经济阶层群众需求的住宅。政府退出对经济适用住房的直接干预,给予符合条件的购房者以支持,比如提供一定数额的补贴,提供贷款贴息、贷款担保等。针对这一提案,主张停建经济适用住房者认为,经济适用住房与市场经济原理是相违背的,而且已经产生了诸多腐败行为和不公平因素。反对者却表示,有些中低收入人群可能一生都买不起商品房,需要政府提供优惠购房的机会,同时,政府应当加大监管力度,防止投机。

(三)廉租住房制度

1998年,国务院发布《关于进一步深化城镇住房制度改革、加快住房建设的通知》,针对最低收入家庭提出了廉租房政策,在一定程度上弥补经济适用住房政策的不足之处。该通知规定,最低收入家庭租用由政府或单位提供的廉租住房。至2007年,全国已有586个城市建立了廉租住房制度,占城市总数的89%。2011年全年,全国已基本建成城镇保障性住房432万套,2009年,国家财政支出中保障性住房支出有725.97亿元,地方财政支出主要支出项目中保障型住房支出为699.54亿元。

2003年11月,住房和城乡建设部第22次常务会议审议通过《城镇最低收入家庭廉租住房管理办法》,由住房和城乡建设部、财政部、民政部、国土资源部和国家税务总局五部委联合发布,确定了廉租住房制度以“发放租赁补贴为主,实物配租与租金核减为辅”的保障方式,对保障面积、资金渠道、房屋来源、申请审核程序和收回条件作了具体的规定,明确建设廉租住房的用地使用行政划拨的方式,并对行政事业性收费和税收给予优惠。此后,廉租住房制度在各地纷纷确立,但发展缓慢。2006年11月底,经国务院同意,全国房地产市场宏观调控部际联席会议向各省、自治区、直辖市人民政府以及国务院各部委、各直属机构印发了《关于各地区贯彻落实房地产市场调控政策情况的通报》,该《通报》对全国廉租房制度的建设情况进行了汇总,在肯定房地产市场调控政策工作取得成绩的同时,指出部分地区的住房保障制度建设滞后。2007年8月,国务院发布了《关于解决城市低收入家庭住房困难的若干意见》,意见中提出要进一步建立健全廉租住房制度,逐步扩大廉租住房制度的保障对象和保障范围,将廉租住房的保障对象扩大为城市低收入家庭,并将廉租住房建设工作纳入地方政府的政绩考核和《政府工作报告》。11 月,住房和城乡建设部、国土资源部、发改委、民政部、财政部、监察部、中国人民银行、国家税务总局和国家统计局九部委联合发布了《廉租住房保障办法》,该办法确定了廉租住房的保障对象为城市低收入住房困难家庭,规定了土地出让净收益用于廉租住房建设资金的比例,比较详细的规定了“三级审核,两级公示”的申请审批程序,同时也提出在廉租住房紧缺的城市,增加实物配租的房源,并对新建的廉租住房的户型面积进行了更为严格的控制。

2008 年 3 月,温家宝在十一届全国人民代表大会二次会议作政府工作报告时提出,中央财政将加大对廉租住房建设的投资支持力度,适当提高中西部地区补助标准,加快落实和完善促进住房保障的政策措施,争取用三年时间,解决 750 万户城市低收入住房困难家庭的住房问题。6 月,住房和城乡建设部、发展和改革委员会与财政部三部委通知印发的《2009 ~ 2011 年廉租住房保障规划》,明确指出从 2009 年起到 2011 年,争取用三年时间,以实物配租为主的方式,基本解决 747 万户现有城市低收入住房困难家庭的住房问题的总体目标。12 月初,人民银行和银监会联合制定了《廉租住房建设贷款管理办法》,以支持廉租住房建设。

我国传统体制下实行的福利住房制度是以政府直接建设公房并以低租金水平提供给居民的方式出现的。福利住房制度存在着一系列弊端:一方面,政府提供廉租房,投资成本、管理成本、维修成本比较高;另一方面,廉租房本身缺乏弹性。首先,廉租房要按照当时所界定的住房基本需要标准进行设计,有一定的住房结构和面积。然而,住房福利是与经济水平相适应的,随着经济发展和人们居住水平的提高,住房福利标准相应提高,但又受到了已有建筑格局的限制。其次,廉租房的集中化建设,易于形成低收入者租住集聚的情形,形成所谓新的“贫民区”。其三,福利悖论现象。住房福利通常以家庭收入和现有住房面积为标准确定享受待遇的资格,略低于收入标准的家庭有资格享受待遇,而略高于标准的家庭则不能享受待遇,从而导致收入略高的家庭只能通过市场解决住房问题,实际生活水平降低,可能导致“贫困陷阱”现象的出现。其四,廉租房的退出机制难以进行。廉租房的租户可能由于家庭就业人数的增加或工资的增加,或者家庭人口出现变化,福利住房的面积应相应减小,退出原有的住房。然而,住进廉租房所形成的既得利益,使租户不想退出,另一方面管理部门又不能强制执行,结果是福利资源未能用在最需要的居民身上。

(四)租房福利政策的优点及存在的问题

2003年12月,建设部等五部门发布《城镇最低收入家庭廉租住房管理办法》,规定以住房补贴作为解决低保对象住房问题的主要方式,但房租补贴只是作为廉租房的一种实现形式。在现实中,房租补贴的对象所租用的住房按市场价格支付租金,脱离了廉租房的范畴,因此,实际上房租补贴从廉租房制度中脱离出来了。

住房补贴有以下优点:其一,房租补贴可以分多次投资,在一定资源条件下,可以为较多的家庭提供帮助,或者在受益家庭数量一定的前提下,只需要较少的资金;其二,房租补贴可以使住房福利与租房市场相结合,充分利用市场的住房资源;其三,房租补贴的退出机制较灵活。房租补贴属于事后提供,受益人收入提高后,福利待遇随时可以调节;其四,房租补贴可以减少住房管理和维修方面的负担。

(五)完善住房福利制度的思路①

1. 以反向递减房租补贴解决住房福利悖论。按照一定的资格条件,扩大房租补贴的受益面,低保对象和收入略高于低保的群体均可以按照补贴的力度随收入水平递减的方式享受福利。

2. 用购房补贴替代经济适用住房。政府将原投入经济适用住房的资金转向购房补贴,面对中低收入购房者,对他们购买的、在规定标准以下的住房,按照他们的收入高低,由基金通过贷款贴息等方式提供一定的补贴。在一定期限内,购房者定时向政府申报其收入情况,政府根据申请者当年的收入状况重新确定补贴数额。购房补贴解决了经济适用房存在的问题。首先,使受益者公平合理地享有福利,购房者按收入反向提供补贴,收入越低,补贴越多;其次,充分利用二手房市场中存在的小户型旧房,使受益人在住房位置方面的选择自由大大提高。

3. 将房租补贴与购房补贴衔接起来,形成统一的住房福利体制。从福利享有公平性角度看,租房补贴与购房福利的待遇水平必须衔接,后者不应高于前者。因此,有必要将房租补贴与购房福利统一起来。在建立房租反向递减补贴和购房补贴的前提下,将购房福利和租房福利设立统一的资格条件。无论房租补贴还是购房补贴,都将统一待遇水平。

同一收入的家庭,无论其选择购房还是租房,得到的补贴数额都相等。

4. 出台住房保障体系配套政策,鼓励地方政府及开发商发展保障性住房的

① 孙炳耀:《城镇低收入人群住房福利制度探索》,《中国社会科学院院报》,2004年3月,第36页。

信心。2008 年 3 月，财政部、国家税务总局公布《关于廉租住房经济适用住房和住房租赁有关税收政策的通知》，对廉租房的经营管理单位、开发商等给予一定的税收优惠。

本章小结

本章在讲述社会福利的含义和特点的基础上，对国外社会福利的发展历程进行了简要介绍。同时讲述了我国社会福利的历史沿革，对福利体系的内容及完善我国社会福利制度的思路进行了探讨。特别是对福利概念与生活质量指标、福利多元化与非营利组织、住房制度改革与廉租住房等社会福利的有关问题进行了较为深入的分析。

重要概念

社会福利　生活质量指标　福利多元化　非营利组织　经济适用住房

思考题

1. 社会福利的内容是什么？
2. 对国外社会福利的历史作用进行简要评价。
3. 简述我国社会福利制度的现状及其完善。
4. 简述社会福利的含义和特点。
5. 简述生活质量指标的含义。
6. 谈谈你对社会福利多元化的理解。
7. 简述非营利组织对发展社会福利事业的重要作用。
8. 谈谈你对住房制度改革、经济适用房和廉租房制度的看法。

Chapter 10

第十章 社会优抚和安置

本章学习要点

优抚与安置制度是为了保障军人及其家属的基本生活而建立的一种社会制度。它是我国社会保障体系的重要组成部分,是军人社会保障的主要内容。优抚与安置工作是我国在长期的革命和建设实践中逐步形成和发展起来的传统保障工作,也是拥军优属、拥政爱民工作的重要组成部分。通过本章的学习,要求掌握优抚与安置的含义和对象;社会优抚与安置的基本内容;优抚与安置的特点,同时了解国外一些国家的优抚措施;了解美国的优抚安置制度。针对我国优抚与安置工作的现状及问题,思考我国社会优抚与安置工作的改革和发展,思考优抚与安置改革的原则和具体思路。

第一节　社会优抚和安置的内容与特点

一、社会优抚和安置的对象和内容

(一)社会优抚和安置的对象

社会优抚的对象是由国家有关立法和政策确定的。其对象是为革命事业和保卫国家安全作出贡献和牺牲的特殊社会群体,是国家和社会的功臣。由于各国政治背景和社会发展水平不同,对优抚对象的规定范围也有所不同。

在我国,优抚对象有七种人:一是中国人民解放军的现役军人(含人民武装警察部队指战员);二是革命伤残军人;三是复员军人;四是革命烈士家属;五是因公牺牲军人家属;六是病退军人家属;七是现役军人家属。

安置对象是退役军人,包括退役义务兵、退役志愿兵、复员干部、转业干部和离退休干部等。

(二)社会优抚和安置的基本内容

1.社会优抚的内容。根据《中华人民共和国宪法》、《中华人民共和国兵役法》和《军人抚恤优待条例》的规定,我国的优抚工作主要包括以下内容:

(1)抚恤。即国家对因公伤残人员、因公牺牲以及病故人员家属所采取的伤残抚恤和死亡抚恤。

伤残优抚。伤残优抚是现役军人因战、因公或因病致残,根据丧失劳动能力的程度,由国家给予的物质保障。根据现役军人的伤残性质确定为因公致残、因战致残和因病致残三种。待遇补偿分为伤残抚恤金和伤残保健金两种,具体标准由民政部会同财政部制定。

死亡抚恤。死亡抚恤是国家依法对死亡的现役军人的家属,提供保障其一定生活水平资金的优抚保障项目。根据1988年颁布的《军人抚恤优待条例》规定,死亡抚恤的对象,一是革命烈士家属,二是因公牺牲军人家属,三是病故军人家属。按规定,现役军人死亡,根据死亡性质和本人死亡时的工资收入,由民政部门发给其家属一次性抚恤金,具体标准由民政部会同财政部制定。

此外,为了更好地解决病弱、老年的退役红军老战士及老复员军人的实际困难,国家对部分在乡退役老红军、失散老红军及在乡复员退役军人,给予定期定量的生活补助及医疗照顾。

(2)社会优待。优待是国家和社会按照立法规定和社会习俗,对现役军人及家属提供保证一定生活水平和生活质量的资金和服务的优抚保障项目。各省、自治区、直辖市人民政府根据本地区的实际情况,制定出具体的对服现役的义务兵家属的优待办法。除此,军属在我国还享有其他方面的优待,如符合一定条件的军属在医疗、入学、入托、就业、住房、参军以及贷款和救助方面均享有相当的优待。

(3)褒扬革命烈士。即以各种形式纪念和表彰为革命而壮烈牺牲的烈士。通过宣传革命烈士的光辉业绩,教育广大军民,铭记革命烈士的丰功伟绩,学习革命烈士的崇高品德。

(4)举办优抚事业单位。即把优抚对象中部分无依无靠、生活困难较大的孤老病残人员集中起来,由国家提供设施和条件,更好地保障他们的生活。目前，我国的优抚事业单位主要有革命伤残军人休养院、荣复军人慢性病疗养院、复员退伍精神病军人疗养院、光荣院和为国捐躯军人家属养老院。

(5)开展拥军优属活动。一方面在重要节日期间，开展群众性的拥军优属活动；另一方面，坚持做好经常性、群众性的拥军优属工作，如为军队培养军地两用人才，为当地部队提供训练、生活等各方面的便利条件。

2. 社会安置的基本内容。根据《退伍义务兵安置条例》、《关于军队干部退休暂行规定》，我国的安置工作包括对一切退出现役的军人进行安置。安置的方式可分为以下三种：

(1)就业安置。对转业干部、复员干部、退伍志愿兵和持城镇户口的义务兵，由国家统一分配工作，保证就业。

(2)回原籍安置。对农村义务兵退役的，回原籍安置。其中伤、病、残、孤儿和遇有生产、生活等困难的退役军人，在安置上采取国家、集体和个人三结合的方针，由国家重点帮助无房、缺房的退伍军人建房，并发动社会力量，从资金、技术、信息等方面提供帮助。

(3)离退休安置。现役军官离退休后，移交地方政府安置，由国家供养。安置工作的具体内容包括：①生活待遇保障；②规定安置去向；③住房保障；④子女安排；⑤在民政部设立专门的离退休干部管理、服务机构。

二、优抚与安置的特点

(一)军人优抚制度的特点

军人优抚作为一种补偿与褒扬性质的特殊社会保障，有其自身的特点。

1. 保障对象的专门性。优抚对象是对国家和民族有特殊贡献的人和他们的家属。他们为维护国家民族利益，保护国家和民族安全，牺牲个人利益，影响了个人需求或利益的发展。因此，国家要给予这些人以特殊的保障。

2. 保障待遇的激励性。相对于一般社会成员，优抚对象对国家和社会的贡献和牺牲较大，因此国家对他们实施较高的保障标准，保证其生活水平高于一般社会成员的基本生活水平。

3. 保障程度的多层次性。社会优抚具有赞颂和褒扬的含义。总体而言，优抚保障标准应当高于一般社会成员的生活水平。但具体来看，针对优抚对象的不同情况，社会优抚的待遇标准又是多层次的：它具有保障优抚对象基本生活的待遇标准，也有提高优抚对象福利水平的待遇标准。同时，优抚对象对国家和社会的贡献大小不同，军人平时在部队的表现也不一样，要根据不同情况制定不同的标准，实行不同层次的保障。

4. 保障内容的综合性。和一般国民的社会保障不同,社会优抚安置保障既不是单纯的社会救助,也不是单纯的社会保险或社会福利制度,而是兼具三种制度的特点,是一种综合的社会保障制度。不同的优抚行为有着不同的性质,因此,它是一个以特殊社会群体为保障对象的综合性的社会保障体系。

(二)退役安置的特点

1. 双重从属性。复员退役军人安置工作是地方政府的一项重要任务,民政部门是具体承办部门。同时,征集新兵、退役和安置等项工作紧密相连,自然地形成了一个完整的系统。安置工作是直接为国防建设服务的,并通过国防的巩固保卫经济建设,为经济建设服务。又通过为经济建设输送人才,促进经济的发展,为国防建设提供可靠的物质基础。

2. 涉及范围的广泛性。安置工作涉及落户、就业、就学、生产、生活和治病等多方面,与公安、劳动人事、财政、卫生、教育、商业、银行、税务和物资等部门关系密切。这一特点决定了安置工作必须在政府领导下,与各有关部门密切协作才能做好。

3. 安置工作的严肃性。安置工作是做人的工作,安置政策牵动着军心和民心。无论是制定安置政策,还是执行政策,需要慎之又慎,既要考虑到国防建设的需要,又要考虑到国家经济、社会发展情况的需要和可能;既要适应客观形势的要求,不断改革创新,又要充分注意到政策的连续性和相对稳定性。

4. 明显的时空性。安置政策有较强的空间和时间效力。凡由国务院、中央军委制定的安置政策,适用于全国各地;民政部制定的政策,适用于全国民政系统;省、自治区、直辖市制定的政策,只适用于本地。

(三)军队离退休人员安置的特点

军队的离退休干部是国家的有功之臣,国家应对他们进行妥善安置。军队离退休人员的安置是具有中国特色的一种高层次的社会保障,既有一般的社会保障性质,又不同于其他社会保障。军队离退休干部的政治、生活待遇具有很强的政策性,他们与地方其他人具有不同的经历、工作和生活特点,所以,他们离退休后,应享受略为从优的待遇,国家在政策上给军队离退休干部以妥善安置和照顾,使他们幸福地安度晚年,这有利于稳定军队在职干部安心服役,有利于促进军队干部制度改革,符合全国人民的根本利益。

第二节 国外的社会优抚与安置

社会优抚与安置制度是一项古老的社会保障制度。只要有军队存在,就必然要实行优抚措施,优抚与安置制度发展到今天,许多国家均形成了对军人及其家属这一群体的特殊保障制度。

各国从各自的兵役立法和国家稳定的需要出发,对现役军人的优待、抚恤和退休后的生活待遇等做出了规定。从各国情况看,有些国家是将优抚条例单列,做出特殊规定;有些国家是在一般性社会保障制度中对优抚对象给予优惠性的保障。如美国在1930年成立了退役军人管理署,内设医疗、福利、阵亡纪念三个处;英国的战争抚恤金由政府财政部门拨给,由保健和社会保障部门管理;法国早在19世纪就在政府文职官员和军人中实行养老、退休制度等。

一、美国的优抚措施和制度

(一)美国的优抚措施

美国对优抚对象的生活保障包括:①病残退休补偿,军人残废退休金计算,以本人基本薪金乘以丧失劳动能力的百分比,也可按服役年限计算;②阵亡军人遗属的补偿,按原军衔规定标准发给;③退役军人生活贫困补助;④退役军人死亡,发给其家属相当于死者6个月薪金的一次性抚恤金,其妻和子女每年可领补助费;⑤免费为病残退役军人服务①。

(二)美国的优抚安置制度

美国的退役军人保障涉及退役军人津贴、退役军人退休养老金和退伍军人的其他保障等。

自第二次世界大战以来,美国的退伍军人福利保障有了长足发展,这方面的立法有:1940年9月16日,总统签署《征兵役制法》;1940年10月8日通过了《国民服务生活保险法》,该法为在第一次世界大战、第二次世界大战及以后的战争中服役的军人提供生活保险;1941年12月18日,政府颁布法令,为参加二战的军人及其遗族提供残疾和死亡补偿金;1943年3月17日,政府颁布议案,规定二战期间的退役军人在医院和医疗照顾上和一战期间的退役军人享有相同的待遇;1943年3月24日,总统签署了为二战军人建立的职业恢复计划,政府为军人的职业恢复提供保障。

在杜鲁门总统任期内,1945年6月4日,总统签署了一项议案,要求优先发展退伍军人医院和其他退役军人残疾人福利设施;1946年8月8日,总统签署了有关法案:增加补偿和抚恤金的综合议案《平时的补偿金案》和《废除在两次大战中死亡军人的遗族每月支付抚恤金不超过74美元规定的法案》等。

---

① 葛寿昌:《社会保障经济学》,上海大学出版社,1999年版,第266页。

在艾森豪威尔总统任期内，1954 年 8 月 28 日，总统签署了一项《增加退伍军人的补偿金的决议》；1956 年 8 月 1 日，总统签署了被称为新制度的《退伍军人亲属补偿和赔偿议案》；1957 年 6 月 17 日，总统签署了《军人福利金案》，要求改善现行的所有有关退伍军人福利立法的行政条款，如补偿、抚恤、住院治疗、医疗照顾、丧葬金和坐轮椅者住房等。

在肯尼迪和约翰逊总统任期内，1962 年 9 月 7 日，肯尼迪总统签署了《增加补偿金议案》；1964 年 7 月 1 日，约翰逊总统签署了《扩大 1956 年的战争孤儿教育援助法案》。除了上述法案外，还有有关再就业权利、个别人死亡的抚恤金、退役军人住房、退役军人优惠法、规划国民优先和公民救济等法案。

1988 年版的《合众国法典》对退役、因身体伤残的退休或退役，因年龄退休、非正规服役的退休金、退休级别、退休金的计算、以退休金或雇佣金为基础设立的养老金、国防部军事退休基金和死亡抚恤等均有专章说明。

总的来说，退役军人在美国是一个特殊利益集团，这不仅涉及一个利益集团的社会保障，而且是政治、经济和社会稳定的大事，无论哪届政府，均予以高度重视，并且往往放在优先考虑和照顾的位置。当然，随着整个福利费用的上涨，在控制经费这点上，退役军人福利与其他集团福利是大体相同的。

二、英国的优抚和安置措施

（一）优抚措施

英国规定，军人死亡后，其遗孀可长期领取优抚金，其数额为军人死亡时月薪的 50%，遗孀优抚金最低标准，士兵为 260/月英镑，尉官至准将为 463 ~ 979/月英镑。

（二）安置措施

例如，英国除规定退役军人有权要求复工外，还要求国营事业单位与公共事业单位招工时必须留出一定名额（私营工商业规定比例为 5%），放宽招工年龄，用来雇用退役军人。英国还制定有残废军人就业法，规定凡雇主雇用工人 20 人以上者，必须按国家规定雇用一定的残废军人，并不得随意解雇；电梯及停车场的管理人员，法定必须由残废军人充任；政府对雇用残废人员的企业给予津贴。英国在士兵退役时发给职业训练津贴，进行职业训练，以保证得到就业；学校还给退役军人预留入学名额，保证其入学，入学后发给津贴、杂费（4 年）。

第三节 我国社会优抚和安置的历史与现状

一、军人优抚和安置的历史沿革

（一）军人优抚制度的历史沿革

优抚工作在我国具有较为悠久的历史，它随着人民军队的产生而产生，随着中国革命的发展而发展，大体经历了三个阶段。

1. 战争时期的创立阶段。武装斗争是中国革命的特点之一，从人民军队建立初始，优抚军人的活动就已开始。1931 年，中国共产党在江西瑞金成立了中央政权，建立了民政机构。同年 11 月，全国苏维埃第一次代表大会通过了《中国工农红军优待条令》，此后又颁布了《红军抚恤条令》、《优待红军家属耕田条令》等一批法规文件。这些文件，使军人的合法权益得到了一定程度的保障，激发了军人作战的积极性。

2. 计划经济时期的发展阶段。我国的军人优抚工作在战争年代已经积累了许多经验。新中国成立后，中央人民政府颁布了统一的优抚法规。1950 年 12 月，经中华人民共和国政务院批准，中华人民共和国内务部公布施行《革命烈士家属、革命军人家属优待暂行条例》、《革命残废军人优待抚恤暂行条例》和《革命军人牺牲、病故褒恤暂行条例》。按照条例的精神，中央人民政府各有关部门和中国人民解放军各总部相继发布了一系列具体的优抚规定。这些规定随着建国后形势的不断发展，有的又做了适当的调整。3 年自然灾害期间，在国家经济非常困难的情况下，各级政府和广大人民仍然对军、烈属和残废军人给予多方面的关怀。“文化大革命”开始后，军人优抚工作也受到一定程度的冲击。由于受“左”的思想的影响，优抚工作的形式多于内容，并没有解决太多的实际问题。

3. 新时期的改革阶段。从 1980 年开始，为了适应农村实行家庭联产承包责任制的新形势，在全国范围内实行了农村义务兵家属的普遍优待。在抚恤方面，1985 年经国务院批准，由中央拨出专款，将烈属、因公牺牲军人家属、病故军人家属的生活困难补助，改为由国家实行定期抚恤，且标准随城乡人民生活水平的提高而逐步提高。

（二）安置保障的历史沿革

我国的安置保障工作开始于新民主主义革命初期。《红军优待条例》和《红军抚恤条例》规定，红军服役 5 年以上而满 45 岁者，可退职休养，由国家补助其终身生活。

第一届中国人民政治协商会议制定的《共同纲领》中明确规定："革命军人家属，其生活困难者，应受国家和社会的优抚。参加革命战争的残废军人和转业、退伍军人，应由人民政府给以适当安置，使其能谋生立业。"1950年，中国革命军事委员会和政务院发布了《关于人民解放军1950年的复员工作的决定》。此后，国家和军队先后制定、发布了《复员军人安置暂行办法》、《国务院关于安置复员军人的决议》、《关于处理义务兵退伍的暂行规定》、《关于现役军官退伍处理的暂行规定》、《总政治部关于高级干部离职休养的待遇和管理问题的规定》。这些法规的发布初步形成了安置保障的制度体系。建国初期，退伍和转业军人安置基本是按照"从哪里来，回哪里去"的原则，尽可能做到"妥善安排，各得其所"。

"文化大革命"期间，我国的军人复员退役安置工作受到了严重干扰，主管安置工作的内务部被撤销，各级安置部门受到了削弱，数万伤病残战士长期滞留部队，不能得到退伍安置，一些退役军人特别是回农村的退役军人，生产和生活中存在的困难得不到解决。

"文化大革命"结束后，在党和政府的重视下，军人复员退役安置工作迅速出现了转机，政府颁布了《中国人民解放军干部服役条例》和《关于妥善安排军队退出现役干部的通知》。1987年12月，国务院在1958年颁布的《关于处理义务兵退伍的暂行规定》的基础上，总结了近几年复员退役安置工作的经验，根据1984年新《兵役法》的有关规定和新形势下退役安置工作的实际需要，发布了《退伍义务兵安置条例》。该条例进一步以法律的形式确定了退役人员"从哪里来，回哪里去"的原则和"妥善安排，各得其所"的方针以及其他一些安置政策和措施，同时体现了"鼓励先进，鞭策后进，区别对待"的安置改革精神，是新时期进行安置工作的基本法律依据。

二、我国优抚工作的现状

党的十一届三中全会以来，随着改革开放的全面展开，优抚工作在继承中发展，在改革中创新，各项工作取得了巨大的成就。

（一）优抚工作法制化建设得到加强

早在20世纪50年代初期，国家就颁布了一系列优抚暂行条例。1950年中央人民政府公布了《革命烈士家属、革命军人家属优待暂行条例》、《革命残废军人优待抚恤暂行条例》、《革命军人牺牲、病故褒恤暂行条例》、《革命工作人员伤亡褒恤暂行条例》、《民兵民工伤亡抚恤暂行条例》。上述条例的公布，使我国优抚工作初步形成了较为完备的法律法规体系，标志着我国优抚工作进入到一个新的历史阶段。这些条例在优抚工作中发挥了积极的作用，但随着形势的发展，这些条例从原则到内容有许多地方已不适应改革开放和现代化建设的要求。在这样的背景下，1980 年 6 月 4 日，国务院公布并实行了《革命烈士褒扬条例》；1988 年 8 月 1 日公布并实行了《军人抚恤优待条例》等，为优抚工作步入法制化轨道创造了条件。2001 年，《军人抚恤优待条例》的修订工作进展顺利，经过多次座谈、论证，修订后的《军人抚恤优待条例（草案）》报国务院和中央军委，2001 年 9 月 20 日，民政部、财政部联合下发了《关于调整一次性抚恤金发放办法的通知》，将国家机关工作人员，人民警察因公牺牲、病故后一次性抚恤金由原来家属户口所在地的民政部门发放改为由死者生前所在单位发放，改变了经常出现的拖欠一次性抚恤金，甚至无处发放一次性抚恤金的尴尬局面，有力地保障了优抚对象的合法权益和基本生活。总之，截至 2001 年，民政部以及财政部、公安部、解放军总政治部等有关部门联合制定颁布的配套性优抚法规、文件 30 多个，全国共出台了 2 000 多个地方性优抚法规和规范性文件，社会优抚法规体系基本建立，为社会优抚工作的开展提供了法律依据。

（二）社会优抚保障体系基本建立

第一，职能机构的健全、完善，从中央到地方形成体系。1978 年，民政部恢复成立后，确定优抚司为民政部主管优抚工作的职能部门。在省、市、自治区民政厅（局）分别设立优待处，地、县、乡（镇）也都设有相应的机构。优抚工作机构的完善为各项优抚政策的落实提供了可靠的组织保证。

第二，保障对象按照对象不同，贡献不等，参照社会经济发展水平来确定保障层次和标准，建立保障项目，目前已基本形成了以抚恤补助、社会优待、医疗减免、孤残养护、扶持生产等项目为主的保障体系。截至 2011 年底，国家抚恤、补助各类重点优抚对象 852.5 万人，比上年增长 36.4%。其中：伤残人员 85.9 万人，带病回乡退役军人 132.2 万人，在乡复员军人 158.7 万人，60 岁以上农村籍退役军人 237.4 万人，在乡退役红军老战士 911 人，在乡西路军红军老战士 190 人，红军失散人员 29 208 人；烈士遗属 28.6 万人，因公牺牲、病故军人遗属 13.6 万人。

第三，保障资金由中央财政和地方财政共同承担，中央确定全国性的基本标准，地方在全国基本标准的基础上适当提高。

近几年我国抚恤、补助优抚事业发展见表 10－1。

表 10－1 近几年我国抚恤、补助优抚事业发展

年 份	2004	2005	2006	2007	2008	2009	2010	2011
国家抚恤、补助优抚对象(万人)	462.0	460.3	462.6	622.4	633.2	630.7	625	852.5
抚恤事业费(亿元)	104.1	143.6	178.8	210.8	253.6	310.3	362.7	428.3
抚恤事业增费年增长率(%)	18.4	37.9	24.5	17.9	20.3	22.4	16.9	18.1

资料来源:《2011 年社会服务发展统计公报》。

(三)优抚保障网络基本形成

社会优抚工作不仅需要国家的政策倾斜和资金的投入,更需要来自社会各方面的服务。2010 年,全国共有 40 所荣誉军人康复医院,共提供 8 906 张床位,36 个复员军人慢性病疗养院,提供 5 899 张床位,94 个复退军人精神病院,提供 23 129 个床位。光荣院是我国具有特殊社会保障性质的福利性机构,其前身是烈属养老院。到 2010 年底,全国共有 1 371 个光荣院,提供 73 182 张床位,供养50 072名孤寡老优抚对象。优抚网络基本形成,为优抚对象提供医疗、供养、保健、交通、住房、教育、文化和社会公益等生活方面的服务,提高了优抚对象的生活质量。

2004 年,全国的 1.35 万处烈士纪念建筑物所在的保护单位收藏了 12.2 万件革命文物,接待了 3 000 万人次参观。起到了良好的宣传、教育作用,有力地推动了精神文明的建设①。

三、我国优抚和安置工作存在的问题

(一)我国优抚工作存在的问题

由于社会经济发展水平的制约,我国的优抚工作也受到了相应的影响,社会优抚保障水平还相对较低。目前,军人优抚制度存在的主要问题是:

1. 拥军优属的观念日益淡化。战争年代,为了夺取革命胜利,军队的地位和作用是显而易见的。人们能够自觉地拥军优属。党的十一届三中全会以来,全党的工作重心转移到经济建设上来,而且随着社会主义市场经济体制的建立,人们的思想意识和价值观念都不可避免地发生变化,利益原则渗透到社会生活的各个领域,传统的拥军优属观念在人们的心中淡化,这为优抚工作的宣传与开展带来了一定的困难。强制性的政治手段已不能适应时代的发展。

2. 国家财政投入不足,优抚对象的保障水平偏低。社会优抚是对有特殊贡献的社会成员进行的具有褒扬性质的高层次保障。这种高层次主要体现在其

① 《(社会)我国重点优抚对象生活得到保障》,西部在线网,2004 年 6 月。

保障标准的高层次上，也就是说，优抚保障的标准应适当高于社会平均消费水平，这是优抚制度的特殊性所决定的，也是充分发挥优抚制度保障功能的要求。改革开放以来，我国曾多次提高社会优抚的抚恤标准，但抚恤标准过低的问题始终没有得到彻底改变。

虽然抚恤经费每年都在增长，但与国内生产总值的增长速度相比明显落后。同时，虽然近年来抚恤补助标准多次提高，但由于基数太低，抚恤对象数量基数大，抚恤水平与人民生活水平相比仍有较大差距。例如，1996 年，农村居民家庭人均纯收入 1 926 元，城镇居民家庭人均收入 4 377.2 元，而同期烈属的抚恤补助标准为每年人均 794 元，在乡革命伤残人员为 857 元，在乡复退军人为 445 元。

标准偏低，导致优抚制度的保障功能弱化。这种状况直接影响了优抚制度保障优抚对象正常生活水平这一基本功能的正常发挥。

3. 优抚事业单位经费严重不足，发展缺乏后劲。优抚医院、光荣院和革命烈士纪念建筑物是承担优抚保障任务的重要阵地，担负着优抚对象的治疗、康复、修养、供养和革命烈士的褒扬等重要任务。但是这些单位大都始建于 20 世纪 50 年代初期，由于经费投入不足，如今相当一部分年久失修，设备老化，缺乏维护。

同时，由于这些单位的性质、作用比较特殊，它们直接为优抚对象服务，靠国家扶持。因此，大部分单位基础薄弱，缺乏专业人才，管理不善，缺乏竞争力。随着社会主义市场经济体制的建立，竞争的日趋加剧，这些单位若再不进行改革，将会被市场所淘汰。

4. 优抚的法制不规范，一些政策难以落实。法制若没有一定的权威性，执行起来就会很困难。军人抚恤优待条例虽然是中央人民政府制定颁布的法规，但缺乏国家基本法的强制。在市场经济的利益驱动下，抚恤优待条例的实施受到了不同程度的抵制，执行起来困难很大，优抚对象的合法权益得不到保障。一些法规明确规定的政策难以落实：一是伤残军人不仅就业困难，而且一些已经安排工作的伤残军人，由于缺乏劳动技能，加之身体伤残，往往在优化组合中被企业精简下来；二是一些重点优抚对象的医疗减免和二等乙级以上伤残军人享受公费医疗政策难以落实，优抚对象医疗问题十分突出；三是《军人抚恤优待条例》规定的优抚对象应享受的诸如在就业、入学等方面的优待，不少单位无法兑现。

5. 优抚保障的社会化程度不高。社会力量参与优抚保障的途径不多，优抚保障主要还是依靠国家和地方政府发放优待金。相当一部分优抚对象因家庭人口素质较低，缺乏劳动力等因素，生活依旧十分困难。

（二）我国安置工作存在的问题

随着改革开放的不断推进，党和国家工作重心的转移，计划经济体制为社会主义市场经济体制所代替，安置保障体系已越来越不能适应现代化建设新的形势的需要，主要表现在：

1. 指令性计划安置方式受到市场配置资源的挑战。市场经济要求一切经济活动服从效率原则以实现社会资源的有效配置。人力资源的配置同样也要遵循此原则，使市场机制在劳动力资源配置中发挥主导作用。但是计划经济时期形成的安置制度，是政府指令性强制实行的，违背了效率原则，阻碍了人力资源的合理流动，损害了企业的用工自主权，加重了企业特别是大型国有企业的负担，不利于国有企业的改革和社会主义市场经济的完善。

2. 安置的数量无法落实，质量难以保证，安置渠道单一。供大于求是我国劳动力市场的基本现实。随着市场经济的发展和国有企业改革，这一矛盾将更加突出。每年新增加的就业岗位虽然很多，但往往被大量新增的劳动力、下岗职工和进城农民工所挤占，劳动力市场对退役士兵的需求严重不足。国有企业不能像从前那样依据国家政策大量吸纳退役士兵，而非国有企业接收能力也十分有限，因此，退役士兵安置的数量无法落实。据统计，2010 年全年共接收安置退役士兵、复员干部 39.1 万人，比上年减少 1.1%；其中退役义务兵 32.5 万人（城镇义务兵 17.7 万人），转业、复员士官 6.5 万人，复员干部 646 人。2010 年共接收军队离退休干部（含退休士官）、无军籍退休退职职工 14 530 人，比上年增长 8.0%。安置难的现象不论是在经济比较发达还是在经济欠发达的地区都普遍存在。

国企发展困难重重，失业人数不断增加，有些国有企业虽然接受了国家的指令性安置计划，但由于企业本身不景气，退役人员无法上岗，即使上岗也面临失业的严峻形势。非国有企业往往规模小，待遇低，社会保险不健全，退役士兵上岗后的工资、福利、待遇缺乏保障。

现行的安置人员仍主要集中在国有企业单位。2010 年安置军队转业干部 3.9 万名，安置到党政机关和事业单位的占计划分配总数的 80.2%，事业单位的占 18.3%，国有企业的占 1.5%。单一的安置保障渠道不利于安置工作的开展，越来越不适应退役士兵的安置需要。

3. 国家包揽过多，助长了保障对象的依赖心理。安置保障的主体是国家，国家无偿提供保障资金，同时以行政性手段对不同的安置对象在工作、生活和服务上分别予以相应的安排，给以充分的保障。除了农村义务兵外，国家对城镇义务兵、转业志愿兵包安置，对退休干部的衣、食、住也全包下来，使国家负担沉重。有些城镇青年及其父母甚至将参军作为“曲线就业”的出路。同时，保障对象依托国家政策，产生了严重的依赖心理，不主动寻求就业门路。

4. 复员退伍军人的安置思想发生了新的变化，加大了安置保障的难度。近年来，受到商品经济发展的影响，复员退伍军人的安置思想有了较大的变化，安置对象都希望工作安置有利于自身未来更好的发展，这种变化有一定的合理性，但却增加了安置保障工作的难度，也带来了安置保障工作中的一些问题。在现实生活中，一方面由于安置对象“择优”心理的影响而使安置渠道更窄，另一方面也会导致找关系、走后门等不正之风的蔓延，给整个安置工作带来不利影响①。

5. 安置对象的知识技能和择业愿望与社会需求不相适应。退役士兵在服役期间学习和实践的大多是军事职业技能，但是到社会和地方上则需要社会职业技能，两者对知识技能的要求不同。科技是第一生产力，随着生产力的不断发展，社会对高学历、高科技的人才需求量大，用人单位对人才的科学文化素质的要求也在不断提高，这使退役士兵在劳动力市场上处于劣势，难以适应。

此外，由于国家传统的包揽政策和传统计划经济的思维模式以及制度模式的影响，许多安置对象对安置岗位的期望值过高，不愿意到条件艰苦的岗位上就业，有些士兵因为对岗位不满意而拒绝上岗。这就使安置工作更加难以开展和落实。

6. 军休干部的医疗保障、住房保障、生活待遇尚需完善。军队退休干部医疗费用紧张，目前，国家下拨的军队退休干部医疗费用只占实际需要的1/3，每年仅医疗费一项就超支8 000多万元。同时，由于中央下拨的医疗费标准低，使得地方财政负担沉重。

军队干部的住房受国家下达的规模的限制，满足不了实际需要，而且，由于国家实行分批集中安排住房建设投资的做法，批次的周期较长，再加上商业用地的挤占等种种原因，住房数量增加缓慢。

由于管理体制和经费的下拨渠道不通畅，离退休费用下拨不及时，移交政府的军队离退休干部的生活待遇难以完全到位；由于机构缺乏，军休干部安置管理工作人员缺乏，影响了军休工作的正常开展。而且，由于军休所的事业编制和经费均由中央下达，地方大多把干休所作为中央在地方的事业单位来对待，地方财政不愿对干休所的经费缺口予以补贴。

---

① 张思锋，温海红，赵文龙：《社会保障概论》，科学出版社，武汉出版社，2003年版，第279～280页。

第四节 社会优抚和安置工作改革的原则和思路

一、我国优抚工作政策的原则和思路

优抚工作是一项特殊的社会工作，做好新形势下的优抚工作，对于巩固国防，密切军政关系，促进经济发展和社会稳定都具有十分重要的作用。完善军人社会优抚制度应坚持以下原则：

（一）优抚工作改革的原则

1. 坚持与经济发展水平相适应的原则。我国将长期处于社会主义初级阶段，生产力水平低，而且发展极不平衡。因此，优抚保障水平应当以保障基本生活为原则，随着经济的发展而逐步提高，切不可超越经济发展阶段，不顾经济发展水平而盲目提高优抚水平。

2. 优抚对象的保障水平应高于一般社会成员的生活水平。优抚对象的保障水平，高于一般社会成员的水平，这是因为保障对象对国家和社会作出的贡献大于一般社会成员，这也是保障待遇激励机制的体现。如果优抚保障水平等于或低于一般社会成员的生活水平，就不能体现权利与义务的统一，不能激发军人的积极性。要实现这一原则，就要求建立优抚水平的自然增长机制。所谓自然增长机制，实际上就是以城乡人民平均生活水平为参照，根据优抚对象水平达到或高于当地群众平均生活水平的要求，确立一个合理的比例。民政、财政部门每年随着国民经济发展和城乡人民生活水平的提高，不断提高优抚对象的保障水平，这也符合分享社会发展成果的原则。

3. 根据不同地方，不同层次，实行不同标准的保障。由于我国经济发展水平很不平衡，而且优抚对象分布又有明显的地域性，如果制定一个统一的标准来适应生活收入水平不同的优抚对象，那是不公平的，会导致有限资源的浪费，而且还会造成优抚对象的不合理流动。因此，应当根据不同地域的经济发展水平制定相应的保障标准。经济发达地区的标准要高些，经济欠发达地区的标准要低些，这样才能体现公平。

4. 统筹兼顾的原则。在优抚制度的改革中，要贯彻统筹兼顾的原则，就必须在改革过程中瞻前顾后，兼顾长远利益和眼前利益，兼顾国家、集体和军人利益，兼顾军地利益，充分考虑各方面的承受能力。既要努力保障军人的合法权利，又要考虑到我国经济发展现状所具有的承受能力。目前，国家集中力量进行经济建设，没有也不可能大幅度地增加军人的优抚资金。同时，军费供求矛盾突出,军人工资福利改革难以一步到位。军人社会优抚标准应当是适度的,它属于收入再分配范畴,基本功能是调节收入差距,维护公平分配,保证军人合法权益。从宏观的角度讲,军人社会保障的规模不能超出国家财政的负担能力。在社会发展的基础上,军人社会优抚支出应逐年有所增加,但要小于社会积累幅度。

对于不同的优抚对象,应根据其享受优抚的具体条件的不同区别对待,以体现激励机制。优抚对象的贡献越大,其享受优抚条件越好,要厚待因公、因战伤亡者和曾经立功受奖的军人,这样的机制才能既体现公平又体现效率,激励广大军人的积极性。

(二)优抚工作改革的具体思路

1. 深化优抚事业单位改革。优抚医院、光荣院、革命烈士纪念建筑物等优抚事业单位,由于各方面的原因发展缓慢,已不适应社会主义市场经济发展的需要。这些单位几十年来为优抚保障做出了巨大的贡献,在新的世纪,新的形势下,要改变现状,谋求发展必须要把改革、改组和改造结合起来,走多功能一体化的发展道路,树立经营创收的观念,面向社会扩大服务面。

优抚医院加大力度更新设备、提高科研水平,吸纳高级人才,改善内部管理,增强竞争力,努力向具有一定特色和专长的专、特医院发展,以吸引更多的患者。光荣院要防止以往小规模的重建、扩建,要向集约型发展,办一批高水平的光荣院,如果有能力的话,还可以面向社会,接收社会上的孤寡老人,逐步向多功能的老年公寓方向发展。烈士纪念建筑物等保护单位,是重要的爱国主义教育基地,要着重在陈列展示、建筑设施、园容园貌等基础项目上下工夫,加大宣传力度,向集宣传、教育、游览等多功能一体化的社会主义精神文明阵地的方向发展。

2. 改变传统的优抚办法,实行优待抚恤和扶持优抚对象发展生产相结合,不断增强优抚对象自我保障、自我发展的能力。从我国目前的实际情况看,优待抚恤只能保障优抚对象的一般水平。由于抚恤标准低,有些抚恤项目无法落实,再加上天灾人祸,使一部分特别是农村优抚对象的生活陷入困境。优抚对象由于自身条件所限,在自我发展、自我保障方面存在不少困难。仅仅发给优抚对象抚恤金并不能改变他们的生活,要使他们摆脱贫困,逐步走上致富之路,必须扶持他们发展生产。因此,要改变优抚对象单纯依靠抚恤金的"输血"式被动保障,国家和社会要为之提供解决发展生产相适应的帮助和扶持,如资金、技术、项目、减免税收等优惠政策,提高优抚对象的技术水平,为优抚对象家庭发展生产创造条件。比如,有条件的集体和地方可以创办优抚经济实体,把优抚对象组织起来,依靠集体力量开展生产经营活动,这在实践中是一个行之有效的方法。总之,把优待抚恤和扶持优抚对象发展生产结合起来才是治标又治本的方法。

3. 动员社会力量,提高优抚对象的保障水平,提高优待保障的社会化程度。现在,我国服役公民的服役率远不足1%,从道理上讲,他们有理由向全社会要求补偿。既然是全民的国防责任,当然就应当由全民来负担。目前,社会力量参与优抚保障的途径很少,主要是在社会统筹优待金上,而优待金也存在财政投入不足、部门地方统筹不到位和来源不规范等缺陷,使部分优抚对象的合法权益得不到保障。所以要加快推进优待金社会统筹,统筹对象从单纯农民扩展到城镇干部、职工、个体劳动者以及机关、团体、企事业单位等;或者,也可以在现行的群众统筹优待金对义务兵家属实行优待的基础上,由群众统筹优待金制度过渡到以税代筹,财政支付并保证优待金及时足额兑现,强调国家的责任;引导一部分条件较好的社会组织参与优抚保障,使其转变为具有法人资格的社团或民办机构,为优抚对象提供医疗、康复、保健、供养以及社会公益服务,以减轻政府的财政负担,弥补国家财力、物力和人力投入的不足。

要实现优抚社会化,现阶段,国家和地方政府的着力点应放到提高广大优抚对象自我保障能力的建设上,并结合正在推行的医疗保障制度改革,把优抚对象的医疗保险纳入国家城镇职工医疗保险制度和农村合作医疗制度改革范畴,从根本上解决优抚对象的生活困难①。

4. 拓宽优抚资金的筹资渠道。军人对国家和社会作出了巨大贡献,应分享社会经济发展的成果,由政府承担社会优抚费用是理所当然和责无旁贷的。我国在计划经济体制下,实行的是低工资、高福利的社会保障制度。在这种情况下形成了社会优抚资金的单一拨款渠道,即由中央政府拨款,这在当时不失为一种可行的办法。但是,随着社会主义市场经济的发展,政府逐渐改变职能,中央财政也进行了改革。政府不再像过去那样包办一切,很多事情都交由社会去办,政府的收入相应减少,对许多政策项目已不可能给予充足的财政支持。近年来,国家对优抚的投入虽然每年都在增加,但仍满足不了实际的需要。要改变这种现状,单纯要求政府加大投入是不现实的。改革的方法就是进行多样化筹资。具体而言,一是国家作为整个军人社会保障制度的责任主体,应加大对社会优抚的投入,尽快改变优待保障主要由乡镇统筹、城镇单位负担的局面;二是社会共同参与社会优抚,积极探索各类社会团体和组织参与优抚保障的途径;三是军人个

---

① 彭禾乃,贺明:《逐步迈向市场的优抚安置改革》,《中国社会报》,2001年4月11日。

人也要相应承担一部分费用,改变传统的“等、靠、要”的思想;四是积极吸收社会捐赠,充实资金;五是在国家政策允许的范围内,引入社会资金兴办军人职业培训和福利等机构。

5. 完善医疗减免制度,使优抚对象的医疗保障问题得到妥善解决。在当前医疗制度改革的情况下,对一般优抚对象的医疗保障要采取社会保险的方式,使医疗保障成为一种预先积累式的真正具有社会意义的保障模式;同时,要采取积极措施,解决那些特殊优抚对象的医疗保障问题,使他们的基本医疗得到最好的保障。

6. 加强国情和国防教育。国情和国防教育始终是社会主义精神文明建设的重要内容之一。当前人们拥军优属的观念虽有所淡化,但这并不说明军人那种牺牲和奉献精神已经过时。相反,在人们的思想观念和价值观受到剧烈冲击的时刻,这种精神和观念才显得越发可贵。因此,国家要继续重视对公民特别是青少年的国情国防教育,培养他们的拥军爱国意识,这也是有中国特色的社会主义精神文明建设的内容之一。

7. 切实加强优抚的法规建设。通过法规的制定和颁布来规定各有关部门在社会优抚中的责任和义务,规定优抚的标准以及增长的原则,使优抚保障在法律和制度的规范和制约下有序地进行。

二、我国安置工作改革的原则及思路

安置工作中存在的上述问题,不仅挫伤了军人及家属的积极性,而且已成为社会不安定的因素之一,因此,改革势在必行。由于安置工作的政策性强,涉及面广,事关社会安定,因此,为了保证改革的顺利进行,我们应当遵循以下原则。

(一)安置工作改革的原则

1. 与市场经济体制发展相适应的原则。市场经济体制下,市场在资源配置中发挥主导作用,它是与计划经济相对应的一种资源配置方式。市场经济通过市场机制的自发调节,实现社会资源的最优配置。军人保障作为社会主义市场经济的一个组成部分,其改革必然也要遵循这些规则。退役军人应当更新观念,转变思维,变被动为主动,积极参与劳动力市场的竞争。

2. 与社会保障体制改革相协调的原则。计划经济体制下建立的社会保障体系由于经济体制改革的深化、国企改革、我国人口老龄化的到来已越来越不适应形势的发展。从20世纪80年代开始,社会保障体制改革作为建立社会主义市场经济体制的重要组成部分被提上议事日程,社会保险、社会福利等方面的改革都取得了很好的效果，国家相继出台了企业职工养老保险制度、城镇职工医疗保险制度、企业职工工伤保险制度、城镇居民最低生活保障制度等一系列社会保障制度。这些制度的出台，为经济体制的改革提供了一个可靠的安全网。军人安置保障作为社会保障制度的一个组成部分，要和社会保障制度的整体改革协调和衔接。

3. 权利和义务相统一的原则。市场经济追求的是权利和义务的统一，对于军人的安置也是如此。享受政府的安置保障是军人的正当权益，任何单位不得以任何理由拒绝政府对军人的安置。同时，企业是独立的经济实体，拥有用人自主权，任何部门不得干涉。权利和义务由于经济利益的不均衡而无法统一。退役军人希望通过国家的安置政策，在退役后找到一份稳定的工作，享受较高的工资和福利待遇；用人单位在正常的经营情况下，必然会因为接收了退役军人而增加人工成本，影响到企业的利润和经济效益。这个矛盾是当前安置难问题的主要原因。国家应当根据企业的实际情况，考虑到企业的困难，适当地安排安置数量，同时要对退役军人进行培训，使其较快地适应工作岗位；国家还可以根据企业接收退役军人的数量，实行一定的经济政策的优惠，并给予物质上的激励和精神上的褒扬。

（二）安置保障改革的思路

1. 加强法制建设。社会活动的法制化是现代社会文明进步的标志之一，建立健全安置保障立法体系，是社会主义法制建设的一个重要组成部分。我国的安置保障政策法规应当说是比较完善的，国家制定了一系列专门的法律、法规，对保障对象、保障范围、保障形式、保障手段、保障管理体系等方面都作了明确的法律规范。但我们也应看到，到目前为止还没有一部军人退役安置法，退役军人的安置往往是依靠政策和行政手段，这种方法不适应社会主义市场经济发展的要求，受到了各方面的抵制；同时，由于缺乏权威性，安置工作往往难以落实，因此，军人安置保障也应当走上法制化的轨道，依托宪法和国防法，结合修改的兵役法，形成一部规范的退役安置法。

2. 逐渐改变直接安排就业的保障方式，从安排就业为主转变到价值补偿为主的安置模式，以适应市场经济条件下对安置保障的新要求。通过为退役军人提供一定的资金补偿来体现政府和社会对其从军生活的褒扬和补偿，并为其退役后生活和就业提供基本条件，这样可以解决计划安置中遇到的不断突出的矛盾，为安置保障提供一种新的思路和办法①。

---

① 张思锋，温海红，赵文龙：《社会保障概论》，科学出版社，武汉出版社，2003 年版，第 265 页。

3. 开展和规范现役军人和退役军人的技术和技能培训，提高军队系统工作人员的整体素质。退役士兵面临着严峻的就业压力，究其原因是退役士兵的文化素质和社会工作能力较低。因此，使军人成为社会的有用之才，提高退役军人的文化素质是解决军人安置中供需矛盾的最重要措施。安置部门应当将工作的重点转移到职业培训和中介服务方面，建立专司退役士兵职业技能培训的组织机构和培训基地，使退役士兵在退役前就做好融入社会的准备。国家应投入适当的人力、物力、财力，保证培训的顺利进行。

军休服务的质量与军休服务工作人员的素质息息相关，建立一支高素质的军休服务人员队伍必将提高军休服务的质量。由于各级政府机关机构改革，军休系统人员变化较大，提高军休管理队伍的整体素质，是当前军休工作亟待解决的问题之一。这也要求加强工作人员的培训，这是提高军休系统人员文化素质的重要途径。

4. 进一步拓宽安置渠道，鼓励退役军人自谋职业。单一的安置渠道是计划经济体制下的产物，在市场经济条件下，随着种种经济成分的建立和发展，单一渠道很难满足安置的要求。对退役军人的分配，要由单一地面向国有企事业单位扩大到面向集体所有制、股份制、合资、独资、个体、私营、乡镇企业等单位，拓宽安置渠道，缓解安置的压力。1998 年新修订的《兵役法》，对城镇退役士兵的安置采取了以政府安排工作为主和鼓励自谋职业的安置办法。这种双轨制突破了计划经济时期士兵完全靠指令性安置的模式，向适应市场经济发展要求的安置办法逐步过渡。2003 年，按照国务院、中央军委关于全面推行安排工作与自谋职业相结合安置办法的要求，全国已有 1 000 多个县（市）推行了自谋职业。其中，浙江、广东、江苏、福建等省当年城镇退役士兵自谋职业率达 50% 以上。实践证明，自谋职业安置办法与市场经济体制的要求相适应，不仅符合中央关于“劳动者自主择业、市场调节就业和政府促进就业”的方针，也是解决近年来退役士兵安置难的一条有效途径。

5. 增加对安置保障的投入。投入不足是军人保障中普遍存在的问题，我国的军人安置压力很大，每年有近 10 万干部和志愿兵转业复员到地方，而且还有数量庞大的城镇义务兵退伍需要地方安置，而我国每年用于退役军人安置的费用只有 10 亿元左右。没有坚实的经济后盾，许多政策的落实都会大打折扣。因此，应当加大中央和地方的财政投入，同时，也要调动社会和个人的力量，广泛地筹集资金，从而提高对退役军人的保障水平，体现对军人的经济补偿原则。

6. 军人安置保障逐步走向社会化。社会保险本身是通过社会化的互济来克服风险的，社会化是我国社会保障制度改革的方向之一。军人及其家庭是社会成员的组成部分，是社会总体中不可缺少的部分，由此决定了军人社会保障具有社会性。因此，军人的安置要与地方的社会福利制度、社区服务和再就业工程相衔接。如军队的职业培训和中介机构可以与社会上的培训和中介机构相结合，一方面可以增加收入，另一方面也能使军队的这些机构了解社会所需，有利于更好地培训和安置人员；再如军队的干休所应当打破过去的封闭状态，面向社会，与社会上的老年公寓相配套建设，这样也有利于干休所离退休干部更多地了解社会，更好地融入社会。

当今世界，随着社会生产力和科学技术的迅猛发展，随着世界新军事革命的到来，随着我国社会主义市场经济的建立和成熟，整个社会趋向高度的专业化和社会化。军队独立、封闭的保障方式尤其是军人物质生活方面的保障方式必然向联合开放的社会化保障方式过渡。因此建立健全军人的优抚与安置制度，是势在必行的事情，这对于在社会主义市场经济条件下维护军人的合法权益、促进军队稳定、增强部队凝聚力及提高部队战斗力意义重大。

安置社会化的重点是建立以一次性货币补助为主干的，以安置就业、扶持就业和自谋职业为配套的具有市场配置性质的退役士兵安置制度。安置工作社会化可分两步走：第一步是进行过渡式的安置社会化，即在近两三年内，继续推行重点安置、均衡负担、双向选择、自主择业、转移补偿、自谋职业相结合的办法，对于自谋职业的安置对象，地方政府给予其一定的扶持资金，走计划与市场、指令性安置与经济调节相结合的多渠道、多形式的退役士兵安置路子；第二步是到位式的安置社会化，要初步形成安置一元化、城乡一体化、安置补助一次性货币化。对于退役士兵的安置，全面实行安置补助一次性货币化，补助标准按当地社会成员人均纯收入水平和服役时间发放，适当提高立功、伤残军人的补助标准。同时，建立健全新的退役士兵保险制度，以解决其后顾之忧；完善和规范退役士兵的培训制度，以增强他们的社会竞争力，并制定和完善自谋职业退役士兵的保障制度和各项优惠政策①。

我们也应当看到，优抚安置保障作为一项特殊的社会保障，其改革和发展也必然具有其相应的特殊性和复杂性，要探索一条成功的路子，需要一定的过程。我们要在邓小平理论的指导下，从我国国情、我军军情出发，认真探索和研究社会主义市场经济条件下，我军优抚安置工作的内在规律，坚持理论创新和制度创新，总结经验，探索出适合我国国情的行之有效的制度体系。

---

① 彭禾乃，贺明：《逐步迈向市场的优抚安置改革》，《中国社会报》，2001年4月11日。

本章小结

本章首先对社会优抚和安置的对象与内容、特点等进行了概述,同时简要介绍了部分国家的优抚安置制度。在对我国军人优抚制度历史回顾的基础上,提出并分析了我国优抚安置工作中存在的问题,最后探讨了我国优抚和安置工作的改革思路。

重要概念

优抚　安置　抚恤　社会优待

思考题

1. 优抚安置的含义和对象是什么?
2. 优抚安置有什么特点?
3. 简述国外的优抚安置制度。
4. 我国优抚安置制度存在的问题有哪些?
5. 我国优抚安置制度的改革原则与思路是什么?

第十一章 农村社会保障

本章学习要点

我国农村人口占全国人口的50%。因此农村社会保障是我国社会保障制度的重要组成部分。由于长期实行二元经济制度，农村社会经济相对落后，农村社会保障制度也一直处于我国社会保障制度的边缘，广大农村居民游离于社会保障网之外，这与我国正在进行的社会主义市场经济体制建设是不相符的。“三农”问题已引起党和政府的高度重视，尽快建立完善的农村社会保障制度已提到议事日程。通过本章的学习，应当了解农村社会保障的基本含义，了解当前关于农村社会保障争论的热点问题；重点掌握农村养老保险和合作医疗制度；明确今后农村社会保障制度的发展方向。

第一节　我国农村社会保障的含义与原则

在统一、规范的社会保障制度下，农村的社会保障将不会是一个特别的问题，然而在我国，由于建国以后长期实行的二元经济结构，导致城乡之间在生产方式、经济水平、生活质量、思想观念上都有很大的差别，而社会保障制度长期以城镇居民为核心，这是国家以有限的国力来优先解决城市紧迫问题的一种政策选择。与城镇居民相比，农村居民享有的社会保障是极其有限的，改革开放以来，原来计划经济时期建立的农村合作医疗制度瓦解，同时未能建立起新型的农村社会保障制度，很长一段时期，农村在社会保障方面是空白。据2010年第六次全国人口普查，中国居住在乡村的人口为674 149 546人，占50.32%；与2000年第五次全国人口普查相比，乡村人口减少133 237 289人①。随着城市化进程的加快，越来越多的农民主动或被动地转变为城镇居民的身份，但即便如此，中国仍有近7亿农民，占总人口的一半以上。农村社会保障是中国社会保障的重要组成部分，建立和完善农村社会保障是城乡一体化的要求，也是社会保障改革的目标。

一、农村社会保障的含义

农村社会保障一般指社会或国家，为了保证农村社会成员个人及其家庭的经济安全和提供必要的福利，通过立法实施的一种公共政策，其实质是实现社会财力向农村的转移支付，通过二次分配提高整个社会的福利水平。社会保障制度强调公平性，制度应是统一的，不可能按照城市和乡村来划分，但我国长期实行的二元经济结构，导致现在的城乡差距很大，要达到制度一元化的目标，还有许多工作要做。

（一）社会或国家是农村社会保障的责任主体

保障全体社会成员的经济安全和社会福利是社会、国家的责任，当然也应包括全体农村社会成员在内，这种保障也是国家为了经济发展、社会稳定而实施的公共政策。农村社会保障应当也只能由国家承担经办责任，建立经办机构，负担由此带来的各种成本，其他的企业如商业保险公司，既无经济实力也无义务承担此项责任。

（二）农村社会保障的对象是农村社会成员

农村社会保障的对象是农村社会成员个人及其家庭，包括全体农村社会成员，这是社会保障的本质特征。农村全体成员是享受农村社会保障所提供的经济保障和社会福利的主体，构成该制度的权利主体。

（三）建立新型的农村社会保障是经济发展到一定阶段的产物

新中国成立以来，我国一直处于社会主义初级阶段，经济发展水平较低，二元经济结构长期存在，导致城乡差别，也出现城镇和农村在社会保障上的巨大差距，农村居民很少享受到国家提供的社会保障。随着改革开放和社会主义市场经济的建立，原有农村社会保障所依赖的计划经济基础被打破，建立新型的

① 《2010年第六次全国人口普查主要数据公报（第1号）》，中华人民共和国国家统计局，2011年4月28日发布。

农村社会保障制度成为经济发展所必需的条件。

(四)农村社会保障制度有利于推动经济的发展

农村社会保障制度有利于经济的发展可以从两方面理解:一方面通过转移支付,提高农村居民的可支配收入,低收入居民收入增加会加大消费,从而拉动经济增长;另一方面,建立健全社会保障制度,可以稳定农村社会秩序,提供更多的劳动力。

二、农村社会保障的基本原则和必要性

(一)农村社会保障的基本原则

随着社会主义市场经济体制的建立和发展,需要在农村建立一套新的社会保障体系,在建立和完善农村社会保障制度的过程中,必须遵循一些基本原则。

1. 与当地经济水平相适应的原则。社会保障事业的发展,水平的高低,必须依赖经济的发展水平。目前我国各地经济发展的水平不同,不但存在城乡差距,也存在地区差距,东西部农村的差距很大。从不同地区农民的客观需求来看,不同经济发展水平的地区,农民对社会保障的实际需求从项目、内容到标准都有明显的差别。因此,各地区在建立农村社会保障制度时,不可能统一模式、一刀切,除保障的范围、项目基本一致外,其他如保障水平、标准、方式等可以根据当地的实际情况,有一定的差距。各地保障水平应随着经济发展而不断调整,既不能超越经济发展,也不能滞后于经济发展。

2. 普遍适用的原则。社会保障制度具有"普遍性"和"保障性"的特征,在农村社会保障制度设计中也应体现这些特征。新型的农村社会保障体系应是面向全体农村社会成员的,在具体实施中也要覆盖所有农村居民。在制度设计上,应兼顾公平和效率,只强调公平会产生"养懒人"的社会保障制度,只注重效率则无法发挥社会保障制度应有的功能,可能危及社会稳定。

3. 维持基本生活需求的原则。我国的综合经济实力还比较弱,在社会保障制度设计上,应以保障居民的基本生活需求为原则,过高的保障水平会导致财政危机。目前正在降低城镇社会保障中过高的替代率和保障水平,由各种补充保险予以代替,这是今后城镇社会保障改革的重点。农村社会保障制度在初期设立时,就应坚持低水平原则,先建立最急需的养老和医疗保险,随着经济发展而逐渐扩大保障范围和水平。

4. 保障资金由个人、集体、国家共同负担,实行多渠道筹集的原则。农村社会保障资金,应由个人、集体和国家三方共同负担,三方根据不同情况负担不同的比例。国家在农村社会保障资金筹集中有不可回避的责任,不能以财力不足

或农民有土地保障为理由推卸责任。长期以来中国的经济发展是以牺牲农民利益为代价的,因此国家不仅对国有企业老职工有欠账,对农村居民也有欠账。在强调国家和集体责任的同时,还必须强调个人及其家庭对社会保障应尽的责任和义务。

(二)建立农村社会保障的必要性

我国是农业大国,现在农村人口占全国总人口的50%左右。但是由于历史原因,我国农村社会保障制度长期滞后,广大农村居民一直在社会保障网之外,社会保障在中国成了城镇的特殊现象,农村居民的生、老、病、死等费用基本由个人或家庭承担,仅存的社会保障制度就是"五保户"制度。这样不利于深化农村改革,不利于农村经济的可持续发展,也不利于整个社会的稳定,因此,建立农村社会保障制度是必要的。

1. 建立农村社会保障制度是保障农村居民基本生活,维护农村稳定的需要。建立农村社会保障制度是调节收入分配,缩小贫富差距,缓解社会矛盾,促进共同富裕的重要措施。新中国建立之初,政府提出工人由企业保障、农民由土地保障的全民保障,经过50多年的发展,特别是改革开放之后,我国农村扶贫工作取得巨大成就,农村尚未解决温饱问题的绝对贫困人口数量从1978年的2.5亿人下降到2007年年末的1 479万人,取得了世界瞩目的成就。但随着经济、政治体制改革的深入,原有的农村社会保障随着经济基础的改变而瓦解,城乡收入差距在迅速扩大,贫富差距过大已经成为不可忽视的社会问题。贫富问题不仅是经济问题,也是社会、政治问题,由此导致很多犯罪现象,引发社会矛盾,从而影响社会安定、政治稳定。因此,建立农村社会保障体系,对解决几千万贫困人口的基本生活问题,消除绝对贫困,缩小贫富差距,维护社会公平和稳定,促进全国人民达到共同富裕具有重要作用。

另外,保障农村贫困人口的基本生活,关注弱势群体,也是社会主义市场经济的题中之意。全国各族人民实现共同富裕是我国社会主义的本质特征,也是我国社会发展的根本动力和最终目的。以市场为导向的农村改革,在带来动力和效率的同时,也带来了不安定的因素,扩大了收入分配差距。虽说收入拉开易于形成较高的效率和合理的消费梯度,对经济发展有一定的积极作用,但从长远看,与国家经济发展战略以及农村经济发展要求相悖,如果任其扩大,就会造成多方面的不良后果。农村社会保障制度作为农村经济发展的"稳定器"和"调节器",在坚持效率优先的前提下,通过对不同阶层、企业、雇主和劳动者按不同的比例筹集社会保障基金,间接调节其收入水平,在全社会范围内对国民经济收入进行再分配,对丧失劳动能力者、失去就业机会者和收入不能维持基本生活者提供物质保障。这一做法,不仅维护了广大群众的利益,巩固了社会主义制度在农村的地位和作用,保障了低收入者的基本生活,而且还起到了缩小贫富差距,维护乡村社会稳定,推动乡村社会全面发展的作用。

2. 建立农村社会保障制度是深化农村经济体制改革的需要。随着家庭联产承包责任制在农村的普遍实行,集生产功能和消费功能于一体的农民家庭替代了原来统一组织农业生产和统一分配的"三级所有,队为基础"的人民公社体制而成为农业生产经营的基本单位。过去实行的以集体保障为主体,国家和家庭保障为补充的农村劳动者保障体系随之解体,农村劳动者保障基本上由农民家庭承担。由于我国农村经济较为落后,集体经济脆弱,大部分农村居民得不到集体帮助。随着农村经济发展,生产经营活动日趋频繁,他们的生、老、病、残、死等风险明显增加,在农民家庭经济基础极为薄弱,单个家庭保障能力有限的情况下,一旦风险发生,个人和家庭难以抵御。这种情况为建立完善的农村社会保障体系提出了迫切要求。

同时,建立农村社会保障制度也是发展乡镇企业的要求。改革开放以来,我国乡镇企业发展迅速,已经成为国民经济的重要支柱。乡镇企业可以吸收大量的农村富余劳动力,增加农民的收入,促进农村经济发展和农民生活水平的提高。乡镇企业的职工基本脱离土地,土地保障的作用日益弱化,同时也没有进入城镇的社会保障制度,在养老、医疗、工伤等方面都没有保障。农村社会保障的缺失影响乡镇企业职工的稳定和素质的提高,影响人才的引进,也就阻碍了乡镇企业的发展,因此迫切需要建立农村社会保障制度。

3. 建立农村社会保障制度是落实计划生育政策的需要。我国是世界上人口最多的国家,尽管经济总量和自然资源都比较可观,但是人均水平却非常低,过多的人口阻碍了社会生产力的发展和人们生活水平的提高,影响我国经济战略目标的实现,因此,推行计划生育政策,控制人口增长是必需的。计划生育政策作为一项基本国策,工作的重点、难点在农村。计划生育政策虽然实行了几十年,但在我国部分农村,还存在重男轻女、多子多福的观念,特别是劳动者保障由农民家庭承担,进一步强化了农民"养儿防老"的传统观念,极不利于农民生育观念的转变与计划生育工作的开展。

另外,随着农村经济改革和计划生育工作的深入进行以及传统与现代观念的冲击,我国农村过去几代同堂的大家庭逐渐被父母和子女居住的现代小型核心家庭所取代,家庭结构不断简化,规模渐趋缩小,农村家庭的养老、医疗保障功能正在退化。众多农村老人依赖自己不稳定的老年劳动收入来养老越来越成为一个重要的社会问题,因病致贫、因病返贫现象很多。因此,建立农村社会保障制度,是农村居民的养老、医疗走向社会化,补偿家庭保障功能的迫切要求,它关系着亿万农户家庭的幸福。

4. 建立农村社会保障制度是应对人口老龄化的需要。实行计划生育政策,不仅控制了我国人口总量的增长,而且改变了人口的年龄结构,人口中少年儿童的比重下降。同时由于科学技术进步、医疗条件的改善和人民生活水平的提高,我国人口平均预期寿命也有很大幅度的增长,达到70岁左右,接近世界发达国家水平。我国人口年龄结构迅速向老龄化迈进,经济将受到"白发浪潮"的巨大冲击。根据2000年第五次人口普查统计,60岁以上人口占全国总人口的10.46%,65岁以上人口占全国总人口的7%,我国已经步入老龄化社会。由于我国老龄人口绝大部分分布在农村,随着农村工业化、农村城市化进程的加快,农村受到的冲击将比城镇更严重。特别是旧体制向新体制转轨,需要一个基金的原始积累时期,按照享受养老保险待遇资格的最低年限计算,从实行投保积累养老基金之日起到享受这笔基金的最短周期大约需要15年左右。如果我们不赶在老龄化高峰到来前的二三十年建立起农村社会保障制度,实现新旧体制的更替,将直接影响到未来农村社会安定、经济发展和社会更新①。

第二节 我国农村社会保障制度的历史发展

一、农村社会保险

社会保险各项目中与农村社会成员有关的主要有农村养老保险、农村合作医疗和疾病生育保险,其中农村居民最迫切需要的是养老保险和合作医疗。

(一)农村养老保险

我国农村养老保险的形式有家庭养老、社区养老和社会养老,其中家庭养老是主要形式。

家庭养老是子女和老人生活在一起,子女向老年人提供衣、食、住等条件并照料老年人日常生活的一种养老形式。我国自古以来就有孝顺老人、赡养老人的光荣传统,家庭养老是我国传统的养老方式,在当前社会保障无法为农村老年人提供保障的情况下,家庭养老仍是主要的养老方式。"养儿防老"的观念在人们头脑中根深蒂固,在农村居民中更是如此,因此相当长的一段时期内,家庭保障仍然将是我国农村主要的养老形式,这也阻碍了计划生育政策的贯彻执行。老年人不仅需要经济上的保障,也需要精神上的慰藉,在这方面,家庭具有

① 李若青:《农村社会保障的意义及对策》,《云南大学人文社会科学学报》,2000年第3期,第108~110页。

不可替代的功能。

社区养老是在一些经济发达的农村地区,因乡、镇、村集体经济基础较好,有能力提供一定的退休金或建有老人居住的敬老院。随着经济的迅速发展,有的农村具备一定的经济能力,建立了形式多样的社区养老保险机制,如对达到一定年龄的老人提供补助、免费提供敬老院服务等。这种方式只能为本区域的老人养老提供保障,没有统一的法律法规依据,不是真正意义上的社会养老。

社会养老是指以国家、各级政府及其职能部门为主体,通过建立制度法规而形成的养老保障体系,一般应包括养老保险制度、老年福利制度、老年服务体系以及维护老年人权益的法规等。农村社会养老保险是采取个人、集体和国家等多方出资筹集养老基金并为老年人提供经济帮助和服务,保障其基本生活的一项制度。它是农村养老模式发展的必然趋势,也是未来社会化养老保障的核心和基础。

农村社会保障是我国社会保障体系的重要组成部分,它关系到占总人口50%的农民目前或将来的生活质量,而农村社会养老保险则是其中的关键内容之一。农村社会养老保险制度的建立是一个由政府推动的、自上而下的、带有强制性制度变迁特征的普及过程。

新中国成立初期,党和国家为了保障农民的基本生活需要,保证农村的社会稳定和农业生产的顺利进行,制定了一系列的保障政策措施,值得注意的是,这一时期的保障制度的设计都是以土地改革和集体经济制度为前提的,因此,保障形式主要限于互助组、合作社,甚至包括一直延续到今天的"五保"制度。

1978 年,中共十一届三中全会通过了《农村人民公社工作条件(试行方案)》,方案中规定:"有条件的基本核算单位可以实行养老金制度。"据不完全统计,截至 1982 年,全国已有 11 个省市的近 3 457 个生产队推行了养老金制度。养老金来源主要由生产大队和各生产队按比例分担,且从队办企业利润和公益金中支付。

1986 年 10 月,国家第七个五年计划提出了要"建立中国农村社会保障制度雏形"的任务。同年,民政部向国务院递交了《关于探索建立农村基层社会保障制度的报告》,开始探索建立我国的农村养老保险制度,并于 1987 年开始着手试点工作,加快了各地建立农村社会养老保险制度的步伐,初步形成了以乡镇企业职工为主的农村社会养老保险制度。

1992 年,民政部正式出台了《县级农村社会养老保险基本方案》。方案中确定了"从我国农村的实际出发,以保障老年人基本生活为目的;坚持资金个人缴纳为主,集体补助为辅,国家予以政策扶持"的指导思想,从此农村社会养老保险制度开始在各地逐步推进。1994 ~ 1995 年政府先后下发《关于保持社会养老保险管理体制稳定的通知》、《关于进一步做好农村社会养老工作的意见》,以规范和指引农村社会养老保险工作。截至 1998 年底,全国农村社会养老保险工作网络已基本形成,基金积累 150 多亿元。

1998 年,国务院进行机构改革,将农村社会养老保险从民政部门移交至劳动与社会保障部门,加上同时受利率下调等各方面因素的影响,相当一部分地区的农村社会养老保险工作面临困境甚至陷入停顿。1999 年,农业部要求暂停农村社会保险,7 月 2 日,国发【1999】14 号文件《国务院批转整顿保险业工作小组"保险业整顿与改革方案"的通知》提出:"目前我国农村尚不具备普遍实行社会保险的条件,对民政系统原来开展的'县级农村养老保险'要进行清理整顿,停止接受新业务,区别情况,妥善处理。有条件的可以逐步将其过渡为商业保险。"农村社会养老保险政策就此搁浅至 2002 年。据不完全统计,农保工作的乡镇单位从 1999 年的 33 806 个减少到 2000 年的 32 610 个,参保人数从 1999 年的 80 000 万人减少到 2000 年的 6 172 万人,减少了 1 828 万人①。

2002 年 11 月,党的十六大报告指出:"有条件的地区,探索建立农村养老、医疗保险和最低生活保障制度。"明确要求建立健全同经济发展水平相适应的社会保障体系。至此,农村养老保险工作进入了一个新的发展阶段。2003 年,《中共中央关于完善社会主义市场经济体制若干问题的决定》在中共十六届三中全会上通过,其中强调农村养老保险以家庭为主的思路,成为我国相当长一段时期内农村养老保险事业的指导方针。2004 ~ 2008 年,国务院连续下发了关于农村问题的五个"一号文件"。2006 年,《中共中央关于构建社会主义和谐社会若干重大问题的决定》提出了到 2020 年基本建立覆盖城乡居民的社会保障体系作为构建社会主义和谐社会的重要目标。我国社会保障体系开始全面完善并加快发展。2009 年 9 月 1 日,国务院根据党的十七大和十七届三中全会精神,发布了《国务院关于开展新型农村社会养老保险试点的指导意见》。意见指出,新农保要遵循"保基本、广覆盖、有弹性、可持续"的基本原则;探索个人缴费、集体补助、政府补贴多种形式相结合;实行社会统筹与个人账户相结合;同时与家庭养老、土地保障、社会救助等其他社会保障措施相配套,以保障农村居民老年的基本生活。截至 2009 年,试点覆盖面为全国 10% 的县(市、区、旗)。2011 年国务院《政府工作报告》中,温总理提出:"将新型农村社会养老保险试点范围扩大到全国 40% 的县",并力争到"十二五"期末实现农村社会养老保险的全覆盖。

---

① 数据来源于《1999 年劳动和社会保障事业统计发展公报》、《2000 年劳动和社会保障事业统计发展公报》。

2012 年上半年，为了迎接党的十八大顺利召开，党中央、国务院决定加快新农保和城市居民保险试点进程，在 2012 年底前提前实现两项保险制度全覆盖。

（二）农村合作医疗

农村合作医疗是在各级政府的支持下，按照参加者互助共济的原则组织起来、为农村社区人群提供基本医疗卫生保健服务的医疗保健制度，合作医疗与城镇的公费医疗及劳保医疗，是我国的三大医疗保障制度，共同组成了覆盖我国城乡大多数居民的医疗保障体系。新中国成立之后一直到 1978 年以前，我国广大农村普遍建立了合作医疗制度，资金主要来源于村集体提取的公益金，医生主要由本村有一定医疗技术基础的村民担任，也就是所谓的“赤脚医生”，这一制度在较长时期内发挥了较好的作用。截至 1980 年，全国农村约有 90% 的行政村（生产大队）实行合作医疗，合作医疗制度与合作社的保健站、数量巨大的赤脚医生一起，成为解决我国广大农村缺医少药的三件法宝①。

20 世纪 80 年代初，我国实行经济体制改革，取消了人民公社，实行农村土地家庭联产承包责任制，每个家庭成为农业生产的基本单位。原来以合作社为基础的合作医疗制度遭到破坏，同时，国家的社会保障制度偏重于城市，农村社会保障制度出现空白，实行合作医疗的行政村迅速减少，由 1980 年的 90% 下降到 1985 年的 5%，除上海市基本坚持下来以外，其他地区都出现大面积滑坡，有些地区完全取消。20 世纪 90 年代以来，我国政府进行了恢复与重建合作医疗的探索。1993 年在《关于建立社会主义市场经济体制若干问题的决定》中提出，要发展和完善农村合作医疗制度，次年开始在全国 7 个省 14 个县开展合作医疗制度改革的试点工作。经过多年的试点、经验总结，1997 年中央在《关于卫生改革与发展的决定》中提出，举办合作医疗要在政府的组织领导下，坚持民办公助和自愿参加的原则，筹资以个人投入为主，集体扶持，政府适当支持。力争到 2000 年在农村多数地区建立起各种形式的合作医疗制度，并逐步提高社会化程度，有条件的地方可以逐步向社会医疗保险过渡。2003 年初，国务院批准了由卫生部、财政部、农业部颁布的《关于建立新型农村合作医疗制度的意见》（以下简称《意见》），这是今后一段时期促进农村合作医疗发展的重要文件。该《意见》指出，建立新型农村合作医疗制度的目标和原则是“由政府组织、引导、支持，农民自愿参加，个人、集体和政府多方筹资，以大病统筹为主的农民医疗互助共济制度。从 2003 年起，各省、自治区、直辖市至少要选择 2 ~ 3 个县（市）先行试点，取得经验后逐步推开。到 2010 年，实现在全国建立基本覆盖农

---

① 郑功成：《中国社会保障制度变迁与评估》，中国人民大学出版社，2002 年版，第 242 ~ 243 页。

村居民的新型农村合作医疗制度的目标,减轻农民因疾病带来的经济负担,提高农民健康水平。"

新型农村合作医疗制度从提出到试点再到逐步推广,最后实现全覆盖,经历了不到10年的时间。具体说来,自2003年《意见》颁布一直到2008年年底,主要以推进新型农村合作医疗试点工作为重点。2006年1月,卫生部等7部委发布《关于加快推进新型农村合作医疗试点工作的通知》,明确了扩大试点的目标和要求:"2006年使全国试点县(市、区)数量达到全国县(市、区)总数的40%左右;2007年扩大到60%左右;2008年在全国基本推行;2010年实现新型农村合作医疗制度基本覆盖农村居民的目标。"2008年年底,参加合作医疗的人口数已高达8.15亿人,参合率达到91.5%,说明制度覆盖了全国绝大多数农村居民。2009年,随着我国深化医疗卫生体制改革序幕的拉开,新型农村合作医疗制度的建设也进入了深化与提升的阶段,这一时期开始注重新型农村合作医疗管理能力、服务能力的建设,逐步提高中央、地方财政对新型农村合作医疗的补助金水平,进一步提高参合农民受益水平,同时合理控制基金的使用。

近年来,我国新型农村合作医疗情况参见表11-1。

表11-1　2005~2011年新型农村合作医疗情况

	参合人口数（亿人）	参合率（%）	当年筹资总额（亿元）	人均筹资（元）	当年基金支出（亿元）	当年补偿支出受益人次（亿人次）
2005	1.79	75.7	–	–	61.75	1.22
2006	4.10	80.7	–	–	155.81	2.72
2007	7.30	86.2	–	–	346.60	4.50
2008	8.15	91.5	785.00	96.3	662.00	5.85
2009	8.33	94.0	944.40	113.4	922.90	7.59
2010	8.36	96.0	1 308.30	156.6	1 187.80	10.87
2011	8.32	97.5	2 047.60	246.2	1 710.20	13.15

注:部分城市统一实行城乡居民基本医保制度,2011年参合人数有所减少。

资料来源:根据相应年份《国家卫生事业发展统计公报》有关数据整理。

二、农村社会救济

我国农村社会救济的基本任务就是救灾、五保户供养和扶贫,从20世纪90年代开始建立农村居民最低生活保障制度。

（一）救灾制度

救灾是指对自然灾害造成损失的救济，减轻农民因此造成的经济损失，救灾资金主要由国家财政负担。我国地域辽阔，自然灾害频繁发生，比如，1998 年长江、松花江流域百年不遇的洪涝灾害，2000 年又发生严重的旱灾，局部地区也经常出现台风、地震和雪灾等自然灾害，这些灾害对我国的救灾工作造成很大压力，国家在投入财政资金的同时，也积极动员民间力量和民间资金的支持。尤其是 2008 年汶川地震的发生给国民经济发展和人民生产生活带来的巨大影响，使得灾害救助工作引起了社会广泛和高度的关注。2010 年 7 月 8 日，《自然灾害救助条例》（以下简称《条例》）以国务院 577 号令公布，已于 2010 年 9 月 1 日起施行。《条例》的颁布，为切实维护受灾群众利益提供了法律保障，标志着灾害救助工作迈上规范化、制度化和法制化的新台阶。

（二）"五保"制度

"五保"制度是我国对无法定扶养义务人扶养，无维持正常生活的劳动能力，无保障正常生活经济来源的老人、残疾人、孤儿实行生活照顾的一种社会救济制度。我国关于"五保"制度的第一次规定，是 1956 年第一届全国人民代表大会第三次会议通过的《高级农业合作社示范章程》，章程规定对符合五保资格的社员，"在生产上和生活上给以适当的安排和照顾，保证他们的吃、穿和柴火的供应，保证年幼的受到教育和年老的死后安葬，使他们的生养死葬都有依靠"。以后"五保"的内容明确为保吃、保穿、保住、保医、保葬（老年人）或保教（幼年人）[①]。2001 年到 2010 年的 10 年间，五保供养逐步实现了由集体福利事业转型为现代社会保障制度，所需资金由农民分摊转由国家财政负担。到 2010 年年底，全国农村得到五保供养的人数为 534 万户，556.3 万人，基本实现"应保尽保"，全国各级财政共发放农村五保供养资金 96.4 亿元人民币[②]。

（三）扶贫制度

扶贫是扶持贫困户脱贫致富。国家和集体有计划地在物资款项、政策上予以照顾，使其能通过自力更生增加收入，在较短的时期内摆脱贫困。我国是一个农业大国，占社会成员一半以上的农民无论是在政治上还是在经济上都处于弱势地位，帮助他们摆脱贫困，实现全国人民的共同富裕，是社会主义的本质要求。我国现在正在全面建设小康社会，没有农村贫困地区的小康，就不可能实

---

① 郑功成：《中国社会保障制度变迁与评估》，中国人民大学出版社，2002 年版，第 243 页。

② 中华人民共和国国务院新闻办公室：《中国农村扶贫开发的新进展》（白皮书），2011 年 11 月 6 日发布。

现全面的小康。建设小康社会,必须加快农村的扶贫开发。

1. 中国扶贫开发政策的特征

(1)坚持开发式扶贫和社会保障相结合。引导贫困地区和贫困群众以市场为导向,调整经济结构,开发当地资源,发展商品生产,提高自我积累、自我发展能力。注重综合开发、全面发展,促进基础设施建设和经济社会协调发展。注重可持续发展,加强资源保护和生态建设,控制人口过快增长。加快推进城乡基本公共服务均等化进程,建立健全农村最低生活保障制度,逐步提高五保供养水平,不断完善自然灾害应急救助体系,建立新型农村合作医疗制度,开展新型农村社会养老保险制度试点,为贫困人口提供基本生存保障。在国家扶贫开发工作重点县推进扶贫开发政策与农村低保制度衔接试点,努力使各项政策覆盖所有贫困人口。

(2)坚持专项扶贫和行业扶贫、社会扶贫相结合。以贫困人口和贫困地区为工作对象,以财政专项扶贫资金为主要资源,以实现贫困人口基本生存和发展为目标,编制专项扶贫开发规划,分年实施。充分发挥各行业部门职责,将贫困地区作为本部门本行业发展重点,积极促进贫困地区水利、交通、电力、国土资源、教育、卫生、科技、文化、人口和计划生育等各项事业的发展。动员和组织社会各界,通过多种方式支持贫困地区开发建设。党政机关和企事业单位定点扶贫,东西扶贫协作,军队和武警部队支援,社会各界参与,形成有中国特色的社会扶贫方式,推动贫困地区发展,增加贫困农民收入。

(3)坚持外部支持与自力更生相结合。通过专项扶贫资金、财政转移支付、部门项目建设、社会各界捐助和引进利用外资等途径,不断加大对贫困地区的资金投入。不断探索参与式整村推进、小额信贷和贫困村互助资金等多种扶贫模式。尊重贫困地区广大干部群众在农村扶贫开发中的主体地位,广泛调动他们的主动性、积极性和创造性。广大干部群众自强不息,不等不靠,苦干实干,积极参与决策,投工投劳,依靠自身力量改变贫困落后面貌①。

2. 扶贫工作的成果。经过多年的扶贫工作,我国取得了举世瞩目的成就,2001~2010年,中国农村居民的生存和温饱问题得到基本解决,贫困人口的生产生活条件明显改善,贫困地区基础设施不断完善,社会发展水平进一步提升,生态恶化趋势得到初步遏制。体现在以下方面:

(1)农村居民的生存和温饱问题基本解决。国家根据经济社会发展水平的提高和物价指数的变化,将全国农村扶贫标准从2000年的865元人民币逐步提高到2010年的1 274元人民币。以此标准衡量的农村贫困人口数量,从2000

① 中华人民共和国国务院新闻办公室:《中国农村扶贫开发的新进展》(白皮书),2011年11月6日发布。

年底的 9 422 万人减少到 2010 年底的 2 688 万人；农村贫困人口占农村人口的比重从 2000 年的 10.2% 下降到 2010 年的 2.8%。

(2)贫困地区经济全面发展。贫困地区产业结构进一步优化，特色优势产业快速发展，县域经济综合实力不断增强。从 2001～2010 年，592 个国家扶贫开发工作重点县人均地区生产总值从 2 658 元人民币增加到 11 170 元人民币，年均增长 17%；人均地方财政一般预算收入从 123 元人民币增加到 559 元人民币，年均增长 18.3%。农民人均纯收入从 2001 年的 1 276 元人民币，增加到 2010 年的 3 273 元人民币，年均增长 11%（未扣除物价因素）。上述数据的增幅，均高于全国平均水平。

(3)贫困地区生产生活条件明显改善。国家不断加大贫困地区基础设施建设投入，全面改善这些地方的生产生活条件。从 2002～2010 年，592 个国家扶贫开发工作重点县新增基本农田 5 245.6 万亩，新建及改扩建公路里程 95.2 万公里，新增教育卫生用房 3 506.1 万平方米，解决了 5 675.7 万人，4 999.3 万头大牲畜的饮水困难。到 2010 年底，国家扶贫开发工作重点县农村饮用自来水、深水井农户达到 60.9%，自然村通公路比例为 88.1%、通电比例为 98%、通电话比例为 92.9%，农户人均住房面积 24.9 平方米，农户使用旱厕和水冲式厕所比重达 88.4%。贫困地区农村面貌发生明显变化。

(4)贫困地区社会事业不断进步。农村义务教育得到加强，扫除青壮年文盲工作取得积极进展，到 2010 年底，国家扶贫开发工作重点县 7～15 岁学龄儿童入学率达到 97.7%，接近全国平均水平；青壮年文盲率为 7%，比 2002 年下降 5.4 个百分点，青壮年劳动力平均受教育年限达到 8 年。新型农村合作医疗实现全覆盖，基层医疗卫生服务体系建设不断加强，到 2010 年年底，国家扶贫开发工作重点县参加新农合的农户比例达到 93.3%，有病能及时就医的比重达到 91.4%，乡乡建有卫生院，绝大多数行政村设有卫生室。贫困地区人口和计划生育工作、公共文化服务体系建设继续得到加强。

(5)贫困地区生态恶化趋势初步得到遏制。从 2002～2010 年，国家扶贫开发工作重点县实施退耕还林还草 14 923.5 万亩，新增经济林 22 643.4 万亩。国家扶贫开发工作重点县饮用水水源受污染的农户比例从 2002 年的 15.5% 下降到 2010 年的 5.1%，获取燃料困难的农户比例从 45% 下降到 31.4%①。

（四）农村居民最低生活保障制度

1. 农村居民最低生活保障制度的保障对象。农村居民最低生活保障制度，

① 中华人民共和国国务院新闻办公室：《中国农村扶贫开发的新进展》（白皮书），2011 年 11 月 6 日发布。

原则上以农村全体特困居民为对象,凡生活水平低于最低生活保障标准的特困农民都应得到保障。各地一般规定,保障对象为具有当地常住农业户口,家庭年人均收入低于最低生活保障标准的特困农民,包括无劳动能力、无生活来源、无法定抚(赡)养义务人或法定抚(赡)养义务人的未成年人、老年人;因疾病、残疾或其他种种原因造成特困的人。

2. 农村居民最低生活保障制度的保障标准。我国已实施农村居民最低生活保障制度的地区,其保障标准一般是由县级政府制定、颁布的。根据农村居民年人均所需的最基本的生活食品、衣着和少量零用钱合计,并结合当地居民消费水平、政府财政负担能力和集体经济的实力来确定,然后在核实了特困户的全年收入后,按照标准差多少补多少。保障标准应随着经济发展和物价的变化而适时调整和提高。

3. 农村居民最低生活保障制度应遵循的原则:①坚持保障特困农民基本生活的原则;②坚持量力而行、尽力而为的原则;③坚持多渠道筹集保障资金的原则;④坚持救济与扶贫相结合的原则;⑤坚持现金、实物、服务保障相结合的原则;⑥坚持依靠基层政权和群众自治组织的原则。

4. 农村居民最低生活保障制度的探索。这个探索始于1994年山西省民政厅在阳泉市开展的建立农村社会保障制度的试点。在全国第十次民政工作会议上,民政部确立了"在农村初步建立起与经济水准相适应的层次不同、标准有别的社会保障制度"的发展目标。1996年民政部制定了农村社会保障制度建设"以点带面,分步实施"的指导方针。此后,广东、浙江、山东和江苏等省陆续建立了城乡一体化的最低生活保障制度;河北、辽宁、福建、江西、河南、广西、四川、陕西和甘肃等省区的农村低保制度也得到了长足发展。2007年7月11日,国务院发布《国务院关于在全国建立农村最低生活保障制度的通知》(国发【2007】19号,以下简称《通知》),《通知》中特别提到"为贯彻落实党的十六届六中全会精神,切实解决农村贫困人口的生活困难,国务院决定,2007年在全国建立农村最低生活保障制度"。

《通知》明确了建立农村最低生活保障制度的目标,即通过在全国范围建立农村最低生活保障制度,将符合条件的农村贫困人口全部纳入保障范围,稳定、持久和有效地解决全国农村贫困人口的温饱问题。《通知》还规定了建立农村最低生活保障制度的总体要求,即实行地方人民政府负责制,按属地进行管理。

农村实行低保制度的关键是保障资金的筹集。1996年民政部下发的《农村社会保障建设指导方案》中,明确规定农村最低生活保障资金的来源主要由当地各级财政和村集体负担,但是各级财政负担的比例及到底由哪级财政负责并无明确规定,这就形成了当时我国农村最低生活保障资金主要由县、乡(镇)、村集体三级共同负担的局面。但农村税费改革后,乡、村两级负担很难兑现,由于资金供给渠道单一,财政支付压力大,加之基金监管不力,农村低保制度的发展也因此陷入了困境。

为了保证农村低保制度实施的物质基础,《通知》对农村最低生活保障资金的落实也作了详细的规定:农村最低生活保障资金的筹集以地方为主,地方各级人民政府要将农村最低生活保障资金列入财政预算,省级人民政府要加大投入。中央财政对财政困难地区给予适当补助。同时,鼓励和引导社会力量为农村最低生活保障提供捐赠和资助。

据统计,2010 年全年共发放农村低保资金 445.0 亿元,比上年增长 22.6%,其中中央补助资金 269.0 亿元,占总支出的 60.4%①。

截至 2010 年底,全国有 2 528.7 万户,5 214.0 万人得到了农村低保;全国农村得到五保供养的人数为 534.1 万户,556.3 万人;此外,2010 年全年民政部门还对 613.7 万人次农村居民进行了临时救助②。

5. 农村居民最低生活保障制度存在的问题。一是保障资金来源不足。从目前实施的情况看,随着我国农村最低生活保障制度的全面展开,保障资金不需要村集体和乡(镇)级财政承担,改由中央、省级、市级和县级财政共同负担,这种主要由财政负担的保障资金来源方式存在资金筹措渠道单一和缺口严重的问题,进而影响农村最低生活保障制度保障程度和水平的效能发挥。二是低保对象认定标准不科学,保障标准过低。目前,低保对象由各地政府依据各自财力状况和经济发展水平确定,按照“差额补助”方法进行。因此,对申请人家庭经济状况进行调查、对收入进行核算是实施低保政策的前提。截至目前,我国只在 2008 年出台了《城市低收入家庭认定办法》,并未涉及农村低保对象的认定标准问题。2011 年 5 月,民政部联合国家发展改革委员会、财政部和国家统计局发布了《关于进一步规范城乡居民最低生活保障标准制定和调整工作的指导意见》,指出各地在制定和调整城乡低保标准时,可以采用基本生活费用支出法、恩格尔系数法或消费支出比例法。《指导意见》的出台为制定相对统一的区域城乡低保标准提供了参考,但是并未能彻底解决农村低保保障标准过低的问题。三是基层管理力量薄弱,难以适应低保任务要求。低保工作客观上要求基层工作人员进行大量的调查、走访、宣传、复查、反馈、监督和协调等具体而繁杂的工作,特别是实行动态管理,更增加了工作的复杂性和艰巨性,基层工作人员工作量大、难度大、条件差。县级以上民政部门虽然已基本解决了低

---

① 民政部:《2010 年社会服务发展统计报告》,2011 年 5 月 16 日发布。

② 民政部:《2010 年社会服务发展统计报告》,2011 年 5 月 16 日发布。

保工作机构和人员编制问题，但在乡镇、社区和企业，大多没有专职人员，仍然由民政助理员和其他人员兼管。总之，缺乏必要专项业务经费是普遍存在的一个共性问题。四是缺乏统一整体的法律保障。2007 年 7 月由国务院发布的《国务院关于在全国建立农村最低生活保障制度的通知》是我国农村低保制度最高层次的规范性文件，虽然促进了农村低保工作的长足发展，但整体而言，目前农村低保工作还没有超出行政指导的范畴，普遍存在以政代法的现象，缺乏法律权威和刚性，导致农村低保工作无法可依。五是制度缺乏有效衔接与协调。社会救助配套措施的不完善，一方面表现为低保对象在子女就学（非义务教育阶段较为突出）、医疗救助、住房困难和就业保障等方面不配套，相互脱节，难以有效缓解低保对象的各种困难；另一方面，由于上述保障分属不同职能部门管理，各部门之间没有建立起完善的沟通、协调制度，导致部分低保对象各处申请，重复享受现象的存在。总的看来，农村居民最低生活保障制度还处于不断发展阶段，离全面的、完善的制度设计和实施目标还有一定的距离，需要积极稳妥地继续探索、实践和推动。

第三节　我国农村社会保障制度的问题与改革

一、我国农村社会保障的问题

农村社会保障制度发展了 50 多年，在部分农村建立了一些初步的社会保障制度，这些制度的实施，保障了农村居民的生活，对稳定社会有一定的积极作用。但是传统的农村社会保障制度是在高度集中的计划经济体制下，在自给自足自然经济的基础上逐步形成和发展的，随着我国农村市场经济的逐步建立和日趋完善，其弊端和不合理性日渐暴露，越来越不适应农村市场经济体制的需要，主要存在以下问题。

（一）农村社会保障水平低下，覆盖面窄

我国农村经济一直处于较低的发展水平，在此基础上建立的社会保障制度，其保障水平也是很低的，即使这种低水平的社会保障体系，也只有在少数相对较富裕的农村地区才有能力建立。农村社会保障无论是范围还是标准，相对于城镇社会保障都是很低的。据有关调查，占人口总数 20% 的城镇居民享受 89% 的社会保障，而占人口总数 80% 的农村居民仅享受社会保障的 11%①。

① 杨翠迎：《中国农村社会保障制度研究》，中国农业出版社，2003 年版，第 49 页。

目前建立的农村社会保障形式主要是农村社会救济、社会优抚、“五保”制度以及少数地区的社区养老保险和合作医疗，保障的对象只有贫困人群、军人及其家属、有经济实力的部分地区的农村居民（相对富裕的农村居民），大多数的农村居民被排除在外，无法享受社会保障，覆盖面很窄。

（二）农村社会保障社会化程度低、保障功能差

目前我国农村没有建立起真正的社会保障制度，小范围实行的各种保障项目仅能算是社区保障。本应由社会统一承担的社会保障责任，现在由农村社区或乡镇企业承担，加重了企业负担，使其缺乏竞争力。县级以及更低的统筹层次使得社会保障基金的互济性不能充分发挥，低层次的统筹使参加保障计划的人员较少，不符合保险大数法则的要求，一个县内参加社会保障的人员差别很小，老龄结构、家庭情况以及收入水平等差异不大，很难分散风险。同时，低层次的保障体系很难形成较大规模的保险基金，管理费和其他不变成本相对较高，制度运行的风险很大，常常因为缺乏资金而难以为继，保障功能较差。

（三）管理体系不健全，缺乏透明度

我国农村社会保障管理混乱，多头管理、政出多门。从管理机构上看，劳动保障部门、卫生部门、民政部门、乡镇政府以及寿险公司都涉及农村社会保障的各种项目，形成“多龙治水”的管理格局。由于缺乏有效的监督管理，农村社会保障管理透明度低，有些从事农村社会保障管理的基层领导个人素质差，其资金的管理使用少数人说了算，农民缺少直接的收益感，“干部生病吃好药、自己生病吃次药”。在很多农村，社会保障基金的征缴、管理与使用由一个部门执行，当地管理部门挤占、挪用甚至贪污、挥霍社会保障基金的现象很多。

管理不规范，政策执行的任意性，有些保障项目时办时停，信息严重不对称等等，这些问题挫伤了农民参加社会保障的积极性，成为扩大农村社会保障覆盖面的主要障碍之一。

（四）农村社会保障基金筹集困难，政府投入较低

目前我国农村社会保障资金来源主要是以农村居民个人缴纳为主，集体次之，国家为补充。这种筹资模式国家逃避其应付的社会责任，使得本来收入水平就很低的农民成为缴费主体，实际上变成了个人保障。由最需要保障的农民自己缴费自我保障，不仅造成资金来源不足，降低保障水平，而且加重了农民负担，影响农民参加社会保障的积极性，这也是造成很多地方无法实行社会保障的原因之一。

我国财政用于社会保障的支出比例较少，其中用于农村社会保障的资金更少。中央财政用于社会保障的支出占中央财政总支出的比例，加拿大为39%，

日本为37%,澳大利亚为35%,我国只有10%左右。众所周知,这10%的投入也是绝大部分给了城镇职工[1]。我国农村居民占人口总数的80%,建立全民统一的新型的社会保障制度,应该将农村居民包括在内。改革开放后,我国经济迅速发展,很大一部分是来自于农村的贡献,农民既是改革的贡献者也就应当分享改革成果,国家对农村社会保障体系的建立有不可逃避的社会责任。因此,应当加大对农村社保资金的投入,使农村尽快建立起社会保障制度。

(五)没有相应的法律法规,制度的稳定性和可持续性较差

我国整个社会保障制度都存在立法滞后的问题,无论是城镇社会保障的立法还是农村社会保障的立法。立法滞后、无法可依会带来很大的随意性,在建立农村社会保障制度的过程中,应尽快建立相关的法律法规,走法制化的道路,为农村社会保障体系的健康发展提供法律支持。国家应尽快出台社会保障法及其配套法规,完善农村社会保障法律制度。应形成以全国人大制定的《农村社会保障法》为总领的,以国务院针对农村社保问题制定的专门条例为主体的,并配以各地方人大和地方政府的实施办法为补充的法律体系。

目前的农村社会保障项目中,社会优抚和社会救济制度相对较稳定,而保障对象最多、作用最大的农村社会养老保险制度和合作医疗保险制度的稳定性和可持续性较差。农村养老保险和合作医疗制度的建立、运行和发放都没有法律约束,不是按照严格的法律程序,而是按照各地方政府的一些规章制度,制度的随意性很大,经常会有反复。这种随意性大、不稳定的社会保障制度,不但不能起到保障稳定的功能,反而会使农村社会更加不稳定,同时也会导致政府信用危机,使农民对养老保险和合作医疗保险制度失去信心,不愿参加。

(六)农村社会保障基金保值增值困难

社会保障基金是社会保障制度正常运行的物质保证,作为长期沉淀的大规模资金,为抵御通货膨胀的侵蚀,通过投资运营实现保值增值,这是世界各国通行的做法。我国社会保障基金投资渠道较少,基金投资收益率也较低,无法达到保值增值的目的,这是当前整个社会保障事业面临的难题。相对而言,农村社会保障基金的保值增值就更加困难。因为农村社会保障统筹层次较低,筹资水平也较低,形成的基金规模小,同时管理机构及人员素质较低,没有能力选择合适的投资运营渠道,盲目的投资会带来更大的风险,只能存于银行或是购买国债,难以实现保值增值。

---

① 刘书鹤:《农村社会保障的主要问题与对策》,《人口与经济》,2002年第6期,第67~73页。

二、我国农村社会保障改革中的几个问题

经过20多年的改革,二元模式的经济格局正在改变,户籍制度正在松动,对农民的管理不再将他们限制在原地,大批农民进城务工,农村的城市化进程加快,原有农村社会保障所依赖的经济基础被打破,农村社会保障处于重建和整合的阶段,出现了很多新问题。

(一)土地保障与农村社会保障制度

我国传统社会保障制度只覆盖国有企业职工,不包括农民,土地一直作为农民的保障基础。土地保障在一定时期起到保障农民基本生活的作用,这也成为有些人不主张建立农村社会保障的原因之一。

实行家庭联产承包制初期,土地保障功能曾一度得到强化。主要表现是:首先,提高了土地的生产力水平,增强了土地的收入保障功能,改革初期农业生产力迅速发展,农民收入水平迅速提高;其次,强化了土地的失业保障和社会稳定功能。实行联产承包制,赋予了农民对部分土地的承包经营权,可以作为农民从事非农就业的退路。因此,农民的土地承包经营权,有利于增强其抵御非农就业风险的能力,也保证了不至于因多数农民无从就业而妨碍社会稳定。

但是,随着农村经济和整个国民经济的迅速发展,土地保障功能的发挥,面临着一系列新的矛盾:

第一,发挥土地的保障功能与提高土地利用效率的矛盾。土地不仅是农民社会保障的重要依托,还是重要的农业生产资料。如果农村的分工分业不发达,农民经营素质的分化程度不高,那么,发挥土地的保障功能与利用土地的生产资料功能,往往不存在明显的矛盾。但是,随着农业生产力的发展和农民分化程度的提高,二者的矛盾将会越来越大。因此,土地向经营能手集中,土地连片开发、发展农业规模经营,就是提高土地利用效率的必然要求。如果过分强调土地的社会保障功能,势必导致农户的土地不断细分,有悖于土地利用的效率目标。20世纪80年代以来,在耕地面积不断减少的同时,农村的人口和劳动力却不断增加,导致人地关系不断恶化。我国加入世界贸易组织后,原有的土地粗放型小规模经营模式,越来越不能适应竞争需要,发挥土地保障功能和提高土地利用率的矛盾更加突出。

第二,发挥土地的保障功能与土地保障功能弱化的矛盾。长期以来,农民的社会保障主要是以土地为中心的非正规保障,特别是那些在农村经济和农民的收入来源中,农业所占份额大的地区。因此,随着农村经济的发展和农民收入水平的提高,农村土地的保障功能应得以强化。但遗憾的是,近年来,农村土

地的保障功能不仅没有得到强化，反而不断弱化。主要原因是：首先，农业经营的绝对收益越来越低，在有些地方，农业经营甚至绝对亏本。我国加入世界贸易组织后，农产品提价的空间会越来越小，但与此同时，在以小规模农户分散经营为主的农业组织结构之下，农产品成本增加的势头却一直比较强劲，由此导致主要农产品的生产成本占出售价格的比重增大。

第三，随着农民非农就业机会的增加，和农民收入来源渠道的多元化，在农民的收入来源中，农业或土地收入的相对重要性将会趋于下降。土地经营的要素成本和机会成本趋于提高，农业经营的比较利益趋于减少。因此，土地保障的相对作用也会趋于下降，主要依靠土地保障的局限性也将趋于增加。目前，我国农村人口老龄化现象严重，65 岁以上的老年人口占农村人口的 7% 以上。由于长期实行的计划生育政策的滞后效应，在今后相当长的时期内，农村老年人口的比重将会继续上升，农村养老的任务将会日趋艰巨。与此同时，随着经济社会的发展，我国农村核心家庭的主流地位将会继续提高。因此，主要依靠土地保障的传统家庭养老方式，将会面临养老保障能力供不应求的挑战。实行计划生育政策后的新生代，其父母将很快进入需要养老的阶段。届时，这些由独生子女组成的家庭，将面临一对夫妇供养四个以上老人的繁重养老任务。可见，提高农村的养老保障能力，不仅是一项长期任务，更是当前的迫切要求。面对如此日趋繁重的养老保障任务，单纯依靠发挥土地的养老保障能力是远远不够的①。

在新时期，土地保障已不能满足农村居民对社会保障的需求，建立农村多层次、多形式的社会保障制度已经刻不容缓，这是维持农村社会稳定，保证经济持续发展的必要条件。

（二）城市化进程中农村的养老保障

中国是一个农业大国，进行社会主义现代化建设，首要问题就是要解决农业、农村、农民问题，从世界各国经济发展的规律看，农村城市化是我国解决“三农”问题的根本出路，城市化是国民经济结构调整的基本方向。一个国家的城市化水平已成为衡量一个国家现代化程度的标志。

城市化对农村养老保障产生巨大影响，既有积极的推进作用，也有一定的消极作用。

第一，原有的土地保障功能丧失，失地农民没有得到足够的补偿。随着城市化的发展，大量的农业用地转为非农用地，土地资产将会迅速增值。但是，当

① 姜长云：《农村土地与农民的社会保障》，《经济社会体制比较》，2002 年第 1 期，第 49 ~ 55 页。

前国家基本上垄断了农村土地的一级市场,在农用地转为非农用地的过程中,比较规范的程序是,先征为国有,再由国家或政府将使用权出让给非农用地单位。国家征地时,将征地价格压得很低,而国家的土地出让价格却通常很高。甚至有的地方政府与土地开发商合谋,以较低的价格从农民手中征得土地,通过土地开发或直接转手,赚得高额利润。从土地农转非中,农民得到的有限利益,远远不能替代原有土地的保障功能。

第二,现有社会保障制度没有覆盖失地农民,使其面临的风险增加。原以种地为生的农民失去基本的生产资料后,得到一次性的生活补偿,为维持生活,只能参与到他们很不熟悉的城镇的一些行业中。由于知识水平和工作经验贫乏,他们在职业竞争中处于劣势地位,往往很难找到工作,即使暂时找到工作也经常面临失业危险。现行的社会保障制度没有及时覆盖这个群体,所以失去土地保障的农民养老、医疗、失业等风险增加。

城市化进程虽然带来暂时的消极作用,但也将使农转非人员长期受益。

第一,增强农民的保险意识,提高生活水平。农民的社会保险意识没有形成,是农村社会保障难以推行的原因之一,农村城市化的过程就是农民市民化的过程,受城市文明、市民生活方式的影响,农民的生活方式也会发生变化。一方面伴随着农民收入的提高,他们的需求层次也会提高,开始有参加社会保险的意识;另一方面,政策的制定者也会逐渐认识到,进入城市的农民与其他的城市居民一样,不仅有生活风险,也有就业风险及市场风险,为了避免社会动荡,必须大力推进社会养老保险,让农民有一个稳定的对未来的预期。国家的正式介入,是失地农民社会保障制度迅速建立的保证。

第二,城市化会全面提高失地农民的教育水平。教育在我国还是稀缺资源,城市化必然伴随着农民教育水平的提高,基础教育水平的提高对农村的持续发展和家庭养老保障具有不同的影响,最终都必将带来人均收入的增加,从而增加社会和家庭对老年人保障的经济支付能力。

城市化给失地农民带来的负面影响是短期的,随着国家的重视和政策的逐渐到位,城市化将成为推动我国经济发展的主要力量,也将为失地农民带来更高水平的生活质量和更完善的保障体系。

(三)农村医疗保障体系

改革开放以来,随着家庭联产承包责任制的实行,导致维持原有合作医疗正常运转的经济基础——农村集体经济迅速萎缩,同时,由于政府宏观指导思想上发生了偏差,全国大多数农村的合作医疗很快解体、停办,合作医疗覆盖面大幅下降,由 1980 年的68.8%下降到 1986 年的 5%左右,农村合作医疗事业进入了最低谷,至此农民基本上没有医疗保障。大多数的农民自费看病吃药,因病致贫、因病返贫以及没钱看病吃药的现象大量存在。进入上世纪90年代,农村合作医疗制度重新得到政府的重视,在全国选择一些地区试点,总结试点经验出台了一些政策,但总体来说农村合作医疗制度发展很慢,覆盖率很低,约占全国总人口15%的城市居民享受着2/3的医疗卫生保障服务,而约占全国总人口85%的农村人口却仅能享受不到1/3的医疗卫生保障服务。由于农村占有卫生资源少,直接导致农村三级医疗预防保健网无法运行,这种状况对即将开展和推广建立的新型农村合作医疗制度是个很大的挑战。国家必须加大对农村医疗资源和设施的投入与建设,加强对新的农村合作医疗制度的政策支持,这个支持主要是经济上的支持。

现行的农村合作医疗的筹资,由个人、集体和国家三方共同承担,其中个人和集体为主,根据地区经济发展水平不同,缴费数额也不相同。在这样的筹资模式下,国家责任被淡化,有些地区甚至成为真正意义上的自我保障,因而农民不愿参加合作医疗。合作医疗制度是我国现阶段无法建立覆盖所有农民的农村社会医疗制度下所采取的过渡性政策,随着我国综合国力和农民收入水平的提高,终将从目前的合作医疗过渡到社会医疗保险。在我国向工业化发展的阶段,农业或农村是要付出代价的,但是这个代价要保持在合理的限度上,否则不仅对于农民是不公平的,而且也会拖工业化发展的后腿,延缓工业化的进程。为了避免农民因病致贫,加快农业现代化的步伐,建立农民医疗保险制度是非常重要的。建立农村社会医疗保障体系,首先要制定专门调整农村医疗保险的法律法规,以此规范农村医疗保险事业。其次,为农民确定一个与职工不同的医疗保险费的收费标准,以保证农村医疗保险资金的筹措。农村医疗保险资金是农村医疗保险中的关键,因此,在制定农村医疗保险法时,要根据各地的经济发展水平和农民的承受能力确定适当的医疗保险费标准和国家为农民提供医疗保险津贴的原则。农民个人缴纳保险费是必须的,而国家也应为农民提供医疗保险津贴,只有这样,具有社会保障性质的农村医疗保险制度才能够建立起来。医疗保障应保大病不保小病,小病的费用应由农民个人负担。其三,要使农民确立正确的医疗保险观念,消除参加医疗保险的顾虑。让他们知道,建立医疗保险制度是使所有参加人——病人和健康人,经常生病的人与很少生病的人之间进行风险调整,共同承担医疗费用;医疗保险能够体现社会公平而不会让不生病的人吃亏,因为人们很难预料自己以后是不是会生重病,一旦灾难来临,也会享有高额的医疗保险保障①。

① 李卫平,张里程,朱佩慧:《中国农村医疗保障的制度选择》,《中国卫生经济》2002年第1期,第35~37页。

三、我国农村社会保障发展展望

新中国成立以来,由于实行二元经济和农村以土地作为保障,我国一直没有建立全面系统的农村社会保障体系,改革前曾经实行的合作医疗制度也随着经济基础的改变而消失,“三农”问题越来越引起政府和学术界的重视。为保障农民的基本生活,保持社会稳定,我国正在进行以减轻农民负担为目的的农村税费改革,尝试建立以保障农民基本生活为目标的农村社会保障体系。

农村社会保障制度的长期缺失,是我国进行社会主义市场经济建设,完善新型社会保障制度的缺憾,但这种过程也是国际惯例。从世界各国和地区的社会保障制度发展过程来看,有一个相同点就是社会保障制度都是从城市扩展到农村,保障对象从工人扩展到农民,一般都经历了漫长的过程,存在一个较长的时间差。德国是第一个建立社会保障制度的国家,在 1883 年就制定了工人的《疾病保险法》,而农村社会养老保险制度是在 1957 年才建立的,时间差是 74 年。其他国家的城乡社会保障制度建立的时间差也很长,最短的日本从其厚生年金开办到建立农村社会养老保险制度间隔时间也有 30 年,美国是 55 年,加拿大是 63 年,波兰是 50 年[①]。我国是社会主义国家,全民共同富裕是我们的目标,经过 20 多年城镇社会保障制度的改革,应尽快建立农村社会保障制度,并最终使之与城镇接轨,使农村居民和城市居民共同分享改革的成果。

在建立农村社会保障制度的过程中,政府的责任非常重要。首先,应尽快完善相关立法,为农村社会保障体系的健康发展提供法律支持。国家应尽快出台《社会保障法》及其配套法规,制定完善农村社会保障的法律制度。其次,多种形式筹集社会保障基金。农村社会保障基金应由国家、地方(集体)、个人承担,明确三方的负担比例,要切实减轻农民负担,考虑将土地补偿费等纳入农村社会保障基金法定筹资渠道。其三,要根据实事求是、量力而行的原则逐渐推进农村社会保障制度的建立。应当认识到,我国地区之间经济发展很不平衡,东西部差距较大,所以在统一的原则下,农村社会保障的模式可以是多样的,应根据各个地区的客观情况进行选择。在制定社会保障制度过程时,还应考虑地区习俗、文化、观念引导等隐性的、非正规的因素以及农民的生产资料占有情况、职业状况、文化程度、家庭地位等要素。其四,加强农村社会保障基金的管

---

① 杨翠迎:《中国农村社会保障制度研究》,中国农业出版社,2003 年版,第 67 页。

理和保值增值。建立健全相应的财务核算、审计、监督等制度，基金的发放形式应与城镇一样，通过银行统一发放，整个管理过程要做到公开透明。在确保资金安全的前提下，筹集起来的基金通过购买国债或金融债券等方式实现保值增值。

政府在农村社会保障制度建设方面至少要发挥如下作用：首先，要通过社会保障制度的建立减少而不是加剧社会的贫富差距，因此，在制度设计方面应当体现出社会共济性；其次，要把眼前利益与长远利益相结合，使社会保障制度的建立有利于经济、社会的可持续发展，对响应国家计划生育或征地号召的农民要实行积极的政策保障予以保护，对低收入家庭特别是因病、残或缺少劳动力而致贫的家庭要实施积极的保障；其三，要加强政策的科学性和稳定性，并积极引导农民珍视权益、加强自我保障意识。

对于我国农村来说，应建立适合不同地区的多层级、多类型的“梯状”社会保障体系，包括以政府为提供主体的对低收入家庭的补助、对贫困人群的社会救助制度，由农民个人、集体和国家三方共同筹建养老保险制度、医疗保险制度，以及个人自我保障制度等都应当得到充分的发展。从农村实际出发，坚持以保障农民的基本生活为目的，借鉴我国城市和外国社会保障的经验和教训，以农民自我保障为主，政府提供法律、经济、政策上的支持，社会基本保障与家庭保障、集体保障相结合，建立全方位的农村社会保障体系。

本章小结

本章主要介绍农村社会保障的基本含义，建立农村社会保障的基本原则和必要性；我国农村社会保障的项目、发展过程及其现状；当前我国农村社会保障存在的问题，即土地保障、城市化中的养老保障、农村医疗保障、农民工的权益保障、扶贫开发等热点问题。最后展望了农村社会保障制度的发展前景，特别强调了政府在制度完善中的作用。

重要概念

农村社会保障　家庭养老　农村合作医疗　扶贫

思考题

1. 理解农村社会保障的含义。
2. 简述建立农村社会保障制度的必要性。
3. 简述当前农村社会保障制度存在的问题。
4. 结合有关资料,思考当前农村社会保障中的热点问题。
5. 思考政府在建立农村社会保障制度中的责任。

Chapter 12

第十二章 社会保障基金

本章学习要点

社会保障基金是社会保障制度得以正常运行的物质保证，是社会保障制度运转及管理的重要组成部分，社会保障支付的刚性和人口老龄化，使得世界各国都面临程度不同的社会保障基金压力，迫切要求加强基金管理，各国都在积极探索通过多种组合进行投资，以达到保值增值的目的。由于资本市场本身具有较大的风险，因此更需要加强对“保命钱”——社会保障基金投资的监管，确保其安全性。通过本章学习，要了解社会保障基金的概念和特征，了解社会保障基金的来源、筹集原则和模式，了解社会保障基金投资运营方式以及对其投资运营的监管。

第一节 社会保障基金的内容与特征

社会保障体系中各项保障制度的实施，都需要有资金的支持，因此，作为财力基础的社会保障基金的管理及投资，无疑是社会保障制度的重要组成部分。社会保障基金是广大保险对象的“保命钱”，每项社会保障待遇支出都关系到广大保险对象基本生活和生存的刚性支出。

一、社会保障基金的含义

社会保障基金是国家依据法律和政策规定，通过法定程序，以各种方式强制建立起来的用于实施各项社会保障制度的货币资金。社会保障基金是国民收入的再分配，是社会保障制度得以正常运行的物质保证。

二、社会保障基金的特征

(一)强制性

社会保障基金是国家通过立法强制筹集的，并严格按照法律的规定管理和使用。雇主和雇员必须按时、按法定费率缴纳社会保障费，任何企业或个人都不能违反法律，逃避缴纳社会保障费的责任。社会保障基金直接关系到劳动者的切身利益，在基金的管理和运营中也要严格按照有关法律法规运行。基金管理机构对社会保障基金的投资运营、投资组合、投资比例都应依据法律确定。

(二)专项性

社会保障基金是用来保障劳动者因疾病、失业、年老、工伤等原因，造成暂时或永久失去收入时，保障其基本生活的特定用途的基金，是老百姓的“保命钱”，因此是一种专项资金，专款专用，任何机构或个人都不能挤占、挪用该基金。社会保障基金在管理上，按险种分别建账，分账核算，专款专用。

(三)储备性

为了抵御发生的风险，必须要有储备，做到未雨绸缪，根据精算原理，计算出抵御风险应准备的资金，事先缴纳积累。社会保障基金一般分为基金制和现收现付制。基金制又称为积累制，是为了应付那些发生概率很高的风险，比如，年老风险。随着生活质量和医疗水平的提高，绝大多数劳动者在年老丧失劳动能力时，还有很长一段处于没有收入而又需要消费的时期，为保证其基本生活就必须事先积累，因此养老保险基金一般采用基金制。基金制的养老保险可以通过投资运营实现保值增值，既能减轻缴费压力又能满足退休金的需要，应付人口老龄化的压力。现收现付制主要应付发生概率较小的风险，如工伤保险，这种风险可以预测，并且随着科学进步和防范措施的完备，风险发生的概率是可以降低的，这类基金采取“以支定收、略有节余”的政策。现收现付制的基金并非没有积累，只是结余额较小，只应付短期发生的风险。

(四)互济性

大数法则是保险行业的理论基础，因此互济性是保险的一个基本特征，社会保障也不例外。对社会保障的各个项目，每个参加者发生风险的概率不同，但在筹集基金时是按统一标准筹集,这样就会出现每个人享受的社会保障待遇不等同于其对社会保障基金的贡献。虽然有些人收益大于贡献,有些人的贡献大于收益,但在总体上,两者是平衡的。基金互济调节使用,以保证该制度的运行。

三、社会保障基金的内容

社会保障基金包括社会保险、社会救济优抚安置和社会福利等基金,其中规模最大、最重要的是社会保险基金。社会保险基金由养老保险基金、医疗保险基金、失业保险基金、工伤保险基金等基金组成。

(一)养老保险基金

养老保险基金是由在职职工、企业和国家共同缴纳的养老保险费建立起来的,是保障离退休职工基本生活水平的保险基金。养老保险基金是数额积累时间最长的保险基金,其收入和支出的时间差可长达30年,因此也最容易受通货膨胀的侵蚀,需要通过合理的投资保值增值。

(二)医疗保险基金

医疗保险基金是由个人、企业、国家财政共同承担,形成的保障参加者获得医疗服务的保险基金。医疗保险基金一般是现收现付制,通过以支定收,使医疗保险基金的收入和支出在年度间大体平衡,每年结余资金较少,不受通货膨胀的影响。

(三)失业保险基金

失业保险基金是由在职职工和用人单位共同缴纳,政府提供财政补贴,用以保障非自愿性失业人员基本生活需要的保险基金。其支出的项目有失业救济费、职业培训费、职业介绍费、失业人员医疗救助费、丧葬抚恤补助费等。

(四)工伤保险基金

工伤保险基金是由用人单位单独缴纳,为在生产中致残、致病或致死的劳动者及其家属提供物质帮助的保险基金。根据"补偿不究过失"的原则,如果发生工伤事故,不管责任在谁,都按照工伤保险处理。劳动者个人不承担工伤保险费。

(五)生育保险基金

生育保险基金是对怀孕、分娩的在职女职工提供生活保障和物质帮助的专项基金,它主要包括生育期间的收入补助、医疗护理费用和生育休假等。

(六)社会救济基金

社会救济基金是对由于各种原因造成生活困难的社会成员提供满足其最

低生活需求的物质帮助，包括对失业保险期满后生活困难的家庭实行救济，对遭受意外灾害的灾民提供生活、医疗、生产自救等费用，对生活无依无靠、丧失劳动能力的“五保户”提供的救济，对其他原因造成生活困难的人提供生活救济。

（七）社会福利基金

社会福利基金是国家和社会为全体社会成员提供各种福利性设施、补贴和社会服务，举办各种福利事业而准备的物质基础。支出项目主要包括社会津贴、职业福利、社会服务等。

（八）优抚安置基金

优抚安置基金是用于因战、因病等死亡的军人遗属的基本生活费用，残疾军人、人民警察、参战致残的民兵、民工的生活费用，用于补助优抚对象中没有或基本丧失劳动能力的孤、老、病、残人员的生活费用。

第二节　社会保障基金的筹集与支付

一、社会保障基金的筹集原则

（一）适度原则

筹集社会保障基金应充分考虑社会经济协调发展的客观要求，筹集的规模和水平应与经济发展水平相适应，要充分考虑国家、单位和个人的经济承受能力。如果社会保障基金筹集的规模过大，会加重企业、个人的负担，使企业失去竞争优势，影响整个经济的持续发展；如果筹集的规模偏小，就不能有效地满足社会成员的保障需要。因此，社会保障基金的筹集应根据社会经济发展水平，经过保险精算等数学计算，确定一个合理的筹集标准。

（二）公平原则

社会保障基金具有国民收入再分配的功能，强调公平是其基本原则。在社会保障基金筹集中的公平包括三个方面：①收入不同的社会成员之间的负担公平。对于低收入者应采取少负担或财政负担的形式，不能因参加社会保障而加重其个人负担。②代与代之间的公平。在养老保险等社会保障项目的基金筹集上，主要承担者是现在一代，基金的给付对象是上一代人，从公平角度出发，每一代人都应分担基金筹集负担，上一代人应当有部分积累，在确定筹资标准时应考虑下一代人的负担和利益。③筹资与给付之间的公平。虽然社会保障基金并不强调缴费与享受之间的对等性，但两者之间也有一定的对应关系，每个参加者都应承担一定的缴费义务,才能享有保障权利,否则会导致基金筹集出现困难。

(三)效率原则

在公平和效率问题上,社会保障更强调公平,但在基金筹集的过程中,也应注意效率。如果社会保障基金筹集负担水平和享有标准不适当,就有可能削弱个人和企业的生产积极性,从而导致整个社会经济效率的下降。社会保障基金的筹集还要增强个人保障意识,避免社会保障给付水平过高,从而出现过度福利,形成"养懒人"的制度,影响社会经济效率。

(四)依法筹集原则

社会保障基金筹集由于涉及国家、单位和个人的权利、义务和经济利益关系,各个利益集团出于自身考虑,会抵制缴纳社会保障费,因此,社会保障基金的筹集必须以法律作为保证,依法筹集,确保基金筹集的严肃性和稳定性。在社会保障制度成熟的国家,基金的筹集都已经法制化,我国尚处于社会保障制度建立的初级阶段,社保基金的筹集、管理、支付等各方面都需要法律规范,应加快社会保障基金管理方面的法制化建设。

二、社会保障基金的筹集来源

社会保障基金的来源渠道,即社会保障基金由谁来承担的问题。一般来说,社会保障基金是由国家、企业和个人三方负担,以税或费的形式征集。世界各国负担方式各不相同,主要有以下几种负担方式。

(一)由国家、雇主和雇员三方负担

采取由国家、雇主、雇员三方负担方式的国家主要有英国、日本、意大利和德国等,各个国家在三者间社会保障基金的分担比例并不相同,具体到不同的险种,也并非完全是由三方共同负担。虽然三方负担方式存在一些差别,但它们的共同点是承认政府、雇主和雇员在社会保障中均应当承担相应的责任,体现了风险共担的原则。在欧美市场经济国家,社会保障资金主要来自企业和雇员缴纳的社会保险税,另外政府财政每年也会有很多拨款,这部分资金一般占整个社会保障基金的20%~40%。其理论依据主要是:①国家作为社会的组织者,对于以依靠社会力量保证社会成员基本生活,稳定社会秩序的社会保障制度负有不可推卸的责任,因此在国家预算中应当拿出一部分资金保证公民生存和发展的权利,尽可能帮助全体居民分享经济进步和发展的成果;②雇主作为劳动力的使用者,有义务为劳动者提供一定数额的社会保障基金,使劳动力在工作期间因病因伤时享有医治和康复的权利,在劳动者年老丧失劳动能力时能从企业获得一部分生活资料；③在市场经济条件下，个人的非理性和短视会导致市场失效，使其可能低估个人养老、医疗的支出，个人抵御风险的储备不足，最终还是要由国家和社会承担个人决策失误所产生的问题，这无疑对政府和社会都是一种额外的负担。

（二）由雇主和雇员共同负担

采用这种方式的国家主要有新加坡、印度、印度尼西亚和美国等。

新加坡实行的是中央公积金制度，由雇主、雇员共同缴纳保障金，并且二者的缴费率相同。政府虽不承担缴费责任，不对公积金征税，但为公积金的支付承担担保，也就是说，政府不具体参与制度供款，但对制度的最终安全负责。

该制度在50年的运行中，对经济和社会发展起到了积极的促进作用。但也存在争议：首先，这种制度设计在社会成员之间没有互济功能；其次，提供的社会保障水平不一，可能会加剧贫富差距；再次，公积金制度的过度储蓄降低了人们的当期消费，导致社会有效需求不足。而且，这种制度过分依赖基金的运营管理状况及宏观经济的运行情况，抗风险能力不强。印度社会保障基金来源也主要是雇主和雇员负担，失业保险由雇主单独承担，只有在医疗保险、工伤保险中，政府才承担很少的义务。总体而言，实行雇主和雇员两方负担的国家更注重政府作为管理者的功能，相信市场主体即个人和企业的作用，能够通过政府的有效引导达到保障的目标，政府是规则的制定者。

美国实行的是现收现付财务制度，体现社会保障的共济性，同时也鼓励个人自我保障和企业的补充保障。该制度曾经是运行比较成功的社会保障制度之一，但随着人口老龄化的加剧，制度中缴费者相对减少而领取社会保障津贴的人相对增加，即负担系数增大，根据计算，到2030年该制度将收不抵支，面临破产。为了摆脱困境，一些经济学家提出社会保障私有化，提倡个人为自己投保，增强激励机制。

（三）由政府和雇主共同负担

采用这种方式的国家主要有瑞典、挪威、冰岛、丹麦和芬兰等斯堪的纳维亚半岛上典型的高福利国家，这些国家的福利支出来源绝大多数由政府和雇主承担，而且政府在其中起着主导性的作用，承担着巨大的责任。之所以采取这种模式与这些国家的政治理念和文化传统有密切关系。他们强调社会保障是每个公民应当享有的权利，坚持平等主义原则，在社会保障的层面上注重打破等级结构的不平等，强调政府承担全面责任的原则。政府把济贫转变为经济性的福利项目，把各种社会保障项目加以制度化，逐步纳入政府的必要职能，从而全面承担起社会保障的责任。

这种负担方式存在的问题是：首先，全民保障的目标对社会保障的再分配功能要求很强，以高赋税形成的收入均等化，虽实现了公平，但却严重挫伤了劳动者的工作积极性，牺牲了效率；其次，不需劳动者缴纳相应的社会保障费用，比如，失业保险，造成失业者消极的对待失业，成了“养懒人”的制度，这不仅造成国家财政不堪重负，同时也严重影响了经济的发展。

（四）由雇员单独负担的方式

实行这种方式的主要是拉丁美洲的一些国家，其中以智利的社会保障制度最为成功。智利原有的社会保障制度与德国等欧洲国家的模式较为相近，实行个人、企业和政府三方共同负担社会保障基金的方式，其中政府的责任较重。这种模式在智利的实际运行中负面影响明显，成本畸高、分配不均等问题促使其进行改革。20世纪70年代，智利开始社会保障私有化改革的浪潮，特别是在退休金制度方面。1980年的改革改变了公共部门和私人部门工人退休金制度的性质，在财务管理方面主要表现为，新的制度通过立法取消了雇主供款，改变了原有的资金来源结构，同时将原来的普通基金转换为个人基金，这样资金来源单一化和个人基金账户的建立，使智利新的退休金制度成为强制性的个人保险制度。

这种方式存在的问题是：首先，个人缴费并建立个人账户的方式，强调了社会保障基金的储蓄功能和自我负责精神，但弱化了再分配功能，无法实现社会保障、社会互济的目标，以牺牲公平的代价换来效率的提高；其次，个人自我积累的方式对积累基金的保值增值的要求非常高，进入资本市场的欲望很强，而几十年的积累过程面临的风险是巨大的，一旦基金发生贬值，则会影响人们的生活，造成社会动荡，最终只能由国家来承担风险，因此，从长期的、动态的角度来看，国家面临着巨大的风险和责任①。

（五）我国社会保障基金的筹集来源

我国社会保障基金筹集来源多元化，主要来源是由国家、单位和个人共同缴费，另外有社会捐赠、投资收益等其他来源。

1. 国家财政。作为社会稳定器的国家基本政策，政府在社会保障基金筹集上具有不可推卸的责任，有义务帮助和弥补保障基金的不足。财政支持的形式主要有直接拨款、税收优惠和利率优惠等。

财政直接拨款分为事先拨款和事后拨款，事先拨款即在每年初财政预算的时候就预先拨付专门用于社会保障的款项；事后拨款是在社会保障基金本年入

① 穆怀中：《社会保障国际比较》，中国劳动社会保障出版社，2002年版，第93页。

不敷出的时候，由财政拨款补付。国家是社会保障制度的最后保证者，有责任保证基金的充足。国家还通过税收优惠间接资助社会保障基金，如单位缴纳的社会保障费可以在税前列支，对社会保障基金的投资收益免税，对受益人享受的社会保障待遇免税等。国家对储存于国家金融机构的社会保障基金签订较高的协议利率，给予利率优惠，银行存款是社会保障基金主要的投资渠道之一，因此利息收入是社会保障基金的重要来源。

2. 单位缴费。在现代社会中，不论是从对人力资源折旧进行补偿的角度出发，还是为了提高劳动者的工作效率，单位都有为其员工及其家属进行保障的责任和义务。在市场经济条件下，单位履行社会保障责任的方式，主要就是为员工缴纳养老、医疗、失业、工伤等各项社会保障费，使其在工作期间、非自愿失业时以及年老丧失劳动能力时都能获得基本生活保障，这样也提高了员工的劳动能力，消除其后顾之忧，促使其更加积极地工作。单位缴纳的社会保障费是按照员工工资总额的一定比例缴纳的，是社会保障基金的一个稳定来源。

3. 个人缴费。参加社会保障的每个人既是社会保障权益的享有者和受益人，又是社会保障费用的承担者和义务人，个人缴纳社会保障费是其享有权益的前提。个人按照自己工资或收入的一定比例缴纳社会保障费，缴费和享有的费用没有等价性，个人缴费是社会保障基金的一项重要来源。个人承担部分社会保障费用的规定，是一种责任信号，有利于培养个体的自我保障意识，增强其行为的理性程度，也可以较为有效地遏制盲目提高保障水平的冲动，遏止道德风险和逆向选择的发生，减少社会整体的风险和负担。

4. 社会捐赠。在国外，社会捐赠是社会福利事业、慈善事业资金的主要来源，在国内，社会捐赠也是社会保障特别是社会福利基金筹集的主要途径之一。社会捐赠的形式有动员社会各界力量为社会福利项目建设赞助，比如，集资兴建福利院、敬老院等；当某地区遭受严重自然灾害时，动员社会力量进行救灾和扶贫，如1998年特大洪水时，全国人民及海外友好人士都进行捐献；成立福利基金会等单位，长期接受国内外各界人士的募捐和帮助。社会捐赠虽然资金量比较大，但不是持续稳定的资金来源。

5. 福利彩票。福利彩票是我国近几年开办的一种筹资方式，是经过国务院批准的，为兴办残疾人、孤儿、老年人等福利事业而通过发行彩票的形式，筹集社会保障资金的活动。发行福利彩票是兴办福利事业的重要资金来源，彩票由政府控制发行，开奖公开并且有公证部门公证，每张奖券面额较小，而奖金额非常大，对公众有较大的吸引力，每期都能筹措较可观的资金。福利彩票可以在不增加政府财政负担的情况下，将社会闲散资金筹集起来，用于社会保障特别是社会福利事业，在一定程度上改善困难者的基本生活，促进社会安定团结。

6. 基金运营收入。社会保障基金特别是沉淀时间长的养老基金，都有通过投资运营达到保值增值的目的。社会保障基金的规模较大，通过资本市场、基础设施等投资渠道的运营，可以收到较高的回报，以满足社会保障待遇刚性上升和抵御通货膨胀的侵蚀。有些国家社会保障基金占全部资本市场的近一半，其投资增值部分就可以应付年度开支。我国目前基金规模较小，投资渠道有限，主要投资形式是银行存款和购买国债，投资收益较低。随着社保基金不断增大，资本市场日趋完善，基金的投资运营收入将会成为我国社会保障基金的重要资金来源之一。

三、社会保障基金的筹集模式

在社会保障基金筹集的过程中，要遵循收支平衡的原则。从社会保障发展的历史来看，目前世界上主要有三种筹资方式：现收现付制、完全积累制（基金制）和部分积累制。我国目前实行的是社会统筹和个人账户相结合的部分积累制模式。

（一）现收现付制

现收现付制是一种以近期横向收支平衡为指导原则的基金筹集方式，以规定收益方式实施，由社会保障机构按所需支付的保险金总额进行社会筹资。一般由雇主和雇员，或是全部由雇主按照工资总额的一定比例缴纳社会保险税或社会保险费。这种筹资模式要求先做出当年或近几年内某项社会保障措施所需支付的费用预算，然后按照一定的比例分摊到参加社会保险的单位和个人，当年提取当年支付，一般不留余额。这种模式一般以支定收，在实际执行时会有一定余额。

现收现付制的优点是：①可以根据需求变动及时调整征税比例或缴费额度，保持收支平衡；②政策取向是实现相对公平，强调社会保障制度的再分配功能，互济性强；③现收现付制不设立个人账户，无需过多的个人资料，操作简单，管理成本较低；④由于以支定收，没有过多的资金余额沉淀，可以避免通货膨胀带来的货币贬值风险，没有基金保值增值压力，同时还可以避免在长期发展中可能出现的经济和政治风险。

现收现付制的缺点是：①现收现付制会引起代际收入再分配，一代人的受益需要下一代人的供款来支付，其收支结果与负担水平随着参与者结构和需求水平变动而变动，缺乏必要的积累；②由于社会保障支付的刚性，随着人们需求水平增长和人口年龄结构的变化，受到的影响较大，特别是养老保险制度，每年筹集的资金和支付的保险费会随着人口老龄化及有资格享受保险金的人数不断增长而相应增加,在养老金支付高峰期时,只能通过提高税率或缴费率筹资,这会使承受缴费负担的一代人和企业不堪重负,抗人口老龄化的能力较弱;③没有基金积累,抵御突发性风险的能力较弱,地区之间和企业之间互济性差;④这种方式还会产生一些对经济发展的不利因素,比如,对个人账户的"挤出效应",影响劳动力的自由流动等。

现收现付制是传统社会保障模式的筹资方式,在社会保障制度建立之初,各国都采用这种方式筹集资金,虽然近几年人们已经认识到其缺陷,但这种筹资方式在各国仍占主导地位。到1995年,在全世界已建立社会养老保险制度的165个国家和地区中,有146个国家和地区采用这种模式。

(二)完全积累制

这种筹集模式以远期纵向平衡为原则,其实质是个体一生中的代内收入再分配制度。完全积累制一般要求劳动者从参加工作开始,按工资总额的一定比例由雇主和雇员或是其中的一方定期缴纳保险费,记入个人账户,作为长期储存及保值增值积累的基金,所有权归个人,到规定领取条件时,一次性领取或按月领取。完全积累制筹集模式,要求对未来较长时间的社会经济发展状况和个人资料进行宏观分析,预计社会保障对象在保障期内所需享受的保障待遇总量,将其按一定比例分摊到保障对象的整个投保期间。

完全积累制的主要优点是:①由于由个人缴纳其社会保障费,其资金记入个人账户,未来收益和投保期的缴费高度正相关,因而具有较强的激励机制;②实行完全积累制的基金提取比例相对稳定,充分体现基金的储备功能,透明度较高;③完全积累制的费率在整个实施过程中相对稳定,不会有很大的起伏波动,具有较强的抗人口老龄化能力,受人口年龄结构影响较小;④积累的基金由于短期内不会支用,可以为经济增长积累资金,促成资本形成,既为经济发展作贡献,又能使制度本身分享经济增长的成果。

完全积累制的主要缺点是:①该制度设计过于强调效率,没有再分配和互济功能,不能实现财富的转移,不利于缓和贫富差距,背离了社会保障制度的初衷;②由于基金制需要建立个人账户,要求获得大量的个人信息,管理成本高;③基金制积累大量的资金,这是一个长达几十年的过程,会受到通货膨胀的侵蚀,需要进行投资运营达到保值增值的目的,面临着许多不确定性风险。

世界上实行完全积累制的国家只有少数几个,以智利和新加坡为代表。

(三)部分积累制

部分积累制是对现收现付制和完全积累制的整合,是一种兼容近期横向平衡原则和远期纵向平衡原则的筹资模式。这种社会保障基金的筹集,一部分采取现收现付方式,以保证当前开支的需要;另一部分采用积累方式,以满足未来支付需求的增长。该模式在维持现收现付制的基础上,引进个人账户基金制,既保持了社会保障统筹的互济功能,又具备个人账户的激励和监督机制,集中体现了前两种筹资模式的优点。

部分积累制的主要特点是:初期的缴费较低,以后将逐渐稳定,具有较大的灵活性,既避免了完全积累制的较大风险,又可缓解现收现付制缺乏储备和负担不均的问题。这种筹资方式虽好,但操作起来难度较大,尤其是在各种比率的掌握上,很难做到恰到好处。如果各种标准和比率设置不当,不但得不到应有的效果,反而导致管理成本的大幅度提高。因此,制度设计上要谨慎,不仅要有定性分析,还要从数量上进行严格测试。

四、社会保障基金的缴纳方式

社会保障基金缴纳主要有社会保障费、社会保障税两种方式。

(一)社会保障费

社会保障费就是由用人单位和个人以缴费的形式来筹集社会保障基金。国家设立专门的机构负责社会保障费的征缴和管理及运营,政府制定相应的法律法规并进行监督,所征缴费用不作为财政收入,但基金不足部分由国家补助。

社会保障费按征收方式可以分为固定保费制和比例保费制。固定保费制就是在确定征缴费用时,不论收入高低,每个单位和个人缴费标准相同,按统一数额收取保费,只有少数国家实行这种方式。比例保费制是按照职工工资收入作为计算职工个人和用人单位缴纳社会保障费的基数,按工资的一定比例征收费用。比例保费制又分为固定比例制、差别比例制和累进比例制。固定比例制是不论收入高低,均按照收入的一定比例征收保费;差别比例制是将参保人的工资收入划分为若干等级,每一等级征收不同比率的保费;累进比例制是根据参保人实际收入按不同的费率征收,随着收入增加征收的费率也提高。

根据供款主体的不同,社会保障费又分为个人保费和单位保费。个人保费和单位保费之和就是总保费额,它取决于两个因素:①保费率的高低。保费率是投保额与工资的比值,通常由社会保障部门根据社会经济发展水平确定。②工资水平的高低。社会保障费征缴的总费率确定需要考虑需要和可能两个方面:需要就是社会保障待遇给付等支出对社会保障基金的需要;可能就是个人和单位对缴纳的社会保障费的承受能力。政府要在需要和可能之间做出合理的选择,确定总保费率,还要合理划分个人和单位之间承担的比例关系。

（二）社会保障税

社会保障税就是通过税收的形式征收社会保障基金，这是目前世界上建立社会保障制度的国家普遍采用的一种征缴形式。我国目前没有开征社会保障税，在《国民经济和社会发展第十个五年计划纲要》中提出“适时开征社会保障税”。开征社会保障税要注意征收范围、税收归属、税基和税率的确定等问题。

开征社会保障税的意义是：①在现阶段没有建立社会保障征收法律的条件下，开征社会保障税，可以借助税收的强制性和正当的法律程序扣缴、追缴，有利于社会保障基金及时、足额地收缴，确保社会保障机制的正常运转；②由于税收纳入财政收入统一支配，开征社会保障税有利于建立规范的社会保障基金收支、管理、余缺调剂的责权制度；③税收要求公平性，全社会统一税率，因此开征社会保障税有利于社会公平；④开征社会保障税有利于降低征收成本。以税的形式征收可以利用现有税务部门的组织机构、人力资源和物质资源。税务机构遍布全国，税务人员有丰富的征收经验，这些都是现成的资源。

开征社会保障税也有其风险：①社会保障制度的刚性支出与税收制度的刚性发展，将有可能促使现收现付制度的恢复，不利于应付人口老龄化的冲击，使未来潜在的支付危机进一步扩大，并有可能重走发达国家或福利国家的老路；②由于我国各地区之间经济发展水平差异很大，社会保障税率的统一，有可能激化地区之间的矛盾；③以税的形式进行管理，政府对社会保障负直接责任，随着人口老龄化的加快，会加重财政负担，甚至造成巨大的财政赤字。因此，对中国这样一个发展中的大国，筹资方式的改变需要谨慎考虑。

第三节 社会保障基金的投资运营

一、社会保障基金投资及意义

（一）社会保障基金投资的含义

社会保障基金的投资是指社会保障管理机构，依据有关法律规定，运用社会保障基金进行资本投资或实物投资，以期获得预期投资回报的基金运作行为。

我国社会保障基金主要有三个部分：中央和省级社会保障管理部门征收的社会保障基金；以财政划拨等形式交给全国社会保障理事会经营的储备型基金以及企业年金。其中社会保障管理部门征收的社保基金主要投资形式是银行存款和购买国债,全国社会保障理事会的基金由于具有储备性质,能够较长期投资,投资渠道较宽。据了解,2011 年年末,全国社保基金权益 7 727.65 亿元,加上个人账户基金权益 657.93 亿元,基金权益总额为 8 385.58 亿元。基金权益投资收益额 73.37 亿元,其中,已实现收益额 430.95 亿元(已实现收益率 5.58%),交易类资产公允价值变动额 -357.58 亿元。投资收益率 0.84%①。企业年金的投资原则与国家基本养老保险基金稍有不同。国家基本养老保险是国家强制建立的,它是退休职工生活的基本保障,是“保命钱”,因此基本养老保险基金的投资更强调安全性,要尽力做到万无一失,在确保安全的前提下再考虑赢利性。而企业年金则不同,它是企业和职工依据自愿的原则建立起来的,是基本养老保险金之外的附加养老金,由于它不是退休职工的“保命钱”,因此抗风险的能力应当大于基本养老保险基金;同时,由于它的建立强调自愿性,因此只有保持较好的赢利性,才能吸引更多的企业和职工建立企业年金计划。这就要求企业年金必须实行市场化运营,以提高基金运营的效率,获取较好的投资收益。

(二)社会保障基金投资的意义

1. 社会保障基金投资有利于基金的保值增值。社会保障基金特别是养老基金,从筹集到支付需要几十年的时间,必然受到通货膨胀的侵蚀,如果不通过投资运营,原有基金的本金就会贬值,因此通过基金的投资运营实现保值增值十分必要。

2. 社会保障基金投资可以减轻各方的缴费压力,弥补基金缺口。我国社会保障制度从以前的现收现付向部分积累转变,虽然每年社会保障基金的缴费与支出大体相当,但历史欠账造成较大的资金缺口,据各方专家估算缺口高达 3 亿~10 亿元。解决社会保障基金缺口不能单纯依靠提高社会保障费率,还要采取扩大覆盖面和提高基金的投资收益等措施。积累大量的社会保障基金,提高基金的投资收益,既可以缓解国家、单位和个人的缴费负担,又可以应对快速发展的人口老龄化压力。

3. 社会保障基金的投资运营有利于国家的经济建设。社会保障基金投资主要用于购买国债和银行存款,这样的投资渠道为国家经济建设提供了直接的资金支持。社会保障基金资金规模较大,能成为国家经济建设的主要投资者。

4. 社会保障基金投资有利于资本市场的完善。社会保障基金投资资本市场,有利于促进金融产品的创新和资本市场监管的完善,同时作为战略投资者,其投资策略有利于市场投资理念的形成。

① 社保基金会:《2011 年全国社会保障基金年度报告》,2012 年 6 月 18 日发布。

二、社会保障基金投资原则

各种资本的投资原则一般都包括安全性原则、流动性原则和赢利性原则这三项主要的内容，社会保障基金作为机构投资者进行投资，也需要遵循上述原则。

（一）安全性原则

社会保障基金根本的社会政策目标是维护社会安定，是社会稳定器坚实的财政后盾，因此安全性原则是社会保障基金投资的首要原则。虽然社保基金投资的目的是为了赢利，达到保值增值的目的，但是不以资金的安全性为重，投资于高风险的项目，以期获得高收益的回报，如果一旦投资失败，不但无法获得预期的投资收益，而且会危及被保障群体的基本生活，引起社会动荡。

（二）流动性原则

流动性原则要求，要有足够的社会保障基金投资于流动性强的项目，以保证在投资运营中及时履行各类保险责任。一般来说，随着社会保障（主要是社会保险）覆盖面的扩大，基金规模的增加，资本市场的完善，投资工具的创新，在此基础上通过多样化的投资组合可以达到流动性的目的。资产的流动性大，就意味着变现能力强，也就是说流动性原则也是安全性原则的保证。

（三）赢利性原则

社会保障基金投资的目的，就是在保证安全性的前提下，追求投资收益最大化，这就是赢利性原则。在社会保障基金形成长期的、巨大的资金沉淀时，（比如，养老保险基金）实现基金投资的赢利性目标，有利于抵御通货膨胀对沉淀基金的侵蚀，有利于实现基金的保值增值，从而真正减轻国家、单位和个人的负担。

以上三项基本的投资原则一般是无法同时兼顾的，安全性原则和赢利性原则是负相关关系，安全性高、风险性小的投资一般收益率也小；流动性原则和赢利性原则也是负相关关系，流动性强的资产收益率较低。因此，在进行社会保障基金的投资时，要结合实际情况，根据要实现的投资目标灵活地选择不同的投资方案，稳健投资。

三、社会保障基金投资方向

（一）银行存款

银行存款历来是国内外养老保险基金投资的重要工具，在我国建立资本市场之前是最主要的保值渠道。相对于其他的投资方式,银行存款的安全性较高,仅次于国债,但也是赢利水平最低的。因为我国的存款利率是受管制的官方固定利率,上世纪90年代初期经济过热带来的高通胀,以及本世纪初刺激内需多次降息,加大了养老保险基金存入银行所面临的通货膨胀风险。如果是可自由浮动的市场利率,则又会面临市场风险。随着我国国有商业银行股份制改造的深化,银行还将面临破产风险。如果养老保险基金仅仅投资于银行存款,是无法达到保值增值目的的。

(二)国债

近年来,我国政府实行积极的财政政策,国债发行数量逐年递增,交易日趋活跃。到2000年底,国债规模已占GDP的14.55%。兼顾安全性、流动性而言,国债市场是养老保险基金投资的最佳品种。但如果养老保险基金只是购买不上市的流通国债,其流动性会受到一定影响。如果购买的国债流动性不足,则在利率市场化下,其收益率又会大打折扣。目前,我国已发行的国债存在品种单一、期限结构不合理、可上市流通国债数量有限等问题,制约了养老保险基金可选择的种类和结构。为此,应在国债制度和政策上加大改革力度。

(三)股票

A股市场具有高风险、高收益的特征,经过多年论证,养老保险基金目前已经介入股票市场,以分享增长收益。入市比例要适度,应由少到多,逐步提高,这是世界各国养老保险基金投资的惯例。由于我国股票市场发展时间较短,监管力度较弱,风险较大,因此社保基金在作投资组合选择时,应选择那些有投资价值的蓝筹股,进行长期投资,同时应尽快完善股票市场的监管,尽可能地减少人为风险。

(四)投资基金

投资基金是世界各国养老保险基金投资的重要品种。因其由专业人士按科学的投资组合原理管理,投资安全性较高,开放式基金还会使其流动性增强。存在的问题是基金品种过于单一,目前只有股票投资基金一个品种。但同时也应看到,投资基金的风险性高于银行存款和国债,从国际经验来看,投资运作社保资金的基金一般采取消极型或防守型投资策略,如指数化投资或指数基金。指数化投资具有比较广泛的投资面,能有效地降低非系统风险,具有风险最小的特点。有人通过对美国2 000多家积极型投资基金与85家有相同投资市场和投资存续期的指数基金进行比较发现,指数基金或指数化投资承担的风险要小得多。指数化投资的另一个优点是管理运作费用和交易费用较低。因为指数化投资是采取跟踪代表性指数的消极性投资策略,不需要花费大量时间和财力去寻找、分析信息,不需要高薪聘用分析人员,而且持有期限较长,进出市场频率和换手率低,从而节约了大量的交易成本和管理运作费用。养老保险基金采取指数化投资还有一个独到的优点便是,它能在更大程度上保证养老保险基金增值的幅度与社会生活水平进步的幅度大体一致,从而使参与养老保险的职工在未来能享受到正常合理的生活水准。因为指数化投资是以代表性指数为基准的,而代表性指数则是股市大盘的显示器,从而也是国民经济走势的显示器。因而指数化投资能保证投资收益增长率与国民经济和社会生活水平的进步速度大体保持一致。采取指数化投资的养老保险基金也会按照社会经济增长的速率实现保值增值。因此,国家应适时推出诸如国债基金、货币基金等多种类型,供养老保险基金选择。

(五)金融债券、公司债券

这类债券是可以获取较高收益的投资。目前我国债券市场规模不大(2010年,债券市场累计发行人民币债券5.1万亿元,债券市场共发行公司信用债券仅为1.6万亿元),且品种单一,期限结构欠合理,又缺乏专业的权威信用评级机构,故投资比例不宜过大。今后应全面提高企业素质,增加信用等级在AA+级以上企业债、金融债的发行,完善信用评级制度。

(六)期货、期权等金融衍生品

随着我国资本市场的发展,金融衍生产品种类会逐步增加,如期货、期权、互换等等。金融衍生品具有杠杆放大作用,投资风险很大。在相关法律法规不健全的情况下,不适合作为养老保险基金这种以增值为目的的投资,应仅限于用做其风险对冲工具。

(七)基础设施建设

我国是发展中国家,西部大开发等各地发展都需要大量的资金进行基础设施建设投资,目前政局稳定、经济发展态势良好,经济每年以9%的增长率发展,投资于基础设施建设的风险较小,但缺点是流动性很差,投资资金的回收时间较长。

(八)海外市场

海外市场具有广泛的投资领域,各国在养老保险基金投资管理趋于成熟时,都逐步放开了对海外市场投资的限制比例。我国目前仍实行一定程度的外汇管制,资本项下人民币尚不能自由兑换,进行海外投资存在政策制度障碍。为了寻求更高的回报率和更安全的投资渠道,2004年2月9日经国务院批复,已经同意社保基金海外投资,首选投资市场是香港。

以上介绍了几种主要的社保基金投资工具,每种投资方式各有其优缺点,社保基金应在不同的投资时期，运用不同的投资策略，在保证安全性的前提下，进行多种投资工具组合，分散风险，尽可能地达到收益最大化。目前，我国社会保障基金投资品种已扩大到股票、固定收益产品、实业投资和现金等四大类13个品种，投资方式从银行存款、买国债的投资模式向实业投资和组合投资模式发展①。

四、社会保障基金与资本市场

在社会保障制度较完善的国家，社保基金是资本市场上主要的投资者，两者之间是互相促进、共同发展的关系，也存在着相互制约。

一般认为，养老保险基金的投资能够对资本市场的效率、结构、稳定性以及金融创新等产生重要的影响。首先，由于养老金收益是一种劳动补偿的延迟支付，因此养老保险基金对于投资工具的选择往往集中于那些长期投资回报率较高的资产组合，从而能够强化资本市场的长期性投资，有利于改善资本市场结构，提高资产配置效率。其次，同样是出于获取长期稳定回报的需要，养老保险基金还要求投资具有相当大的安全性，这就使其对资本市场中各种金融工具的风险分布以及回报分布产生了重新归整的内在要求，从而推动了金融创新。从现实的发展来看，一方面，它作为一类规模较大的机构投资者，鼓励了竞争性金融中介机构的发展；另一方面，20 世纪 70 年代以来，西方发达的资本市场中各种各样的创新产品，如不附息债券（zero coupon bonds）、附属抵押债务（collateralized mortagage obligations）、担保投资契约（guaranteed investment contracts）等的出现和成功，在很大程度上都与养老保险基金的这种需要有关。但是，养老保险基金也可能对资本市场产生一些负面影响，其中最为突出的问题就是，这个本应是一个着眼于长期稳定回报率的机构投资者，实际上却常常做出一些短期行为，从而影响资本市场的稳定性，增加了资本市场的易变性，而这也是发生泡沫经济的原因之一。

从资本市场对养老保险基金的影响来看，首先，资本市场为养老保险基金提供了一个可供选择的投资场所，为其在较长的时间跨度之内获取较高的投资回报率，满足保值增值的需要提供了可能。但与此同时，作为资本市场的一个机构投资者，资本化了的养老保险基金和其他投资主体并没有什么两样，它必须承受资本市场所蕴含的各种风险，可见，它对于较高的投资回报率要求是与较大的市场风险相伴生的。这样，养老保险基金对于投资安全性的

① 中国财经信息网 www.cfi.net.cn，2008 年 4 月 14 日。

要求实际上意味着:一个动荡不安、变数太大的资本市场是不适宜作为投资场所的。这一点对于我国正处于发育之中、抑制因素、失控可能以及监管不完善并存的不稳定的资本市场来说,可能是一个比较大的挑战。而在一个既定的资本市场中,如何选择一个合适的投资组合,以便在既定条件下实现一个最有效率的风险—收益的搭配,则成为养老保险基金运行的关键问题。其次,养老保险基金的管理者通常并不是资本市场的投资专家,很多养老保险基金都是委托一个投资银行代理其投资业务的,或者聘请专门的投资经理,而这种所有权和经营权之间的分离,在基金和基金的托管人之间引申出了一个人们所熟悉的委托—代理的问题,也即基金委托人能不能以及如何激励托管人按照委托人的利益最大化原则行事?由此,建立适当的治理结构,设计行之有效的激励约束机制,以保证养老保险基金的投资安全性和收益性,就成为其资本化进程中所必须面对的一个重要而复杂的问题。实行公共管理还是私人管理,这是养老保险基金管理者必须考虑的另一个问题。公共管理一般由政府实施,私人管理则由专业的基金管理公司承担。一般认为,竞争性的私人管理模式管理效率较高,可以大大降低管理成本。因此,从发展趋势看,我国的养老金投资体制可能逐渐由政府统一管理过渡到由投资基金进行市场化运营和管理。其三,由于政府承担着确保养老金按期、按量发放的最终职责,因此,为了保证养老保险基金进入资本市场后的经营绩效,政府必然且必须对养老保险基金的运营实行严格的管制措施,这就需要制定一整套与之相关的管制规则,以确保基金的安全性。

以上分析表明,我国养老保险基金要进入资本市场还需要做好一些准备工作,其关键是要构建适合养老保险基金市场化运营的基本框架。首先,应当建立规范的基金管理组织。规范的基金管理组织形式应当是养老保险基金会,基金会董事会一般应由政府、企业、职工和专家四个方面的代表共同组成,负责保管养老保险基金。其中,政府代表负责执行政府规定的各项管制政策和措施。其次,大力发展机构投资者,形成一个托管人市场。在一个自由成熟的资本市场中,托管机构一般由投资银行和专业基金管理公司担当,商业银行和保险公司都不是养老保险基金首选的投资托管机构。目前,除了继续发展封闭式基金外,还要积极进行开放式基金试点,为将来养老保险基金的运营提供广泛运作的空间。其三,要防范风险,加强对基金投资机构的监管。在养老保险基金大量进入资本市场之前,应借鉴国际经验,制定一套比较完善的政府管制法律、法规。

第四节　社会保障基金的监管

一、社会保障基金监管的含义及意义

（一）社会保障基金监管的含义

社会保障基金监管是指国家授权专门的行政监管机构依法对社会保障基金收缴、管理、支付、投资运营、基金保值增值等过程进行监督管理，以确保社会保障基金正常稳定运行的制度和规则体系的总称。由于社会保障基金的特殊性，各国都通过立法，对其管理和投资进行监管，以确保其安全性。

（二）社会保障监管的必要性及意义

1. 从基本理论上讲，社会保障基金监管是弥补市场机制失灵的需要。市场经济不是完全可以依赖自身调节的完善机制，存在外部性，在信息不对称、报酬递增的情况下，市场机制就不是完全有效的，会发生市场失灵，这时就需要政府机制对其进行弥补。社会保障制度是一种公共物品，在社保基金管理和投资中存在委托代理关系，基金的委托方和代理方信息不对称，具有道德风险和逆向选择的动力，而社会保障制度要求公平分配，这些都要求由政府监管社会保障基金的收支管理和投资运营，以弥补市场机制自身的不足。

2. 从现实实践上看，社会保障基金可以维护广大人民群众的切身利益。社会保障基金不同于一般的投资基金，是政府通过强制手段筹集起来的专项基金，用来保障广大人民的基本生活，是老百姓的“保命钱”，属于社会公共后备基金，若出现管理缺陷或投资失败，公众利益将受到极大伤害，会冲击最终的责任主体——政府，也会对社会安全稳定造成威胁，因此需要监管。公众对社会保障基金的整个管理和投资过程进行监督是不可能的，只能由政府授权有关部门对社会保障基金进行监管，维护公众的集体利益。

3. 社会保障基金的监管，也是保证基金保值增值的需要。规模巨大的社会保障基金需要进入资本市场投资运营以保值增值，但进入资本市场就要承担市场风险。投资风险包括非系统风险（也称可分散风险）、系统风险（也称市场风险），合适的投资组合将消除可分散风险，仅留下市场风险。如果由于监管不力，投资运营不规范，造成社会保障基金的投资失败，将会违背社保基金投资的初衷。因此，通过有效的监管，减小社会保障基金的投资风险，是实现社保基金保值增值的基本保证。

监管的主要目标之一是确保投资组合得以很好的分散，也就是说从各种投资机会中消除风险性和流动性很差的资产。我国今后社保基金投资监管的发展,应首先明确"建立完整健全的基金监管制度和独立高效的基金监管体系,维护基金安全完整,实现基金保值增值,促进社会保障制度可持续发展",这一实施基金监管的基本目标,也是基金监管工作的宗旨。其次要强化监管手段,着力研究非现场监督指标体系和评估方法,进一步提高监管的工作质量。其三要改进监管方式,适应社会保险基金筹资渠道争夺、管理环节增加、运作风险加大的情况,逐步实现从事后监管为主向事前和事中监管为主的转变;从对社保机构监管向对社保基金监管的转变;从单一环节的监管向全部过程的监管转变。其四要健全监管体系,建立起包括行政监督、专门监督、社会监督和内部监督相结合的完善的社会保障基金监管体系。

二、社会保障基金管理模式

社会保障基金按照管理机构的所有制性质不同,分为政府集中型和私营竞争型。政府集中型是政府直接控制社保基金的管理模式,即政府严格规范,由政府机构或委托公共管理部门实施社保基金的管理。私营竞争型是在政府的监管下,由私营的基金管理机构利用市场机制管理社会保障基金,即私营分散管理。

政府集中型基金管理模式曾经在很长一段时期占据主导地位,近年来,随着经济全球化、贸易自由化以及金融保险业的不断发展,特别是实行私营竞争管理模式的代表国家——智利取得很好的基金收益,强调基金运营机构的市场化管理模式日渐成为国际潮流。政府集中型和私营竞争型管理模式各有利弊,具体比较如表 12 - 1。

表 12 - 1 社会保障基金管理模式比较

项 目	政府集中型	私营竞争型
管理集散度	集中	分散
规模效应	大	小甚至无
管理成本	相对较低	相对较高
投资组合灵活性	相对较死	相对灵活
收益	较低	较高
不确定性	小	大
互济性	高	低
自主性、独立性	弱	强

资料来源:张思锋,温海红,赵文龙:《社会保障概论》,科学出版社,2003 年版。

我国在选择社会保障基金管理模式时，既要借鉴国外的成功经验，也要考虑两种模式的优缺点以及我国的具体情况，而不能照搬某些国家的成功案例，因为任何国家的成功运作都有其具体背景和条件。比如，智利私营管理的社会保障基金投资获得了巨额回报，是因为前几年资本市场的迅猛发展，而近期随着资本市场滑坡，智利基金的投资效益也在下降。在国际经验的借鉴上，我国更应注意吸收新加坡等国家政府集中管理的经验，在基金投资的一些具体技术和方法上，智利等拉美国家的成功更应关注。

三、社会保障基金监管内容

进入资本市场，政府必然且必须对社会保障基金的管理和运营实行严格的管制措施，这就需要制定一整套与之相关的管制规则，以确保基金的安全性。1986 年 7 月，国务院发布《国营企业实行劳动合同制暂行规定》，在社会保障基金监督管理改革方面迈出了探索性的一步。1994 年 11 月，财政部、劳动部联合发布了《关于加强企业职工社会保险基金投资管理的暂行规定》，对社保基金的投资管理进行了规范。1999 年 1 月，国务院颁布了《社会保险费征缴暂行条例》，规定由劳动保障部门负责全国的社会保险费征缴管理和监督检查工作，重申社会保险基金实行收支两条线管理，由财政部门依法进行监督①。2001 年 5 月，《社会保险基金行政监督办法》经劳动和社会保障部部务会议通过并发布施行。同年还制定实施了《全国社会保障基金投资管理暂行办法》，这是我国社会保障基金投资管理方面的第一部专门法规，虽然是“暂行办法”，也对我国社保基金投资起到巨大的推动作用。2004 年，原劳动和社会保障部、中国银监会、中国证监会、中国保监会联合发布了《企业年金基金管理试行办法》。至此，我国社会保障风险储备基金与企业补充养老基金在制度建设上获得了重大进展。到 2007 年年底，全国共有 30 个省成立了省级社会保障监督委员会，逐步加强基金监督工作，基金管理进一步规范。推进企业年金基金市场化管理，全国共批准 38 家机构（58 个）企业年金基金管理资格②。

社会保障基金监管的具体内容包括征缴监管、支付监管和投资监管。

（一）征缴监管

征缴监管是在社会保障部门征收社会保险费的环节进行监管，是对缴费单位和社会保障经办机构进行监管。对缴费单位主要审查其是否按规定进行登

① 魏加宁：《养老保险与金融市场》，中国金融出版社，2002 年版，第 106 页。

② 摘自《2007 年劳动和社会保障事业发展统计公报》。

记、是否足额申报缴纳应缴费用、是否逾期拖欠、申报的缴费基数是否正确等；对经办机构主要审查征缴的社会保障费是否及时足额存入财政专户、各险种之间核算是否清晰、经办人员是否遵纪守法、是否存在挪用现象等。通过监管，以保证社会保障基金征收环节的安全、完整。

（二）支付监管

支付监管是在社会保障部门按照相关制度规定，将社会保障基金支付给应受益的社会成员时，对其进行监管。社会保障基金的监管应遵循效率、公平、适度的原则。支付监管就是对经办机构是否按照规定支付进行监督和管理，包括经办机构是否按照规定的项目和标准支付，有无虚列支出挪用基金的，支付凭证和用款手续是否合乎规定，是否有骗保行为等。社会保障基金的支付，是社会保障制度发挥作用的关键，应加强监管。

（三）投资监管

投资监管就是对社会保障基金结余部分进行管理和投资的监管，管理方面主要是检查是否挤占、挪用结余资金和存放是否合乎规定；投资方面包括投资机构准入监管、投资运营的实时监管。

1. 投资机构准入监管。社会保障基金的投资，需要专业的投资知识和技巧，因此各国一般是委托独立的专业机构管理和运作基金，比如，基金公司或投资银行。无论是政府集中型还是私营竞争型管理模式，都必须高度重视对社会保障基金运营机构的审批，进行严格的资格审查。各国对投资运营机构都有一套严格的资格审查程序和条件，主要有：审查该机构是否是合法组建，资本金是否符合要求，来源是否真实、合法，从业人员是否具备所要求的业务素质和职业道德，是否有良好的经营业绩记录，内部管理制度是否健全等。准入监管的重点是审查投资机构是否具备投资管理、投资经验和资金管理的能力。

2. 投资运营的实时监管。准入审查合规的投资机构，并不说明就一定能投资成功。投资风险主要存在于投资运营的过程中，因此实时监管是投资监管的重点。首先是对投资合规性的审查。由于社会保障基金的特殊性，每个国家都对其投资范围、比例等进行立法规定，以保证安全性。要审查投资机构的财务记录以及相关资料，检查投资是否符合法律规定，是否遵循了监管机构的规定等。其次，对投资机构的投资计划方案的审查。要求投资方案要符合“谨慎原则”和“现代证券组合理论”，选择多样化最优证券组合，最大限度地分散风险，在保证安全性的前提下，达到收益最大化。再次，对不能履行义务，投资收益率不能达到合约规定的投资机构，监管机构应及时限制或取消其社会保障基金的投资运营权力和资格。

四、社会保障基金监管的组织体制

社会保障基金监管的组织主要包括政府监管、内部监管和社会监管。

（一）政府监管

社会保障制度是每个国家的基本政策之一，政府的作用非常重要，为保证制度的安全运行，政府监管是必不可少的。政府通过立法和建立具体的监管部门实施监管。政府监管按部门区分，主要有社会保障行政部门监管、财政部门监管和审计部门监管。社会保障行政部门对社会保障基金的筹集、运营、支付等实施直接的、全方位的监督管理；财政部门监管是财政部门主要通过财政预算、财务会计监管等手段，对社会保障基金的预算、财务状况和投资运营进行监督；审计部门监管是审计部门从独立的角度，对社会保障基金的收支、使用、投资等行为进行审计检查。

（二）内部监管

外部监管毕竟不能时刻进行，如果没有内部控制，风险和损失随时都有可能发生，因此，内部监管是非常重要的环节。社会保障经办机构和投资运营机构作为独立的主体，自身应建立健全各项规章制度，比如，财务制度、内部审计制度等，加强自我约束，保证社会保障基金的规范管理和运营。

（三）社会监管

社会监管是指社会保障基金直接利益关系者、社会中介机构、新闻媒体等部门，通过社会舆论和向有关部门反映问题等手段，对社会保障基金进行监管。广大参加社会保障的群众为维护自身利益，对社会保障基金进行监督，是社会监管的主要力量。目前社会监管的形式是设立由政府、单位和劳动者三方组成的社会保障监督委员会。新闻部门可以利用自身独特优势进行监管，通过电视、报纸、杂志等新闻媒介进行社会保障的政策报道，对损害社会保障制度的丑恶现象进行曝光，对清除不公平现象进行呼吁。其他社会中介部门，如会计师事务所、律师事务所也可以从自身专业角度出发，对社会保障基金进行监管。

本章小结

本章介绍了社会保障基金的含义、特征以及按险种划分的组成内容，对各个项目基金进行了概述；介绍了社会保障基金筹集原则，即适度原则、公平原则、效率原则和依法筹集原则；介绍了社会保障基金的几种筹集来源和我国的筹集来源；指出社会保障基金筹集模式分为现收现付制、完全积累制和部分积累制，缴纳方式主要有社会保障费和社会保障税两种；介绍了社会保障基金投资的含义、意义、投资原则以及投资渠道；论述了社会保障基金与资本市场的互动关系；最后介绍了社会保障基金监管的含义及意义，政府集中型和私营竞争型的管理模式、监管内容和组织体制。

重要概念

社会保障基金　现收现付制　完全积累制　部分积累制　社会保障基金投资　社会保障基金监管

思考题

1. 社会保障基金的特征是什么？
2. 社会保障基金的筹集原则是什么？
3. 社会保障基金的筹集来源有哪几种？
4. 社会保障基金的筹集模式有哪些？各有什么优缺点？
5. 社会保障基金投资原则是什么？
6. 思考社会保障基金的投资与资本市场的关系。
7. 简述社会保障基金监管的意义以及管理模式。

第十三章 社会保障管理体制

本章学习要点

通过本章的学习，要求了解社会保障管理的内容、社会保障管理机构、社会保障管理方式和社会保障管理体制的类型。特别是通过了解我国社会保障管理体制的演变过程，认清我国现行社会保障管理体制存在的问题，思考社会保障管理制度的改革。同时要求领会社会保障行政管理的含义、社会保障行政管理的特点、社会保障业务管理的含义等。要熟悉社会保障业务管理机构、社会保障业务管理的环节和程序，提高加强社会保障信息化管理必要性的认识，了解“金保工程”建设的意义。

第一节 社会保障管理体制概述

一、社会保障管理与社会保障管理体制

社会保障管理，是指通过一定的机构与程序，采取一定的方式、方法和手段，对各种社会保障事务进行计划、组织、协调、控制与监督的过程。社会保障管理不同于生产管理，是一种社会事务和社会政策管理，致力于提供公共服务和公共产品。社会保障管理典型地表现为一种政府行为，是国家上层建筑的重要组成部分。

社会保障管理体制的概念有广义和狭义之分。广义的概念是指国家管理社会保障事业的组织机构、管理制度和管理方法的总称。它涉及社会保障体系的各方面,如社会保障立法、社会保障具体的规章制度和方法、机构设置及其职能权限、社会保障基金的管理监督、社会保障业务经办等。狭义的概念是指社会保障机构的设置及其职能权限的划分。本章所论述的社会保障管理体制取其广义的概念。

二、社会保障管理体制的内容

社会保障管理体制包括三个方面的内容:社会保障管理机构(管理主体)、社会保障管理内容(管理客体)和社会保障管理方式。

(一)社会保障管理机构

社会保障管理机构是指负责社会保障法令的贯彻、监督和审查,维持社会保障制度正常运行而设立的权力和办事机构。

(二)社会保障管理内容

社会保障管理内容包括三个紧密联系的方面:

1. 社会保障的行政管理(社会保障行政管理的有关内容将在本章第二节详细论述)。

2. 社会保障的基金管理(关于这项管理的内容前面各章多有涉及,不再赘述)。

3. 对社会保障对象的管理。对社会保障对象的管理,就是对退休者、鳏寡孤独者、失业者、生活困难者、伤残者等的管理,这种管理不但是提供物质保障,也包括提供日常生活和健康方面的服务,提供参与社会活动和就业方面的机会和可能,以及提供精神和心理慰藉等。这是一项非常复杂的管理工作,主要是在政府的组织和引导下,依靠工会、各种社团和家庭力量来完成,走社区化和社会化的路子。

(三)社会保障管理方式

社会保障管理方式即社会保障行政管理方式(有关内容将在本章第二节详细论述)。

三、社会保障管理体制的类型[①]

世界各国社会保障管理体制因其政治、经济、文化、历史背景和民族传统不

① 朱德云:《我国现行社会保障管理体制的缺陷与完善对策》,《现代财经》,2001 年第 6 期,第 26 ~29 页。

同而有很大差异，归纳起来主要有三种类型。

（一）集中管理模式

集中管理模式是把养老保险、失业保险、医疗保险、工伤保险以及其他社会保障项目全部统一在一个管理体系中，建立统一的社会保障管理机构，集中对社会保障各项目基金运营、监督等实施统一的管理。

集中管理模式的优点一是有利于社会保障管理的统一，避免政出多门、多头管理之间的矛盾；二是有利于社会保障运行机制的协调和社会保障基金的集中管理；三是有利于精简机构，降低成本。其局限性一是行政管理与业务管理难以协调，影响管理效果；二是国家行政干预过多。

（二）分散管理模式

分散管理模式是不同的社会保障项目由不同的政府部门管理，各自建立一套保障执行机构、资金运营机构及监督机构，各保障项目之间相互独立，资金不能相互融通使用。

分散管理模式的优点一是各管理机构具有较大的自主性，管理方式灵活；二是管理的独立性强。其局限一是管理机构多，管理成本高；二是由于机构庞杂和机构之间的相互独立，管理的协调能力差。

（三）集散结合管理模式

集散结合管理模式是指将社会保障共性强的项目集中起来，实行统一管理，而将特殊性强的项目单列，实行多部门的分散管理。

集散结合管理模式的优点一是它既能体现社会保障的社会化、一体化要求，又能兼顾个别项目的特殊性；二是有利于调动各方面的积极性，提高效率，降低成本。

四、我国社会保障管理体制的演变过程

我国社会保障管理体制的演变过程，大致可分为五个阶段①。

（一）创立阶段（1951～1957年）

1949年10月，中华人民共和国成立，中央政府政务院下设了劳动部、内务部，分工管理社会保障事业，各有侧重。劳动部负责管理企业社会保险工作，内务部负责管理机关事业单位的社会保险以及社会救济、社会福利和优抚安置工作。

1951年2月26日，政务院发布的《中华人民共和国劳动保险条例》（以下

① 康士勇：《社会保障管理实务》，中国劳动社会保障出版社，2003年版，第64～66页。

称《条例》)规定,中华全国总工会为全国企业劳动保险事业的最高领导机关,统筹管理全国劳动保险事业;各地组织为执行劳动保险业务的基层单位;劳动部为全国企业劳动保险业务开展的最高监督机关,负责贯彻《条例》的实施,检查全国劳动保险制度的执行情况;各地劳动部门登记审批企业实施《条例》的申请,监督检查企业缴纳保险费和保险业务开展的情况,处理有关劳动保险争议。

1954 年,由于政府精简机构,劳动部的社会保险管理职能移交总工会统一管理,政务院于 1954 年 6 月发出了《关于劳动保险业务移交工会统一管理的通知》,对各级劳动部门和工会组织的交接事宜作了具体规定。从此,企业的社会保险事务,基本上由各级工会统一管理。

这个时期,国家机关工作人员的社会保险和社会福利及社会救济,基本上由内务部统一管理,在社会保险等工作中,取得了重大成就。

(二)发展阶段(1957～1966 年)

劳动部是全国企业劳动保险业务的最高监督机关,负责《条例》的贯彻实施等工作。中华全国总工会是全国企业劳动保险事业的最高领导机关,由各级工会管理企业劳动保险业务。这个阶段,劳动保险工作有力地推动了国家经济建设的发展。

(三)停滞阶段(1966～1976 年)

1966 年后,我国社会保障事业受到很大影响,管理体制也开始混乱起来,原劳动部管理的企业劳动保险工作受到很大冲击,各级工会组织陷入瘫痪,工会干部被调离。针对这种情况,1968 年国家计委发文要求劳动部门统一管理劳动保险工作。1969 年,内务部被撤销,民政工作移交财政部、卫生部、公安部和国务院政工组管理,多头管理、政出多门,使内务部原来管理的社会保障事务受到很大影响。

(四)改革探索阶段(1978～1997 年)

1978 年以后,随着我国改革开放的深入进行,社会保障管理工作开始逐步恢复正常。1978 年,我国建立了民政部,主要负责离退休干部的安置和管理、指导农村五保户的供养、举办敬老院、扶持农村贫困户、负责城镇困难户和 20 世纪 60 年代精简职工的救济、社会福利等。

1979 年,国家劳动总局和各地劳动厅(局),相应设立保险福利局、处等,加强对劳动保险的领导和管理。与此同时,各级工会组织也开始恢复,并和劳动部门相互配合、分工协作,共同领导和管理企业社会保险工作。

1982 年,国家组建劳动人事部,下设保险福利局,重新统一、综合管理企业社会保险工作。其中,养老保险金以县(市)为单位进行社会统筹,由劳动人事部下属的社会保险经办机构统一筹集、统一支付、统一管理，初步实现了养老保险的社会化管理。

1984年，国家规定，集体所有制企业的养老保险由中国人民保险公司经办。

1986年，针对农村劳动者社会保险的特殊性，确定由民政部设立农村社会保险司，负责指导和管理农村的养老保险工作。

1988年，根据七届人大一次会议通过的政府改革方案，撤销了劳动人事部，成立了劳动部和人事部，分别管理企业和机关事业单位的社会保险事务。

1991年，《国务院关于企业职工养老保险制度改革的决定》发布以后，形成了劳动部门管理城镇企业保险，人事部管理机关事业单位社会保险，民政部管理社会救济、社会福利、优抚安置和农村（包括乡镇企业）的社会保障，形成社会保障管理体制的"三驾马车"的基本格局。此外，中国人民保险公司管理集体企业的养老保险，卫生部、财政部管理机关事业单位的公费医疗，中华全国总工会负责管理职工互助保障，铁道、邮电、水利、电力、中建总公司、煤炭、石油、有色金属、民航、金融等11个行业分别负责管理本行业内实行养老保险行业统筹的有关事务，体改委、计委等部门也参与负责社会保障改革与发展工作。总之，这时形成了一种多头管理、"多龙治水"的比较混乱的管理体制。

（五）创立新体制阶段（1998年至今）

1998年根据全国人大九届一次会议批准的《国务院机构改革方案》和同年由国务院发布的《国务院关于机构设置的通知》，组建了劳动和社会保障部，统一管理我国的社会保障事务。新的劳动和社会保障部划入的社会保障职能有：人事部承担的机关事业单位工作人员的社会保险功能、民政部承担的农村养老保险职能、卫生部承担的公费医疗管理、原国务院医疗保险制度改革小组承担的医疗保险制度改革职能，标志着我国基本统一的社会保障机构的建立。

2008年3月，《国务院机构改革方案》公布，将人事部与劳动和社会保障部合并为人力资源和社会保障部，下设新机构国家公务员局，通过重新划分内部机构与职能，更好地实现劳动力的就业与保障问题①。

五、我国现行社会保障管理体制存在的问题

（一）管理分散，政出多门，各自为政

虽然我国现有的社会保障行政管理事务由劳动和社会保障部负责管理，但是，由于没有打破所有制、地区界限，以及缺少法律、法规的统一规范，致使不同

① www.rcxxb.cn/News，《人才信息报》，2008年4月2日。

地区和部门根据其分管不同的保障项目，制定自己的管理方法，按照自己确定的方法去筹集社会保障基金，然后各自分别支付自己所筹集的社会保障基金。这种多头管理、政出多门的社会保障管理体制，一方面导致各管理部门在社会保障规划、协调上，往往出于部门利益而相互扯皮，相互掣肘，社会保障整体功能难以有效发挥；另一方面，由于管理机构重叠，造成保障的高成本、低效率，既不利于提高社会保障管理机构的工作效率，也不利于社会保障事业的发展。同时在分散管理体制下，保险基金被划块管理和运营，致使社会保险基金在各项保险、各个环节沉积，造成了投资分散、难以形成规模、资金使用效率低的结果。

（二）执监不分

社会保障的决策、经办、监督由一个部门负责，行政与事业、执行与监督、宏观调控和微观管理混在一起，基本是“一套人马”包办社会保障诸环节的所有事务，或“一套人马、两块牌子”，换汤不换药。结果，造成监督不力，管理部门滥用职权，社会保障基金被挪用、滥用，浪费严重，腐败孳生，引发了一系列社会矛盾。

（三）责权不明确，管理层次不清晰

责权不明确，使该集中管理的没有集中管理，该分散管理的又没有分散管理；管政策的、管事的、管人的、管钱的、管物的，关系纵横交错，管人的不管事，管事的不管钱，等等。这一切，造成好事大家争，工作无人做，责任无人担，导致部门矛盾增多，而工作配置却有间隙、漏洞，难以做细。如社会保障的基本政策、待遇享受条件和标准等，本该由中央政府统一规定，但实际上有些地方和部门却自行做出各种与国家政策不相符合的规定，而本该由社会保险经办机构负责经办的有关社会保险事务，却一直由企业自行分散管理，使企业长期背负“办社会”的包袱。

（四）立法滞后，缺乏有效的法律管理和监督

这既是社会保障管理体制的问题，也是整个社会保障制度的问题。我国社会保障制度建立、改革、发展近60年，我国还没有《社会保障法》这样一部基本的法律，连《社会保险法》也未出台。我国在社会保障管理中所依据的只是一些制度性决定、意见，以及部门法规、条例等。在实践中，即使出台了某些保障条例，但由于缺乏有效的监督，也没有很好地加以贯彻，部门间的监督职能逐渐弱化，必要的监督程序、监督实施几乎消失。同时，制度自身的控制机制更差，社会保障的受保对象、待遇提供者（如医疗保障中的医院、医药行业）基本没有纳入监督的范围，缺乏费用意识，因而监督控制难以实现。缺乏监督的社会保障管理体制，在运行过程中也不可能产生自动控制机制，为实践中滥用社会保障

基金提供了便利。

（五）社会化程度低[1]

由于社会保险被多部门分割，各部门在各自范围内另搞一套，致使不同企业的缴费标准难以统一，企业负担轻重不一，职工的保障程度有明显差异。同时，因社会统筹范围被人为缩小，根据“大数法则”，保险统筹范围较小，其调剂范围十分有限，抵御风险的能力也很低，既不利于企业的公平竞争，也在很大程度上降低了社会保障的保障功能。目前各试点的改革虽然在扩大保险对象和建立统一的社会保险管理体制方面做出了努力，但在保险项目、保险费的缴纳比例等方面都存在差异。不仅如此，这些改革方案大多未能打破区域和所有制的界限，依旧根据劳动者的身份差异实施不同层次的社会保障管理，这种按区域和所有制界限实施保障的管理体制，不能适应我国社会主义市场经济条件下各地区之间、多种经济成分之间共同发展的要求；不同区域及所有制在社会保障方面的差异也阻碍了劳动力在全国范围内的自由流动，为现代企业制度的建立设置了障碍。

（六）社会保障运作方式仍以政府主导型为主

长期以来，我国实行的是低工资、高就业的劳动就业制度，社会保障管理体制属政府集中管理模式，职工就业就等于加入了受保障的行列，其生老病残等一切方面均由国家和企业予以承担，个人无需为自身未来的生计考虑，因此，个人的自我保障意识十分淡薄。这种情况近年来随着我国养老、医疗和失业保险制度的改革有所改观，但并未从根本上得到改变。受传统社会保障惯性的影响，我国现行的社会保障支付仍然与人头挂钩，即保障补贴人人有份，与经济增长速度和个人收入水平反向关联的弹性保障支付机制并未在实践中建立起来。这就使得社会保障支付只是随人口增长刚性增长，这不仅加重了政府负担，而且使社会保障随经济发展水平和个人收入水平变化自动调节经济增长速度的功能自然地处于失效状态。

六、我国社会保障管理体制改革的几点建议

（一）推行一体化的社会保障管理制度

1. 统一对象。把国有企事业、党政机关、群众团体、集体所有制企事业、三资企业及私营企业的职工纳入统一的社会保障网络，并最终覆盖到个体工商户、自由职业者和广大农民。

---

① 朱德云：《我国现行社会保障管理体制的缺陷与完善对策》，《现代财经》，2001年第6期，第26～29页。

2. 统一基金筹集和支付。社会保障基金的筹集应面向社会,由国家统一规定缴纳标准、缴纳对象和缴纳方法,并由国家指定机构统一强制执行,以实现社会保障基金筹措的社会统筹。社会保障的享受对象、支付标准及其登记支付方式等,也应由国家或政府根据一定时期的社会因素加以确定并在一定范围内统一实施。

3. 统一服务。社会保障服务应主要由社会提供,而不是由企业和单位提供,为此,要加快建立和健全退休管理机构和就业服务机构,积极开展多种形式的管理服务活动,逐步形成社会化管理服务网络。要积极推广统筹退休金多形式的发放办法,采取社会保险管理机构直接组织集中发放、直接信汇、委托银行代发等。要积极推广失业保险管理服务,由社会保险业务管理机构把失业保险的生活保险与就业服务密切地结合起来,组织多种形式的专业培训,促使失业人员尽快重新就业。要积极推广多种形式的跟踪服务,做好信访工作等。

(二)改进社会保障运行方式

社会保障管理体制应由传统的政府主导型向政府参与、社会自治型转换。在具体设计上,可以根据不同的保障项目的特殊性,确定不同的管理方式。如城市最低生活保障、灾害救济、社会优抚和失业保险等仍由政府主导主办,养老、医疗、工伤、生育等保险项目逐步向社会自治型转变。

(三)加快社会保障法制化建设

着力改变目前社会保障立法缓慢的局面,把在改革中已经确认的正确的社会保障活动准则用法律形式迅速确定下来,以巩固社会保障管理体制改革的成果,为社会保障管理提供保证。

把社会保险各个项目、社会救济、社会福利以及社会优抚等都纳入法制管理范畴,以法律消弭社会不稳定因素的发生。健全法律体系,完成法律配套工程,维护公民的正当权益,处罚违规行为,树立社会保障法的权威性,使其产生社会效应,加强社会保障机构自身的法制化建设。

加快社会保障基金管理的立法,规定基金筹集模式、来源渠道及各方负担比例、基金保值增值的途径,以保证保障基金的正常运行。要加快制定和完善养老、工伤、失业和医疗保险等单行法规,在此基础上颁布《社会保险法》,其他有关社会福利、社会救济、优抚安置方面的法规也应尽快出台。

(四)建立高效的社会保障管理网络

在社会保障机构设置方面,按照政、事、企分离的原则,建立由社会保障的行政管理机构、经办机构和监督机构组成的分工明确、职责不同的管理组织系统。社会保障的行政管理机构承担政府对社会保障的政策管理职责;社会保障的经办机构负责经办社会保障基金的具体业务；社会保障的监督机构负责对社会保障法规、政策的执行情况和保障基金收支、运营和管理的监督。

（五）对社会保障实行社会化的组织管理

社会化的组织管理是相对于国家化组织管理与传统家庭保障模式而言的。现代社会保障是一种高度社会化的再分配形式，社会保障制度的产生与发展是社会经济和生产社会化发展的必然结果。因此，作为社会化分配形式的社会保障必然要求实行集中统一的社会化管理。同时，为了逐步改变已往的社会保障以“单位管理”为主的办法，也需要提高社会保障管理的社会化水平。可见，社会保障实行社会化管理既是社会保障制度本身的需要，也是解决“企业办社会”问题，建立现代企业制度的需要。它有以下优越性：①社会保障社会化，可调动各方面的积极性，提高社会保障的服务质量，也有利于发挥家庭和社区在提供社会保障服务方面的作用；②与国家化的组织管理相比，社会化组织管理可降低社会保障成本；③社会保障的社会化有利于促成合理的保障管理体制。

社会保障社会化的框架是：①组织机构的社会化。既有政府职能部门的统一规划、领导、协调、资助，又有社会团体、企事业的积极参与、组织实施，还有社区初级群体和人与人之间的合作。②服务人员的社会化。服务者既有政府的公务人员、业务工作者，又有兼职服务、志愿服务者，非官方的服务人员起主导作用。③资金筹集的社会化。要调动各方面的积极性，把国家财政拨款的份额逐步降低，即社会保障资金来源于政府、单位、个人、社会资助等社会的各个方面，而不是由政府和单位统包统揽。

截至2010年底，全国已纳入社区管理的企业退休人员达到4 344万人，占企业退休人员总数的76.2%，比上年末增加465万人①。

（六）加强和完善基金管理

社会保障制度的核心问题是社会保障基金的管理和运营，这也是社会保障制度得以建立和正常运行的基础和前提。因此，社会保障制度的改革，必须把基金问题作为一个支配性的因素来考虑。

第二节　社会保障行政管理

一、社会保障行政管理的含义

行政管理即制定社会保障法律，拟定基本法规，并对这些法律、法规及社会

① 人力资源社会保障部：《2010年全国社会保险情况》，2011年8月10日发布。

保障的实施范围与对象、享受保障的基本条件、资金来源、待遇支付标准与方式、管理办法、社会保障中有关方面(国家、单位、个人)的责任、权利、义务等方面作出规定。这是社会保障管理的第一个环节。

其中,基本法律是由国家和政府直接颁布的;具体法规是由政府主管部门颁布的。在立法过程中,一般的做法是由国家统一立法。但由于各地社会经济发展的不平衡,国家的立法权集中于一些基本法律、法规的制定,具体法规细则、办法则趋向于由地方政府制定。

二、社会保障行政管理的特点

(一)政治性

作为国家职能重要组成部分的社会保险行政管理,是贯彻和体现国家职能的一种直接手段和方法,是代表着国家并为国家的利益开展活动,因而具有明显的政治性。在马克思看来,行政管理作为国家的组织活动,必然要为掌握国家政权的政治阶级服务,其目的是为了执行代表国家利益的阶级意志,维护统治阶级的统治秩序和利益。

(二)服务性

社会保障行政管理的对象和范围日益扩大到社会经济生活和文化生活的各方面,为促进社会经济文化事业的发展和保障社会生活的正常秩序服务。在社会主义制度下,社会保障行政管理机关的国家工作人员是“社会公仆”,其服务性直接体现为为人民服务,为社会大多数人谋利益。社会保障行政管理就是服务,在社会主义制度下得到最全面、最充分的体现。

1. 科学性。社会保障行政管理注重科学性,即用现代化的科学理论和方法以及先进技术手段实施管理,不断提高行政管理的质量和效率。社会主义社会保障行政管理的科学性,表现在它能够按照社会保障事业发展的规律科学地组织管理活动;能够依照社会主义客观规律的要求,不断自觉地改革和调整社会保障行政管理系统,使其符合社会主义现代化建设的要求;能够掌握和运用现代化的科学管理方法和手段对社会保障各方面进行最有效的管理。

2. 法制性。社会保障行政管理的法制性表现在以下各个方面:各个领域都有健全的法律规定,任何社会保障行为都能有法可依;各个部门、各个机构的权力都是法律授予的,在法律赋予的权限范围内活动,对社会保障事务的管理都必须有法律依据,依法行政,并承担相应的法律责任;一切行政机构都是依据法律或行政法规设置的,行政机构中各个组织和工作人员的职责、权利和义务都用法规的形式明示。社会保障行政管理的法制性特点,要求行政管理过程要始终贯彻法制原则，并严格按法律规定行事，并严格实施法律监督，以保证各级行政机构及其公职人员严格按照有关法律规定行事，并做到违法必究。因此可以说，社会保险的行政管理就是对社会保障的依法行政。

三、社会保障行政管理模式

根据政府在社会保障管理体制中的角色，社会保障行政管理模式可分为三类。

（一）政府管理模式

政府管理模式，即政府设立专门的管理机构统一管理全国的社会保障工作。政府管理模式可以分为集权管理和分权管理。集权管理，即政府单一部门全权监督与管理社会保障的各项事务；分权管理，即政府部门实施政策指导和一般监督，政府委托或授权公共机构具体操作。

（二）半官方自治管理

半官方自治管理，即由政府成立一个统一的协调机构，负责协调全国社会保障事务，并指定一个或若干个中央政府部门实施统一监督，而具体的管理工作则由半官方、半独立的行业或地区社会保障管理机构来实现。一般由雇主、雇员和政府三方代表组成社会保障基金会，在政府部门的监督下，在法律范围内实行自治，自主管理。

（三）私营管理模式

私营管理模式，即政府实施一般监督，依法授权或委托私营机构管理各项或某项社会保障事务。

四、国家社会保障行政主管部门及其职能配置

我国现行的社会保障行政管理机构，主要由国务院下设的人力资源和社会保障部、民政部组成。二部内设立的主管社会保障的机构及职能如下：

（一）人力资源和社会保障部

1. 养老保险司：统筹拟订机关企事业单位基本养老保险及其补充养老保险政策，逐步提高基金统筹层次；完善企业职工离退休政策；拟订养老保险基金管理办法；拟订养老保险基金预测预警制度；审核省级基本养老保险费率。

2. 失业保险司：拟订失业保险政策、规划和标准；拟订失业保险基金管理办法；建立失业预警制度，拟订预防、调节和控制较大规模失业的政策；拟订经济结构调整中涉及职工安置权益保障的政策。

3. 医疗保险司：统筹拟订医疗保险、生育保险政策、规划和标准；拟订医疗

保险、生育保险基金管理办法；组织拟订定点医疗机构、药店的医疗保险服务和生育保险服务管理、结算办法及支付范围；拟订疾病、生育停工期间的津贴标准；拟订机关企事业单位补充医疗保险政策和管理办法。

4. 农村社会保险司：拟订农村养老保险和被征地农民社会保障的政策、规划和标准；拟订城镇居民养老保险政策、规划和标准；会同有关方面拟订农村社会保险基金管理办法；拟订征地方案中有关被征地农民社会保障措施的审核办法。

5. 社会保险基金监督司：拟订社会保险及其补充保险基金监督制度、运营政策和运营机构资格标准；依法监督社会保险及其补充保险基金征缴、支付、管理和运营，并组织查处重大案件；参与拟订全国社会保障基金投资政策。

6. 工伤保险司：拟订工伤保险政策、规划和标准；完善工伤预防、认定和康复政策；组织拟订工伤伤残等级鉴定标准；组织拟订定点医疗机构、药店、康复机构、残疾辅助器具安装机构的资格标准。

7. 军官转业安置司（国务院军队转业干部安置工作小组办公室）：拟订军队转业干部安置、培训政策和安置计划，完善培训和安置制度，承担中央国家机关及其在京有关单位安置、选调和培训工作；组织拟订部分企业军队转业干部解困和稳定政策；承担自主择业军队转业干部管理服务工作；承担国务院军队转业干部安置工作小组的具体工作。

8. 工资福利司：拟订机关、事业单位工作人员工资收入分配、福利和离退休政策，牵头拟订驻外使领馆工作人员、驻港澳地区内派人员和机关事业单位驻外非外交人员工资政策；承担中央国家机关所属事业单位工资总额管理工作。

（二）民政部

1. 救灾司：拟订救灾工作政策；承办救灾组织、协调工作；组织自然灾害救助应急体系建设；承办灾情组织核查和统一发布工作；承办中央救灾款物管理、分配及监督使用工作；会同有关方面组织协调紧急转移安置灾民、农村灾民毁损房屋恢复重建补助和灾民生活救助；承办中央级生活类救灾物资储备工作；组织和指导救灾捐赠；拟订减灾规划，承办国际减灾合作事宜。

2. 优抚安置局：拟订优抚政策、标准和办法；拟订退役士兵、复员干部、军队离退休干部和军队无军籍退休退职职工安置政策及计划；拟订烈士褒扬办法；承办拥军优属工作；拟订军供站设置规划；审核拟列入全国重点保护单位的烈士纪念建筑物名录；承办境外我国烈士和外国在华烈士纪念设施保护事宜。

3. 救助司：拟订社会救助规划、政策和标准，健全城乡社会救助体系；组织城乡居民最低生活保障、医疗救助、临时救助工作；拟订五保户社会救济政策；

承办中央财政最低生活保障投入资金分配和监管工作；参与拟订住房、教育、司法救助相关办法；承担全国社会救助信息管理工作。

4. 社会福利和慈善事业促进司：拟订社会福利事业发展规划、政策和标准；拟订老年人、孤儿和残疾人等特殊群体权益保护政策；拟订社会福利机构管理办法和福利彩票发行管理办法；管理本级彩票公益金；拟订社会福利企业扶持政策；组织拟订促进慈善事业发展政策；组织和指导社会捐助工作。

五、社会保障行政管理机构方面存在的问题

在行政主管机构方面，没有一步到位，即行政主管机构方面，是一种"部门分工，适度统管"的体制，即劳动和社会保障部、民政部作为社会保障的两个主要行政管理机构，分工负责管理不同的保障项目，而没有一步到位，把全部社会保障事务集中到一个统一的政府部门管理。

六、关于社会保障行政管理的几点建议

（一）行政管理与基金运营分开

社会保障行政管理与其基金运营是工作对象与性质完全不同的工作。政策管理需要及时、准确，基金运营需要分散风险、保证回报率，二者需要不同类型的人才操作、执行不同的工作程序、承担不同的风险。将行政管理与基金运营分开，可以保证各自的工作效率和避免社会保障基金的不正当使用与管理。

目前的社会保险主管部门的经办机构应当按照收支两条线的要求，集中做好社会保障费用筹集、数据管理和发放工作。社会统筹节余基金、个人账户积累资金以及企业年金积累资金依法建立社会保障基金，由国家社会保障基金理事会实施一般监督和政策管理。

（二）进行社会保障行政管理机构改革

进行社会保障行政管理机构改革，可分为中央和地方两个层次。在中央层次上，成立国家社会保障部，作为集中、统一管理全国社会保障事业和决策性、权威性机构，职能范围涉及社会保险、社会救济、社会福利和优抚安置等。各级地方政府相应成立统一的社会保障行政主管机构。其职责一是贯彻实施社会保障有关法律法规，执行上级机关的决策和指示；二是负责本级行政区内社会保障的规划、计划、法规、宏观管理、执法、监督等事务。

（三）行政管理和业务管理相分离

社会保障管理在遵循行政管理和业务管理协调一致原则的基础上，还应遵循行政管理与业务管理相分离的原则，以免行政管理部门干预正常的社会保障

业务。行政管理与业务管理分开是各国社会保障管理的通行做法，有利于提高管理效率，防止管理中的腐败行为，也能增强管理的社会化。

第三节 社会保障业务管理

一、社会保障业务管理的含义

社会保障业务管理是对社会保障管理的具体执行，即在社会范围内统筹、调剂社会保障基金，对社会保障对象给予一定的物质帮助，提供一系列必要服务的过程。

二、社会保障业务管理机构

社会保障的具体业务应由社会各方的代表建立起的社会保障业务管理机构和社会服务机构负责实施。社会保障的经办机构也称执行机构，属非营利的事业单位，具体办理社会保障基金的收支和管理，开展对社会保障对象的管理服务。

我国社会保障经办机构是 1988 年以来建立的，名称统一为社会保险事业管理局或社会保险基金管理中心。

截至 2010 年底，全国社会保险经办机构总数 7 653 个，比上年末增加 187 个；工作人员 150 376 人，比上年末增加 9 720 人。全国建立社会保障基层服务站(所)超过 19 万个。社会保障经办包括：①社会保险登记；②社会保险档案管理；③社会保险申报；④社会保险缴费；⑤社会保险基金管理（社会保险费分账管理、收支两条线管理、个人账户基金管理、监督审计、统计、报表等）；⑥社会保险监督、检查，报告劳动和社会保障部进行行政处罚；⑦社会保险经办机构人事、财务、教育等管理。

三、社会保障业务管理的环节和程序

社会保障业务管理通常要经过六个环节，即：缴税（费）核定、税（费）征集、缴税（费）记录处理、待遇审核、待遇支付、基金会计核算与财务管理。

（一）缴税（费）核定

及时建立和调整所辖地区单位和职工的基础档案资料，为保证社会保障税（费）收、支的准确性，单位和职工基础资料应全面、翔实。

（二）税（费）证集

根据缴税（费）核定环节提供的单位和职工的基础档案资料，整理、掌握单位开户银行、账户名称、账号、联系人、负责人姓名及联系电话等有关情况，并与单位建立业务联系；及时了解社会保障税（费）征集落实情况；对于符合缓缴条件的单位，按规定办理缓缴手续，并要求缓缴单位制定出补缴计划；向本部门和有关领导报告社会保障税（费）征集情况，提出加强社会保障税（费）征集工作的意见和建议。

（三）缴税（费）记录处理

在计算机中为每个单位和职工建立基础档案库，及时建立职工参加养老、医疗保险的个人账户，将实际征集到的社会保障税（费）按规定分配到各项目下，记载职工养老、医疗保险个人账户实际支出情况，计算和登记职工养老保险、医疗保险个人账户的本息和职工缴税（费）年限。

（四）待遇审核

根据单位填报的《社会保险待遇审批表》、单位和职工基础档案资料和社会保险有关法规、政策，逐项予以审查、核准社会保险待遇。对医疗保险，需审核其出具的医院有关证明和费用结算手续；对工伤保险，需审核其出具的当地劳动和社会保障行政部门认定的工伤通知书及劳动鉴定结论证明。根据有关政策，对享受社会保险待遇人员待遇标准予以审核认定；定期调查离退休（职）人员及享受遗属津贴人员现状，定期审核、调整其应享受的待遇标准。

（五）待遇支付

编制享受社会保障待遇人员名册与台账，确定享受社会保障待遇人员社会保障待遇的具体支付方式和时间，按确定的时间办理支付手续，通过银行或其他方式，将应支付的社会保障待遇发给享受对象，对各项社会保障待遇落实情况进行跟踪调查，发现问题，及时查明原因予以纠正。

（六）基金会计审核与财务管理

根据会计制度审核整理原始凭证，定期汇总记账凭证，填制记账凭证科目汇总表，试算平衡后登记总账，并将明细账和总账核对，无误后进行结账；按照《会计法》要求，妥善保管、发放、收回、销毁各种结算凭证，账簿以及其他有关财务管理资料；年终，根据上年预算执行情况和本年度收支预测，分别编制年度预算草案和决算草案，报有关部门审核备案；制定本单位内部基金的服务管理制度，发挥会计的反映、监督职能。

四、社会保障业务管理中存在的问题

（一）政事不分，缺乏有效的监督制衡机制

社会保障的政策制定、行政管理与社会保障基金的收、支、管、用都由一个机构承担，主管社会保险的行政部门既负责制定政策和规章制度（包括财会制度），又负责操作经办，既负责具体实施，又负责监管，这实际上不可能执行严格的监督。社会保险基金的收支不公开、缺乏透明度，受保人也无法对其活动进行有效的监督。由于政事不分，社会保障基金的收、支、管、用由一个单位承担，缺乏有效的监督制衡机制，导致社会保险基金流失较多，挪用、挤占、多提管理费等现象十分普遍。

（二）具体业务中，"单位保障"的做法仍在延续

在具体业务方面，仍有相当一部分社会保障业务由各单位直接管理，不仅分散了单位的精力，而且实际上仍在延续"单位保障"的做法，使各单位负担畸轻畸重、苦乐不均，无法发挥社会保障分担风险、社会调剂、互助互济、公平分配的职能作用。

（三）业务管理上下脱节

在企业劳动保险领域，还存在管理上下脱节的现象。在相当多的大中型企业，工会具体管理劳动保险业务，但在县级以下，却是由政府劳动部门管理劳动保险业务。内部关系不顺，给管理工作造成了一定程度的困难。

（四）业务管理能力不到位

社会保险经办机构管理技术比较落后，除上海、大连、深圳等沿海城市外，大多数地区没有建立起计算机网络。已经建立的城市，其网络功能也很不完善。主要原因是，资金投入不足和缺少高级技术人员。社会保险经办机构的岗位设置、上岗资格标准以及业务人员培训没有系统、规范的措施，这也是管理水平不高的重要原因之一。

五、关于社会保障业务管理的几点建议

（一）按照政事分开的原则，设立相对独立的社会保障经办机构

政府主管部门主要是管政策、制度、标准、监督，不直接管理资金的收缴和运营。经办机构是在行政部门主管下的，与主管部门相对独立的、具有公共事业单位性质的部门，执行社会保障基金的征缴、日常财务管理、拨付及发放、信息咨询等社会化服务功能。经办机构直属同级社会保障行政管理机构，但又保持相对独立。行政上受同级社会保障行政管理机构和上级经办机构的双重领导。

（二）建立街道社区社会保障工作机构

街道和社区工作平台的建设，是社会保障工作中一项重要的基础工作，是社会保障管理社会化的迫切需要。因此，要抓紧在街道和社区建立社会保障工

作机构，在社区聘用专门的服务人员，并提供工作经费，使城乡基层组织承担起做好下岗失业人员再就业和企事业单位退休人员的管理工作，使人民群众都能得到及时而又便捷的社会保障服务。

第四节　社会保障信息管理

2000 年，中国已进入人口老龄化社会，2010 年，六普数据显示，中国 60 岁以上的老年人口达到 1.77 亿人，占总人口的 13.26%①。2050 年将上升到 28%以上。面对严峻的老龄化趋势，建立一套先进的切实可行的国家社会保障体系势在必行。如今，"五保合一"、"大社保"已经成为社保信息化领域的热门话题。

一、社会保障信息化管理的必要性

（一）社会保障信息化管理是社会保障事业的内在要求

社会保障事业是一项庞杂的系统工程，社会性、政策性颇强。它涵盖养老保险、医疗保险、失业保险、工伤保险和生育保险等社会保障体系建设的诸多方面，还包括劳动力市场的"科学化、规范化和现代化"建设，业务范围广、信息流量大。因此在社会保障管理系统工程中，信息交换是最重要的环节，必须做到准确、及时。如果社会保障工作没有信息系统的支持就很难高效运行。

（二）社会保障信息化管理是我国社会保障事业发展的必然要求

20 世纪 80 年代中期，我国开始进行养老保险制度改革，在此后近 20 年的时间里，社会保障事业发展迅猛，信息量急剧增加。随着社会保险个人账户的建立、养老保险社会化发放的需要以及伴随着离退休人员管理服务的社会化，社会保险信息量正以前所未有的速度急剧膨胀，传统手工方式乃至小规模的计算机管理系统已不能完全满足日常管理工作的需要，社保信息化建设工作迫在眉睫。这就要求我们必须建立严密的、畅通的信息通道，使有关信息在每个当事人、经办机构和相关机构之间有效地传递。

（三）社会保障信息化建设是我国政府信息化建设的重要组成部分

2002 年，中共中央办公厅、国务院办公厅转发的《国家信息化领导小组关于我国电子政务建设指导意见》，把电子政务建设作为今后一个时期我国信

① 《2010 年第六次全国人口普查主要数据公报》，http://news.ifeng.com/mainland/detail_2011_04/28/6037911_0.shtml

息化工作的重点，明确了12个重点建设和完善的业务系统，社会保障是其中之一。

社保行业信息化是一个必然趋势，无论从现在各地的实际需求，还是从中央对全国社会保险政策的制定，要强化对社会保险资金的知情和调控能力，就必须加快社保行业信息化建设。

二、我国社会保障信息化管理的发展沿革

1998年以前，社保信息处于“分散建设、各自为政”的状态，如何实现一体化建设、解决数据集中统一、标准统一的问题，实现全国联网、资源共享，成为劳动和社会保障部面临的问题。软件平台的统一，无疑成为必然。

2000年5月，社保管理信息核心平台1.0版正式出台，成为解决各地系统标准不统一和重复建设问题的有力武器，至今在全国140多个城市得到推广和应用。

2002年10月，国家劳动和社会保障部召开了全国劳动和社会保障信息化工作会议，提出了全国金保工程建设的总体规划，明确了金保工程建设的目标任务、基本原则和具体措施。同时，国家金保工程启动，其建设目标是以部、省、市三级网络为依托，建立覆盖全国、统一的劳动与社会保障电子政务工程。

2003年7月，劳动和社会保障部又推出社保管理信息核心平台2.0版，着力落实金保工程的新要求，同时减轻各地软件本地化的工作量。

2004年11月，国家发改委批复金保工程的初步设计方案，国家首批建设资金3个亿到位，其中1.2亿元用于扶持西部欠发达省份的金保工程建设。

2007年，国家劳动保障部提出加快金保工程一期工程建设步伐，争取启动二期工程建设。2008年“两会”提出，社会保险要实现“一卡通”以及建立覆盖城乡的劳动保障体系。金保工程建设更加迫切。

2011年年末，全国32个省级单位全部实现了与中央数据中心的网络链接，有90%的地级以上城市实现了与省数据中心的联网，城域网已经连接到92.5%的社会保险经办机构和就业服务机构，并延伸到街道、社区、乡镇和定点医疗服务机构。150多个地区发放了符合全国统一标准的社会保障卡，实际持卡人数1.03亿人，272个地级以上城市开通了12 333专用公益服务电话。各地向人力资源社会保障部上传的基本养老保险联网监测月度数据涉及参保人员已达到2.18亿人。

三、我国社会保障信息化管理的现状

从期待社保信息系统的实施到社保信息系统的基本建立，社保信息化已经

取得了巨大的成就。有关资料显示,到2003年年底,北京、上海、福建、陕西等10个省、市已和劳动和社会保障部联网;2004年,劳动和社会保障部完成了与全国各省、区、市的联网工作。目前,劳动和社会保障部正在制定通用可行的行业标准,达到政策统一、业务流程统一、软件统一,在不久的将来实现全国社保的统一联网。据国家统计局显示,2007年末,全国32个省(自治区、直辖市)及新疆生产建设兵团与劳动保障部实现了联网,26个省份实现了与全部所辖地市的联网,有85.6%的地级以上城市实现了与省数据中心的联网,城域网覆盖到76.5%的经办机构。

四、我国社会保障信息化管理中存在的问题①

经过多年的发展,各级劳动保障部门在信息系统建设方面进行了积极探索,积累了一些经验,但也存在一些问题。当前进行社会保障信息化建设的主要障碍有以下四个方面。

(一)管理体制因素

管理体制是制约社会保障信息系统建设最根本的因素。包括:①险种的分机构经办与实现社会保障信息资源共享的矛盾;②基金管理的分散性与建立集中式的社会保障资源数据库的矛盾;③行业养老保险省级经办与医疗、失业、工伤和生育保险属地经办的矛盾。

(二)政策因素

政策因素包括:①政策的不稳定性与系统需求确定性的矛盾;②政策的原则性与系统需求唯一性的矛盾;③业务操作的不规范性与系统需求流程统一性的矛盾。

(三)资金因素

社会保障信息系统建立资金和运行费用机制是长期以来困扰社会保障信息化建设的一个难点问题。包括:①统一规划、统一建设与资金地方负担的矛盾;②系统建设和运行费用开支的固定性与经费来源的不确定性的矛盾;③建设和运行资金的严重不足与重复建设、资金浪费并存的矛盾。

(四)人力因素

当前社会保障信息干部队伍建设适应不了社会保障信息化发展的需要。包括:①“一把手”工程与“一把手”认识、管理不到位的矛盾;②系统管理、技术

---

① 邓小英:《社会保障信息化建设的主要障碍与发展策略》,人大复印资料《社会保障制度》,2004年1期,第59页。

队伍建设落后与信息化工作的需要不相适应的矛盾;③业务人员的素质较低与业务操作全面实行计算机管理的需求不相适应的矛盾。

五、关于我国社会保障信息化建设的几点建议

加快社会保障信息化建设是摆在我们面前的一项重要而紧迫的任务。从实际出发,社会保障信息化建设应着力解决好以下几个方面的问题:

第一,调整社会保障经办机构管理体制,建立与社会保障信息化发展相适应的社会保障管理机构。建立"五保合一"的社会保障经办机构,合理确定社会保障经办机构的内设机构,建立相对集中的社会保障基金管理体制。

第二,规范和完善社会保障政策,统一社会保障业务流程,建立与社会保障信息系统升级相协调的机制,提高社会保障信息系统的性能。

第三,统一社会保障业务标准,统一数据库、硬件配置、网络接口标准;统一社会保障卡系统的标准;尽快建立覆盖全国的社会保障计算机服务网站。

第四,扩大社会保障信息系统建设和运作资金来源,保证社会保障信息系统建设和运行的必要经费。根据参保单位和参保人员的规模确定建设资金的数量。合理确定社会保障信息系统的运行费用。社会保障信息系统建设和运行资金应由地市以上财政承担。

第五,加强社会保障信息管理干部队伍的建设,建立一支既懂业务又懂技术的复合型信息干部队伍。提高各级领导干部的信息化水平,增强从全局上把握信息化建设的能力。在社会保障经办机构内部培养一支专门的信息化管理人才队伍。建立起多层次、多渠道、重实效的信息化干部队伍的培训制度。

六、金保工程

(一)金保工程的定义

根据劳动和社会保障部的规划要求,金保工程是利用先进的信息技术,以部—省—市三级网络为依托,支持劳动与社会保障业务经办、公共服务、基金监督和宏观决策等核心应用,覆盖全国、统一的劳动与社会保障电子政务工程。

如果对金保工程作一个框架式的描述,其主要包括以下几个方面:

1. 从总体要求上,金保工程作为一个总体工程要统一建设一个主干网络。

2. 从业务上,根据劳动保障业务的特点和对信息化的要求,金保工程包括社会保险和劳动力市场两大主要系统。

3. 从技术上，根据劳动保障行政管理的基本架构，由市、省、中央三层数据管理组成。

4. 从作用上，根据劳动保障工作的需要，该系统应具备业务经办、公共服务、基金监管、决策支持四大功能。

（二）金保工程建设的意义

金保工程建设是劳动保障业务管理的基础性工作，是建立和完善我国劳动力市场体系和社会保障体系的重要内容，是劳动保障事业进一步发展的必然要求，是依法行政、转变政府职能的基本保证，也是劳动保障工作管理服务社会化的迫切需要。

金保工程的建设有利于提高劳动保障工作的科学化、规范化和现代化水平，有利于转变政府职能，实现依法行政、高效行政，对于改进社会保障工作方法和管理方式、提高社会保障工作水平和管理效率、提供优质的社会化服务、密切政府与人民群众的联系具有重大意义。

金保工程的提出，标志着劳动保障信息化进入了一个新时期。金保工程建成后，可以实现劳动保障业务的全过程信息化管理。通过这张巨大的网，从中央到省、市可以垂直沟通信息，劳动者在何时何地都可以方便地查询各地劳动力市场的供求信息、劳动保障政策和养老保险、医疗保险基金个人账户等情况。从参保登记到待遇发放，从招工录用到解除、终止劳动合同，从登记失业到接受就业服务和政策享受，都可以实现“一卡通关”。繁琐的统计报表处理、巨额资金结算、复杂的劳动力市场供求分析在这张“大网”中都会变得简便易行。

（三）金保工程的总体目标和“十五”期间的主要任务

金保工程的总体目标是：在政务统一网络平台上，构建部、省、市三级劳动保障系统网络；在此基础上建立网络互联、信息共享、安全可靠的全国统一的社会保障信息服务网络；以网络为依托，优化业务处理模式，建立规范的业务管理体系、完善的社会服务体系和科学的宏观管理体系。

建设金保工程这样一个浩大的工程，必须分步实施。“十五”期间，金保工程建设的主要目标是，地级以上城市全部建立统一的覆盖各项业务的集中式资源数据库，实现城区内广域网实时链接，在街道一级普遍建立劳动保障信息发布站或查询终端；实现劳动保障主要业务的全过程计算机管理，大部分业务应用系统能够使用统一软件；初步建立硬件设备配置标准、网络接口标准和数据传输方式统一的全国养老保险信息系统。

本章小结

本章对社会保障管理体制、社会保障行政管理以及社会保障业务管理的内容、特点和类型进行了概述，同时介绍了社会保障业务管理机构、环节和程序；讲述了我国社会保障管理体制的演变过程，提出并分析了我国社会保障管理体制中存在的问题，并探讨了社会保障管理体制的改革思路；最后论述了加强我国社会保障信息化建设的问题。

重要概念

社会保障管理　社会保障管理体制　社会保障行政管理　社会保障业务管理　社会保障信息管理　金保工程

思考题

1. 社会保障管理体制有哪几种类型？
2. 社会保障管理体制的内容是什么？社会保障管理的内容是什么？
3. 我国社会保障管理存在的问题是什么？如何进行改革？
4. 简述金保工程，并谈谈你对社会保障管理信息化的看法。

Chapter 14

第十四章 社会保障法律制度

本章学习要点

作为国家的基本制度之一，社会保障制度是国家通过立法建立起来的。社会保障法就是调整在社会保障中发生的各种权利义务关系的法律规范的总称，同时也是社会保障制度的法律表现形式。本章的学习要点包括：社会保障法律制度的内容、调整对象、主体和客体；社会保障法律制度的发展历史和主要类型；我国社会保障法律制度的历史发展和现状；我国社会保障法律制度存在的问题和完善的思路。

第一节　社会保障法律制度的特征与原则

一、社会保障法律制度

(一)社会保障法律制度的内容

世界各国由于政治经济制度、经济发展阶段、价值取向、法律文化传统等方面的不同，社会保障的项目、内容体系也有差异。有的国家社会保障项目非常庞杂，包括十几种甚至上百种。但概括起来，一般包括社会保险、社会救济、社会福利、社会互助等几大内容体系，其中社会保险法律制度是重点部分，是整个体系的支柱，具体规定对劳动者在年老、失业、患病、工伤、生育等情况下获得帮助和补偿,即建立基本养老保险、基本医疗保险、失业保险、工伤保险和生育保险制度等。

社会救济法律制度具体规定对公民在遭受自然灾害或者生活发生严重困难的情况下获得经济帮助,即建立灾民救济、城市居民最低生活救济、城乡特殊贫困人员救济等制度。社会福利法律制度具体规定对不同的社会成员在分享社会发展成果方面获得的经济帮助,即建立老年福利、托幼福利、残疾人福利、社区服务、城镇居民福利津贴等项制度和设立文化、教育、卫生、保健等社会公益设施。社会互助法律制度具体规定由不同的社会组织为其成员提供帮助,如工会组织建立的工会会员互助金制度等。社会优抚法律制度具体规定由国家和社会对军人和其家属提供社会优待和经济帮助,即建立优待军人和军人家属、军人转业和退伍安置、军人伤残抚恤和死亡抚恤等项制度。

1982 年,我国在国家“七五”计划中提出的社会保障体系主要包括社会保险、社会救济、社会福利、优抚安置四项内容。随着社会经济的发展和变化,目前我国社会保障法律的范围和内容已在原来的基础上有所突破。在《国民经济和社会发展“九五”计划和 2010 年远景规划目标纲要》中提出的社会保障制度改革总目标是:“加快养老、失业、医疗保险制度改革,初步形成社会保险、社会救济、社会福利、优抚安置和社会互助、个人储蓄积累保障相结合的多层次社会保障制度”。社会保障的内容体系今后还会随着社会经济的发展不断扩大。

(二)社会保障法律制度的调整对象

社会保障法律制度的调整对象主要是在社会保障中发生的各种权利义务关系。社会保障关系可分别从不同角度做出多种分类。

1. 按项目分类。依社会保障项目不同,可分为社会保险关系、社会福利关系、社会救助关系和社会优抚关系。

2. 按对象分类。依社会保障对象不同,可分为城镇社会保障关系、农村社会保障关系和军人社会保障关系。

3. 按内容和性质分类。如果从内容和性质的角度来界定,社会保障关系包括下述几类:首先,社会保障基金形成关系,即政府和社会保障经办机构通过各种法定渠道向社会保障基金供给主体筹集社会保障基金的关系,具体表现为特定的税收关系、财政补贴关系、缴费关系、捐赠关系等形式。其次,社会保障待遇给付关系,即政府有关部门或社会保障经办机构直接或间接向符合条件的公民给付社会保障待遇的关系。直接给付通常表现为政府有关部门或社会保障经办机构直接向公民发放一定的货币或实物;间接给付通常表现为政府有关部门或社会保障经办机构通过有关服务机构向公民提供一定的服务。其三,社会保障基金投资关系，即社会保障经办机构将社会保障基金的积累部分向特定领域投资，以实现保值增值的关系，如购买国债、委托特定机构投资等。其四，社会保障财务管理关系，即在社会保障基金统筹、分配、使用过程中发生的预算、决算、核算、结算等管理关系，既有财政、审计等部门对社会保障财务活动的管理关系，也有社会保障系统内部的财务管理关系。其五，社会保障管理、监督关系，即政府及其有关部门和有关非政府监管机构对社会保障业务活动实施管理、监督的关系，其中，特别重要的是社会保障行政部门的管理和监督。最后，社会保障争议处理关系，即社会保障争议处理机构与社会保障争议当事人（或其他人）之间因处理社会保障争议而发生的社会关系。

4. 按主体分类。如果从主体的角度来界定，社会保障关系包括下述几类：首先，国家与公民之间的关系，主要指各级政府及其社会保障行政部门和有关部门代表国家对公民承担社会保障职责的关系。其次，行政机关与社会保障事业单位和社会保障资金来源主体之间的关系，主要指各级政府及其社会保障行政部门和有关部门对社会保障事业单位和用人单位等社会保障资金来源主体向公民履行社会保障义务进行管理、监督和财力支持的关系。其三，社会保障事业单位与公民之间的关系，主要指社会保障经办机构和社会保障服务机构等事业单位向公民给付社会保障待遇和提供相关服务的关系。其四，社会保障事业单位与社会保障资金缴纳或投资、捐赠主体之间的关系，主要指用人单位向社会保障经办机构缴费的关系，企业等单位向社会保障事业单位投资或捐赠的关系，以及公民向社会保障事业单位缴费或捐赠的关系。其五，用人单位与劳动者之间的关系，即用人单位向其劳动者履行社会保障和劳动福利义务的关系。其六，行政机关之间的关系，主要指各级政府及其社会保障行政部门和有关部门为执行国家的社会保障职能而分工、配合和制约的关系。最后，社会保障事业单位之间的关系，主要指社会保障经办机构与社会保障服务机构之间，以及不同项目社会保障事业单位之间就社会保障供给而分工、协作和制约的关系。

可见，社会保障法律制度调整的关系十分复杂。

（三）社会保障法律关系的主体

社会保障法律关系的主体，是指在各种社会保障活动中，依法享受权利和相应义务的当事人。社会保障法律制度的主体主要包括：

1. 国家（包括各级政府）。国家是社会保障法律关系中的特殊主体。纵观已推行社会保障制度的国家都毫无例外地把社会保障纳入政府的职能范围，政府不仅直接参与社会保障活动，而且还是最重要的责任主体，为各项社会保障制度承担着直接或最后的财政责任。因此,没有政府支持社会保障是不可能的,从中央到地方,政府都成了社会保障法律关系中的特殊主体。

2. 各级社会保障实施机构是社会保障法律关系中的重要主体。社会保障实施机构直接承担着实施各种社会保障事务的责任,又承担着具体组织实施社会保障项目的义务,是社会保障的重要主体。

3. 企业、事业单位和社会团体。企业、事业单位和社会团体具有向社会保障机构缴纳社会保障费的责任和义务。

4. 城乡居民(特别是劳动者)及家庭。他们是社会保障制度的直接受益对象,有时也要承担相应的缴费义务。

(四)社会保障法律制度的客体

社会保障法律制度的客体是指各类社会保障关系主体的权利和义务共同指向的目标。从社会保障制度的实践内容来看,它的客体是社会保障规定项目和范围内的各种物质利益和行为。社会保障是用资金、实物、行为来保障人的身体和生活来体现的。例如,养老保险中需要以养老金保障老人的生活;失业保险中以失业救济金、就业服务的行为来保障失业人员的生活;医疗保险中的医疗津贴、医疗服务行为和给伤病人员的物质辅助工具(假肢、助听器)来保障受保人的身体健康;社会救济中,为救济对象提供的最低生活保障金保障生活等。

二、社会保障法律制度的发展历史

最早的社会保障法可以追溯到1601年英国颁布的《济贫法》,该法规定通过征收济贫税对无力谋生的贫民发放救济。现代意义上的社会保障法是伴随着各国工业革命而逐步发展起来的。19世纪30年代,英国颁布实施了新的《济贫法》。新《济贫法》与工业化前的旧《济贫法》不同,工业化之前的立法带有传统的慈善事业特征,而工业化之后的立法,将社会救助确定为公民的合法权利,确认人人有生存的权利,救济成为国家和社会的一项义务。

随着工业化的进程,德国在"铁血宰相"俾斯麦当政时期,为防止社会矛盾,在1883~1889年先后颁布了疾病、工伤、老年三项法案。德国以社会保障中三个重点项目为基础建立的社会保障法律制度,对其他各国有比较大的影响,其中1883年制定的《劳工疾病保险法》,被公认为是世界上最早的社会保障法律。继德国首倡劳工保险立法之后,一批欧洲国家以及少数美洲和大洋洲国家开始社会保障立法。美国作为后起的资本主义国家,在罗斯福当政时期,为了缓解失业、老年等社会矛盾,于1935年正式颁布了《社会保障法案》,主要包括失业保障、老年保障及其他各种津贴，这是第一次以“社会保障法”之名出现的法律。

第二次世界大战以后，各国在恢复经济的过程中，为了减少社会冲突，稳定社会政治、经济秩序，也不断完善和加强社会保障立法。比较有影响的是英国伦敦学院院长和劳工介绍所所长贝弗里奇，他受政府委托起草了《社会保障和有关福利问题》的报告，该报告主张享受社会保障是每个公民的权利；受保者按统一标准缴费；按统一标准领取津贴和救济；发放津贴或救济以保证正常生活的需要为标准等等。英国政府按照贝弗里奇的设计，于 1946 ~ 1948 年间通过并实施了一整套社会保障法规：家庭补助法、国民卫生保健服务法、工伤保险法、国民救助法、社会保险法等。英国于 1948 年宣告：英国已建成世界上第一个“福利国家”。北欧的瑞典、丹麦、挪威以及其他西欧国家，如法国、原联邦德国、奥地利、比利时、荷兰、瑞士、意大利等经济发达国家，纷纷按英国模式实施社会福利政策，建设自己的“福利国家”。美国、澳大利亚、新西兰以及日本也在按“福利国家”的路子建设各自的社会保障制度。

在这一时期，一些国际组织也开始推动全球社会保障制度的建设与发展。国际劳工组织通过的国际劳工公约中有一些专门关于社会保障的公约，这些公约包括综合性公约和各类专项公约。其中综合性公约有三个，即 1952 年第 35 届大会通过的《社会保障最低标准公约》（第 102 号），1962 年第 46 届大会通过的《社会保障同等待遇公约》（第 118 号），1982 年第 68 届大会通过的《维护社会保障权利公约》（第 157 号）。第 102 号公约为基本文件，它确立了应当把社会保障作为一种普遍性制度加以实行的原则，确定社会保障包括九个项目：医疗照顾、疾病津贴、失业津贴、老龄津贴、工伤津贴、家庭津贴、生育津贴、残废津贴和遗属津贴。1983 年，国际劳工组织又通过第 167 号建议书即《维护社会保障权利建议书》，对第 157 号公约确定的基本原则作了示范性的具体规定，同时提供了国际协调的示范性协议。

到今天，世界各国无论是发达国家还是发展中国家，都普遍建立了不同类型的社会保障法律制度。

三、社会保障法律制度的主要类型

由于世界各国的社会制度不同，经济发展水平不等，文化历史各异，建立社会保障法律制度的时间先后不一，因而形成了不同类型的社会保障法律制度。按照通常的分类标准，主要分为四种类型。

第一种类型为“传统型”社会保障法律制度。这种模式为德国俾斯麦政府首创，故又称德国模式或俾斯麦模式。一些发达国家，如德国、美国、日本等实行该类制度。这类社会保障法律制度坚持“选择性”的保障原则，对不同的社会成员适用不同的保障标准,在社会保障的项目中,强调个人责任,主张待遇给付标准与劳动者的收入和社会保障交费相联系。费用根据不同项目由国家、雇主和劳动者中两方或三方负担。这类社会保障法律制度以维护社会安全和国民经济稳定及均衡发展为目的,虽有公平的内涵,但更强调自助与安全。

第二种类型为"福利型"社会保障法律制度。这是在英国贝弗里奇经济理论基础上建构起来的一种以国家为主的全民保险模式。英国、瑞典、挪威等西欧和北欧部分国家实行该类制度。这类社会保障法律制度坚持"普遍性"的保障原则,主张实行"收入均等化、就业充分化、福利普遍化、福利设施体系化"的社会保险制度,总目标是消除贫困。社会保障基金主要来源于国家税收,社会保障的范围包括"从摇篮到坟墓"的各种生活需要,给付的待遇标准是统一的。这种制度下的社会保障待遇水平过高,国家负担过重,正在被迫进行调整。

第三种类型为"国家型"社会保障法律制度。前苏联以及东欧等国家都曾实行该类与计划经济体制相配套的制度模式。这类社会保障法律制度坚持"国家统包"的保障原则,社会保障费用由国家和用人单位负担,职工个人不必缴纳保障费用,社会保障的范围包括了职工的基本生活需要,社会保障事务由国家统一设立的保险组织经办,职工参与管理。这种社会保障制度的弊病很大,保险费用完全由国家和用人单位包揽,造成企业负担过重,不利于企业参与市场竞争,不利于劳动力合理流动,不利于职工个人树立自我保障的意识。中国在计划经济时期实行的社会保障法律制度也属于该种类型。

第四种类型为"储蓄型"社会保障法律制度。新加坡、马来西亚等少数新兴市场经济国家大都实行该类制度。这类社会保障法律制度实行"个人账户积累"的原则,社会保障费用由劳资双方按比例交纳,以职工个人名义存入个人账户,在职工退休或有其他生活需要时,将该费用连本带息发给职工个人。这种社会保障法律制度有利于树立自我保障意识,鼓励人们的劳动积极性,有利于保障劳动者的基本生活需要,但它也存在不能对保险基金进行必要的使用调剂和不能发挥社会保障的互助功能的缺陷。

考察各国的社会保障法律制度,无论何种类型,都各有利弊,各国根据经济发展阶段及国情特点,都在进行改革。迄今为止,没有一种模式是适合于各国的统一模式。各国的模式不断发生变化,这个时期选择这种模式,另一个时期可能选择另一种模式。因此,各国之间可以比较研究,但不可能移植和照搬。

我国社会保障中的社会保险正在从计划经济体制下的国家保障型社会保险类型,向建立适应社会主义市场经济的、项目有别的、多层次的社会保障法律制度发展。我国在养老保险、失业保险、医疗保险、生育保险制度改革中,吸收、借鉴了市场经济国家的经验,同时又有我国自己独特的经验和模式。如我国养老社会保险制度改革的“社会统筹与个人账户相结合”的制度，是企业缴纳基本养老金与个人储蓄性养老金相结合，实行强制保险，企业补充保险是自愿性的。

第二节　我国社会保障法律制度的现状

一、我国社会保障法律制度的历史发展

我国的社会保障工作始于20世纪50年代初。1951年2月，政务院发布了《中华人民共和国劳动保险条例》，这是新中国成立后的第一部社会保险法规，奠定了我国社会保障法律制度的基础。此后，我国还陆续颁布和实施了有关养老、医疗、工伤、扶贫、救灾、社会福利和优抚安置等方面的规定，初步形成了与计划经济相适应的包括社会保险、社会救济、社会福利和社会优抚安置在内的社会保障法律制度，体现了劳动人民当家做主的权利和国家对劳动者权益的保护。总的来讲，主要经历了以下几个阶段。

（一）初建阶段

1951年，政务院正式公布实施了《劳动保险条例》，并于1953年进行了修订。《劳动保险条例》奠定了我国企业职工社会保险体系的框架结构，确立了除失业保险外的老年、工伤、疾病、生育等基本社会保险项目。由于机关事业单位和党派团体工作人员的工龄计算、工资标准和社会保险费用开支渠道与企业不同，因而没有实行该条例，他们的社会保险制度，是以颁布单项法规的形式逐步建立起来的。最早颁布的法规是1950年12月11日经政务院批准、内务部发布的《革命军人牺牲、病故褒恤暂行条例》，对革命军人、国家工作人员的伤残和死亡待遇做了规定。机关事业单位的医疗保险制度始于1952年6月27日政务院颁布的《关于全国各级人民政府、党派、团体及所属事业单位的国家机关工作人员实行公费医疗预防的指示》和1952年9月12日颁发的《关于各级人民政府工作人员在患病期间待遇暂行办法》。在生育方面，1955年4月26日颁布了《关于女工作人员生产假期的通知》；在退休退职方面，1955年12月29日颁发了《国家机关工作人员退休处理暂行办法》和《国家机关工作人员退职处理暂行办法》。

此外，1954年6月12日，内务部、劳动部发布了《关于经济建设工程民工伤亡抚恤问题的暂行规定》，1954年8月8日，中央人民政府、人民革命军事委员会颁发了《抗美援朝无军籍工资制人员病伤残亡优抚暂行办法》。

（二）发展阶段

1958年到“文革”前，社会保障制度得到了进一步的发展和完善。由于企

业工人和国家机关工作人员退休退职办法不一致,1958 年经全国人大常委会批准,颁布了《国务院关于工人、职员退休处理的暂行办法》和《国务院关于工人、职员退职处理的暂行办法》,统一了企业职工和国家公务人员的退休退职规定。在改进医疗制度方面,1964 年卫生部和财政部颁发了《关于改进公费医疗管理问题的通知》;劳动部和全国总工会联合发出了《关于改进企业职工劳保医疗制度几个问题的通知》。在有关职业病规定方面,卫生部制定了《职业病范围和职业病患者处理办法的规定》,此外还制定了《批准工人、职员病、伤、生育假期的实行办法(草案)》和《医务劳动鉴定委员会组织通则(试行草案)》。

在农村,合作医疗开始兴起。

(三)停滞阶段

"文革"期间,社会保障制度遭到严重干扰和破坏。社会保障工作的管理机构、各级工会组织被撤销,基金的征集、管理和调剂使用制度随之停止。1969 年 2 月,财政部颁发了《关于国营企业财务工作中几项制度的改革意见(草案)》,规定"国营企业一律停止提取劳动保险金,企业的退休职工、长期病号工资和其他劳保开支,改在营业外列支。"这样,社会保险蜕变成企业保险,失去了应有的统筹调剂功能。

(四)重新恢复阶段

"文革"结束后,为了维护劳动者的合法权益,保障社会稳定,国务院陆续颁布了多部社会保障制度的行政法规。这一时期颁布的重要法规有经全国人大常委会批准颁布的《国务院关于安置老弱病残干部的暂行办法》和《国务院关于工人退休、退职的暂行办法》。这两个法规分别对干部和职工的退休退职条件、待遇标准重新做了规定。

1982 年通过的《中华人民共和国宪法》以国家最高法律的形式明确规定了"国家依照法律规定实行企业事业组织的职工和国家机关工作人员的退休制度。退休人员的生活受到国家和社会的保障;""中华人民共和国公民在年老、疾病或丧失劳动能力的情况下,有从国家和社会获得物质帮助的权利。国家发展为公民享受这些权利所需要的社会保险、社会救济和医疗卫生事业。"这些原则成为制定社会保障制度的法律依据。

(五)改革创新阶段

20 世纪 80 年代中期以后,我国进行了养老、失业、医疗、工伤、生育保险制度的改革试点。1985 年 9 月通过的《中共中央关于制定国民经济和社会发展第七个五年计划的建议》中,首次明确提出要建立包括社会保险、社会福利、社会救助、社会优抚等制度在内的"社会保障制度"。1993 年,中共中央在党的十四届三中全会上做出的《关于建立社会主义市场经济体制若干问题的决定》中,明确提出"建立多层次的社会保障体系","完善企业养老和失业保险制度","城镇职工养老和医疗保险金由单位和个人共同负担。实行社会统筹和个人账户相结合。进一步健全失业保险制度,保险费由企业按职工工资总额一定比例缴纳。普遍建立企业工伤保险制度"等一系列规定。进入90年代以后,随着我国经济体制改革的深化,国务院发布了《关于企业职工养老保险制度改革的决定》,1993年国务院发布了《国有企业职工待业保险规定》,扩大了失业保险范围。1994年开始,国务院组织了"社会统筹与个人账户相结合"的医疗保险试点,试点已扩大到57个城市。1998年11月召开的全国城镇职工医疗保险制度改革会议,提出了《国务院关于建立城镇职工基本医疗保险制度的决定(征求意见稿)》。改革的目的是建立用人单位和职工共同缴费机制,建立基本医疗保险基金;建立医疗保险统筹基金和个人账户;基本医疗保险是核心,切实保障职工基本医疗。工伤保险和生育保险也进行了改革试点工作。此外,1997年国务院还发布了建立城市居民最低生活保障制度的通知。

2010年10月28日,第十一届全国人民代表大会常务委员会第七次会议通过了我国第一部专门规定社会保险制度的法律——《中华人民共和国社会保险法》。该法第一次集中系统规定了关于养老、医疗、工伤、失业和生育这五大类基本社会保险制度的内容,在制度层面上使年老、疾病、工伤、失业、生育等群体获得了依法从国家和社会获得物质帮助的权利。

二、我国社会保障法律制度的立法现状

从宪法和基本法的层面看,《宪法》第十四条规定:"国家建立健全同经济发展水平相适应的社会保障制度。"这是2004年3月全国人大会议通过的《宪法》修正案新加入的内容,宪法的这一新规定,是我国社会保障发展史上的重要的里程碑,具有重大的意义。首先,肯定了社会保障制度是我国重要的基本社会经济制度,其在社会经济发展中的地位和作用大大提高,国家已经庄严地将社会保障纳入宪法的保护之中。其次,明确了全体公民都有享受社会保障的权利。宪法规定的公民享受的权利义务是对全体公民的,享受社会保障不再是城市公民的专利,社会保障要覆盖城乡全体公民,农民也有享受社会保障的权利。其三,确定了社会保障的基本权利原则,即同国民经济发展水平相适应。这一原则的贯彻,使社会保障既可发挥其保障和激励功能,又可使受保障者分享社会经济的发展成果,指明了建立健全具有中国特色社会保障制度的方向。另外,《宪法》第四十四条还规定:"国家依照法律规定实行企业事业组织的职工和国家机关工作人员的退休制度。退休人员的生活受到国家和社会的保障。"《宪

法》第四十五条规定:“中华人民共和国公民在年老、疾病或者丧失劳动能力的情况下,有从国家和社会获得物质帮助的权利。国家发展为公民享有这些权利所需要的社会保险、社会救济和医疗卫生事业。国家和社会保障残疾军人的生活,抚恤烈士家属,优待军人家属。国家和社会帮助安排盲、聋、哑和其他有残疾的公民的劳动、生活和教育。”《劳动法》在第九章首次以劳动基本法的形式对社会保险和福利作了原则性和纲领性的规定,提出“国家设立社会保险基金,使劳动者在年老、患病、工伤、失业、生育等情况下获得帮助和补偿。”

下面,按照社会保障制度的不同内容,简介我国社会保障各项具体制度的立法现状。

(一)社会保险

1. 养老保险。国务院在总结各地实践经验的基础上,于1991年发布了《关于企业职工养老保险制度改革的决定》,这是我国养老保险制度改革的新起点,它指明了改革的方向,提出应逐步建立多层次、多渠道筹资的养老保险体系。在此基础上,国务院于1995年3月下发了《关于深化企业职工养老保险制度改革的通知》,提出统账结合的两个办法;1997年7月,国务院下发了《关于建立统一的企业职工基本养老保险制度的决定》,实现了养老保险的四个统一;1998年8月,国务院下发了《关于实行企业职工基本养老保险省级统筹和行业统筹移交地方管理有关问题的通知》,提出了基本养老保险实行省级统筹的目标,结束了养老保险管理中条块分割的局面;2000年4月,劳动和社会保障部颁布了《关于加快实行养老金社会化发放的通知》,在全国范围内大力推进养老金社会化发放工作;2005年12月出台的《国务院关于完善企业职工基本养老保险制度的决定》,在扩大覆盖范围、逐步做实个人账户和改进基本养老金开发方法等方面做出了新的规定。

2009年12月22日,国务院召开常务会议,颁布了《城镇企业职工基本养老保险关系转移接续暂行办法》(国办发〔2009〕66号),规定了养老保险关系在地区间的转移接续,并且还规定了一系列转移接续的管理办法以及办理流程。

2. 医疗保险。1998年12月在认真总结几年来试点城市医疗保险制度改革经验的基础上,国务院发布了《关于建立城镇职工基本医疗保险制度的决定》,确定了基本医疗保险实行低水平、广覆盖、多层次以及统账结合的基本原则,决定从1999年初开始在全国范围内进行城镇职工医疗保险制度改革,基本建立城镇职工基本医疗保险制度,以取代原有的公费医疗和劳保医疗制度。

2002年8月12日,劳动和社会保障部下发了《关于加强城镇职工基本医疗保险个人账户管理的通知》,提出要进一步加强个人账户的管理。2002年9月

16 日，劳动和社会保障部下发了《关于妥善解决医疗保险制度改革有关问题的指导意见》，对困难企业职工医疗保障、完善和加强医疗保险服务管理、医疗费用个人负担等方面的问题提出了具体意见。

2007 年 7 月 10 日，国务院发布《关于开展城镇居民基本医疗保险试点的指导意见》，标志着我国向实现基本建立覆盖城乡全体居民的医疗保障体系的目标迈出了重要一步。

3. 失业保险。随着劳动用工制度的改变，国务院于 1986 年颁布了《国营企业职工待业保险暂行规定》，标志着我国失业保险制度的初步建立。1993 年重新颁布了《国有企业职工待业保险规定》。1999 年 1 月，国务院正式颁布了《失业保险条例》，扩大了失业保险覆盖面，进一步完善了我国的失业保险制度，成为近年来社会保险法制方面的一个突破。新的条例施行后，1993 年 4 月 12 日国务院发布的《国有企业职工待业保险规定》同时废止。与《国有企业职工待业保险规定》相比，新的条例有以下几方面重要改变：首先，《失业保险条例》将失业保险的适用范围扩大到城镇非国有企业、外商投资企业、私营企业以及非企业化管理的事业单位及其职工。同时，还将社会团体及其专职人员、民办非企业单位及其职工、城镇个体工商户及其雇工是否参加失业保险的问题，授权省、自治区、直辖市人民政府根据当地实际情况决定。其次，《失业保险条例》有两个大的变化：一是提高了单位缴纳失业保险费的比例，二是单位职工从不缴费改为缴费。其三，《失业保险条例》规定，失业保险基金在直辖市和设区的市实行全市统筹。其他地区的统筹层次由省、自治区人民政府规定。这样规定，将大部分地方实行的县级统筹提高到地市级统筹，有利于根据大数法则，在更大范围内进行调剂使用基金。

2000 年 10 月 10 日，劳动和社会保障部发布了《失业保险金申领发放办法》，自 2001 年 1 月 1 日起施行。《失业保险金申领发放办法》对失业保险金申领、发放、失业保险关系转迁等方面作了规定。

2010 年 10 月 28 日，第十一届全国人民代表大会常务委员会第十七次会议通过的《社会保险法》对失业保险的覆盖范围、失业保险金标准等做出了新的规定。

4. 工伤保险。1996 年国家颁布了《职工工伤与职业病致残程度鉴定标准》（国家标准 GB/T16180—1996）。同年 8 月，原劳动部在总结有关地方工伤保险改革经验的基础上，制定了《企业职工工伤保险试行办法》。目前我国企业实行的工伤保险是一种社会保险与企业责任制并行的结构，未实行工伤保险社会统筹的地区，由企业比照《企业职工工伤保险试行办法》支付待遇。2003 年 4 月，国务院颁布了《工伤保险条例》，2004 年 1 月 1 日实行。《工伤保险条例》对各类企业的职工和个体工商户的雇工，即与用人单位存在劳动关系的各种用工形式、各种用工期限的劳动者，应享受的工伤保险待遇均作了具体、明确的规定。2004年6月1日，劳动和社会保障部发出了《关于农民工参加工伤保险有关问题的通知》，就农民工参加工伤保险、依法享受工伤保险待遇的有关问题做了具体规定。

2010年12月8日，国务院第136次常务会议通过的《国务院关于修订＜工伤保险条例＞的决定》，对工伤保险的覆盖范围、工伤认定的工作流程等问题做出了新的规定。

5. 生育保险。为了保障女职工权益，1988年国务院颁布了《女职工劳动保护条例》，对女职工生育待遇进行了修订和完善，规定：不得在女职工怀孕期、产期、哺乳期降低其基本工资，或者解除劳动合同；并将正常产假由原来的56天延长到90天，其中产前假15天，难产的增加产假15天，多胞胎生育的，每多生育一个婴儿，增加产假15天。原劳动部在总结各地生育保险试点经验的基础上，于1994年颁布了《企业职工生育保险试行办法》，按照社会保险方式对企业生育保险制度进行改革，对生育保险制度的内容、标准、形式等方面进行了规范。目前生育保险也是一种社会保险和企业责任制方式并行的结构，未实行生育保险社会统筹的地区，由企业比照《企业职工生育保险试行办法》支付待遇。

6. 社会保险费用征缴和待遇支付。为加强对社会保险基金的管理和监督，1996年国务院下发了《关于加强预算外资金管理的决定》，将社会保障基金纳入财政专户，实行收支两条线管理。

在待遇支付方面，1998年中共中央、国务院下发了《关于切实做好国有企业下岗职工基本生活保障和再就业工作的通知》，1999年国务院办公厅下发了《关于进一步做好国有企业下岗职工基本生活保障和企业离退休人员养老金发放工作有关问题的通知》，以确保下岗职工基本生活费和离退休人员的养老金发放。

社会保险费征缴是社会保险制度运行的关键环节。我国参保企业拖欠缴费现象比较严重，致使部分地区养老金发放出现困难。为此，1999年国务院发布了《社会保险费征缴暂行条例》。

7. 农村社会保险。1992年1月3日，民政部印发《县级农村社会养老保险基本方案（试行）》的通知。通知规定：农村社会养老保险在资金筹集方面，以个人缴纳为主，集体补助为辅，国家予以政策扶持。其中，集体补助费用从乡镇企业利润和集体积累中提取，国家补贴则通过税前列支实现。1995年1月19日，国务院办公厅转发民政部《关于进一步做好农村社会养老保险工作意见的通知》，提出具备条件的地区要积极发展农村（含乡镇企业）的社会养老保险事业；

经济比较发达的地区要积极引导农民参加社会养老保险,制定地方法规,完善各项管理,初步建立农村社会养老保险制度;经济中等发达地区要在现有工作基础上,积极稳妥地推进,逐步建立农村社会养老保险制度;经济欠发达地区可选择条件较好的县(市、区)和乡(镇)进行试点,逐步积累经验。

2009 年 9 月 1 日,国务院根据党的十七大和十七届三中全会精神,发布了《国务院关于开展新型农村社会养老保险试点的指导意见》,指出新农保要遵循“保基本、广覆盖、有弹性、可持续”的基本原则,探索个人缴费、集体补助、政府补贴多种形式相结合,实行社会统筹与个人账户相结合;同时与家庭养老、土地保障、社会救助等其他社会保障措施相配套,以保障农村居民老年基本生活。

2002 年 10 月 29 日,中共中央、国务院下发了《关于进一步加强农村卫生工作的决定》,其中对建立和完善农村合作医疗制度和医疗救助制度做出了规定。决定指出,各级政府要积极组织、引导农民建立以大病统筹为主的新型农村合作医疗制度,重点解决农民因患传染病、地方病等大病而出现的因病致贫、返贫问题;农村合作医疗制度应与当地经济社会发展水平、农民经济承受能力和医疗费用需要相适应,坚持自愿原则,反对强迫命令,实行农民个人缴费、集体扶持和政府资助相结合的筹资机制;到 2010 年,新型农村合作医疗制度要基本覆盖农村居民。

2003 年 1 月 16 日,国务院办公厅转发卫生部、财政部、农业部《关于建立新型农村合作医疗制度意见的通知》,对新型农村合作医疗制度的目标和原则、组织管理、筹资标准、资金管理等方面提出了具体意见。

2006 年 1 月,卫生部等 7 部委发布《关于加快推进新型农村合作医疗试点工作的通知》,明确了扩大试点的目标和要求,2006 年使全国试点县(市、区)数量达到全国县(市、区)总数的 40% 左右;2007 年扩大到 60% 左右;2008 年在全国基本推行;2010 年实现新型农村合作医疗制度基本覆盖农村居民的目标。

(二)社会福利

1982 年 4 月 14 日,民政部印发了《城市社会福利事业单位管理工作试行办法》的通知,对城市社会福利事业的发展做出了规定和要求。1994 年,国务院颁布了《农村五保供养工作条例》,标志着我国的农村五保工作走上了法制化和规范化的轨道,为处在特殊困境下农村老年人合法权益的保护提供了制度保障。1999 年 12 月 30 日,民政部发布了《社会福利机构管理暂行办法》,对社会福利机构的管理、审批和法律责任做出了明确规定。

1990 年 12 月通过的《残疾人保障法》,对残疾人的保障宗旨、残疾人的权利保护、特别扶助、残疾人事业的政府职责、社会职责以及残疾人的康复、劳动就业、教育、文化生活、福利等作了详尽规定。1991 年 12 月通过,1998 年 11 月修订的《收养法》,对收养关系的成立、收养的效力、收养关系的解除等方面做出了规定。1996 年,《老年人权益保障法》正式颁布实施,这是我国第一部专门保障老年人合法权益的法律,它的制定和实施,进一步丰富、健全了我国现行的社会福利法律体系。

(三)社会救济

1979 年以前,我国社会救济主要是以单纯性的发放救济救灾款为主要手段。1979 年后,特别是 1985 年后,社会救济的方法和手段发生了很大的改变,将救济救灾和扶贫优抚相结合。1989 年 12 月 29 日,民政部发布了《全国救灾扶贫经济实体管理暂行办法》,对救灾扶贫经济实体的组织、职责、管理等都作了明确规定。从而促进了农村救灾扶贫事业的发展。

最低生活保障制度属于社会救助的内容。20 世纪 90 年代初,一些城市开始实行居民最低生活保障制度。1999 年国务院颁布了《城市居民最低生活保障条例》,使得这项制度在全国范围内得以实施。根据规定,享受城市最低生活保障制度的对象主要是家庭人均收入低于当地最低生活保障标准的持有非农业户口的城市居民。城市居民最低生活保障制度的建立,对解决城市贫困人口的生活起到了重要的作用。

2000 年 5 月 12 日,民政部发布了《救灾捐赠管理暂行办法》,对境内外捐赠、捐赠款物的管理和使用做出了规定。2003 年 6 月 20 日,国务院公布了《城市生活无着的流浪乞讨人员救助管理办法》。该办法于 2003 年 8 月 1 日起施行,1982 年 5 月国务院发布的《城市流浪乞讨人员收容遣送办法》同时废止。该办法对在城市生活无着的流浪乞讨人员救助的原则、救助站设立和管理、为求助人员提供的救助内容、救助站工作人员的行为以及违反者责任追究等做出了规定,使我国对城市流浪乞讨人员的救助工作机制进一步完善。以此为标志,在我国实行了 50 余年、强制性的收容遣送制度正式退出历史舞台,以自愿受助、无偿救助为原则的新型救助制度正式建立。

(四)社会优抚

进入 20 世纪 80 年代以后,优抚工作进一步得到加强。1984 年 5 月通过、1998 年 12 月修订的《兵役法》,对军人的优抚做了规定,使我国优抚工作向制度化、法制化和社会化方向迈出了重要的一步。1988 年 7 月,国务院制定和颁布的《军人抚恤优待条例》,1997 年 4 月 1 日民政部发布的《伤残抚恤管理暂行办法》,进一步规范了伤残抚恤管理工作。

第三节　我国社会保障法律制度的完善

一、我国社会保障法律制度存在的问题

近年来，我国社会保障制度进行了一系列改革，社会保障立法也相应出台了一些行政法规，初步形成了国家、企业和个人共同负担的、多层次的社会保障新格局。但从整体来看，社会保障立法的规模不大，规格不高，法制化程度太低，尚不能对国家解决社会保障面临的复杂问题提供充分有效的法律依据，远远不能满足市场经济和社会保障事业发展的需求。立法的落后现状，主要表现在以下几个方面。

（一）立法工作严重滞后

现代社会保障制度是由国家强制实施的，强制性就意味着它离不开法律的支持。从世界各国社会保障制度建立和发展的历史来看，主要是通过立法将社会保障的各项政策和措施法制化，使它在全国范围内自上而下地实施。法制化是社会保障制度实施的保障，只有通过国家立法，赋予公民社会保障权，才能使社会保障主体的权利、义务和职责明晰化，确保公民社会保障权利的实现；只有通过法律的强制性，才能使社会保障制度有效地运行。因此，只有在法制的环境下，社会保障制度才能有效地实施。我国社会保障制度改革已近20年，然而直至目前，我国尚无一部综合性的社会保障法律，只颁布了一些国务院行政法规。这种立法滞后的现状不符合我国社会保障制度快速发展的需要，造成了很多问题。仅从社会保险费的征缴方面看，社会保险费拖欠、挤占、挪用现象就时有发生，特别是企业欠缴养老保险费现象严重。一些效益好、有缴费能力的企业也大量拖欠养老保险费，既损害了职工的合法权益，又削弱了养老金的支付能力。对这些问题如何处罚，现行立法尚未明确规定，明显缺乏可操作性。目前在社会保障方面发生争议纠纷进行仲裁或提起诉讼时，由于立法滞后，仲裁机构和人民法院无法根据有效的法律规定对社会保障争议进行仲裁或判决，处于无法可依的状态。要完善社会保障制度，必须加快社会保障立法的步伐。

（二）立法层次不高且法律体系不统一、不完整

我国现有的社会保障法律法规立法层次低，缺乏较高的法律效力和必要的法律责任制度，没有制定和颁布实施专门调整社会保障关系的基本法律，有关社会保障的制度被分散规定在不同的法律规范文件中，现有的零散颁布的各种条例、决定、通知和规定，相互之间缺少必要衔接，不能形成配套法律体系，实践

中的许多问题无法可依。同时由于中央集中立法严重欠缺，地方立法畸形繁荣发展，造成“法出多门，各行其是”。仅以城镇职工养老保险为例，国务院统一发布了通知，确定了两个试点方案，允许地、市级以上的政府根据本地情况自主选择。结果是全国各省、市、自治区各选择不同的方案，各省也有不同的实施方案，造成这一项本该全国统一的养老保险制度处于并不统一的混乱局面。其他的社会保障甚至县一级政府也可以制定规章。这些地方制定的规章制度，立法者是多种主体参与，如劳动、卫生、财政、民政、银行、保险公司乃至工会等，各部门的规章制度的适用范围不尽一致，甚至相互冲突矛盾，使一些本来已有的地方社会保障立法也陷入“有法难依”的困境。这种现状充分反映了建立统一的社会保障法律体系的迫切需要。

(三)立法适用范围窄，权利不对等

从各种行政法规的适用范围来看，社会保障的覆盖面主要为城市、城镇的各种企业，占中国总人口绝大部分的农民一直不在社会保障范围内。虽然《失业保险条例》等扩大了享受社会保险成员的范围，但仍显不够宽阔。享受社会保障对象的有限性与世界各国“社会保障实施对象均是全体公民”的标准相比，适用范围显得过窄和不合理。社会保障实施范围的有限性，带来的后果是劳动力盲目流动，不利于市场经济多层次竞争主体的培育。另外，按照《劳动法》等法律、法规规定的新模式，社会保险费用由国家、企业、个人三方共同负担，由于法定比例欠合理，其中国家只有少量补助，职工个人缴费比例不高，社会保险费用主要由企业负担，造成企业不堪重负，影响现代企业制度的建立，使之成为目前国有企业改革的主要困难之一。

(四)法律效力低及实施机制弱化

社会保障的实施机制包括行政执法、司法、争议解决的仲裁活动及法律监督程序等。实施机制较弱的主要原因是社会保障法律中缺乏法律责任和制裁措施的规定。完整的法律规范应当由假定、处理和制裁构成，无法律责任、无制裁措施的法律规范，是一个有严重缺陷的系统，无法发挥法律规范的强制功能。在我国已经制定出来的社会保障法规中，比较普遍地存在着缺乏法律责任的现象，无法确保社会保障措施的有效实施。社会保障法律关系中的责任是有其自身特点的，比如，工伤保险责任的归责原则是“无过错原则”，发生了工伤事故，无论雇主是否有过错，都要承担赔偿责任，实际上是推定雇主责任原则。又如，现行社会保险法规中缺乏对欠缴、拖欠、挪用社会保险基金的法律制裁措施，目前最为突出的是对挪用、挤占、截留社会保险基金的行为得不到及时的惩治。我国《刑法》第二百七十三条对挪用社会救灾、社会救济等救济款物的行为作出了明确的制裁规定，但并未将社会保险基金列入特定款物的保护范围，使社会保险基金的运营处于极其不安全的状态。

二、进一步完善我国的社会保障法律制度

中国是世界上最大的发展中国家，仍处在社会主义初级阶段，人口多，底子薄，各地经济发展状况不平衡。要在这样一个有十多亿人口的大国建立起与社会主义市场经济体制相适应的、完善的社会保障制度，所遇到的情况和问题与经济发达国家是有所不同的。我们必须从自己的国情出发，使社会保障水平与我国社会生产力发展水平以及各方面的承受能力相适应；坚持效率优先、兼顾公平的原则；坚持法律调整与特殊政策调整相结合，对社会发展中某一特殊时期出现的亟待解决的特殊问题采取一些特殊性的政策加以调整，如对国有企业下岗职工基本生活保障和再就业工程，就是特殊阶段采取的特殊政策；借鉴和吸取国际社会带有共性的经验，适当参照国际标准但不能照搬；总结我国社会保障法制建设的经验，通过改革和制度创新，建立起具有中国特色的社会保障法律制度。

建立健全社会保障法律制度涉及很多问题。当前应当着重解决如下几个问题。

（一）抓紧制定社会保障的基本法律

目前，通过立法建立健全社会保障制度，为社会主义市场经济的建立和发展提供良好的法律环境已成为当务之急。社会保障的核心法律制度是社会保险制度，因此，应当由全国人大尽快制定和颁布在社会保障制度中处于核心地位的《社会保险法》。同时，由国务院尽快制定和颁布与该法相配套的一系列条例，以保证社会保险工作有法可依。从立法形式、层次和社会保障法所处地位的关系看，我国社会保障立法有必要强调中央集中统一立法，减少地方分散立法；在立法层次上应提高社会保障法的立法规格，由行政立法向人大立法发展，人大立法是整个社会保障法制系统建设的最高保证。这样才能保证社会保障法的权威性和稳定性。

（二）建立相关的社会保障法律责任制度，强化社会保障法律制度的实施机制

强调社会保障法律规范中的法律责任的承担，除在社会保障法律中规定法律责任外，还应在刑法中规定相应的处罚条款。对拒不缴纳社会保险费用，贪污、挪用、挤占、截留等非法侵占社会保险基金的行为人，应依法追究其行政责任、经济责任和刑事责任。例如，社会保险基金被违法挪用、挤占现象较为严

重,使一些地方离退休人员不能及时足额领取到离退休金,造成人民群众对政府的不满。由于没有相应的法律规范制裁违法挪用、挤占社会保险金的行为,所以,至今无法追究挪用、挤占保险基金行为人的法律责任。我国刑法并没有相应的罪名对挪用、挤占社会保险基金的行为加以制裁。为确保社会保险基金的安全,制裁挪用、挤占社会保险基金的违法行为,可以由全国人大制定和通过关于制裁挪用、挤占社会保险基金的违法犯罪行为的补充规定。另外,由于保险基金收支不平衡,特别是保险费不能及时足额征缴,导致社会保险金存在巨大的支付风险。近两年来,国家为了保证下岗职工的基本生活和养老金的发放,从中央财政拿出几百亿元借给地方政府,地方财政也相应拿出一定数额的资金,但这笔钱仅仅能支付当年的社会保障金发放。这种状况长期下去,国家和地方财政是很难支撑的。因此,必须通过立法解决社会保险费的收缴问题,加大强制收缴社会保险费的力度,对欠缴、拒缴社会保险费的,追究相应的法律责任。这是强化社会保险费的收缴功能、达到社会保险基金收支平衡、防范社会保险基金的支付风险的重要法律对策。

(三)尽快立法,依法保障各类社会保障基金的制度创新

社会保障基金的保值和增值是社会保障基金运营管理的重要目标。根据过去的规定,社会保障基金只能用于购买国债,这样做虽然能够保证社会保障基金的无风险,但却难以保证社会保障基金的增值。如果社会保障基金不能有效地增值,长期下去,会加重政府在社会保障方面的财政负担,也会对被保障人未来能够获得的实际社会保障水平产生不利的影响。因此,应当通过立法建立社会保障基金的安全投资机制,如在规范金融秩序的条件下,严格规定社会保障基金的投资方向和各项投资比例的上限,强化投资监管措施,保证社会保障基金的保值与增值。目前,我国已经批准保障资金可以通过购买证券基金的方式进入证券市场,这是我国社会保障资金投资方式改革的创新措施。

(四)不断扩大社会保障的覆盖面,加快农村社会保障立法

社会保障的覆盖面直接影响到社会保障制度的适用范围,关系到社会成员中有多少人能够直接享有社会保障权利,关系到社会保障制度的作用能否充分发挥。目前我国社会保障的覆盖面还比较小。乡镇企业职工、进城农民工、城镇私营企业就业人员大多没有参加社会保险,而这部分人员占从业人员的比例逐年增大。与国际相比,我国社会保障覆盖面只相当于低收入国家的水平。社会保障制度在社会发展中的地位毋庸置疑。只有实行全覆盖、多层次的社会保障制度,让全体社会成员都能受益,才能真正发挥社会保障制度在社会发展中

的作用。在社会保险方面，应逐步将范围扩大到所有与用人单位建立劳动关系的劳动者，并最终包括一些自我雇佣者和自我服务者。在社会救助方面，应当加大国家财政的开支，建立完善的对贫困居民的救助制度，应进一步放宽救助条件，提高生活困难补助标准，使社会贫困人口都因此而受益。在社会福利方面，要提升社会福利在整个社会保障中的地位和作用，应改革现行的福利体制，重整福利资源，将社会福利制度化、法制化，让全体国民都能够通过社会福利制度分享到社会发展的成果。

农村养老保障问题同样是目前社会保障制度建设中的一个难点，现有的社会保障制度很多方面覆盖不到农村。20 世纪 80 年代，农村经济体制改革以前，农民养老主要由农村集体组织承担大部分的责任。随着土地和收入分配旧体制的瓦解，赡养老人的责任又转由家庭来承担，但由于制度的变迁，传统的家庭赡养老人的功能正逐步弱化，建立适合当前农村特点的农村养老保障制度势在必行。农村的社会保险立法应将重点放在养老保险和继续完善“五保户”的保险制度方面。解决农村养老保障问题，应当根据农村人口多、农民收入普遍偏低、且地区发展不平衡的特点，采取区别对待的原则逐渐来推行。在一些经济发达的农村地区，可以通过引导、鼓励措施推行养老金计划，关键是要确定合理的缴费比例，提高养老基金投资回报率，放宽养老金资本市场运作的条件，以吸引更多的参加者，待条件成熟后，逐渐从自愿保险向强制保险过渡。在经济欠发达地区，还是应当以传统的养老模式为主，继续实行农村五保户制度，同时强化家庭养老的功能，达到一定经济条件后再实行养老金计划。此外，在农村养老保障问题上，必须强调国家的责任，对实行强制养老金计划的，国家应当通过财政补贴的办法对农民发放养老补贴，以推动农村养老保障制度的实施。对于不具备实行条件实行养老金计划的，国家应加大社会救济的力度，以保障农民基本生存权的实现。

本章小结

本章对社会保障法律制度作了概述，主要内容包括社会保障法律制度的内容、调整对象、主体和客体；社会保障法律制度的发展历史和主要类型。讲述了我国社会保障法律制度的历史发展和立法现状，以及我国社会保障法律制度存在的问题和完善思路。

重要概念

社会保障法律制度 社会保障法律制度的主体 社会保障法律制度的客体 社会保障立法

思考题

1. 如何理解社会保障法律制度的调整对象?
2. 社会保障法律制度的主体和客体是什么?
3. 社会保障法律制度的主要类型有哪些?
4. 简述我国社会保障法律制度的立法现状。
5. 谈谈你对完善我国社会保障法律制度的构想。

Chapter 15

第十五章 建立基础整合的社会保障体系

本章学习要点

通过本章的学习，领会基础整合的社会保障体系的基本特征，理解在我国以民生为本的社会保障制度的基础性、综合性和多元性的含义。了解基础整合的社会保障体系的基本框架，理解以下含义：养老保障制度的资金保障和服务保障整合的含义；就业保障制度——就业服务为主、现金服务为辅的含义；全民健康服务制度——从医疗服务到健康服务的含义；最低生活保障制度的两种设计思路；住房服务保障制度即廉租房与经济适用房的有关问题。明确各个不同主体在基础整合社会保障体制中的责任。

从20世纪80年代中期开始的中国社会保障制度改革，终于在世纪之交出台了《国务院关于建立统一的企业职工基本养老保险制度的决定》、《国务院关于建立城镇职工基本医疗保险制度的决定》、《失业保险条例》、《社会保险费征缴暂行条例》(以上为社会保险制度)、《城镇居民最低生活保障条例》(社会救助制度)、《中共中央、国务院关于切实做好国有企业下岗职工基本生活保障和再就业工作的通知》(特殊时期的特殊制度)等一系列法规文件，构筑了一个以养老、失业、医疗三大社会保险制度和社会救助制度(最低生活保障制度)为骨架的中国城镇社会保障体系的雏形①。

由于中国社会保障制度的设计和建设是在特殊环境中进行的，它伴随着从计划经济体制向市场经济体制的转变，也就不能不面对国有企业改革，以及下岗再就业等一系列特殊问题。于是，对社会保障制度的功能也就提出了种种要求：要能与经济体制改革相配套；要能应对未来人口老龄化危机的挑战；要能推动国企改革，解决下岗再就业问题；要能促进经济增长，有利于资本市场和金融体系的形成；既能减轻国家、企业和个人负担，又能维护一定的保障水平；既体现公平，又提高效率；既有利于政治稳定，又有利于推动社会全面进步等等。这样的近乎万应灵丹式的社会保障制度，当然是人人所欲、人人所求的，但在现实中则不可避免地受到种种条件的限制，使它不但不能尽如人意，反而难免顾此失彼。

制度和政策、措施应该相互支持、相互补充，但前提是明确各自的区别和界限。国际上很多相关的经典著作和文献中都提到，社会保障是一个整体。在这个整体中，资金保障与服务保障是相辅相成的，社会保险与社会救助是相辅相成的，养老、失业、医疗三大保障之间也是环环相扣的。

社会保障是一个整体，但这个整体不是各个部分的简单相加。参考当今世界各国的社会保障体系可以发现，大多数国家是在向福利多元化的方向发展。这种多元性表现为：行政手段与市场手段并举；政府与非政府组织、营利与非营利组织密切合作；个人、家庭、企业、社区和政府共同分担等等。我们认为，适合中国国情的社会保障体系应当是基础整合的社会保障体系。

第一节　基础整合的社会保障体系的基本特征

迄今为止，尽管社会保障制度在各国有不同的模式，但是将其共同的本质抽象出来，仍然只能是为适应其本国民生需求而确定的民生目标的保障。在我国，以民生为本的社会保障制度具有三个基本特征：基础性、综合性和多元性。

---

① 本章主要参照了中国社会科学院社会政策研究中心《中国社会保障体制研究》课题的总报告。该报告载于2001年华夏出版社出版、景天魁主编的《基础整合的社会保障体系》一书中。该报告收入本书前，课题组成员吕学静（本教材主编）对课题总报告做了大量删节与修改（若出现问题属本人责任，与课题组无关）。该报告作为课题组近3年工作的成果之一，只是铺陈了对现时社会保障制度的一些反思，以及与目前主流的意见方向殊异的社会保障体系构想的一个概述。目前的构想肯定有欠缺之处，收入本书的目的是期望得到来自多方面的批评和建议。

一、基础性

社会保障制度所要满足的民生需求应当是,也只能是基础的民生需求。基础性是政府对所有公民的承诺。因为有部分的保障需求是人们生活的最基本的要求,缺少这部分保障,人们就难以正常地自我发展和参与社会,这部分的保障就需要政府的承诺,它不能降低。

基础性是公平的,面向所有公民的,而不是如保险制般依据权利义务相对等的原则操作的。它体现政府作为社会组织的优势,为社会成员分担风险,保证每个成员都可以有一份基本的、平等的生活资源和发展机会,使社会经济发展的同时,每一个个人的发展都能得到基本的保障。这种保障是公民作为社会成员的权利的具体表现。

基础性必须是可持续发展的,是国家的社会、政治、经济环境不同变化和各种风险情况下都可以维持的。基础性也要考虑到政府财政、企业发展和不同情况的个人的承担能力和需求,确保社会面对重大挑战时,每个个人都能够满足基本的生活需求。

基础性原则同时要求所设置的方案是精简易懂的,其行政架构和组织也相对地简单易行,节省行政支出,更重要的是可以使公民广泛参与和监督,以确保基础性的目标能够真正实现。

二、综合性

综合性首先体现在新制度体系中资金保障与服务保障的综合。如前所述,社会保障制度的设计要以保障基本民生为出发点。而民生的需求是多方面的,有些需求以直接提供服务更为适当。以民生为目标的社会保障体系,在设计新社保方案及组织时,在提供保障的方法上,势必注意到现金援助制度与社会服务制度的相互协调和配合。将现金发放和服务供应有机地结合,甚至以部分服务替代资金保障的功能,可以走出一条将这两类资源互补,提高社会保障资源利用效率的途径。

综合性其次体现在以目标为核心的各种保障制度的组合上。只要以人为本,从不同人群的需求出发考虑提供保障的内容和方法,就会产生出新的社会保障制度的组合。社会最需要保障的困难人群和脆弱群体有老年人、残疾人、贫困者、失业者等等。例如,以老年人的需求为中心,可以将属于基础层次的基本养老金、社区全科医生、社区健康服务、社区福利服务等制度,与属于发展层次的养老储蓄、职业年金、互助养老保险、住院医疗服务、商业保险和社区综合服务等制度组合成为一个整体——老年人保障制度。以失业者为中心可以将基础层次的社区全科医生、社区健康服务、最低生活保障、廉租房、失业补偿、就业辅导、社区就业服务、社区福利服务，与属于发展层次的住院医疗服务、商业保险和社区综合服务等制度组合为就业保障制度体系。在这些新组成的制度组合中，需要围绕目标，把相关的项目集中起来解决问题。强调不同的社会保障制度可以互为资源，互相依存，经过综合治理，形成制度与制度之间的跨制度融合。

三、多元性

多元性把社会保障分为两个部分。它一方面是从属于基础性的要求，同时又限制了基础性的范围。多元性要求社会保障在满足基础性的前提下，以多元的主体提供保障。它同时要求社会保障制度在基础性以外应多元发展。多元性鼓励和组织各种团体、非营利组织、社区组织以至市场等社会力量提供在基础社会保障以外的民生需求。

多元性是在个人自愿的原则下运作的。体现多元性的社会保障制度，具有两个部分，一个是由政府承诺满足的基础性社会保障，另外一个是由多元主体提供，自主选择参与的社会合作制度。基础社会保障制度是必须由政府的承诺满足的，这个部分的多元性原则要在政府承诺提供足够保障的前提下运作。但是在基础以外，包括充分分享发展等发展性社会保障目的，应当是多元性、非政府承诺满足的，由社会多元主体包括个人自主选择提供内容、方式以及参与与否。

多元性是承认为多元主体在提供基础保障以外的优越性，也同时满足社会多元发展、社区、社会力量、市场建设以致个人自主选择的权力。它也反过来论证了基础性的必要。

第二节　基础整合的社会保障体系的基本框架

我们将新的社会保障目标模式称为基础整合的社会保障体系。在这个体系中，“基础”表明了它的出发点，“整合”表明了系统的多元化和综合性。新体系的设计从保障基本民生出发，构筑了一个既包括资金的保障，又含有实物和服务的保障的大系统；同时既有政府承诺保证的基础性保障，又鼓励社区、团体和个人的积极参与；既有政府直接提供的实物和服务，又在适合的项目中提倡社区的非营利与市场的营利共同发展出新的社会保障与社会发展模式。

在这个新体系中，可以形成或分化出以下几种系统整合。

第一种，按照传统的社会保障含义形成的整合。例如，养老保障将基本养老金等五项具体的要素制度整合为一个制度子系统。医疗保障将医院公营化、社区健康服务等要素制度整合在一起。按照这种方式整合的制度子系统还有失业保障和社会救助。

第二种,由相关的制度子系统和综合子系统共同构成的新的跨制度的资源重组系统,以具体的需求人群作为中心。例如,以失业者的需求为中心,可以将失业保障、社会救助与社会服务三个子系统构成一个资源重组系统。同样,以老年人需求为中心,以需要医疗救治的贫困者为中心,可以分别将养老保障、医疗保障、社区服务,社会救助、医疗保障、社区服务构成两个跨制度的资源重组系统。

第三种,按照要素制度满足民生需求的不同层次,可以将其分解为基础层次和发展层次的保障系统。基础层次的要素制度有基本养老金、公营划一低廉收费的医院服务、社区护理及健康与预防服务、廉租房制度、失业补偿、创造就业计划、社区就业服务等,发展层次的要素制度有企业退休金、个人养老储蓄、社区服务等。基础层次的保障以政府的责任为主导,是社会保障体系的主体,发展层次的保障需要多元化的社会主体共同参与,发挥辅助、补充及丰富的作用。将两者放在一起来理解,可以对民生需求的层次、国家责任的界限有更清晰的了解。

我们也可以找出与所有的制度子系统都具有相关性的独立系统,我们叫它综合子系统。如社区服务就是与养老、医疗等相对独立的制度子系统均有相关关系的综合子系统,通过社区,可以提供包括养老、医疗、就业、最低生活保障等方面的服务。

总之,以上四种系统组合方式揭示了对于社会保障要素制度所进行的资源性开发和整合。在社会保障体系中,资源的可整合性对于资源的有效配置起着至关重要的作用。基础整合的社会保障制度具体由以下几大部分组成。

一、养老保障制度——资金保障和服务保障的整合

基础整合体系中的养老保障制度由资金保障与服务保障两部分组成。资金保障制度模式的框架分为三个部分。

第一部分是基础养老金制度,水平划一,用于保障基本的老年人生活;第二及第三部分是政府鼓励、容许自由参加的职业年金及个人养老计划。第一部分作为第一支柱,体现了社会保障基础性的要求;第二、三部分作为第二、三支柱,体现了社会保障多元性的特征。不过,严格意义的社会养老保障在于第一支柱,即国家承诺及直接管理,全民统一的基础养老金,以及为所有老人提供的服务。这些作为养老保障的必要组成部分的服务包括社区医疗、社区护理、为老

人特别设计的廉租房等，可为老人提供以有限的现金满足全面的基本需要的可能。有关资金保障三个支柱的具体方案如下：

（一）设立现收现付式的广覆盖、低水平、可持续、强制性的基础养老金制度

该制度的设计目标在于使社会所有人群在老年期间有一个最低保障的生活。因此它的付费水平以最低生活保障线为参照系。设想以两户人口的最低生活保障金，大约相当于社会平均工资的30%，作为向全体缴费者进行等额支付的基础养老金。这个部分的费率应低于7%，其中，个人应保持一定的缴费比例。低水平才能低费率，低费率才能广覆盖和保证缴纳总体水平，也才有利于实行全国统筹。基础养老金制度是以聚沙成塔的思想动员全社会，使所有有收入者出一份微薄之力，用以免除一部分社会低收入群体在老年生活期间陷入赤贫的危险。

要说明的是，现收现付的基础养老金制度与现行的社会养老保险模式有着根本区别。基础养老金系指退出工作的老年人维持日常最低生活所需的现金。它与物价指数挂钩，它的差别只体现地区差别、物价差别而非工资差别，它的性质属于遵循公平原则进行的社会收入再分配。基础养老金的资金来源于劳动者的收入缴费，有组织机构的由单位代缴，包括政府机构也须由财政将这笔费用缴纳出来。自由职业者和个体工商户自行缴纳。其缴费水平按照以支定收的原则制定，由于付给的水平低，所以缴费率也可以比现行社会养老保险缴费率大为降低。至于缴纳是否采取以税代费的方式，还需要仔细研究。

基础养老金的缴纳和给付都要统一。由于各地的人口老龄化程度不同，经济发展水平不同，基础养老金的缴纳和给付的现金流量也不同，为方便调整，需要由一个政府部门进行统筹安排、统一管理。

基础养老金应当覆盖全体有收入的劳动者，包括农村有现金收入的农民。可以采取与最低生活保障线制度并行的方式，逐步从城市、城镇职工过渡到包括进城农民的常住人口，甚至愿意缴纳基础养老金的非常住人口的农民。农民加入基础养老金制度，可能会较大幅度地降低缴费人口和赡养人口的比例，使基础养老金处于相对良好的财政状态。这也是从现行的高缴费率的社会统筹养老保险制度，过渡到低缴费率的基础养老金制度的财政承担的一条重要思路。

对于老年人来说，基础养老金只起到防止因退休生活无着陷入赤贫，而如果不在住房、医疗等方面同时提供基础保障，则无法确保他们的生活。所以必须在基础养老金之外，综合考虑其他的基础保障内容，包括基础性的服务保障。

（二）设立职业退休金计划

设立职业退休金计划，其中，企业退休金和差额拨款事业单位、民办非企业单位职工的退休金采取非强制方式，缴费与给付计划由雇主和雇员共同商定。政府退休金采取强制方式，由政府确定缴费与给付比例。全额拨款事业单位视同政府。政府退休金即便由政府全额供款，也必须先制订计划，从财政账户中另立专户存储。与基础养老金不同的是，这个部分的资金储蓄采用完全积累制记到每个人的账上。总体而言，这个部分在退休后的所得大约占到社会平均工资的40%，要高于基础养老金的总水平，是支持退休后老年生活的第二根支柱，也是最重要的支柱。它的目的是为在职职工退休时，保障他们的生活水平不至于因为不能工作而降低得太多。这项制度目前被称为企业年金。不过对基本养老而言它是补充，对保障老年生活水平而言，它起着决定性的作用。

第二支柱与第一支柱设计的不同点，主要在于这是一个完全市场化的制度体系。基础养老金制度尽管也需要雇主和雇员双方缴费，不过它的给付要有政府的承诺。因为，政府在这个制度中需要承担的责任，是没有人因老年期间没有收入而无法生存。所以与其说这个制度的目标是社会养老保险，还不如说是预防性的老年生活救助。

由于第一支柱定位在预防性的老年生活救助，才为第二支柱让出巨大的发展空间。第二支柱的职业年金计划与一般的企业养老金不同，它与一整套完善的社会化、市场化运作的基金管理架构系统相联系，是这套体系中的主要的服务需求者。一个多世纪以来，由传统信托功能发展而来的信托与投资既分开又连通的现代资本市场的运作制度，为降低资本运营需求者的投资风险开辟了道路。

政府在第二支柱中的作用与第一支柱不同。政府的责任是制定整个制度运营的基本框架。这个框架应当包括资本运营服务的需求者——企业和职工；资本运营服务的提供者——信托公司、基金投资公司、中介咨询服务公司；资本运营服务的监督者——信托公司及基金投资公司的行业协会、证券监察委员会，以及专门为职业退休金计划成立的监管机构。

政府需要为这个框架的正常运作制定法律，明确基本的运行规则。而这部法律也就是政府监管的主要依据。政府监管的对象是法律所规定的制度和规则，并不是具体的某个公司、某个机构。按照法律，政府不能直接涉足具体业务，不能直接投资，因此，也不对投资的风险负责。政府没有义务承担第二支柱的投资风险，但是要对整个制度设计的框架负责。

采取完全积累制模式的第二支柱运作成功与否，不仅取决于制度设计框架的完善程度，运作主权国的资本市场的成熟程度，还取决于国际资本市场在未来的涨落。因此它的不定数太多，难以像基础养老金制度那样在运作中有较大的把握。

(三)以个人养老金为第三支柱

该支柱包括人寿保险、养老储蓄等制度。在制度设计中，这个部分在退休后的所得大约占到社会平均工资的30%。这个制度属于完全市场化的个人经济投资制度，由个人决策，政府可以采用信贷、税收杠杆鼓励这种决策。

养老保障在整个基础整合社会保障制度系统中，与其他项目的保障有着密切的关系。对于退休老人来说，养老金定在什么水平，要看他们的基本生活需要得到怎样的照顾。如果退休老人在住房和医疗方面得到充分的保障，他们会乐于接受比现行现金水平为低的养老金。住房方面，可以建设专门的社会保障住房给无房的老人。医疗由国家管理医院，通过节省目前医疗资源的大量浪费以及建立有效的成本控制机制，可以做到以小额费用乃至免费提供医疗服务。这样做既可以有效控制医疗质量、医疗成本，避免医疗保险刺激成本上涨，更可以将养老金以及最低生活保障金的水平下调，以减轻各方的负担。同时它也能够降低人们为健康风险所要预留的储蓄，提高消费欲望。

二、就业保障制度——就业服务为主、现金服务为辅

制度设计的就业保障制度，是以就业服务为主，以现金保障为辅的一系列新制度，并将现行的失业保险制度更名为就业保障制度。在执行程序上它分为三个首尾相接的制度，即：雇主赔偿制度就业服务制度和最低生活保障线制度。就业，而不是失业，是整个制度的重点。制度的整个设置是以积极的创造就业的政策，配合就业培训及培训津贴制度，消除失业，提高人力素质及社区生活素质等。

(一)雇主赔偿制

雇主赔偿制为现金保障制度。对于雇主主动解雇的职工，根据法律规定由雇主发放遣散费。这个雇主不仅指企业，也包括政府机构和事业单位。以这个赔偿费作为失业者被迫中断工作期间的补偿。但是这种补偿的周期一般很短，如何解决失业者在找到工作之前的必要的生活费来源，是新就业保障制度的一个难题。以最低生活保障线制度为失业者提供最低的社会保障津贴，固然可以解决失业者生活津贴的问题，但是，考虑到失业者的实际生活水准可能一下降到很低，另外，只以津贴提供生活保障而不同时帮助鼓励失业者找工作，不是一种积极方式。所以，就业保障制度的重心在于就业服务制度。

（二）就业服务制度

就业服务制度包括培训津贴制度、职业培训基金、职业介绍和信息服务等一系列的制度。

1. 培训津贴制度是指失业职工在获准参加就业培训期间，有权向职业培训基金申请培训期间的生活补贴。这种补贴可以按照社会平均工资的一定比例核算，应高于最低生活保障费，一般也低于雇员在职领取的工资。

2. 职业培训基金是由失业保险基金转化而来的，可以设置成为一个半官方的非营利机构。它的主要任务是接受培训项目申请，支持项目的培训基金；接受并核准发给失业者在培训期间的生活津贴。该培训基金由各地设置，自行运营。凡失业人员太多，基金入不敷出的省份，先由本地政府从地方财政中拨款解决，不足部分向中央财政申请。接受培训项目的申请，需要构建一个能够激励扩大就业市场的项目选择机制。为此，一是需要成立一个以专家为主导的项目评审小组，二是对于所有可能扩大就业市场的项目，无论主办机构的性质如何，例如，是政府办或三资企业办，也一视同仁地给予评审和支持。

3. 职业介绍和信息服务目前已经有了一定的发展，但是政府办的这类机构效率低、信息流动慢，民办的机构趋利现象严重，缺乏管理。可能的办法是鼓励一些企业和事业单位转向这个领域，办成非营利的公司。以企业的精神追求效率，以非营利机构的精神为需要者提供服务。

（三）社区就业服务制度

社区就业服务制度是将培训基金制度、以工代赈制度、社区创业者制度、社区服务机构的孵化制度与最低生活保障制度进行整合的一个系统制度。其基本性质属于为失业者提供的积极的就业保障。在当今的我国，社区责无旁贷地成为就业保障的主要提供者。这主要是因为我国的第三产业或称服务产业的比重过小，与我国经济发展的水平太不相称，而社区是这些服务产业发展的主要场所。社区服务特别是社区福利服务，本身具有对于现金保障的可替代性，也就是本身具有现金价值。因此，如果将这一类项目发掘出来并组织成规模化、市场化运作的社区服务机构，不但有可能解决相当一部分下岗职工的就业问题，还可以造就新的服务行业，发挥社区所蕴含的创业作用。至于创业所需要的资金，考虑到找不到工作的失业者，只有依靠最低生活保障制度领取生活费，所以，将这笔资金集中起来，可以解决社区服务机构的前期启动资金问题，从而可能开创一条将失业职工的生活救济费转化成劳动工资的道路。

实现这个目标的关键是谁来做产生社区服务机构的工作母机？谁来把对于失业者的社会救助制度与社区主办的就业和救助服务项目相结合？从目前

看，只有社区服务中心这类组织可能承担这类职责，也许在政策明确之后有些公司愿意进入这个领域。总之，这是个市场化的领域，需要发育既有企业家精神又有志愿者精神的非营利公司参与进去。这项工作是值得试点的，它将社区就业服务与社区发展和建设的目标相结合，无疑将增强社区的凝聚力。

将社会保障作为一个体系去考虑，整个完善社会保障体系的工程可以创造大量的就业机会。譬如，改造医院、兴建保障住房、提供社区护理、社区健康预防等服务，不仅可以大大提高人民的生活水平、生活质量、真正保障民生，而且还可以带来数以千万计的新就业岗位。这些新的就业岗位正反映了社会保障制度综合性的特征，以及由综合性产生出来的协力效果。这些就业岗位并非为小部分人积累财富，而是直接为最需要满足的具有基本民生需求的人提供服务。这种创造就业的再分配效果显然最为平等。

三、全民健康服务制度——从医疗服务到健康服务

医疗保障牵涉人的基本生存权利，是社会保障基础性特征的体现。我们的制度设计不选取医疗社会保险，而采用全民健康服务的新模式，其原因是为了真正体现社会保障制度的出发点和基本目的。在我们的设计中，全民健康服务制度的资源提供者和管理者主要是政府，政府需要为包括基本医疗和大部分的住院服务提供保障。通过政府规划和统一管理的医疗服务体系，可能从机制上扭转由于供需双方信息不对称，众多利益主体包括医院、医护人员、不同风险的人的趋利行为，以至医疗保险公司的道德风险等等因素带来的诱发医疗成本上升的顽症，从而得到包括经济效益在内的社会效益。

新制度以供方控制需方，因而可以大幅减少现行医疗保险制度下病人只承担部分费用产生的浪费；以政府或政府委任的法定机构控制供方，利用专业管理专业，以及建立有效的病人监督机制，可以充分利用有限的成本提供高效的医疗服务保障。

医疗保障不应当局限于医疗服务，而是走向健康服务，结合社区预防和健康教育，居住和工作环境，以及社区老人和长期患病者的护理服务，以达到社会保障制度综合性的目标。医疗服务的基础性体现在以社会整体经济发展和社会目标的约束下，通过整体规划和平衡，维持全民（城镇）参与，但限制部分医疗服务的供应，以体现基础性原则的公平性和所承诺的基本保障的性质。

具体而言，政府或指定的法定机构将所有医疗资源集中，再将大部分医院纳入公营医院服务网络。这些医院会各负责某一个地区，对于所有求医的病人收取同样且低廉的按日而非按病种或治疗手段等计算的服务。而这些医院从政府那里所获得的资源将根据服务的人口结构、发病率等参数进行调节，每隔

一段固定时间，根据实际的工作量等调整。这些医院不容许创收，提供给它们的资源包括工资等全数的开销。药品、仪器等由中央统一购买及分配，以达到更好的议价能力及更有效的资源配置。医院人员的工作是提供尽量好的医疗服务。同一医院以及不同医院间的竞争是专业服务上的竞争，通过这种竞争首先形成一种同伴间的监督。通过把医疗过程透明化、公开化，不但有益于良性竞争，也有益于建立有效的病人投诉监督制度。唯有建立有效的病人投诉监督制度，使它们成为医疗服务的提供者的有效约束，才可以使新制度真正保障市民的医疗需要。

与此同时，公营医疗服务体系需要在社区建立第一道防线。社区的健康及预防服务可以大量减少医院医疗服务的需求，这一点已经被国内外的许多专家所公认，认为这是我国卫生事业和人民健康从50年代至80年代不仅在城市，甚至在农村也取得巨大成就的主要原因。不过，目前在医疗制度改革的方案研讨中，人们竭力关注医疗保险制度，在这个方面却出现了盲点。基本的健康及预防与治疗同样属于基础性的民生需求。在社区建立护理网络，照顾老人、长期患病者等，可以大大减轻医院服务的压力，全科(家庭)医生也可以担任把关人的角色，以更灵活的方式和低成本的服务协助医院减轻压力。另外，社区护理同时也是养老服务的一环，它还可以提供大量的社区就业机会。

公营医疗及健康服务体系的服务，受制于社会分配给医疗保障的资源。这种限制主要体现在治疗手段未必求新求最好，需要较长轮候时间等。新制度鼓励私营医疗、医院提供更昂贵但可能更有效、更快捷的服务，也留出空间让企业及个人参加各种商业医疗保险，从而在贯彻基础性原则的同时体现多元性的原则。

四、最低生活保障制度——两种设计思路

近年来的社会保障制度改革，制度设计基本合理的是社会救助制度(最低生活保障制度)。《城市居民最低生活保障条例》在1999年9月出台，并且于10月1日正式实施。《城市居民最低生活保障条例》是一部很好的法规，它明确规定："持有非农业户口的城市居民，凡共同生活的家庭成员人均收入低于当地城市居民最低生活保障标准的，均有从当地人民政府获得基本生活物质帮助的权利。"

但是现行最低生活保障线制度的单一结构是一个问题。单一结构把贫困家庭的复杂情况简单化。不论贫困家庭规模和种类如何不同，统统按照一个救济标准执行。制度设计中没能设计不同人口的贫困家庭人均最低生活费的不同标准，更没有进一步去研究例如单亲家庭以及老人、儿童、残疾人等不同贫困

群体最低生活救助的实际需要,这是导致制度操作过程中不少实际问题难以解决的主要原因。

最低生活保障制度是社会保障制度最后一张安全网。在基础整合社会保障体系中,它处于特别重要的位置,是因为这个制度体系以它作为"基础"的参照系,又在其他社会保障制度的整合中强调它的影响作用。

可以说,最低生活保障线是一条基准线。如前所述,基础养老金要以最低生活保障线作为给付水平的参照系,社区就业服务制度要将发给下岗工人的最低保障津贴(最低工资)通过开发服务项目转化为上岗的劳动工资。因此,完善最低生活保障制度就成为事关社会保障制度整体设计的一项重要工作。

完善最低生活保障制度的设计,首先需要理清设计思路。以往我国在这个领域里的研究往往注重了确定最低生活保障线的方法探讨,而针对实际发放中的问题完善制度的科学设计则有所忽视。

一种设计思路是根据同类人群在不同方面的需要,设立一个不同类型救助金的结构,以满足不同方面的需要。例如,将救助金分为"基本生活救助金"、"特别需要救助金"和"酌情发放的救助金"三个部分,以分别适应生存的需求、特殊需求和耐用物品的需求。

另一种设计思路是根据救助对象的家庭特征或者本人特征,设计可以体现特征区别的有差别的救助金标准系统。例如,区分有劳动能力和没有劳动能力,督促有劳动能力的人尽快找工作上岗;区分一口之家与两口、三口之家的最低生活费标准等等。这第二种思路有利于发挥社会救助制度公平分配的社会效用,有利于节省开支,同时能够对于其他社会保障措施起到互补的作用。

五、住房服务保障制度——廉租房与经济适用房

由于住房是一种高价值的耐用必需品,生产周期长、所需投资也特别大,市场的价格容易受社会不同预期的影响,以至受地产发展商操控等原因,低收入人群无法在市场上获得一定质量的住房。应当明确,将这部分的住房由政府直接参与生产和分配,以非营利的方式甚至是低于成本的价格提供给低收入人群。另外一个支持政府部分直接介入房屋供应的原因是,世界各国的经验说明,现金住房津贴无助于扭转甚至还可能恶化房地产市场,而同时住房的保障对于人民生活其他方面亦有重要作用。安居乐业更是我国恒久信奉的生活基本要求,广泛和切实的住房保障的社会效益是市场无法顾及的。

在我们制定的新制度中,政府提供的保障住房,规格应当是仅仅可以满足低收入居民的基本生活要求,而不是与市场的住房相竞争。这是基础性原则的体现,这个基础的含义是建筑在将住房纳入整个社会保障体系的综合角

度上。社会政策学科的研究成果表明,住房是与健康、社区服务及老人护理等紧密相连的,住房方面的保障与否会导致社会融入或社会排斥,从而引出政府介入住房政策的必然性。事实上,住房问题和房屋保障已经成为汇聚城市规划、社会保障、老年学、贫困学以及医护专业、公民身份研究等各学科的综合性领域。

具体方案构思包括:把部分公房用做最低收入住户的廉租住房,并成立源自住房公积金、公房出售资金及财政拨款(或发行长期债券)的房屋保障基金(以下简称基金)。基金部分用于建设廉租住房,部分用于建设经济适用住房,并限定计量租金的数量标准。在管理方面,成立政府管辖的住房管理委员会,将所有公房纳入统一管理,同时协调落实保障住房有关土地、税费减免等优惠,以及和其他相关政策部门的合作。住房管理委员会直接向市政府及市人大负责,并每年向社会公开宣布详细的住房保障工作目标及目标落实的情况,并建立住房保障轮候册,公布轮候标准,接受市民申请,公开各市民的排名供所有人查询等。

廉租住房小区与经济适用住房小区的建设应结合起来,同时结合新的工商业发展用地规划,尽量考虑经济规模效益,建设成为人口密集,就业、商机诸多,公共交通发达的新区。这些小区的非住宅单位应以竞标方式公开出售,回收资金用做小区内的维修基金,滚存余额可以作为房屋保障基金未来建设之用。小区内安排社区服务、老人院、运动娱乐馆、图书馆、菜市场、托儿所和学校等。

为了加强廉租房的使用效率,确实保障社会中最低收入人群的居住,还要特别设计廉租房的周转机制。随着社会的发展,当有些住户升上较高收入的阶层,有些住户堕入低收入群体时,都需要廉租房的中转支援。保持廉租房的标准较一般社会标准稍低,有助于鼓励有能力的住户尽快离开廉租房的行列,让更需要的住户入住。

六、各主体在基础整合社会保障体制中的责任

(一)政府的责任

政府应承担的责任主要有:①政府设立的公立医院的全部成本,包括药品的成本;②基础养老金当年收不抵支的部分和基础养老金随物价增长的部分;③以社会救助的方式,援助最低生活保障线以下的贫困人群;④为保障最低生活需要的住房;⑤满足社区服务最低需求的设施;⑥以就业培训方式,资助失业下岗人员进行转岗培训,并以培训期间生活补助金的方式,资助受训人员的生

活费(这笔费用可能会大大超过企业缴纳的失业保障费);⑦以合约形式,支持部分甚至大部分承担社区服务的非营利组织的服务成本。

(二)企业的责任

企业应承担的责任主要有:①按法律规定的比例缴纳基础养老保险费;②按法律规定的比例缴纳就业培训费和失业救济费;③以纳税方式偿付医疗健康服务的部分社会成本;以纳税方式偿付政府支持社区服务的成本。

(三)个人的责任

个人应承担的责任主要有:①以税管所代缴方式,强制扣缴私营企业、个体工商户基础养老保险费;②以付费方式抵偿各项社区服务的部分成本;③以纳税方式偿付医疗健康服务的部分社会成本以及政府支持社区服务的成本。

(四)非营利组织的责任

非营利组织应承担的责任主要有:①以志愿服务精神保障社区和谐、稳定、健康发展,保障弱势群体精神健康;②以良性运行机制保障社区服务机构长期维持可持续发展所节约的社区服务成本;③从社会各界筹措支持资金;④按照规定的收费价格收取服务成本。

同时,政府、企业、个人、非营利组织都应当承担在最低需求水准以上的社区服务设施以及在最低需求水准以上的非营利性的社区服务。

本章小结

在我国,基础整合的社会保障体系的基本特征是以民生为本的社会保障制度,具有三个基本特征:基础性、综合性和多元性。

基础整合的社会保障体系的基本框架为:①养老保障制度保障的整合;②就业保障制度;③全民健康服务制度;④最低生活保障制度;⑤住房服务保障制度。

各主体在基础整合社会保障体制中负有不同的责任。

重要概念

基础整合的社会保障体系　就业保障制度　雇主赔偿制　培训津贴制度　社区就业服务制度

思考题

1. 基础整合的社会保障体系有哪些基本特征？
2. 基础整合的社会保障体系包括哪几方面的内容？
3. 养老保障制度对资金保障和服务保障整合的含义是什么？
4. 如何理解就业保障制度的就业服务为主、现金服务为辅的含义？
5. 最低生活保障制度的两种设计思路是什么？
6. 各主体在基础整合社会保障体制中应当承担哪些责任？

附录　考试题型及评分标准

一、判断题(共10题,每题1分,共10分)

例:社会救济的特点之一是必须经过家庭经济调查,确实证明公民不能保证最低生活之需时才给予救济。(　　)

二、单选题(共15题,每题1分,共15分)

例:社会保障是指国家通过立法,积极动员社会各方面资源,保证无收入、低收入以及遭受各种意外灾害的公民能够维持生存,保障劳动者在(　　)等时基本生活不受影响。

A. 年老、失业、下岗、工伤、生育
B. 年老、失业、患病、工伤、生育
C. 年老、失业、下岗、疾病、工伤
D. 年老、失业、死亡、残疾、工伤

三、多选题(共10题,每题2分,共20分)

例:下列情况中,按现行规定(　　)不能享受失业保险待遇。
A. 张某在一企业参加工作10个月,因企业停产解除劳动合同而失业
B. 李某因对现有工作不感兴趣,辞职后又难以找到工作
C. 赵某在一企业工作20年,因企业濒临破产解除劳动合同而失业
D. 钱某自动离职计划到另一企业工作,但未能如愿而失业

四、简答题(共3题,每题10分,共30分)

例:养老保险基金有哪几种筹资方式?

五、综述题(共1题,共25分)

例:试述社会保障基金与资本市场的关系。

答案及评分标准

一、判断题(每小题1分,共10分)

对。

二、单选题(每小题1分,共15分)

B

三、多选题(每题2分,共20分)

ABD

四、简答题 (每小题10分,共30分)

养老保险基金有哪几种筹资方式?

答:养老保险基金的筹资方式将决定养老保险制度的设计、运行和管理,养老保险基金可以有以下三种筹资方式:

1. 现收现付制。现收现付制由社会保障机构按所需支付的保险金总额进行社会筹资,雇主和雇员(或单方)按照工资总额的一定比例缴纳保险费。筹资原则是近期横向收付平衡,社会保险机构测算出当年或近一两年内社会保险项目所需支付的费用,然后按比例分摊到参加社会保险的单位和个人,当年提取,当年支付,没有积累。

这种筹资方式的优点是管理成本低;由需求决定征收数量,保证收支平衡,并体现了社会共济。缺点是退休费用其实是由下一代劳动者提供的,如果一国人口的年龄结构严重老化或者经济持续衰退,则会使在职劳动者不堪重负。(4分)

2. 完全积累制。完全积累制自劳动者参加工作之日起,按工资总额的一定比例由雇主和雇员(或单方)定期缴纳保险费,计入个人账户,基金长期积累并保值增值,个人账户基金归个人所有。筹资原则是远期纵向收付平衡。首先由政府基金管理部门对有关人口寿命、经济发展状况等作宏观预测,然后预测劳动者退休后所需的保险费用支出,将其平均分摊到劳动者的整个就业期间和投保期间。

这种投资方式的优点是退休费用由自己在工作期间积累,可激励劳动者努力工作;形成的储备基金可以用于国家的经济建设。缺点是互济功能较弱,个人之间的退休待遇差别大,不能体现社会保障的互助性原则;储备的基金要抵

制通货膨胀的影响，确保保值增值；管理和运营的成本高。(4 分)

3. 部分积累制。现收现付制和完全积累制都有各自难以克服的缺陷，因此在实践中许多国家采取了部分积累的方式。根据分阶段收支平衡的原则确定收费率，即在满足一定时期(5～10 年)支出需要的前提下，留有一定的储备基金；储备基金的数额是一个变量，在人口老龄化高峰到来之前，是储备基金的积累期，在老龄化高峰到来之后，进入储备基金的消耗期。这种筹资方式具备现收现付和完全积累制的优点，但需要对未来支出作合理预测，否则仍难以保证基金的收付平衡。(2 分)

五、综述题(25 分)

试述社会保障基金与资本市场的关系。

答：在社会保障制度较完善的国家，社保基金是资本市场上主要的投资者，两者之间是互相促进、共同发展的关系，也存在相互制约。(2 分)

1. 一般认为，养老保险基金的投资能够对资本市场的效率、结构、稳定性以及金融创新等产生重要的影响。(2 分)

(1) 由于养老金收益是一种劳动补偿的延迟支付，因此养老保险基金对于投资工具的选择往往集中于那些长期投资回报率较高的资产组合，从而能够强化资本市场的长期性投资，有利于改善资本市场结构，提高资本配置效率。(2 分)

(2) 同样是出于获取长期稳定回报的需要，养老保险基金还要求投资具有相当大的安全性，这就使其对资本市场中各种金融工具的风险分布以及回报分布产生了重新归整的内在要求，从而推动了金融创新。但是，养老保险基金也可能对资本市场产生一些负面影响，其中最为突出的问题就是，这个本应是一个着眼于长期稳定回报率的机构投资者，实际上却常常做出一些短期行为，从而影响到资本市场的稳定性，增加了资本市场的易变性，而这也是发生泡沫经济的原因之一。(2 分)

2. 从资本市场对养老保险基金的影响来看：

(1) 资本市场为养老保险基金提供了一个可供选择的投资场所，为其在较长的时间跨度之内获取较高的投资回报率，满足保值增值的需要提供了可能。但与此同时，作为资本市场的一个机构投资者，资本化了的养老保险基金和其他投资主体并没有什么两样，它必须承受资本市场所蕴含的各种风险，可见，它对于较高的投资回报率要求是与较大的市场风险相伴生的。(3 分)

(2) 建立适当的治理结构，设计行之有效的激励约束机制，以保证养老保险基金的投资安全性和收益性，就成为其资本化进程中所必须面对的一个重要而复杂的问题。一般认为，竞争性的私人管理模式管理效率较高，可以大大降低管理成本。因此,从发展趋势看,我国的养老金投资体制可能逐渐由政府统一管理,过渡到由投资基金进行市场化运营和管理。(3分)

(3)为了保证养老保险基金进入资本市场后的经营绩效,政府必然且必须对养老保险基金的运营实行严格的管制措施,这就需要制定一整套与之相关的管制规则,以确保基金的安全性。(2分)

3. 我国养老保险基金要进入资本市场还需要做好一些准备工作,其主要是要构建适合养老保险基金市场化运营的基本框架。(1分)

(1)应当建立规范的基金管理组织。规范的基金管理组织形式应当是养老保险基金会,基金会董事会一般应由政府、企业、职工和专家四个方面的代表共同组成,负责保管养老保险基金。其中,政府代表负责执行政府规定的各项管制政策和措施。(2分)

(2)大力发展机构投资者,形成一个托管人市场。在一个自由成熟的资本市场中,托管机构一般由投资银行和专业基金管理公司担当,商业银行和保险公司都不是养老保险基金首选的投资托管机构。(2分)

(3)增加避险工具和投资品种。在实物资本方面,可考虑向基础设施领域、房地产进行投资;在金融资本方面,除了目前已有的国债和银行存款以外,还可以允许其逐步向企业债券、股票等进行投资,并且找准时机,适时推出股票期权、期货等衍生产品,增加可转换债券等。(2分)

(4)要防范风险,加强对基金投资机构的监管。在养老保险基金大量进入资本市场之前,应借鉴国际经验,制定一套比较完善的政府管制法律、法规。(2分)

参考文献

1. 陈凤志. 城镇职工医疗保险制度改革实用手册[M]. 北京:地震出版社,1990.

2. 陈佳贵. 社会保障绿皮书——中国社会保障发展报告. 北京:社会科学文献出版社,2001.

3. 成思危. 中国社会保障体系的改革与完善. 北京:民主与建设出版社,2000.

4. 程晓明. 医疗保险学[M]. 上海:复旦大学出版社,2003.

5. 邓大松. 社会保险[M]. 北京:中国劳动社会保障出版社,2002.

6. 窦玉沛. 社会福利:大力推进社会化[J]. 民政论坛,2002(1).

7. 多吉才让. 中国最低生活保障研究与实践[M]. 北京:人民出版社,2001.

8. 冯更新. 21 世纪中国城市社会保障体制[M]. 郑州:河南人民出版社,2001.

9. 冯必扬,严翅君. 现代社会保障研究[M]. 北京:人民出版社,2003.

10. 高鸣放. 福利解析[J]. 武汉理工大学学报(社会科学版),2003(1).

11. 关信平. 中国城市贫困问题研究[M]. 长沙:湖南人民出版社,1999.

12. 郭士征,葛寿昌. 中国社会保险改革与探索[M]. 上海:上海财经大学出版社,1998.

13. 郭伟和. 福利经济学[M]. 北京:经济管理出版社,2001.

14. 何平. 社会保障概论[M]. 北京:中国劳动社会保障出版社,2001.

15. 黄润光. 我国"生育保险"的现状及前瞻[J]. 人口与经济,2002(5).

16. 黄黎若莲."福利国""福利多元主义"和"福利市场化[J]. 中国改革,2000(10).

17. 洪英. 我国企业职工生育保险制度可持续发展展望[J]. 重庆工学院学报,2003(3).

18. 姜守明,耿亮. 西方社会保障制度概论[M]. 北京:科学出版社,2002.

19. 金丽馥,石宏伟. 社会保障研究制度改革研究[M]. 北京:中国经济出版社,2000.

20. 康士勇. 社会保障管理实务[M]. 北京:中国劳动社会保障出版社,2003.

21. 李珍. 社会保障理论[M]. 北京:中国劳动社会保障出版社,2001.

22. 李迎生. 社会保障与社会结构转型——二元社会保障体系研究[M]. 北京:中国人民大学出版社,2001.

23. 李晓林,王绪瑾. 社会保障学[M]. 北京:中国财政经济出版社,1996.

24. 李若青. 农村社会保障的意义与对策[J]. 云南大学人文社会科学学报, 2000(3).

25. 李卫平,张里程,朱佩慧. 中国农村医疗保障的制度选择[J]. 中国卫生经济,2002(1).

26. 林义. 社会保险[M]. 北京:中国金融出版社,2003.

27. 刘雪梅. 社保基金海外投资获批[J]. 21 世纪经济报道,2004. (2):23.

28. 刘书鹤. 中国农村医疗保障的制度选择[J]. 中国卫生经济,2002(1).

29. 吕学静. 各国失业保险与再就业[M]. 北京:经济管理出版社,2000.

30. 穆怀中. 社会保障制度国际比较[M]. 北京:中国劳动社会保障出版社,2002.

31. 潘英. 社会保险概论[M]. 上海:华东师范大学出版社,1999.

32. 潘锦棠. 中国生育保险制度的历史与现状[J]. 人口研究,2003(2).

33. 仇雨临,孙树菡. 医疗保险[M]. 北京:中国人民大学出版社,2001.

34. 饶权,周长城. 关于生活质量指标问题的探讨[J]. 宏观经济管理,2001(8).

35. 汝信. 2000 年:中国社会形势分析与预测[M]. 北京:社会科学文献出版社,2000.

36. 时正新. 中国社会保障与社会进步报告[M]. 北京:科学文献出版社,2002.

37. 宋晓梧. 中国社会保障体制改革与发展报告[M]. 北京:中国人民大学出版社,2000.

38. 孙光德,董克用. 社会保障概论[M]. 北京:中国人民大学出版社,2000.

39. 孙树菡. 工伤保险[M]. 北京:中国人民大学出版社,2000.

40. 孙炳耀. 城镇低收入人群住房福利制度探索[J]. 中国社会科学学院院报,2004. (3):04.

41. 唐钧. 中国城市贫困与反贫困报告[M]. 北京:华夏出版社,2003.

42. 庹国柱,王国军. 中国农业保险与农村社会保障制度研究[M]. 北京:首都经济贸易大学出版社,2003.

43. 王思斌,莫泰基,唐钧. 中国社会福利[M]. 香港:中华书局,1998.

44. 王东进. 中国社会保障制度[M]. 北京:企业管理出版社,1998.

45. 王晓旭. 社会福利管理工作存在的问题与对策——以河南为例[J]. 中国民政,2000(3).

46. 王来华,约瑟夫·施耐德. 论老年人的家庭照顾类型和照顾中的家庭关系———项对老年人家庭照顾的实地调查[J]. 社会学研究,2000(4).

47. 卫兴华. 中国社会保障制度研究[M]. 北京:中国人民大学出版

社,1986.

48. 魏加宁. 养老保险与金融市场[M]. 北京:中国金融出版社,2002.

49. 武川正吾,佐藤博树. 企业保障与社会保障[M]. 北京:中国劳动社会保障出版社,2003.

50. 许正中. 社会医疗保险制度选择与管理模式[M]. 北京:社会科学文献出版社,2002.

51. 闫坤. 中国养老保障制度研究[M]. 北京:中国社会科学出版社,2000.

52. 杨米胜,周文幸. 现代生育社会保险制度发展初探[J]. 南京人口管理干部学院学报,2001(3).

53. 杨翠迎. 中国农村社会保障制度研究[M]. 北京:中国农业出版社,2003.

54. 杨团,杨体仁,唐钧. 中国社会保障制度的再选择[M]. 北京:中央广播电视大学出版社,1996.

55. 阳胜芳. 关于老年社会福利机构改革发展的思考[J]. 社会福利,2003(11).

56. 袁辉. 浅议社会福利社会化改革[J]. 经济研究参考,2001(32).

57. 曾湘泉,郑功成. 收入分配与社会保障[M]. 北京:中国劳动社会保障出版社,2002.

58. 张琪. 中国医疗保障理论、制度与运行[M]. 北京:中国社会保障出版社,2003.

59. 张思锋,温海红,赵文龙. 社会保障概论[M]. 北京:科学出版社,2003.

60. 张东江,聂和兴. 当代军人社会保障制度[M]. 北京:法律出版社,2001.

61. 郑功成. 社会保障学[M]. 北京:商务印书馆,2000.

62. 郑功成. 农民工的权益与社会保障[J]. 中国党政干部论坛,2002(8).

63. 郑功成. 加入 WTO 与中国的社会保障改革[J]. 北京:管理世界,2002(4).

64. 郑功成. 中国社会保障制度变迁与评估[M]. 北京:中国人民大学出版社,2002.

65. 左敏,朱德云. 社会保障学[M]. 北京:经济科学出版社,2001.

66. 劳动保障部社会保险研究所,博时基金管理有限公司. 中国企业年金制度与管理规范[M]. 北京:中国劳动社会保障出版社,2002.

67. [荷]汉斯·范登·德尔,本·范·韦尔瑟芬. 民主与福利经济学[M]. 北京:中国社会科学出版社,1999.

68. [英]罗伯特·平克. 全球化时代的社会福利[J]. 社会保障制度,2001(8).

69. [德]霍尔斯特·杰格尔. 社会保险入门——论及社会保障法的其他领域[M]. 北京:中国法制出版社,1999.